Personalmanagement
Management-Modul für Führungsfachleute

Thomas Hirt, Nicole Messi, Christa Müller, Clarisse Pifko

1. Auflage 2021

Personalmanagement
Management-Modul für Führungsfachleute
Nicole Messi, Thomas Hirt, Clarisse Pifko, Christa Müller

Grafisches Konzept und Realisation, Korrektorat: Mediengestaltung, Compendio Bildungsmedien AG, Zürich
Druck: Edubook AG, Merenschwand
Coverbild: Constantine Johnny / Getty Images

Redaktion und didaktische Bearbeitung: Fabienne Streit

Printausgabe
ISBN: 978-3-7155-4859-3
Artikelnummer: 18049
Auflage: 1. Auflage 2021
Ausgabe: N2061
Sprache: DE
SVF 032

E-Book-Ausgabe
ISBN: 978-3-7155-4885-2
Artikelnummer: E-18088
Auflage: 1. Auflage 2021
Ausgabe: N2061
Sprache: DE
SVFE 032

Die Printausgabe dieses Buchs ist klimaneutral in der Schweiz gedruckt worden. Die Druckerei Edubook AG hat sich einer Klimaprüfung unterzogen, die primär die Vermeidung und Reduzierung des CO_2-Ausstosses verfolgt. Verbleibende Emissionen kompensiert das Unternehmen durch den Erwerb von CO_2-Zertifikaten eines Schweizer Klimaschutzprojekts.
Mehr zum Umweltbekenntnis von Compendio Bildungsmedien finden Sie unter: www.compendio.ch/Umwelt

Inhaltsverzeichnis

Vorwort

Dieses Lehrmittel behandelt grundlegende Fragen und Zusammenhänge des modernen Personalmanagements.

Inhalt und Aufbau dieses Lehrmittels

Das vorliegende Lehrmittel gliedert sich in sieben Teile:

- **Teil A** führt in die Grundlagen und Hauptaufgaben des modernen Personalmanagements ein inklusive der Personalkosten und Personalkennzahlen.
- **Teil B** behandelt die wichtigsten Aufgaben bei der Personalgewinnung: Personalplanung, -suche, -auswahl und Einführung von Mitarbeitenden.
- **Teil C** geht auf die Massnahmen zur Personalerhaltung ein: Lohn, Arbeitszeitgestaltung und Mitwirkungsrechte der Mitarbeitenden.
- **Teil D** beleuchtet die vielfältigen Aufgaben der Personalförderung: die Personalbeurteilung und die Personalentwicklung.
- **Teil E** geht auf die Ursachen und Folgen der Auflösung von Arbeitsverhältnissen ein und auf die Rechte der Mitarbeitenden beim Austritt aus dem Unternehmen.
- **Teil F** behandelt die Bestimmungen des Arbeitsrechts: Definition und Entstehung des Arbeitsvertrags, die Stellenbewerbung, Rechte und Pflichten im Arbeitsvertrag, Verletzungen des Arbeitsvertrags und die Beendigung des Arbeitsverhältnisses.
- **Teil G** enthält den Anhang mit den kommentierten Antworten zu den Repetitionsfragen und einem Stichwortverzeichnis.

Dieses Lehrmittel orientiert sich an den Lernzielen und Inhalten des Moduls Personalmanagement der Schweizerischen Vereinigung für Führungsausbildung (SVF). Eine Übersicht über Lernziele und zugehörige Kapitel in diesem Lehrmittel finden Sie auf unserer Homepage. Dieses Lehrmittel richtet sich an alle Personen, die sich im Bereich Management weiterbilden wollen, unabhängig davon, ob sie einen Modulabschluss oder den Fachausweis «Führungsfachfrau / Führungsfachmann» anstreben.

In eigener Sache

Haben Sie Fragen oder Anregungen zu diesem Lehrmittel? Sind Ihnen Tipp- oder Druckfehler aufgefallen? Über unsere E-Mail-Adresse postfach@compendio.ch können Sie uns diese gerne mitteilen.

Wir wünschen Ihnen viel Spass und Erfolg beim Studium dieses Lehrmittels!

Zürich, im Juni 2021

Fabienne Streit, Redaktorin

Teil A

Grundlagen

1 Modernes Personalmanagement

Lernziele

Nach der Bearbeitung dieses Kapitels können Sie ...

- die wichtigsten Einflussfaktoren auf das Personalmanagement nennen.
- Gründe für ein aktives Personalmarketing nennen.

Schlüsselbegriffe

Arbeitsmarktpolitik, demografischer Wandel, Digitalisierung, Employer Branding, Flexibilität, Globalisierung, internationale Arbeitsmigration, Human Resources Management, Leitbild, Personalmarketing, Personalpolitik, Personalstrategie, Projektarbeit, soziale Ziele, Unternehmenspolitik, Vision, Wertewandel, wirtschaftliche Ziele, Wissensgesellschaft

Aussergewöhnliche Leistungen basieren auf **motivierenden Bedingungen, gegenseitigem Ansporn und regem Meinungsaustausch.** Es ist eine wichtige Führungsaufgabe, für Arbeitsbedingungen zu sorgen, unter denen sich die Mitarbeitenden voll und ganz für das Unternehmen engagieren. Als Führungskraft übernehmen Sie dabei eine Schlüsselverantwortung: Sie gestalten, lenken und entwickeln die Beziehung zu Ihren Mitarbeitenden und prägen damit das Personalmanagement in Ihrem Verantwortungsbereich.

Lange Zeit sah man in der Personalarbeit v.a. das **reibungslose Abwickeln von administrativen Aufgaben.** Das lässt sich auch an den früheren Bezeichnungen ablesen: Lohnbüro, Personalverwaltung usw. Wichtige Impulse bekam das Personalmanagement von der Führungspsychologie und von Managementmodellen. Heute wird es **systematischer** als früher betrieben, ist zugleich aber **anspruchsvoller** geworden. Man hat in den letzten Jahren aber auch erkannt, dass sich Personalfragen nicht an Personaldienststellen delegieren lassen. Sie gehören zum Führungsprozess auf allen Stufen des Unternehmens.

Die Bezeichnung «Personalmanagement» lehnt an das **Human Resources Management (HRM)** an: Es geht um das Management der personellen Ressourcen im Unternehmen. Management ist Führungsaufgabe.

Hinweis

Mit «Personal» sind alle Mitarbeitenden sämtlicher Hierarchiestufen und Funktionsbereiche gemeint. Wir verwenden in diesem Buch «Personalmanagement» für die Gesamtheit an Personalaufgaben, die in einem Unternehmen anfallen.

1.1 Trends in der Arbeitswelt

Der Arbeitsmarkt ist nicht statisch, er ist **dynamisch.** Betrachtet man den Arbeitsmarkt beispielsweise im Jahreslauf, zeigen sich **saisonale Einflüsse.** In den Sommermonaten gibt es andere Nachfragen als in den Wintermonaten. Darüber hinaus wirken viele Kräfte auf den Arbeitsmarkt, die **mittel- und langfristig** eine veränderte Nachfrage und ein verändertes Angebot auf dem Arbeitsmarkt schaffen. Die folgende Abbildung gibt einen Überblick über die wirksamen **Faktoren.**

Abb. [1-1] **Viele Kräfte bewirken Veränderungen auf dem Arbeitsmarkt**

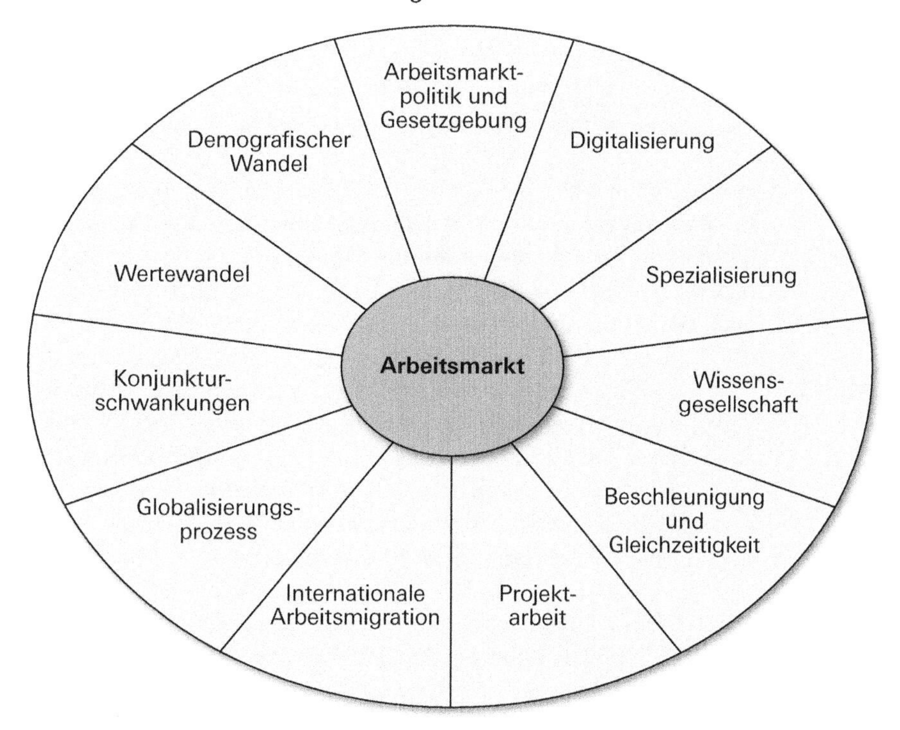

Compendio Bildungsmedien AG, Zürich

Die Führungskräfte beobachten diese Kräfte und ihre Auswirkungen auf den Arbeitsmarkt, um **zukunftsbezogene Dienstleistungen** erbringen zu können.

1.1.1 Demografischer Wandel

Die Bevölkerung durchläuft einen tief greifenden Wandel: Die Bevölkerung altert. Das **Altern der Bevölkerung** hat zwei treibende Kräfte: die niedrige **Geburtenrate** und die hohe und höher werdende **Lebenserwartung.** Die Erwerbsbevölkerung wird also älter und schrumpft langsam. Dieser **demografische Wandel** wirkt auf die Volkswirtschaft im Allgemeinen und auf den Arbeitsmarkt im Besonderen.

Betroffen sind sowohl Arbeitgeber als auch Arbeitnehmende. So werden einerseits Arbeitgeber zunehmend Probleme haben, **Nachwuchskräfte** zu finden. Andererseits werden viele Arbeitnehmende länger erwerbstätig sein wollen und auch können. Auf beiden Seiten wird ein Umdenken erforderlich sein. Auch ältere Arbeitnehmende werden sich im Sinn eines **lebenslangen Lernens** noch beruflich weiterbilden und Arbeitgeber werden Massnahmen zur **Integration** und **Akzeptanz** von älteren Arbeitnehmenden ergreifen müssen.

Die Führungskräfte können in diesem Zusammenhang einen wichtigen Beitrag leisten. Denkbar ist die Berücksichtigung von **Altersaspekten** bei der Laufbahnplanung, der Weiterbildung oder auch bei der Arbeitszeitregelung, der Personalbeurteilung und der Salärgestaltung. Darüber hinaus können die Führungskräfte Empfehlungen zur verbesserten Zusammenarbeit zwischen älteren und jüngeren Mitarbeitenden geben.

1.1.2 Arbeitsmarktpolitik und Gesetzgebung

Der Arbeitsmarkt wird auch von politischen Entscheidungen beeinflusst. Politik kann direkt und indirekt auf den Arbeitsmarkt wirken. So zielen beispielsweise **arbeitsmarktliche Massnahmen** auf eine verbesserte Vermittlungsfähigkeit von arbeitslosen Personen auf dem Arbeitsmarkt. Zu den arbeitsmarktlichen Massnahmen gehören Kurse, Programme zur vorübergehenden Beschäftigung sowie die Förderung der selbstständigen Tätigkeit.

Der Staat legt mit verschiedenen **Gesetzen** bestimmte Regeln auf dem Arbeitsmarkt fest. Zu diesen Gesetzen gehören das **Bundesgesetz über die Arbeit in Industrie, Gewerbe und Handel (ArG)** oder das **Arbeitsvermittlungsgesetz (AVG)** und das **Gleichstellungsgesetz (GIG)**. Die arbeitsmarktbezogenen Regelungen und Massnahmen sollen die Arbeitsbedingungen auf einem hohen Standard schützen und die Arbeitslosenzahl möglichst gering halten.

Des Weiteren hat die Schweiz mit zahlreichen Ländern **bilaterale Abkommen** abgeschlossen. Zu diesen gehört auch das **Freizügigkeitsabkommen (FZA)**. Das Freizügigkeitsabkommen erleichtert die **grenzüberschreitende Mobilität** der Arbeitskräfte aus der Europäischen Union **(EU)** und der Europäischen Freihandelsassoziation **(EFTA)**. Mit dem Freizügigkeitsrecht werden auch **Berufsdiplome** gegenseitig anerkannt und die Sozialversicherungssysteme koordiniert.

Die Freizügigkeit bedeutet eine stärkere Öffnung des nationalen Arbeitsmarkts. Diese Öffnung gewährt Zugang zu einem grossen Arbeitskräftepotenzial. Die Nachfrage der Unternehmen kann leichter und schneller gedeckt werden. Die **Wettbewerbsfähigkeit** der Unternehmen wird so gestärkt. Bei einem Konjunktureinbruch und bei steigenden Arbeitslosenzahlen kann sich ein Teil der heimischen Arbeitnehmenden angesichts des ausländischen Arbeitskräfteangebots einem **Verdrängungswettbewerb** ausgesetzt sehen.

Am 9. Februar 2014 wurde in der Schweiz die **Volksinitiative gegen die Masseneinwanderung** von 50.3% der Stimmenden und von 17 der 26 Kantone angenommen. Die Europäische Kommission befürchtet, dass die Umsetzung der Initiative das Prinzip des freien Personenverkehrs zwischen der Europäischen Union und der Schweiz verletzen wird. Als Folge davon wurde der Inländervorrang light eingeführt.

1.1.3 Digitalisierung

Neue Techniken und Materialien lassen einerseits ungeahnte Perspektiven erschliessen, sie können andererseits Branchen und Berufsgruppen gefährden. Für den Arbeitsmarkt geht der technologische Wandel durch die **Digitalisierung** mit Veränderungen der Arbeitsnachfrage einher. Diese Veränderungen können sowohl schleichend als auch abrupt sein.

So führt die Automatisierung dazu, dass immer weniger **manuelle und repetitive Arbeit** erforderlich ist, und neue Kommunikationsmöglichkeiten erlauben **virtuelle Arbeitsplätze** und fördern die Fähigkeit zur **virtuellen Teamarbeit**. Das bedeutet auch, dass wenig qualifizierte Arbeitskräfte immer seltener eine Beschäftigung finden und eine gewisse Kompetenz im Umgang mit neuen Technologien von allen Erwerbstätigen erwartet wird. Die Entwicklung und Anwendung neuer Technologien kann ganz neue berufliche Anforderungen an Fachkräfte stellen und es können sich **neue Berufe** herausbilden.

Beispiel

- 1989 wurde im CERN in Genf das Internet «erfunden». Innerhalb von nur zwei Jahrzehnten hat das Internet unseren Geschäftsalltag revolutioniert. Wir suchen die Wetterprognose, stornieren Flüge, bestellen Autos, kaufen Gemüse online. Der einfache, schnelle und oft kostenlose Zugriff auf viele Informationen hat Branchen und Berufsgruppen verändert. So suchen beispielsweise Zeitungsverleger neue Wege und Erwerbsquellen.
- Bertrand Piccard umsegelte im Jahr 2012 mit einem Solarflugzeug die Erde. Mit dem Projekt «Solar Impulse» zeigte er Wege auf, die zu einer Unabhängigkeit von fossiler Energie führen.
- Der Fortschritt in der IT-Industrie und die immer besseren Computersysteme erlauben es, kostengünstig Systeme anzubieten, die ähnlich wie Menschen **Fragen von Kunden beantworten** können oder **spezielle Anweisungen ausführen.** Diese Systeme nennt man **Chatbots.** Einzelne Unternehmen planen bereits den Einsatz dieser Chatbots.

Es ist eine Aufgabe der Führungskräfte, die **Beschäftigungsfähigkeit** zu bewerten und Anforderungen an technische Kenntnisse zu formulieren und zu spezifizieren.

1.1.4 Spezialisierung

Mit den neuen Technologien hat sich auch der Prozess der Spezialisierung verschärft. Die Spezialisierung ist mit **besonderen Fachkenntnissen** verbunden, die nicht schnell erworben werden können. Es wird also immer schwerer, die erforderlichen Fachkräfte zu finden. Sie befinden sich in Nischenmärkten und verfügen über Kenntnisse, die sich nur schwer in der Alltagssprache formulieren lassen. Spezialisten, deren besondere Kenntnisse plötzlich nicht mehr gefragt sind, können erhebliche Probleme auf dem Arbeitsmarkt haben. Spezialisten müssen zwei Anforderungen balancieren: Sie müssen ihre besonderen Kenntnisse **aktuell** halten und erweitern und sie müssen zur **beruflichen Veränderung** bereit sein für den Fall, dass ihre Kenntnisse aufgrund des technologischen Wandels nicht mehr gefragt sind.

1.1.5 Wissensgesellschaft

Wettbewerbsvorteile werden heute v. a. durch **Wissen** geschaffen. Der Einsatz der **klassischen Ressourcen Arbeit, Rohstoffe und Kapital** genügt nicht mehr. Arbeitskräfte stehen in vielen Ländern weitaus günstiger zur Verfügung. Die Schweiz ist rohstoffarm und weltweit werden begehrte Rohstoffe immer knapper und teurer. Neues Denken und Know-how sind gefragt. **Hochqualifizierte** werden auf dem Arbeitsmarkt umworben und es herrscht ein **«Wettbewerb um Talente»,** denn eine marktfähige **Idee** eines **klugen Kopfs** kann viele Arbeitsplätze sichern und schaffen.

Beispiel

- Apple ist in der ganzen Welt durch iPhone, iPad, Mac, Apple Watch und Apple TV bekannt. Die vier Softwareplattformen von Apple unterstützen die Menschen mit Services wie App Store, Apple Music, Apple Pay und iCloud. Apple hat mehr als 100 000 Mitarbeitende und erzielte 2017 einen Umsatz von USD 52.6 Mrd.
- Novartis schafft auf einem ehemaligen Produktionsgelände einen Campus. Ziel dieser Massnahme ist, weltweit die besten Talente anzuwerben und zu halten. Es handelt sich um ein langfristiges Projekt, das erst im Jahr 2030 abgeschlossen sein wird. Schon heute zeigt sich der Campus in innovativer Architektur. Ein spezielles Bürokonzept soll die Zusammenarbeit fördern.

Hochqualifizierte und Talentierte identifizieren sich mit Herausforderungen und weniger mit einem Unternehmen. Sie benötigen ein angemessenes Umfeld, um ihr Potenzial entfalten zu können. Geld ist ihnen wichtig, aber oft spielen andere Werte eine wichtigere Rolle.

Um vielversprechende Leute zu binden, praktizieren einige Unternehmen «Employer Branding». **Employer Branding** (Arbeitgebermarkenbildung) umfasst verschiedene Massnahmen mit dem Zweck, das Unternehmen als einen besonders attraktiven Arbeitgeber auf dem Arbeitsmarkt zu positionieren. Als hervorragende Marke will das Unternehmen die besten Kandidaten gewinnen und die Identifikation, die Motivation und die Bindung der Mitarbeitenden stärken.

Bei der Suche nach Talenten stellt sich immer wieder die schwierige Frage, welche **Kriterien** bei der **Talentsuche** festgelegt werden sollen und welche **Arbeitsumgebung** ein Talent braucht, um eine Idee mit Marktpotenzial hervorbringen zu können. Nicht selten werden **kluge Köpfe** direkt von **«Headhuntern»** (Kopfjägern) kontaktiert.

1.1.6 Beschleunigung und Gleichzeitigkeit

Technologische Innovationen schaffen nicht nur neue Anforderungen an die Arbeitskräfte, sie tragen auch zu einer allgemeinen **Beschleunigung** bei. Die **Lebenszyklen** von Produkten und auch von Unternehmen werden immer kürzer.

Ausserdem hat die weltweite Vernetzung und Kommunikation die gewohnte Zeiteinteilung aufgelöst. Die Zusammenarbeit über die Zeitzonen hinweg ist **ohne Verzögerung** möglich. Die Arbeitsprozesse laufen pausenlos und simultan. Es wird rund um die Uhr gearbeitet. Oft ist es nötig, zu ungewöhnlichen Zeiten zu arbeiten, um die vorhandene Infrastruktur auszulasten oder um Geschäftsbeziehungen in der ganzen Welt zu pflegen.

Beispiel

- Thomas Maag hat die Aufgabe, ein neues Produkt auf den Markt zu bringen und zu positionieren – bevor die Wettbewerber mit ähnlichen Produkten den Markt überfluten.
- Maya Leuthard koordiniert ein internationales Team. Sie hat für 22.00 Uhr (mitteleuropäischer Zeit) eine Videokonferenz terminiert.

Die allgemeine Beschleunigung und die Gleichzeitigkeit der Abläufe führten dazu, dass Stellen schneller besetzt werden müssen und die Integration in die neue Arbeitsumwelt effizient verlaufen muss. Darüber hinaus sind **Flexibilität** und eine kontinuierliche **Veränderungsbereitschaft** und -fähigkeit angesagt, denn jede Unterbrechung des Arbeitsflusses kann zu einem Wettbewerbsnachteil führen. Wegen dieser Umstände bemühen sich die HR-Verantwortlichen, die Anforderungen an eine Stelle möglichst genau und unmissverständlich zu formulieren, um eine Besetzung reibungsfrei vornehmen zu können.

1.1.7 Projektarbeit

Projektarbeit gab es schon immer, aber sie war eher Ausnahme in den kontinuierlichen Abläufen und Strukturen von Unternehmen. Mit der Beschleunigung der Lebenszyklen und dem ständigen Ringen um Wettbewerbsvorteile wird das Arbeiten in Projekten und Projektorganisationen zur Normalität.

Beispiel

Deutsche Bank Research prognostiziert, dass im Jahr 2020 etwa 15% der Wertschöpfung in Deutschland aus der Projektwirtschaft hervorgehen wird.

Zur Bewältigung von Projekten wird vom Arbeitsmarkt die Bereitstellung von Führungskräften und Fachkräften mit grosser **Flexibilität** hinsichtlich der **Verfügbarkeit** und der **Mobilität** erwartet. Ausserdem ist Projektarbeit immer **befristet.** Projektmanager und Projektmitarbeitende müssen also für ihre **Auslastung** sorgen und Projektteams müssen immer wieder optimal auf die Projektanforderungen abgestimmt werden.

Neben diesen Aspekten ist in der Projektwirtschaft **soziale Kompetenz** gefragt. Soziale Kompetenz ist wichtig, denn bei der Arbeit in temporären Projektstrukturen sind die Positionen eher **heterarchisch,** d. h., die **Über- und Unterordnung** ist nicht auf Dauer angelegt. Es kann also sein, dass eine Person in einem Projekt die Führungsrolle innehat und in einem anderen Projekt zum Projektteam gehört.

1.1.8 Internationale Arbeitsmigration

Vor allem in kleinen Ländern kann der nationale Arbeitsmarkt die Nachfrage der Unternehmen nicht decken. Viele Unternehmen versuchen deshalb, auch im Ausland Mitarbeitende zu gewinnen und zu binden. Früher wurden grösstenteils ungelernte Arbeitskräfte angeworben. Heute sind es **Hochqualifizierte,** die als Fach- und Führungskräfte begehrt sind.

Das führt in den Ländern, die ihre Nachfrage nach gut ausgebildeten und talentierten Leuten erfolgreich international decken können, zu einem **«Braingain»,** d. h., die **Immigration** ist ein **Wissensgewinn.** Länder, die ihre qualifizierten Leute verlieren, leiden gezielt unter dem **«Braindrain»,** d. h., mit der **Emigration** fliesst Wissen ab. Das hat Folgen für die Entwicklung der jeweiligen Länder und für die Wettbewerbsfähigkeit der Unternehmen.

Beispiel

In vielen Hochlohnländern kann der Fachkräftemangel im Gesundheitsbereich nicht mit einheimischem medizinischem Personal und Pflegekräften gedeckt werden.

Die internationale Arbeitsmigration führt zu **multikulturellen Arbeitszusammenhängen** und fordert von einheimischen und von ausländischen Arbeitskräften eine **Integrationsbereitschaft** zum Wohl des Unternehmens und der Kunden. Führungskräfte eröffnen Zugänge zu internationalen Fach- und Führungskräften und kennen Mittel und Wege, um diese bei Bedarf zu gewinnen, die notwendigen Formalitäten zu erledigen und die neuen Mitarbeitenden mit Erfolg zu integrieren.

1.1.9 Globalisierungsprozess

Globalisierung ist der kontinuierliche Prozess der **weltweiten Verflechtung** der Wirtschaft und der Kommunikation, der Kultur und der Politik. Viele Unternehmen beliefern Kunden in der ganzen Welt oder haben im Ausland Niederlassungen und Personal. Deshalb sind Fach- und Führungskräfte zunehmend **international** tätig. Oft werden sie gezielt im Ausland eingesetzt, um beispielsweise die Kommunikation zwischen dem Hauptsitz und den Tochterunternehmen in verschiedenen Ländern zu sichern.

Beispiel

Global tätige Unternehmen – Beispiele aus den Top 100 (non-financial)

	Personal im Ausland	Personal gesamt
Volkswagen	346715	626715
Enel SpA	30124	62080

Quelle: United Nations Conference on Trade and Development: World Investment Report WIR 2017

Auf dem Arbeitsmarkt spiegelt sich der Globalisierungsprozess wider. Die Nachfrage nach Fach- und Führungskräften mit **internationaler Erfahrung, Fremdsprachenkenntnissen, Mobilitätsbereitschaft, interkultureller Kompetenz** und einem positiven Umgang mit **Vielfalt (Diversity)** steigt ständig. Die Personalberatung kennt die besonderen Anforderungen an das international tätige Personal und kann zum Gelingen der **Internationalisierung** eines Unternehmens beitragen.

1.1.10 Konjunkturschwankungen

Das Wirtschaftsleben verläuft nicht linear, es ist grösseren und kleineren Schwankungen ausgesetzt. Das hat verschiedene Gründe. So kann schon eine Zurückhaltung der Konsumenten weitreichende Folgen haben. Bei einem **wirtschaftlichen Aufschwung** steigt die Nachfrage auf dem Arbeitsmarkt. Bei einem **wirtschaftlichen Abschwung** sinkt die Nachfrage auf dem Arbeitsmarkt und die **Arbeitslosigkeit** bzw. **Kurzarbeit** steigt.

Beispiel

Im Jahr 2007 lösten Ausfälle auf dem Hypothekenmarkt in den USA eine internationale Finanz- und Wirtschaftskrise aus, die in vielen Ländern zu erhöhten Arbeitslosenzahlen führte. Seit 2009 ist die Wirtschaftsentwicklung wieder positiv.

1.1.11 Wertewandel

Auf gesellschaftlicher Ebene vollzieht sich ein **Wertewandel.** Dieser Wertewandel hat viele Facetten. Auf den Arbeitsmarkt wirkt beispielsweise das veränderte Konzept von **Geschlechterrollen.** Immer mehr Frauen wollen nicht nur arbeiten gehen, sie streben eine berufliche **Karriere** an. Umgekehrt steigt die Bereitschaft der Männer, für Haushalt und Familie zu sorgen.

Darüber hinaus stellen wir eine **Individualisierung** fest, d.h., Menschen versuchen, ihren individuellen **Begabungen** und Interessen zu folgen und diese nicht dem Erwerbsleben unterzuordnen. Das kann zu Brüchen in der beruflichen Biografie führen.

Beispiel

- Sandro Lüthi hat eine gut bezahlte Stelle mit Karriereaussichten. Obwohl er erfolgreich ist, macht ihm die Arbeit immer weniger Freude. Er erkundigt sich bei seinem Arbeitgeber, ob 1 Jahr Auszeit (Sabbatical oder Sabbatjahr) möglich wäre.
- Maja Maurer hat ihre Karriere unterbrochen, sie will sich eine Zeit lang um Haushalt und Kinder kümmern.

Der Arbeitsmarkt wird in Zukunft mit einer **Vielfalt** an **Lebensentwürfen** und **Patchworkkarrieren**[1] konfrontiert sein. Arbeitgeber werden sich auf **Wiedereinsteiger** und **Quereinsteiger** und auf **familienfreundliche Massnahmen** und **Teilzeitarbeit** einstellen müssen.

Der Arbeitsmarkt wird also stärker von individuellen und sozialen Interessen bestimmt. Das bedeutet, dass die Dienstleistung im Bereich Human Resources anspruchsvoller wird.

1.2 Ziele des Personalmanagements

Ein funktionierendes Personalmanagement soll zwei wesentliche Anforderungen erfüllen:

- Die **personellen Ressourcen** im Unternehmen **optimal nutzen,** weil das Personal zugleich ein entscheidender Erfolgs- und Kostenfaktor für das Unternehmen ist.
- **Veränderungsprozesse** im Unternehmen **unterstützen,** weil Unternehmen sich in einem äusserst dynamischen Umfeld bewegen und mit dem Wandel Schritt halten müssen. Dies setzt den aktiven Miteinbezug der Mitarbeitenden voraus.

Betrachten wir diese beiden Anforderungen etwas genauer, so bewegt sich das Personalmanagement in einem Spannungsfeld zwischen wirtschaftlichen und sozialen Zielen.

Abb. [1-2] **Wirtschaftliche und soziale Ziele prägen das Personalmanagement**

Compendio Bildungsmedien AG, Zürich

1.2.1 Arbeitsmarktpolitik und Gesetzgebung

Der Arbeitsmarkt wird auch von politischen Entscheidungen beeinflusst. Politik kann direkt und indirekt auf den Arbeitsmarkt wirken. So zielen beispielsweise **arbeitsmarktliche Massnahmen** auf eine verbesserte Vermittlungsfähigkeit von arbeitslosen Personen auf dem Arbeitsmarkt. Zu den arbeitsmarktlichen Massnahmen gehören Kurse, Programme zur vorübergehenden Beschäftigung sowie die Förderung der selbstständigen Tätigkeit.

Der Staat legt mit verschiedenen **Gesetzen** bestimmte Regeln auf dem Arbeitsmarkt fest. Zu diesen Gesetzen gehören das **Bundesgesetz über die Arbeit in Industrie, Gewerbe und Handel (ArG)** oder das **Arbeitsvermittlungsgesetz (AVG)** und das **Gleichstellungsgesetz (GlG).** Die arbeitsmarktbezogenen Regelungen und Massnahmen sollen die Arbeitsbedingungen auf einem hohen Standard schützen und die Arbeitslosenzahl möglichst gering halten.

Des Weiteren hat die Schweiz mit zahlreichen Ländern **bilaterale Abkommen** abgeschlossen. Zu diesen gehört auch das **Freizügigkeitsabkommen (FZA).** Das Freizügigkeitsabkommen erleichtert die **grenzüberschreitende Mobilität** der Arbeitskräfte aus der Europäischen Union

[1] Patchworkkarriere: Im Lauf eines Erwerbslebens übt eine Person zwei oder drei Berufe aus und nimmt verschiedene Funktionen ein, d. h., die Laufbahn ist nicht geradlinig.

(**EU**) und der Europäischen Freihandelsassoziation (**EFTA**). Mit dem Freizügigkeitsrecht werden auch **Berufsdiplome** gegenseitig anerkannt und die Sozialversicherungssysteme koordiniert.

Die Freizügigkeit bedeutet eine stärkere Öffnung des nationalen Arbeitsmarkts. Diese Öffnung gewährt Zugang zu einem grossen Arbeitskräftepotenzial. Die Nachfrage der Unternehmen kann leichter und schneller gedeckt werden. Die **Wettbewerbsfähigkeit** der Unternehmen wird so gestärkt. Bei einem Konjunktureinbruch und bei steigenden Arbeitslosenzahlen kann sich ein Teil der heimischen Arbeitnehmenden angesichts des ausländischen Arbeitskräfteangebots einem **Verdrängungswettbewerb** ausgesetzt sehen. Aufgrund dieser Abkommen sind die einheimischen Arbeitnehmenden einem Verdrängungswettbewerb ausgesetzt, unabhängig von der Konjunkturlage.

1.2.2 Wirtschaftliche Ziele

Wirtschaftliche Ziele hängen mit dem Prinzip der Wirtschaftlichkeit zusammen. Damit sind die folgenden drei Grundsätze der Wirtschaftlichkeit gemeint:

- Das **Maximumprinzip** bedeutet, dass unter den gegebenen Bedingungen eine möglichst hohe Arbeitsleistung (Produktion) erreicht wird. Dies erfordert eine ständige Verbesserung der Leistungsbereitschaft und -fähigkeit der personellen Ressourcen.
- Das **Minimumprinzip** verlangt, dass eine vorgegebene Leistung mit dem minimalen Einsatz an Kosten erbracht wird. Dies erfordert einen immer effizienteren Einsatz von personellen Ressourcen.
- Das **Optimumprinzip** besagt, dass man mit möglichst kleinem Aufwand einen möglichst grossen Ertrag generiert.

Beispiel

- **Maximumprinzip:** Die Entlöhnung der Kundenberater eines Versicherungsunternehmens besteht nur zu einem kleinen Teil aus einem fixen Monatslohn; der Hauptanteil wird als Prämien für abgeschlossene Verträge bezahlt. Das Unternehmen verspricht sich davon höhere Leistungen und somit bessere Umsätze.
- **Minimumprinzip:** Der Einsatz eines zentralen Callcenters für den Kundenservice hat einen bedeutsamen Rationalisierungseffekt. Insgesamt können dadurch über 10% der bisherigen Personalkosten für Kundenserviceleistungen gespart werden.
- **Optimumprinzip:** Man versucht, mit einem möglichst kleinen Kapitaleinsatz einen maximalen Gewinn zu erzielen, indem man Call-Optionen kauft. Diese sind billig, können aber aufgrund der Hebelwirkung einen Gewinnfaktor von 1000% und mehr erreichen.

1.2.3 Soziale Ziele

Die **sozialen Ziele** sollen eine höhere Arbeitszufriedenheit bei den Mitarbeitenden bewirken. Man spricht in diesem Zusammenhang auch von der **sozialen Effizienz** eines Unternehmens, die durch das Ausmass der Bedürfnisbefriedigung beim Personal bestimmt wird.

Zu den sozialen Zielen gehören v. a.:

- Sicherung des Arbeitsplatzes
- Bestmögliche Gestaltung der Arbeitsbedingungen (z. B. Arbeitsplatzgestaltung, Arbeitsschutz, Ergonomie, Arbeitszeitmodelle)
- Kooperative Führungskonzepte
- Mitbestimmungsmöglichkeiten der Mitarbeitenden
- Förderung der Mitarbeitenden durch Aus- und Weiterbildung, Laufbahnplanung usw.

Die sozialen und die wirtschaftlichen Ziele ergänzen sich nur teilweise; oftmals stehen sie sogar in einem **Spannungsfeld** zueinander. Damit ein Unternehmen seine Ziele erfolgreich umsetzen kann, müssen jedoch sowohl die sozialen als auch die wirtschaftlichen Ziele berücksichtigt und sorgfältig gegeneinander abgewogen werden. Anders formuliert: Der langfristige Erfolg eines Unternehmens basiert auf dem Zusammenwirken der ökonomischen und der sozialen Effektivität und Effizienz.

1.3 Unternehmens- und Personalpolitik

Die Unternehmenspolitik umfasst alle **Massnahmen und Entscheidungen,** die das Verhalten des Unternehmens nach aussen (Anspruchsgruppen) und nach innen (Mitarbeitende) langfristig regeln[1].

1.3.1 Die Formulierung von Unternehmenspolitik und Leitbild

Die **Unternehmenspolitik** kommuniziert die obersten Unternehmensziele nach innen und nach aussen. Das **Leitbild** ist eine Kurzfassung, in der das Wesentliche auf wenige programmatische Leitsätze reduziert wird.

Die Unternehmenspolitik wendet sich v. a. an die eigenen Führungskräfte und soll daher relativ ausführlich sein. Für die meisten Stakeholder und die Öffentlichkeit genügt eine Zusammenfassung, das **Leitbild.** Im Folgenden stellen wir Ihnen das Leitbild eines Chemieunternehmens vor.

Beispiel

Es beginnt mit einer Vision und nimmt dann zu einzelnen grundsätzlichen Fragen Stellung:

Vision
Wir wollen die Zukunft unseres Unternehmens über das Jahr 2020 hinaus sichern, indem wir ein ausgewogenes Verhältnis zwischen unserer wirtschaftlichen, gesellschaftlichen und ökologischen Verantwortung anstreben.
Verantwortung für den wirtschaftlichen Erfolg auf lange Sicht
Wir erwirtschaften angemessene finanzielle Ergebnisse durch qualitatives Wachstum und ständige Erneuerung einer ausgewogenen Geschäftsstruktur, sodass wir das Vertrauen all jener rechtfertigen, die auf unser Unternehmen bauen – Aktionäre, Mitarbeitende, Geschäftspartner und die Öffentlichkeit. Wir werden unsere langfristige Zukunft nicht durch die Maximierung des kurzfristigen Gewinns gefährden.
Gesellschaftliche Verantwortung
Wir sind ein vertrauenswürdiges, gegenüber der Gesellschaft offenes Unternehmen. Mit unserer Geschäftstätigkeit wollen wir einen sinnvollen Beitrag zur Lösung globaler Probleme und zum Fortschritt der Menschheit leisten.
Wir sind uns unserer Verantwortung bewusst, wenn wir neue Erkenntnisse in Wissenschaft und Technik zur kommerziellen Anwendung bringen. Wir wägen Nutzen und Risiko bei allen Aktivitäten, Verfahren und Produkten sorgfältig ab.
Verantwortung für die Umwelt
Rücksicht auf die Umwelt ist Teil unseres Handelns.
Wir entwickeln Produkte und Verfahren so, dass sie ihren Zweck sicher und mit geringstmöglicher Umweltbelastung erfüllen. Wir machen sparsamen Gebrauch von Rohstoffen und Energie und bemühen uns ständig, Abfälle in jeder Form zu reduzieren.
Es ist unsere Pflicht, unvermeidbaren Abfall unter Einsatz neuester Technologien sicher zu entsorgen.

Es folgen Stellungnahmen zu einzelnen Fragen wie Kundenorientierung, Innovation, Qualität, Rolle im Markt usw.

In einem Abschnitt z. B. wird zum «qualitativen Wachstum» gesagt: «Wir streben langfristiges, umweltverträgliches Wachstum an, d. h. eine gewinnbringende Weiterentwicklung unseres Geschäfts mit Produkten und Dienstleistungen, die ein vorteilhaftes Verhältnis von Nutzen und Risiko aufweisen und sowohl weniger Rohstoffe und Energie verbrauchen als auch eine geringere Menge Abfall pro Einheit verursachen.»

Im vorhergehenden Beispiel kommt zum Ausdruck, dass das Leitbild aufgrund der **Vision** entwickelt wird.

[1] Thommen, Jean-Paul: Betriebswirtschaftslehre, Zürich 2012.

Worin unterscheiden sich Vision und Leitbild?

- Die Vision richtet sich nur nach innen an die Führungskräfte und die Mitarbeitenden des Unternehmens. Das Leitbild richtet sich nach innen und nach aussen an alle Anspruchsgruppen des Unternehmens.
- Die Vision ist prägnant, Leitbilder sind detaillierter.
- Das Leitbild beginnt oft mit der Vision. Die Vision ist also Voraussetzung und Teil des Leitbilds.
- Leitbilder werden immer schriftlich formuliert, Visionen nicht unbedingt.

1.3.2 Personalpolitik und Personalstrategie

In der Personalpolitik werden die im Unternehmen langfristig geltenden **Grundsätze und Werthaltungen** als die obersten Leitlinien für das Personalmanagement definiert, wie z. B.:

- Gestaltung des **Lohn- und Bonussystems** (Lohnpolitik) und der **betrieblichen Sozialleistungen** (Sozialpolitik)
- **Mitbestimmungsgrad** der Mitarbeitenden an Unternehmensentscheidungen (Mitbestimmungs- oder Mitwirkungspolitik)
- **Mitarbeitergewinnung und -bindung** (Personalmarketing)
- **Personalentwicklung** und Laufbahn- und Nachfolgeplanung (Personalentwicklungspolitik)
- Gestaltung der **Arbeitsorganisation** (Strukturen und Prozesse im Unternehmen)

Zusammen mit anderen Teilpolitiken, wie z. B. der Finanz- oder der Produkt-Marktpolitik, bildet die Personalpolitik die Unternehmenspolitik.

Abb. [1-3] **Eingliederung der Personalpolitik in die Unternehmenspolitik**

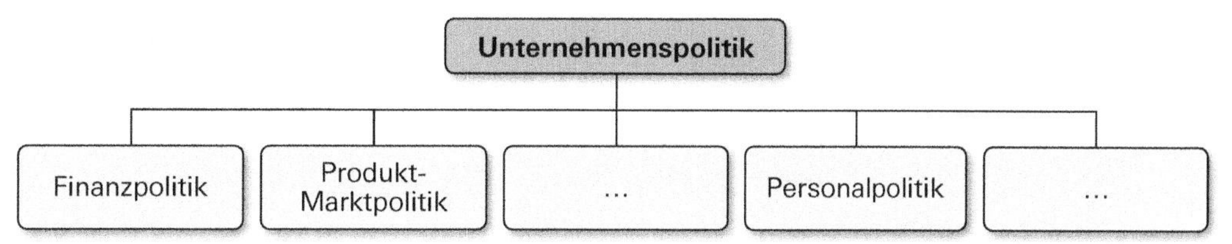

Compendio Bildungsmedien AG, Zürich

Die personalpolitischen Leitlinien werden meist in einem **Leitbild** zusammengefasst und veröffentlicht; sie sollen die Motivation der Mitarbeitenden und das Image bei Kunden, Kapitalgebern und in der Öffentlichkeit fördern.

Beispiel **Auszug aus der Personalpolitik einer Krankenversicherung**

Zur Bewältigung unserer Aufgaben und um die Interessen unserer Kunden wahrnehmen zu können, brauchen wir leistungsfähige und kompetente Teams, geleitet von qualifizierten Führungskräften.

Das Know-how erhalten und vermehren wir systematisch durch eine langfristig orientierte Weiterbildungs- und Förderungspolitik auf allen Stufen.

Die **Personalstrategie** konkretisiert die personalpolitischen Leitlinien in Form von mittel- bis langfristig geltenden strategischen Zielen und Stossrichtungen. Sie definiert damit die Vorgaben für das operative Personalmanagement.

1.4 Personalmarketing

Marketing ist der Versuch, Produkte oder Dienstleistungen erfolgreich im Markt zu positionieren und sich als Anbieter positiv von seinen Wettbewerbern zu unterscheiden. Mittels **Personalmarketing** versuchen Unternehmen, besonders qualifizierte und motivierte Talente, Spezialisten oder Führungskräfte zu gewinnen und zu binden. Es richtet sich an die bestehenden Mitarbeitenden (internes Personalmarketing) und an potenzielle Kandidaten (externes Personalmarketing).

1.4.1 Internes Personalmarketing

Dank internem Personalmarketing will ein Unternehmen **Schlüsselpersonen** (Key Persons) langfristig binden. Diese Know-how-Träger sind aufgrund ihres umfassenden Wissens über das Unternehmen und die Produkte und aufgrund ihrer guten Beziehungen zu Kunden nur sehr schwer ersetzbar.

Mitarbeiterbindungs- oder sog. **Retentionsprogramme** zielen auf eine langfristige Bindung von Schlüsselpersonen und bieten monetäre und nicht monetäre Anreize:

- **Monetäre Anreize** sind z. B. Boni bzw. Erfolgs- oder Kapitalbeteiligungen, Sachleistungen sowie besondere Sozialleistungen.
- **Nicht monetäre Anreize** können Angebote zur besseren Vereinbarkeit zwischen Beruf und Privatleben oder der Gesundheitsförderung am Arbeitsplatz sowie in einem attraktiven Angebot der Personalentwicklung und einem Leitbild sein, das nicht nur die interne Kommunikation fördert, sondern auch zu einem positiven Unternehmensimage beiträgt.

1.4.2 Externes Personalmarketing

Unternehmen betreiben externes Personalmarketing, um die für sie interessantesten Kandidaten für die Besetzung von Schlüsselstellen zu gewinnen. Man spricht deshalb auch von **Bewerbermarketing.** Direkte und indirekte Massnahmen werden ergriffen, um das Unternehmen für potenzielle Kandidaten attraktiv erscheinen zu lassen:

- Zu den **direkten Marketingmassnahmen** gehören Stellenausschreibungen, die Vergabe von Praktika oder Diplomarbeiten, die aktive Teilnahme an Hochschultagen usw., um sich als potenzieller Arbeitgeber zu positionieren.
- Mit **indirekten Marketingmassnahmen** fördert das Unternehmen sein **positives Image** als Arbeitgeber. Damit erhöht es die Chance, hoch qualifizierte und engagierte Mitarbeitende zu gewinnen. Imagefördernd ist v. a. die Kommunikation von Erfolgen. Nebst den finanziellen Erfolgsmeldungen des Unternehmens sind es v. a. auch Auszeichnungen, ein sichtbares, gesellschaftliches Engagement, die Organisation oder das Sponsoring von Fachtagungen, Fachpublikationen usw.

Beispiel

Novartis wirbt um die besten Talente mit dem «Novartis Campus». Der Campus verspricht klugen Köpfen eine Arbeitsumgebung, in der die Zusammenarbeit und der Wissensaustausch zugunsten von innovativen Ideen gefördert werden. Für diesen Zweck wurden namhafte Architekten und Designer beauftragt. Das ungewöhnliche Areal kann von Touristen besichtigt werden und Einnahmen aus dem Besucherprogramm gehen als Spende an das Internationale Komitee vom Roten Kreuz.

1.4.3 Employer Branding

Im Zusammenhang mit dem Personalmarketing spricht man von **Employer Branding** (Arbeitgebermarkenbildung). Employer Branding umfasst alle Massnahmen, die dazu beitragen, dass ein **Arbeitgeber als Marke** einzigartig wahrgenommen wird. Er will sich nicht nur quantitativ von anderen abheben (z. B. durch eine höhere Entlohnung oder mehr Fringe Benefits), sondern v. a. auch qualitativ. Idealerweise gilt er als «Traumarbeitgeber».

Ansätze zum Employer Branding findet man v.a. in Branchen, in denen ein **starker Wettbewerb um Fach- und Führungskräfte** herrscht. Die grösstenteils sehr gut bezahlten Spitzenkräfte sind heute nicht nur durch ausserordentliche finanzielle Anreize zu gewinnen und zu halten. Viele wünschen auch einen Arbeitgeber, der ihnen ermöglicht, ihre Talente, Fähigkeiten und ihre Kreativität durch entsprechende Arbeitsbedingungen zu entfalten.

Beispiel

- Apple spricht auf seiner Website von «Traumjob, Traumperspektiven».
- Laut Umfragen bei Hochschulstudierenden gehört Google heute zu den begehrtesten Arbeitgebern. Google bietet u.a. Möglichkeiten für Sport (z.B. ein Fitnessstudio) und Spiel (z.B. Billard) sowie Entspannung (z.B. Massage) an. Die Grenze zwischen Arbeit und Nichtarbeit ist fliessend.

Zusammenfassung

Der Arbeitsmarkt wird von vielen Faktoren beeinflusst und ändert sich fortlaufend. Mit den **Veränderungen** auf dem Arbeitsmarkt entstehen neue Anforderungen an die Arbeitskräfte. Die wichtigsten Trends sind:

- Globalisierung
- Digitalisierung
- Demografischer Wandel

Das Personalmanagement bewegt sich im **Spannungsfeld** zwischen den wirtschaftlichen und den sozialen Zielen des Unternehmens:

- **Wirtschaftliche Ziele** streben gemäss dem ökonomischen Prinzip die Minimierung der Personalkosten bzw. eine maximale Arbeitsleistung an.
- **Soziale Ziele** streben die soziale Effizienz bei der Leistungserbringung an, die sich in einer höheren Arbeitszufriedenheit der Mitarbeitenden ausdrückt.

Die **Unternehmenspolitik** enthält alle Massnahmen und Entscheidungen, die das Verhalten des Unternehmens nach innen und nach aussen regeln. Als Dokument kommuniziert die Unternehmenspolitik alle Unternehmensziele in schriftlicher Form. Das **Leitbild** ist eine Kurzfassung der Unternehmenspolitik.

Das interne und das externe **Personalmarketing** dienen dazu, Schlüsselpersonen für das Unternehmen zu gewinnen und zu binden. Man bezeichnet das Personalmarketing auch als **Employer Branding** bzw. als Arbeitgebermarkenbildung.

Repetitionsfragen

1 Handelt es sich bei den folgenden Zielen des Personalmanagements um wirtschaftliche (W) oder um soziale Ziele (S)?

Ziel des Personalmanagements	W	S
Minimierung der Personalkosten		
Mitbestimmung der Mitarbeitenden		
Sicherung des Arbeitsplatzes		
Optimierung des Mitarbeiterpotenzials		
Kooperativer Führungsstil		

2 Die Globalisierung ist einer der Faktoren, die auf den Arbeitsmarkt einwirken. Nennen Sie drei Anforderungen an Arbeitskräfte, die sich aus der Globalisierung ergeben.

3 A] Was ist das Ziel des internen und des externen Personalmarketings?

B] Nennen Sie je zwei interne und externe Marketingmassnahmen.

2 Personalmanagementaufgaben und -organisation

Lernziele

Nach der Bearbeitung dieses Kapitels können Sie ...

- die Hauptaufgaben des Personalmanagements und deren Zusammenhänge beschreiben.
- die wichtigsten Anforderungen an die Organisation des Personalmanagements nennen.

Schlüsselbegriffe

Aufgabenverteilung, Personalabteilung, Personaladministration, Personalbetreuung, Personalentwicklung, Personalerhaltung, Personalförderung, Personalgewinnung, Personalverabschiedung

Unter Personalmanagement verstehen wir die **Steuerung der personellen Ressourcen des Unternehmens.** Das Personalmanagement ist ein wichtiger Bestandteil des gesamten Führungsprozesses im Unternehmen.

2.1 Aufgaben des Personalmanagements

Das Personalmanagement betrifft **vier Hauptaufgabenbereiche:** die Personalgewinnung, die Personalerhaltung, die Personalförderung und die Personalverabschiedung. Kein Bereich steht für sich, sondern jeder ist eng verknüpft mit den übrigen Bereichen. Daher zeigen die Pfeile in der folgenden Abbildung immer in beide Richtungen.

Abb. [2-1] **Aufgaben des Personalmanagements**

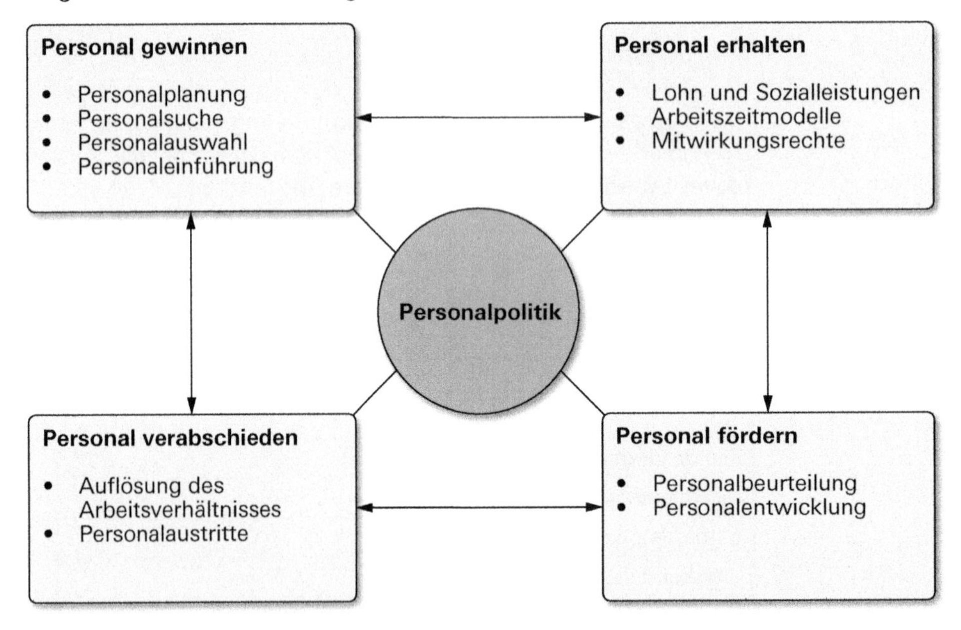

Compendio Bildungsmedien AG, Zürich

2.1.1 Personal gewinnen

Die **Personalgewinnung** umfasst sämtliche **Prozesse und Massnahmen,** die mit der Gewinnung von neuen Mitarbeitenden zusammenhängen.

Mit der **Personalplanung** werden die personellen Ressourcen bestimmt, die zur Erreichung der Unternehmensziele erforderlich sind. Sie bildet die Ausgangslage für alle weiteren Personalgewinnungsaufgaben. Der Bedarf richtet sich nach den erforderlichen Kapazitäten (quantitative Bedarfsplanung) und den Anforderungen (qualitative Bedarfsplanung).

Die **Personalsuche** geschieht grundsätzlich über zwei Wege: unternehmensintern durch die Versetzung oder Beförderung von Mitarbeitenden oder auf dem externen Arbeitsmarkt, d. h. ausserhalb des Unternehmens.

Die **Personalauswahl** setzt sich zum Ziel, mittels eines systematischen Auswahlverfahrens den für eine bestimmte Aufgabe am besten geeigneten Bewerber zu finden.

Die bewusste Gestaltung der **Personaleinführung** in Form von Einarbeitungsplänen und Einführungsmassnahmen in die neue Funktion, das Team und die Unternehmenskultur beeinflusst wesentlich, ob die neu angestellten Mitarbeitenden im Unternehmen verbleiben.

2.1.2 Personal erhalten

Attraktive **Arbeitsbedingungen,** die das Unternehmen seinen Mitarbeitenden bietet, tragen wesentlich zur **Personalerhaltung** bei. Dazu gehören

- leistungs- und anforderungsgerechte Löhne sowie grosszügige Sozialleistungen,
- flexible Arbeitszeitregelungen und
- die Mitbestimmungs- bzw. die Mitwirkungsrechte der Mitarbeitenden.

Die Umsetzung des Personalmanagements zeigt sich auch im reibungslosen Funktionieren der **Personaladministration,** die ausserhalb der eigentlichen Führungsbeziehungen stattfindet. Dafür ist die Personalabteilung zuständig.

2.1.3 Personal fördern

Die **Personalförderung** beinhaltet die Personalbeurteilung und die Personalentwicklung. Die **Personalbeurteilung** nützt allen Beteiligten: Eine objektive Beurteilung des Arbeitsverhaltens, der Leistungen und des persönlichen Potenzials wirkt motivierend und schafft Anreize für die künftige Leistungsbereitschaft der Mitarbeitenden.

Die **Personalentwicklung** umfasst alle Massnahmen, mit denen die Qualifikationen der Mitarbeitenden und damit auch des Unternehmens verbessert werden sollen. Dabei unterscheidet man zwischen bildungsbezogenen Entwicklungsmassnahmen der Aus- und Weiterbildung sowie stellenbezogenen Entwicklungsmassnahmen in Form einer systematischen Laufbahnplanung oder von arbeitsplatzbezogenen Entwicklungsmassnahmen.

2.1.4 Personal verabschieden

Genauso wie die **Personalgewinnung** gehört die **Personalverabschiedung** zu den Personalmanagementaufgaben, die Sie als Führungskraft wesentlich mitprägen. Die **Beendigung des Arbeitsverhältnisses** durch Kündigung, natürliche Abgänge oder Personalabbau löst eine ganze Reihe von Personalaufgaben aus. Dabei muss der Einhaltung **arbeitsrechtlicher Bestimmungen** besondere Aufmerksamkeit geschenkt werden.

2.2 Organisation des Personalmanagements

In den meisten Unternehmen ist das Personalmanagement ein eigenständiger **Funktionsbereich.** Allerdings stellt sich immer wieder die Frage, wer für welche Personalarbeit zuständig ist. Viele Personalfragen lassen sich nämlich nicht an eine zentrale Personalabteilung delegieren, sondern gehören zur direkten Führungsverantwortung der Linienvorgesetzten auf allen Stufen.

2.2.1 Zentralisierung oder Dezentralisierung der Personalaufgaben

Ursprünglich nahmen die **Linienvorgesetzten** die meisten Personalaufgaben selbst wahr. Sie wählten ihre Mitarbeitenden aus, legten die Löhne fest und entschieden sich, jemanden wieder zu entlassen, wenn sie dies als notwendig erachteten. Einzig die mit dem Personal verbundenen administrativen Aufgaben wurden an eine zentrale Abteilung übertragen, die man darum als «Personalverwaltung» bezeichnete.

Allmählich delegierten die Linienvorgesetzten bestimmte Personalaufgaben zunehmend an die **Personalabteilung als zentrale Fachstelle.** Sie wollten sich von der Personalarbeit entlasten und diese gleichzeitig professionalisieren. Verschiedene Entwicklungen trugen dazu bei: zahlreiche neue oder verschärfte gesetzliche Auflagen, die Forderungen der Gewerkschaften nach klarer geregelten Arbeitsbedingungen, ein neues Rollenverständnis der Mitarbeitenden, ihr Anspruch, in personelle Entscheidungsprozesse miteinbezogen zu werden, usw.

Inzwischen hat wieder eine **Rückwärtsbewegung** eingesetzt. Man hat erkannt, dass sich viele Personalaufgaben nur in der **direkten Beziehung zwischen den Vorgesetzten und ihren Mitarbeitenden** lösen lassen. Diese Aufgaben einer zentralen Stelle zu überlassen, wird heute als zu schwerfällig oder zu praxisfern beurteilt. Es geht also nicht um ein «Entweder-oder», sondern um eine enge Zusammenarbeit und um eine **sinnvolle Aufgabenverteilung** zwischen den Linienvorgesetzten und der Personalabteilung oder den externen Personalspezialisten. Eine allgemeingültige «beste» Rollenverteilung gibt es nicht; diese muss in jedem Unternehmen selbst gefunden werden.

Als verbindliche **Regeln** für die Rollenverteilung zwischen der Personalabteilung und den Linienvorgesetzten gelten in vielen Unternehmen:

- Die **Personalabteilung** trägt die Verantwortung für die Regelung von **Grundsatzfragen,** die sämtliche Mitarbeitenden – also die gesamte Belegschaft – betreffen. In der Personalpolitik werden die Werte, Richtlinien und Leitplanken für das Personalmanagement definiert.
- Die **Linienvorgesetzten** sind für alle **Einzelmassnahmen** zuständig, die ihre Führungsbeziehung mit den Mitarbeitenden betreffen. Dabei halten sie sich an die personalpolitischen Richtlinien.
- Sämtliche Personalaufgaben sollen **möglichst vor Ort** wahrgenommen werden, d. h. wenn möglich im Führungsprozess, nur so weit als nötig durch die Personalabteilung.

Beispiel

Die Leistung des Mitarbeiters X kann nur seine Vorgesetzte beurteilen, nicht die Personalabteilung. Um zusammen mit Linienvertretern ein einheitliches Vorgehen bei der Leistungsbeurteilung sicherzustellen, hat die Personalabteilung ein Leistungsbeurteilungssystem entwickelt.

Die **Unternehmensgrösse** beeinflusst diese Entscheidung massgeblich. Während ein Grossunternehmen eine Personalabteilung mit unterschiedlichsten Spezialbereichen und den entsprechenden Fachleuten haben kann (von der Personalfachfrau für Rekrutierungen über den Sozialversicherungsberater bis zur Ausbildungsleiterin usw.), muss ein kleines oder mittleres Unternehmen die Personalarbeit stärker bündeln. Dort werden viele Personalaufgaben von den Linienvorgesetzten wahrgenommen oder gegebenenfalls an externe Personalspezialisten vergeben.

An dieser Stelle gehen wir auf **zwei Aufgaben der Personalabteilung** ein, die einen wichtigen Teil des im Unternehmen gelebten Personalmanagements ausmachen: die Personalbetreuung und die Personaladministration.

2.2.2 Personalbetreuung

Die **Personalbetreuung** umfasst zwei Aufgabenschwerpunkte, nämlich die bewusste **Gestaltung der Beziehungen** zwischen Mitarbeitenden und Unternehmen und die **Hilfestellung** bei Schwierigkeiten oder Problemfällen. Die Personalabteilung oder entsprechende externe Spezialistinnen übernehmen die Personalbetreuung v. a. bei:

- Informations- und Einführungsveranstaltungen für neue Mitarbeitende
- Mitwirkungsprogrammen im Unternehmen
- Gleichstellungsprogrammen für Männer und Frauen
- Integrationsprogrammen für Menschen mit Behinderungen, fremdsprachige Mitarbeitende usw.
- Suchtpräventionsprogrammen und -beratungen
- Betreuungsprogrammen für pensionierte Mitarbeitende
- Sozialberatungen

Die Personalabteilung begleitet und berät die Linie aktiv bei ausgewählten **Führungs- und Organisationsaufgaben:**

- Definition der Personalpolitik (zusammen mit der Unternehmensleitung)
- Beratung von Führungskräften und Mitarbeitenden bei Führungs- und Zusammenarbeitsproblemen, Personalförderungsfragen, arbeitsrechtlichen Problemen usw.
- Entwicklung, Einführung und Pflege von Personalmanagementinstrumenten, wie z. B. von Beurteilungs- und Lohnsystemen, Gesprächstechniken usw.
- Controlling der Umsetzung von Personalmanagementrichtlinien und -instrumenten
- Entwicklung und Durchführung von Mitarbeiterbefragungen

2.2.3 Personaladministration

Das reibungslose Abwickeln sämtlicher administrativer Personalprozesse ist ein wesentlicher Bestandteil eines vertrauensbildenden Personalmanagements.

Beispiel

Die Mitarbeitenden erwarten eine pünktliche und korrekte Lohnzahlung. Dies bedingt eine fehlerfrei funktionierende Personaladministration.

Unter die **administrativen Aufgaben** fallen alle Tätigkeiten im Zusammenhang mit den Arbeitsverhältnissen zwischen dem Unternehmen und dem Personal. Dazu gehören:

- Bewerbungen bearbeiten und gegebenenfalls vorselektieren.
- Arbeitsverträge, Arbeitszeugnisse usw. ausfertigen.
- Personaldossiers verwalten.
- Lohn- und Gehaltszahlungen überweisen (Lohnadministration).
- Personaldaten pflegen und verwalten.

Mit **Personal-Informationssystemen** lassen sich viele aufwendige Routinearbeiten (wie die Lohn- und Gehaltsabrechnung) weitgehend automatisch erledigen und die notwendigen Daten effizient verwalten.

Die **Einhaltung** der arbeits-, steuer- und sozialversicherungsrechtlichen **Vorschriften** ist eine wichtige Aufgabe der Personalabteilung; sie sorgt dafür, dass Änderungen rechtzeitig in die Personalarbeit einfliessen.

Die Personaladministration liefert das notwendige **Datenmaterial** für wichtige Personalentscheidungen: Statistiken und Indikatoren, z. B. die Entwicklung des Krankenstands, der Fluktuation usw., dienen dazu, Schwachstellen zu erkennen oder Personalmassnahmen zu überprüfen.

Zusammenfassung

Die vier Hauptaufgabenbereiche des Personalmanagements sind:

Personal ...	Aufgaben
gewinnen	• Die **Personalplanung** legt den Bedarf an personellen Ressourcen für die Erreichung der Unternehmensziele fest. • Die **Personalsuche** findet sowohl unternehmensintern als auch auf dem externen Arbeitsmarkt statt. • Bei der **Personalauswahl** geht es um eine realistische Einschätzung der sich Bewerbenden und um die Selektion der für die Anforderungen einer bestimmten Position am besten geeigneten Person. • Die bewusste Gestaltung der **Personaleinführung** schliesst den erfolgreichen Personalgewinnungsprozess ab.
erhalten	• Attraktive **Arbeitsbedingungen** in Form von Löhnen, betrieblichen Sozialleistungen, Arbeitszeitregelungen und Mitwirkungsmöglichkeiten schaffen wesentliche Grundlagen für die Personalerhaltung. • Unterstützende Aufgaben werden durch die **Personaladministration** und die **Personalbetreuung** wahrgenommen.
fördern	• Eine systematische **Personalbeurteilung** ist für das Unternehmen, die Mitarbeitenden und die Vorgesetzten ein zentrales Führungs- und Förderungsinstrument. • Die **Personalentwicklung** umfasst die Aus- und Weiterbildung, die Laufbahnplanung und weitere arbeitsplatzbezogene Entwicklungsmassnahmen.
verabschieden	• Bestehende **Arbeitsverhältnisse** werden durch Kündigungen, natürliche Abgänge oder Personalabbau **aufgelöst.** • Bei der Personalverabschiedung müssen u. a. heikle **arbeitsrechtliche Bestimmungen** eingehalten werden.

Für das Personalmanagement sind sowohl die Linienvorgesetzten als auch die Personalabteilung **zuständig,** wobei die folgenden Regeln gelten sollten:

- Die **Personalabteilung** versteht sich als Fachstelle für Personalmanagement. Sie trägt die Verantwortung für die Regelung von **Grundsatzfragen,** die das gesamte Personal betreffen.
- Die **Linienvorgesetzten** sind für alle **Einzelmassnahmen** im Rahmen ihrer Führungstätigkeit verantwortlich, die einzelne Mitarbeitende betreffen.

Die Personalabteilung übernimmt spezielle Personalaufgaben, die wichtig für die Gestaltung der sozialen Beziehungen und für reibungslose Abläufe sind:

- Die **Personalbetreuung** unterstützt bei Schwierigkeiten oder Problemfällen, begleitet und berät bei ausgewählten Führungs- und Organisationsaufgaben.
- Die **Personaladministration** erledigt alle Verwaltungsaufgaben, die das Personal betreffen. Darüber hinaus überwacht sie die Einhaltung von Vorschriften und liefert die notwendigen Personaldaten für die Unternehmensplanung.

4	Welchen Aufgabenbereichen des Personalmanagements ordnen Sie die folgenden vier Vorkommnisse zu? A] Im Laufbahnplanungsgespräch mit der Nachwuchskandidatin ziehen wir Bilanz aus den bisherigen Entwicklungsschritten. B] Eine erste Vorselektion der über 100 Bewerbungen zeigt, dass mehr als die Hälfte für die offene Stelle keinesfalls infrage kommt. C] Für das kommende Jahr benötigen wir drei neue Projektleiter in unserer Entwicklungsabteilung. D] Im letzten Monat gab es leider eine Panne bei der Abwicklung der Lohnzahlungen an die Kaderangestellten.
5	Nehmen Sie in einigen Sätzen Stellung zur Aussage: «Personalmanagement ist Aufgabe der Personalabteilung.»
6	Welches sind die Hauptaufgaben der Personaladministration?

3 Personalkosten und Personalkennzahlen

Lernziele

Nach der Bearbeitung dieses Kapitels können Sie ...

- verschiedene Arten von Personalkosten unterscheiden und Nutzenüberlegungen machen.
- den Budgetierungsprozess und seine Umsetzung in der Führung und in der Kontrolle begleiten.
- den Einsatz relevanter Personalkennzahlen erläutern.
- Aspekte eines nachhaltigen Ressourcenmanagements formulieren.

Schlüsselbegriffe

Controlling, nachhaltiges Ressourcenmanagement, Personalkennzahlen, Personalkosten, Personalkostenplanung, Reporting

Die Personalkosten sind häufig einer der grössten Kostenblöcke im Unternehmen. Darum ist es wichtig, festzustellen, wie hoch die Personalkosten insgesamt sind und wie sich die Personalkosten auf die einzelnen Kostenstellen und Kostenträger verteilen. Bei der Planung des optimalen Personaleinsatzes helfen Kennzahlen aus dem Personalcontrolling.

3.1 Personalkosten

Zuerst soll gezeigt werden, woraus sich die **Personalkosten** im Unternehmen zusammensetzen. Der Schweizer Kontenrahmen macht folgende **Unterteilung des Personalaufwands:**

- Lohnaufwand
- Sozialversicherungsaufwand
- Übriger Personalaufwand
- Leistungen Dritter

3.1.1 Löhne

Löhne fallen für die **Ausübung von Tätigkeiten** an. Sie können nach Zeit oder nach Leistung entrichtet werden, eine Ergänzung durch Zulagen ist möglich. Die Zulagen wiederum können gesetzlicher Natur oder freiwillig sein.

Der **Zeitlohn** kann unterschiedlich ausbezahlt werden:

- Am bekanntesten ist der **Monatslohn,** der 12- oder 13-mal ausbezahlt wird.
- Sehr gebräuchlich ist der **Stundenlohn,** wobei jede geleistete Stunde mit einem Lohnansatz multipliziert wird.

Der Zeitlohn wird in vielen Unternehmen ergänzt durch **Leistungslohnbestandteile,** z. B.:

- **Provision:** Das ist ein Anteil am persönlich erzielten Ergebnis.
- **Gewinn- oder Umsatzbeteiligung:** Hier partizipieren die Mitarbeitenden am Gesamtergebnis des Unternehmens oder eines Bereichs.
- **Prämien:** Für ausserordentliche Leistungen werden Prämien entrichtet.
- **Boni:** Diese werden meist abhängig von der Erreichung vereinbarter Ziele entrichtet.

Gesetzliche Zulagen sind z. B. die Überstunden- oder Sonntagszulagen. **Freiwillige Zulagen** sind z. B. Dienstalters-, Geburtstagszulagen oder die Jahresendgratifikation.

Daraus ergibt sich der **Bruttolohn.**

Beispiel Sie sehen in der folgenden Tabelle ein Beispiel für einen möglichen Kontenplan für den Lohnaufwand.

Konten	Erklärungen
Löhne	Bruttolöhne, wie oben angegeben, evtl. aufgeteilt in: Erfolgsbeteiligungen und Provisionen
Erfolgsbeteiligungen	Hier können variable, sozialleistungspflichtige Vergütungen separat ausgewiesen werden.
Provisionen	Für eine noch höhere Transparenz können die Anteile am persönlichen Ergebnis speziell verbucht werden.
Zulagen	Gesetzliche, fixe freiwillige und variable freiwillige
Honorare	Zum Beispiel Entschädigungen für Verwaltungsräte
Leistungen von Sozialversicherungen	Erhalten die Unternehmen eine Rückvergütung für bezahlte Absenzen (z. B. Erwerbsausfallentschädigung von EO, Unfall-, Krankentaggelder), werden diese unter dem Lohnaufwand gesondert gebucht.

3.1.2 Sozialversicherungsaufwand

Dazu gehören sämtliche **Arbeitgeberbeiträge,** die die gesetzlichen und freiwilligen Sozialleistungen betreffen.

Gesetzliche Sozialleistungen betreffen z. B.:

- AHV
- Pensionskasse
- Arbeitslosenkassen
- Unfallversicherung
- Familienausgleichskasse

Einige **Beispiele** für freiwillige Sozialleistungen:

- Überobligatorische Leistungen, wie z. B. höhere Familienzulagen, eine Rentenversicherung, die über das BVG-Obligatorium hinausgeht
- Krankentaggeldversicherung

In der folgenden Tabelle sehen Sie ein Beispiel für einen möglichen Kontenplan zum Sozialversicherungsaufwand.

Abb. [3-1] **Beispiel eines detaillierten Kontenplans für den Sozialversicherungsaufwand**

Konten	Erklärungen
AHV, IV, EO, ALV, FAK	Prämien
Berufliche Vorsorge	Prämien für gesetzliche und überobligatorische Lösungen
Unfallversicherung	Gesetzliche und freiwillige Prämien
Krankentaggeldversicherung	Versicherung für Lohnausfall im Krankheitsfall

3.1.3 Übriger Personalaufwand

Unter den sonstigen Personalkosten werden Kosten verstanden, die zwar mit dem Personal in ursächlichem Zusammenhang stehen, aber keine Lohn-, Gehalts- oder Sozialkosten sind. Man spricht hier auch von **Personalkosten im weiteren Sinn.**

Sonstige Personalkosten können sein:

- **Personalbeschaffung:** Ausschreibung, Suche durch einen externen Dienstleister, Kosten für Testverfahren oder Assessments.
- **Personalentwicklung:** Schulung, Förder- und Entwicklungsmassnahmen, Beteiligung an Weiterbildungskosten sowie sämtliche aus entsprechenden Aktivitäten entstehenden Nebenkosten, wie Schulungsräume usw. Aber auch Kosten im Zusammenhang mit der Ausbildung Lernender (Schulgelder und -material, üK, interne Kurse und Massnahmen).
- **Reisespesen und Verpflegung:** Zusatzkosten, die den Mitarbeitenden in der Ausübung ihrer Funktion entstehen, werden vom Arbeitgeber zurückerstattet und hier verbucht. Auch allfällige Pauschalspesen, die nicht sozialleistungspflichtig sind, können hier verbucht werden.
- **Sonstige Kosten:** Personalgeschenke und -anlässe (Ausflüge, Feiern, Essen), Personalrestaurant, Berufskleider (Ankauf, aber auch Reinigung, wenn sie durch den Arbeitgeber übernommen wird), Abfindungs-, Umzugskosten.
- Etc.

Unser **Kontenplan** könnte zum übrigen Personalaufwand wie folgt ergänzt werden:

- Beschaffungskosten
- Aus- und Weiterbildung
- Personalentwicklung (die Zusammenfassung von Aus-/Weiterbildungs- und Personalentwicklungskosten ist ebenfalls möglich)
- Spesenentschädigung
- Berufskleidung
- Sonstiger Personalaufwand

3.1.4 Leistungen Dritter

Wenn Dritte, nämlich **Temporärmitarbeitende,** externe Beratungen oder andere Leistungen für das Unternehmen erbringen, die genauso gut von eigenen Mitarbeitenden durchgeführt werden können, zählen diese Kosten zu den Leistungen Dritter.

Je nachdem, wie gross der Anteil der entsprechenden Drittleistungen am gesamten Personalaufwand ist, könnte man die Leistungen Dritter wie folgt **unterteilen:**

- Temporäre Arbeitnehmer
- Beratungen

3.2 Personalkostenbudgetierung

Sämtliche entstehenden Kosten müssen budgetiert, d. h. fein säuberlich geplant werden. Hier kommt die **Personalkostenplanung** ins Spiel. Ein wichtiges Instrument ist die Budgetierung. Auch wenn ein Budget für ein Jahr erstellt wird, sind **verschiedene Planungshorizonte** zu berücksichtigen:

Abb. [3-2] **Planungshorizonte für die Budgetierung**

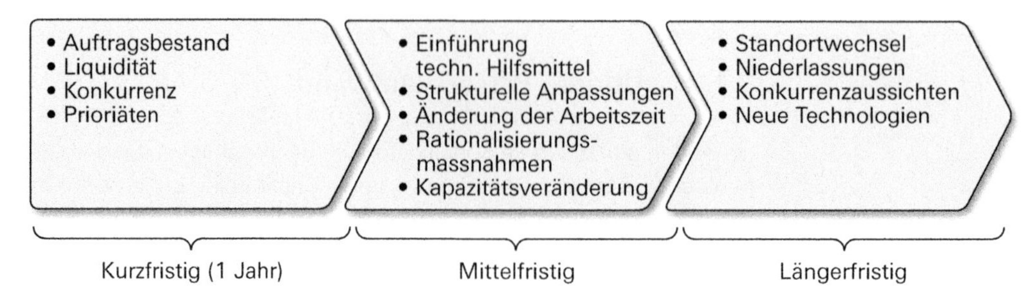

Compendio Bildungsmedien AG, Zürich

Es handelt sich nur um Beispiele, die nicht abschliessend oder allgemeingültig sind.

Schwankungen im Lauf des Budgetjahrs müssen ebenfalls berücksichtigt werden. Das heisst, ein Handelsunternehmen generiert in der Weihnachtszeit deutlich mehr Umsatz als in den restlichen Monaten. Also können z. B. die Lohnkosten nicht linear budgetiert werden, sondern müssen in den Vorweihnachtsmonaten deutlich höher ausfallen.

Warum spielen aber mittel- und längerfristige Einflüsse für die laufende Budgetierung bereits eine Rolle? Zwei Beispiele zeigen die **Einflüsse.**

Beispiel

Änderung der Arbeitszeit

Wir verwenden dieses Beispiel, auch wenn im Jahr 2002 das Schweizervolk eine Arbeitszeitreduktion auf 36 Stunden pro Woche abgelehnt hat.

Bei einer Annahme der Initiative hätte sich die Arbeitszeit erst in Zukunft reduziert. Dennoch müssen bei einer derart drastischen Kürzung der wöchentlichen Arbeitszeit bereits vorher Massnahmen umgesetzt werden, damit die Arbeit auch mit weniger Einsatzstunden pro Person erledigt werden kann. So müssen z. B. die Prozesse optimiert werden, was zusätzliche Schulungen für die Betroffenen zur Folge hätte.

Selbst wenn die Reduktion teilweise durch Aufstockung des Personalbestands aufgefangen werden soll, können nicht einfach die Lohnkosten um 15% erhöht werden. Zusätzliche Schnittstellen durch mehr Personen im Ablauf einer Aufgabenerledigung bedingen ebenfalls zusätzliche Instruktionen, Dokumentationen und vieles mehr. Alles generiert bereits im Vorfeld einer entsprechenden Reduktion neue Kosten.

Neue Technologien

Wenn ein Detailhandelsbetrieb plant, in den nächsten fünf Jahren die bedienten Kassen zu – angenommen – 50% durch Self-Scanning-Kassen zu ersetzen, wird ein Arbeitgeber, der eine gewisse soziale Verantwortung übernimmt, nicht kurzfristig 50% des Kassenpersonals reduzieren. Er wird einige Jahre vorher Umschulungs- und Umbesetzungsmassnahmen planen. Dabei müssen Personalentwicklungskosten budgetiert und allfällige Austritte nicht mehr im gleichen Umfang wie üblich ersetzt werden.

In der Jahresbudgetierung gibt es aber auch grosse **Abhängigkeiten von der gesamten Unternehmensplanung.**

3.2.1 Abhängigkeit von der Gesamtbudgetierung

Die Gesamtbudgetierung erfolgt auf der **Basis der Unternehmenszielsetzungen.** Die Personalkosten können nicht isoliert geplant werden, da zahlreiche Abhängigkeiten von anderen Planungen und weiteren Einflüssen bestehen. Das erfordert eine laufende Koordination zwischen dem Finanz- und Rechnungswesen, der Personalabteilung und den einzelnen Führungsbereichen. Da in den meisten Unternehmen die Personalkosten einen entscheidenden oder gar den grössen Kostenanteil ausmachen, ist dieser **Koordinationsprozess** umso wichtiger.

Die Linienvorgesetzten müssen die **kostenmässigen Auswirkungen von Personalentscheidungen** rasch abschätzen können. Oft werden diese unterschätzt, insbesondere die Kosten der Personalfluktuation. Es wird dafür oft folgende Faustregel verwendet: Ein Austritt einer Person mit anschliessender Neubesetzung kostet zusätzlich ein Jahresgehalt der betreffenden Stelle.

Abb. [3-3] **Abhängigkeiten in der Budgetierung**

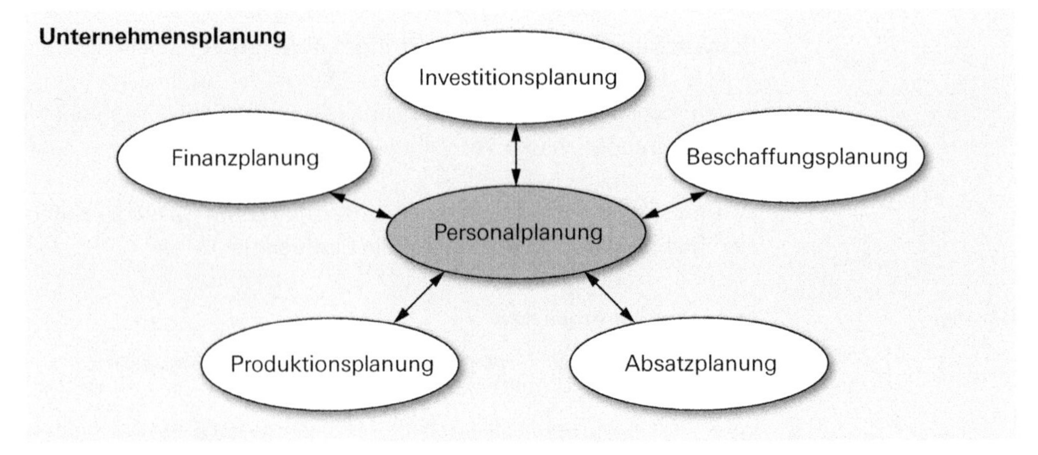

Compendio Bildungsmedien AG, Zürich

Beispiel

Produktionsplanung

Je mehr Aufträge im kommenden Jahr ausgeführt werden können, desto mehr Personal wird benötigt und desto höher sind die Personalkosten – und umgekehrt. Wenn in der Produktion einschneidende Änderungen geplant werden, seien es neue Abläufe oder neue oder veränderte Produkte, müssen die Mitarbeitenden der Produktion geschult werden – das schafft Personalentwicklungskosten.

Finanzplanung

Wenn infolge steigender Aufträge mehr Personal budgetiert wird, kann es sein, dass nach Erstellung des Gesamtbudgets erkannt wird, dass der Kostenblock zu hoch ist. Dann müssen die Personalkosten neu beurteilt und geplant werden.

3.2.2 Budgetierung der Lohnkosten

Bei der Erstellung des Lohnkostenbudgets müssen **bekannte Personalmutationen und vorgesehene Eintritte bzw. Aufstockungen** berücksichtigt werden.

Meist sieht das Vorgehen wie folgt aus:

1. **Personalbestand:** Man geht vom aktuellen Personalbestand aus und berechnet die tatsächlichen Kosten der bestehenden Mitarbeitenden.

Name	Monatslohn in CHF	13. Monatslohn in CHF	Boni etc.	Monate	Pensum in %	Total Lohn pro Jahr in CHF
Markus Meier	5700	5700	2000	12	100	76100
Elena Gross	4800	4800	1000	12	80	63400
Marina Grujic	3400	3400		12	100	44200
Peter Zwahlen	7800	7800	3000	12	100	104400
Nina Molinari	3500	1750		6	100	22750
Total						**310850**

2. **Geplante Budgetanpassungen:** Das Budget für das Folgejahr wird aufgrund der Beschäftigungsdauer, der bekannten Austritte und vorgesehener Änderungen der Pensen angepasst. Markus Meier wird im kommenden Jahr mehr arbeiten. Marina wird im Februar des Folgejahrs nur noch zwei Monate für das Unternehmen arbeiten.

Name	Monatslohn in CHF	13. Monatslohn in CHF	Boni etc.	Monate	Pensum in %	Total Lohn pro Jahr in CHF
Markus Meier	2850	2850	1000	12	50	38050
Elena Gross	4800	4800	1000	12	80	63400
Marina Grujic	3400	567		2	100	7367

Name	Monatslohn in CHF	13. Monatslohn in CHF	Boni etc.	Monate	Pensum in %	Total Lohn pro Jahr in CHF
Peter Zwahlen	7800	7800	3000	12	100	104400
Nina Molinari	3500	3500		12	100	45500
Total						**258717**

3. **Geplante Lohnanpassungen:** In diesem Schritt werden die geplanten Lohnanpassungen aufgerechnet. Da die individuellen Lohnerhöhungen zum Zeitpunkt der Erstellung des Budgets noch nicht bekannt sind, kann eine Gesamterhöhung der Lohnkosten berechnet werden. Wir gehen in unserem Beispiel von 2% aus. Dabei werden nur die tatsächlichen Löhne (in unserem Beispiel 13-mal der Monatslohn, ohne Boni etc.) berücksichtigt.

Name	Monatslohn in CHF	13. Monatslohn in CHF	Gesamtlohn ohne Boni in CHF
Markus Meier	2850	2850	37050
Elena Gross	4800	4800	62400
Marina Grujic	3400	567	41367
Peter Zwahlen	7800	7800	101400
Nina Molinari	3500	3500	45500
Total			253717
Geplante Erhöhung 2%		5075	**258792**

4. **Personaleinsatz:** Die bereits bekannten Neueintritte sowie der Bedarf an zusätzlichen Mitarbeitenden werden dazugerechnet. In unserem Beispiel wird ein neuer Mitarbeiter am 1. März seine Arbeit aufnehmen, der keine Erhöhung von 2% erhält.

Name	Monatslohn in CHF	13. Monatslohn in CHF	Boni etc.	Monate	Pensum in %	Total Lohn pro Jahr in CHF
Markus Meier	2850	2850	1000	12	50	38050
Elena Gross	4800	4800	1000	12	80	63400
Marina Grujic	3400	567		2	100	7367
Peter Zwahlen	7800	7800	3000	12	100	104400
Nina Molinari	3500	3500		12	100	45500
Fabian Müller	5000	4167		10	100	54167
Total						312884
Geplante Erhöhung 2%					5075	**317959**

Sämtliche **variablen Lohnbestandteile** müssen sinngemäss geplant und budgetiert werden. Auch hier ist erneut eine **Abhängigkeit** erkennbar: Wenn die Boni abhängig vom Ergebnis des Unternehmens sind, müssen diese Ziele im Rahmen der Budgetierung einerseits bekannt sein, andererseits die entsprechenden Bonusmodelle berücksichtigt werden. Die entsprechenden Berechnungen sind äusserst aufwendig und werden häufig mehrfach erstellt, wenn man eine möglichst genaue Budgetierung anstrebt.

3.2.3 Budgetierung des Sozialversicherungsaufwands

Die Budgetierung der Lohnkosten hat einen direkten Einfluss auf die gesetzlichen Sozialversicherungskosten. Deshalb macht es Sinn, wenn diese Kosten automatisch berechnet werden. Dazu können **Vorgaben oder Formeln** in den Budgetierungsvorlagen oder -dateien wertvolle Dienste leisten und für Transparenz und Sicherheit sorgen.

Das gilt auch für **Quellensteuern und freiwillige Sozialleistungen,** die zentral geregelt sind. Es macht keinen Sinn, wenn jede Führungskraft unternehmensweite Kosten berechnet, vor allem, wenn eine Abhängigkeit von anderen Kostenarten (wie das bei sozialleistungspflichtigen Lohnbestandteilen der Fall ist) besteht.

3.2.4 Budgetierung des übrigen Personalaufwands

Diese Kosten werden von unterschiedlichen Stellen budgetiert. Zu jeder bereits oben aufgeführten Kostenart zeigen wir mögliche Varianten:

Beschaffungskosten: Auf der Basis der erwarteten Fluktuation und der zusätzlich geplanten Stellen wird der Rekrutierungsaufwand berechnet und budgetiert. Das kann zentral durch die Personalabteilung erfolgen oder aber – wenn z. B. die Kosten den Profitcentern direkt belastet werden – durch die Leiter der Profitcenter. Es kann auch eine Aufteilung erfolgen, z. B. werden die Ausschreibungskosten durch die Führungskräfte budgetiert und die Kosten für die Selektion (Testverfahren, Assessment) durch die Personalabteilung.

Aus- und Weiterbildung, Personalentwicklung: Auf der Basis der Entwicklungsplanung werden sämtliche Kosten geplant. Auch diese kann zentral in der Personalabteilung, durch die Führungskräfte oder kombiniert erfolgen. Denkbar wäre die Trennung individueller Massnahmen (durch die Führungskräfte) und zentraler Massnahmen (durch die Personalabteilung).

Spesenentschädigung und Berufskleidung: In der Regel kennen die Führungskräfte den entsprechenden Aufwand für das Folgejahr und sollten diesen auch planen.

Sonstiger Personalaufwand: Gerade in diesem Kostenblock ist eine Aufteilung sinnvoll: Wer die Kosten beurteilen kann, budgetiert diese. So können die Führungskräfte z. B. Personalgeschenke und -anlässe budgetieren. Es gibt aber auch Unternehmen, die dafür zentrale Budgets je Mitarbeiter (HC, «head count») vorgeben. Der **Aufwand für das Personalrestaurant** wird durch den Betreiber budgetiert. Wenn das Restaurant durch einen externen Anbieter betrieben wird, werden die entsprechenden Gesamtkosten, die für das Unternehmen anfallen, in der Personalabteilung budgetiert.

3.2.5 Budgetierung von Leistungen Dritter

Wer die Aufträge erteilt, kennt den Bedarf und sollte die Budgetierung vornehmen. In einigen Unternehmen werden **Rahmenbedingungen** wie Leistungen Dritter definiert. Diese müssen von einer **zentralen Stelle genehmigt** werden oder der Einsatz von Temporärmitarbeitenden darf maximal einen gewissen Prozentsatz der gesamten Lohnkosten ausmachen. Dann gibt die Stelle, die diese Rahmenbedingungen definiert, die Budgets in der Regel auch vor oder budgetiert sie selbst.

Diese Ausführungen zeigen ein Vorgehen, das zu einer sehr genauen, strukturierten Budgetierung führt. Jedes Unternehmen definiert für sich den **Detaillierungsgrad,** das **Vorgehen** und die **Vorgaben** des Budgetprozesses. Eine einheitliche Aussage kann dazu nicht gemacht werden.

3.2.6 Massnahmen zur Kostensenkung

Die Personalkosten sind oft die höchsten Kosten im Unternehmen. In wirtschaftlich kritischen Situationen kann ein Unternehmen beschliessen, die Personalkosten zu reduzieren. Die **Reduzierung der Personalkosten** hat meist weiter reichende Folgen und muss gut überlegt werden. Man unterscheidet zwischen kurz-, mittel- und langfristigen Massnahmen.

Mit kurzfristigen Massnahmen versuchen Unternehmen, schnell Kosten zu sparen. Das kann unter anderem dazu führen, dass die Qualität der Marktleistung leidet, die verbleibenden Mitarbeitenden mehr Arbeit leisten müssen oder die Medien negativ über das Unternehmen berichten. Darum sind kurzfristige Massnahmen mit Bedacht einzusetzen. Kurzfristige Massnahmen sind beispielsweise:

- **Frühzeitige Pensionierungen:** Man muss aber beachten, dass bei einer finanziellen Beteiligung des Arbeitgebers zur Vermeidung von Rentenkürzungen massgebliche Kosten entstehen.
- **Einstellungsstopp.**
- **Umplatzierungen.**
- **Abbau von externen Mitarbeitenden.**
- **Abbau von Überstunden:** Statt Überstunden zu vergüten, kann der Arbeitnehmer diese auch durch Bezug von Freizeit abbauen.
- **Flexible Arbeitszeitlösungen:** z. B. befristete Arbeitsverhältnisse, freie Mitarbeit oder Zeitarbeit.
- **Einführung von Kurzarbeit:** Dabei wird die Arbeitszeit der Mitarbeitenden während eines bestimmten Zeitraums heruntergesetzt.
- **Gehaltskürzungen** (Änderungskündigung): Wenn alle anderen Massnahmen zur Kostensenkung ausgeschöpft sind und die Kündigung oder die Stilllegung des Unternehmens drohen, werden die Mitarbeitenden evtl. mit einer Gehaltskürzung einverstanden sein.
- **Streichen von Stellen in grossem Umfang:** Diese Massnahme soll gut überlegt werden, denn das Unternehmen verliert Know-how und Erfahrung. Darunter kann die Qualität der Unternehmensleistung leiden. Zudem wirkt sich der Personalabbau negativ auf die verbleibenden Mitarbeitenden aus.

Zuerst sollen **weiche Massnahmen,** wie z. B. Einstellungsstopp, Abbau von externen Mitarbeitenden, umgesetzt werden. Erst wenn diese nicht ausreichend zum Ziel führen, müssen drastischere Massnahmen ergriffen werden.

Wenn die Reduktion von Personalkosten **mittel-/langfristig** geplant wird, hat dies den Vorteil, dass die Motivation der Mitarbeitenden und die Arbeitsqualität nicht leiden. Drei mögliche mittel- bis langfristige Massnahmen sind:

- Einsparungen bei der Fort- und Weiterbildung: Es kann bei der Auswahl der jeweiligen Massnahme oder bei der Auswahl des Weiterbildungsanbieters **gespart** werden. Es kann auch eine Kostenübernahme oder -beteiligung mit dem Mitarbeiter vereinbart werden.
- Gestaltung der Betriebsorganisation: Einen besonders hohen Spareffekt können Unternehmen bei den Lohnkosten erzielen, wenn die Betriebsorganisation **effizient** gestaltet ist, die Geschäftsprozesse stimmig sind sowie Leerlaufzeiten und Doppelarbeit vermieden werden. Wichtig sind die Verbesserung der Leistungsfähigkeit durch ein **gutes Betriebsklima** und die Reduzierung von Fehlzeiten.
- Outsourcing: Ein Unternehmen sollte sich nicht mit Arbeiten belasten, die andere Firmen schneller, besser und günstiger erledigen können. Gerade Routinearbeiten oder selten nachgefragte Spezialaufgaben eignen sich besonders gut zur **Auslagerung.** Der Hauptvorteil von Auslagerungen ist, dass die Leistungen nach Bedarf abgerufen werden können und nur die tatsächliche Arbeit bezahlt werden muss.

3.3 Kennzahlen des Personalcontrollings

Wir befassen uns hier aber nicht mit der gesamten finanziellen Führung, sondern mit dem **Personalaufwand,** und zeigen auf, wie die Personalabteilung die Führungskräfte in der Führung unterstützen kann und soll. Die Basis für eine Führungsunterstützung bildet ein zielgerichtetes, transparentes **Reporting.** Es ist auch die Basis für das **Controlling.** Die Übersetzung von Reporting ist ganz einfach Berichterstattung. Ein wichtiges Instrument sind wie beim finanziellen Reporting die Kennzahlen.

3.3.1 Instrumente des Reportings

Um tatsächliche Sachverhalte übersichtlich darzustellen, eignen sich **Statistiken und grafische Darstellungen. Statistiken** sind Darstellungen von gesammelten Daten. Aus den Daten der Vergangenheit können Gesetzmässigkeiten und Tendenzen abgeleitet werden. Man kann die Daten interpretieren und daraus Massnahmen für die Zukunft ableiten.

Die Statistiken können für das gesamte Unternehmen oder für einzelne Bereiche erstellt werden. Sie können eine bestimmte Periode (Jahr, Monat) darstellen oder mehrere Perioden vergleichen.

Man kann z. B. **Statistiken über folgende Daten** erstellen:

- Austrittsgründe
- Personalbestand
- Fluktuation
- Dienstalters- oder Lebensaltersstruktur
- Fehlzeiten für Ferien, bezahlten Urlaub, Krankheit, Unfall, Mutterschaft, Vaterschaft, Militär
- Unfallstatistiken: Berufs- und Nichtberufsunfälle

Die **verschiedenen Statistiken** können miteinander **kombiniert** werden; so ist z. B. eine Statistik «Fluktuation nach Dienstalter» denkbar. Statistiken können wie im folgenden Beispiel in Tabellenform dargestellt werden.

Abb. [3-4] **Beispiel einer Statistik in Tabellenform**

Fluktuation nach Bereichen	2019	2020
Forschung und Entwicklung	2.30%	1.75%
Produktion	8.63%	8.33%
Marketing, Verkauf	12.75%	11.22%
Administration	5.50%	5.75%
Spedition	0.25%	0.22%

Solche Tabellen sind selten übersichtlich und nicht immer leicht zu lesen und zu interpretieren. Deshalb wird oft die **grafische Darstellungsform** gewählt. Hier stehen verschiedene Möglichkeiten zur Auswahl. In den folgenden Abbildungen sehen Sie einige Beispiele.

Abb. [3-5] Verschiedene Arten von Diagrammen

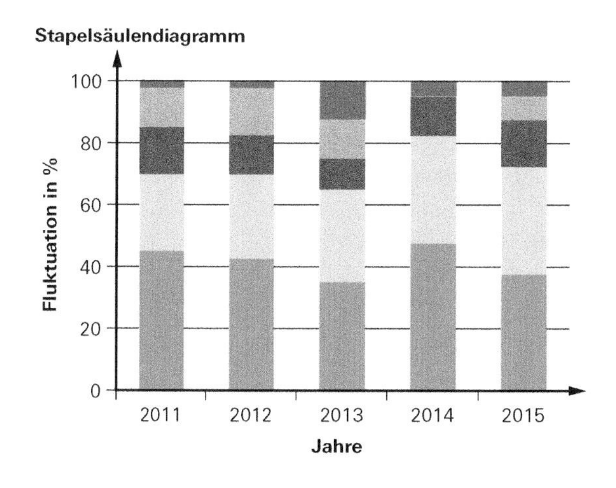

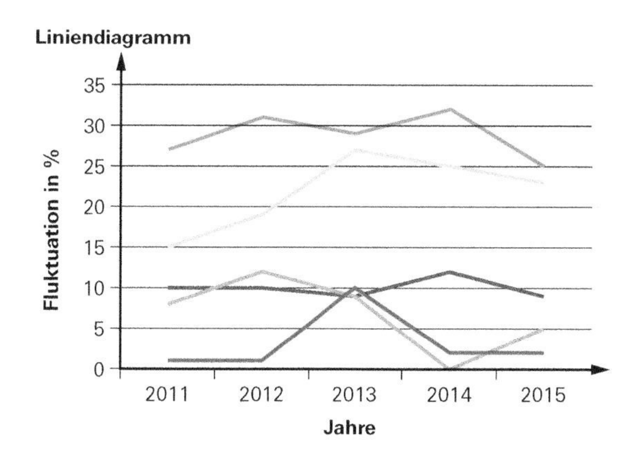

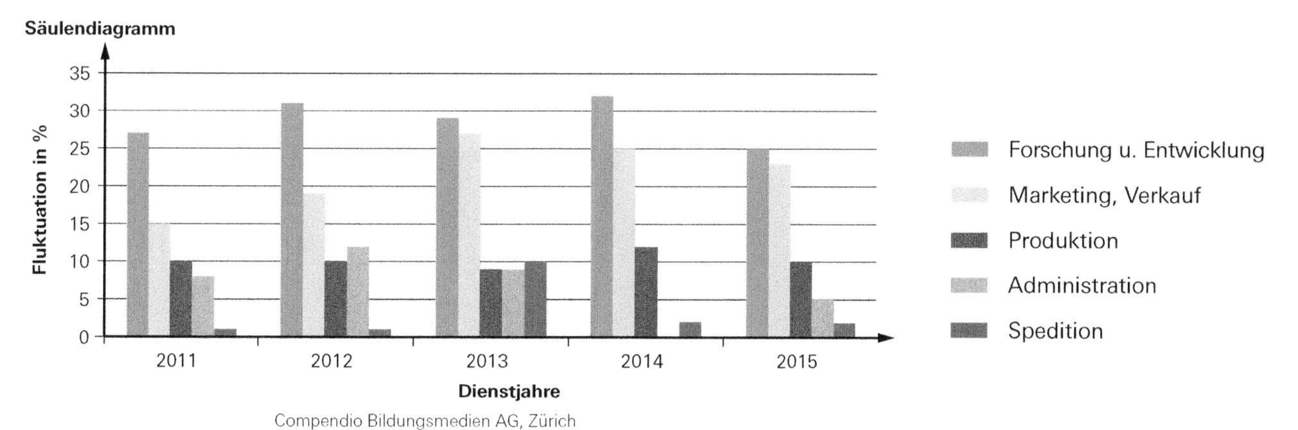

Compendio Bildungsmedien AG, Zürich

In der Präsentation der Daten wählt man die **für den Empfänger optimale Darstellungsform** und Kombination. Im folgenden Beispiel wird der gleiche Sachverhalt auf verschiedene Art dargestellt. Es hängt vom Betrachter ab, auf welche Darstellungsform er anspricht.

Abb. [3-6] Balken- und Punktdiagramm

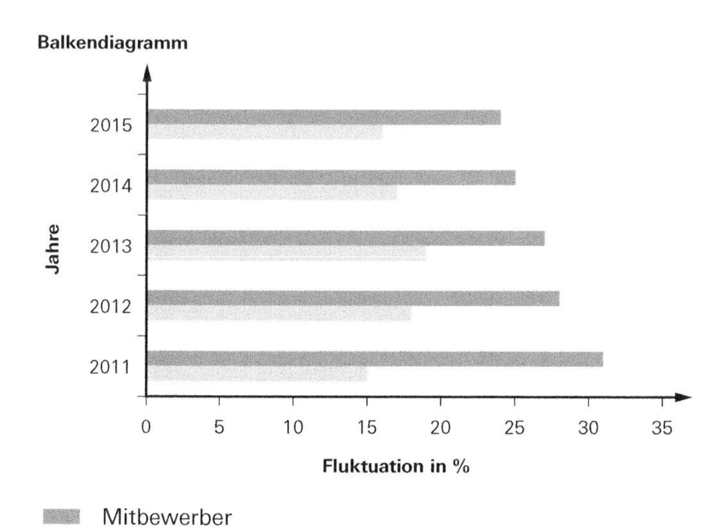

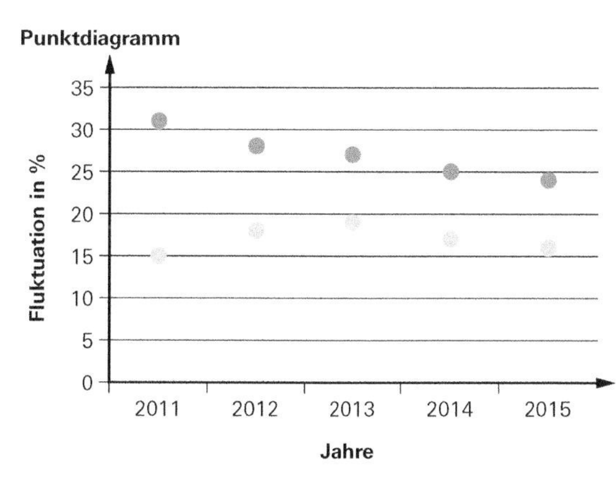

Compendio Bildungsmedien AG, Zürich

Der **tatsächliche Sachverhalt** muss durch die grafische Darstellung erkennbar sein. Das wird z. B. sichergestellt durch:

- Massstab im korrekten Verhältnis (ein unproportionales Verlängern der x- oder der y-Achse führt zu einer verzerrten Darstellung)
- Stufen in einem linearen Verhältnis (die grafische Darstellung einer Dienstaltersstatistik macht keinen Sinn, wenn die Kategorien unterschiedlich sind, z. B. 1 Jahr, 2 Jahre, 3 bis 15 Jahre, 16 bis 30 Jahre)
- Sinnvolle Vergleiche (werden die Kosten für die Weiterbildung ausgewertet, müssen bei jeder Weiterbildung dieselben Kosten erfasst werden)

Das folgende Beispiel zeigt die unterschiedliche Wirkung verschiedener Informationskombinationen im Zusammenhang mit dem **Personalbestand:**

Abb. [3-7] **Personalbestand mit unterschiedlichen Informationskombinationen**

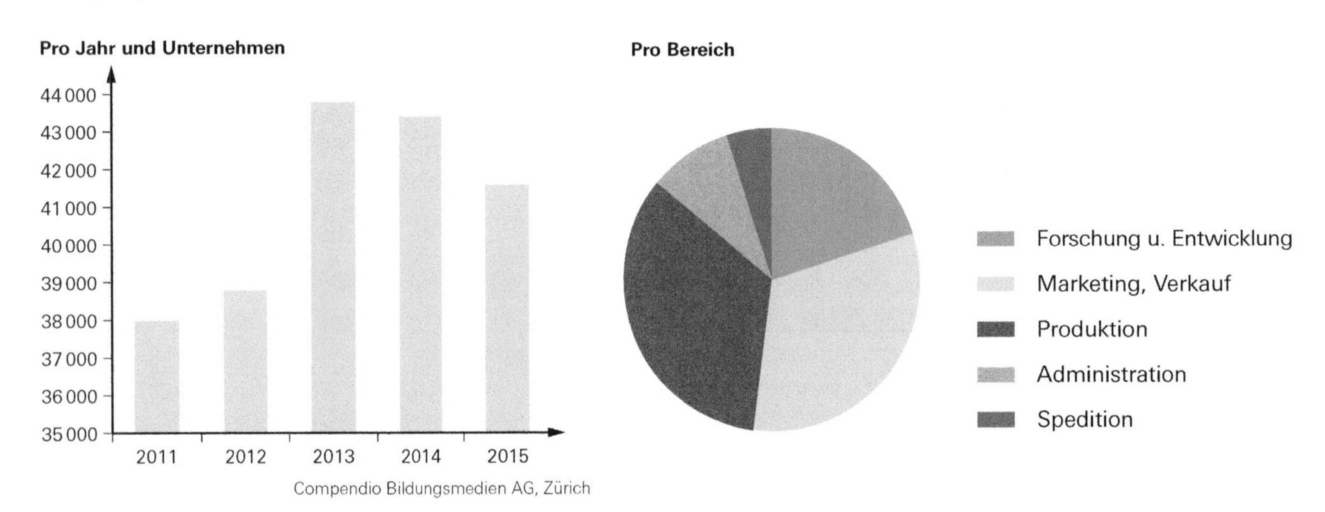

Compendio Bildungsmedien AG, Zürich

Wichtig ist jedoch nicht nur die Aussagekraft solcher Darstellungen, sondern vor allem der Inhalt. Aus diesem leiten die Führungskräfte und die Geschäftsleitung **Massnahmen für die Zukunft** ab. Wir bringen dazu ein Beispiel.

Abb. [3-8] **Die Anzahl von Mitarbeitenden in den einzelnen Altersgruppen**

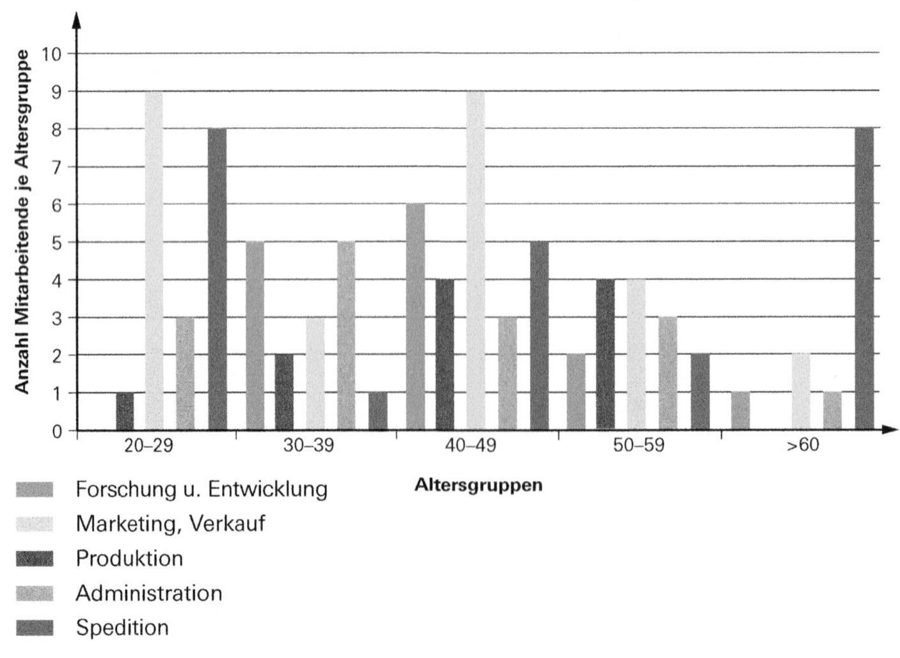

Compendio Bildungsmedien AG, Zürich

Hier fällt z. B. auf, dass in der Spedition in den nächsten ein bis fünf Jahren acht Mitarbeitende, das ist ein Drittel des gesamten Bereichs, in Pension gehen werden. Hier müssen schon heute **Massnahmen** getroffen werden, um diese Stellen wieder besetzen zu können.

Auch wenn in der Forschung und Entwicklung nur ein Mitarbeiter im selben Zeitraum in Pension geht, muss diese Situation besonders beachtet werden. Da in der Forschung und Entwicklung in der Regel hoch qualifizierte Fachkräfte arbeiten, die nicht einfach zu ersetzen sind, muss auch hier frühzeitig mit der **Nachfolgeplanung** begonnen werden.

Die Übersetzung des Begriffs «Reporting» zeigt, dass eine Unterstützung durch Reporting reaktiv ist. Das reicht grundsätzlich nicht, es braucht einen antizipierenden Ansatz, dieser liefert das Controlling.

3.3.2 Controlling

Controlling bedeutet nicht nur Kontrolle, sondern vor allem Regelung, Leitung, Überwachung.

Die folgende Definition (Quelle: Gabler Wirtschaftslexikon) zeigt, was unter Controlling verstanden wird:

«Controlling ist ein Teilbereich des unternehmerischen Führungssystems, dessen Hauptaufgabe die **Planung, Steuerung und Kontrolle aller Unternehmensbereiche** ist. Im Controlling laufen die Daten des Rechnungswesens und anderer Quellen zusammen.»

Was gehört zu den Aufgaben im Controlling?

- **Vorgaben planen und definieren:** Es geht darum, Zielwerte und Massstäbe zu definieren, die Soll-Werte.
- **Analyse:** Die tatsächlichen Ergebnisse, d. h., die Ist-Werte und -Daten, werden ermittelt.
- **Vergleich:** Die Ergebnisse werden mit den Zielwerten verglichen. Daraus erkennt man Abweichungen (Delta); die Ursachen werden analysiert.
- **Steuerung:** Auf der Basis der gewonnenen Erkenntnisse werden entsprechende Massnahmen eingeleitet.

Abb. [3-9] **Aufgaben des Controllings**

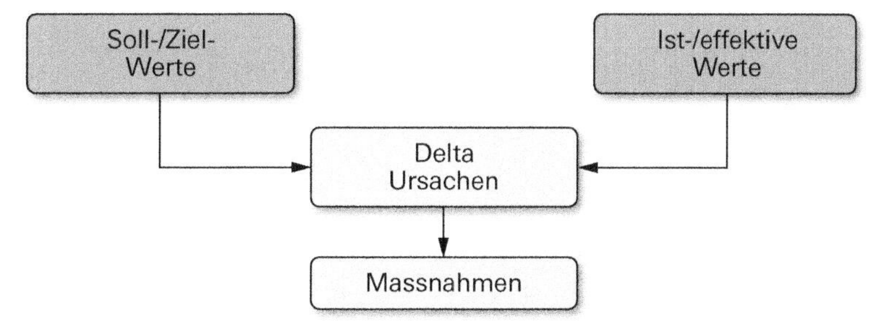

Compendio Bildungsmedien AG, Zürich

Man unterscheidet das quantitative (operative) und das qualitative (strategische) Controlling.

Die folgende Tabelle zeigt die wesentlichen Unterschiede:

Abb. [3-10] **Operatives und strategisches Controlling**[1]

Operativ	Unterscheidungsmerkmale	Strategisch
• Kurzfristig-mittelfristig • Reaktiv	**Horizont**	• Langfristig • Eher proaktiv
• Information • Unterstützung der Optimierung • Maximierung der Wirtschaftlichkeit	**Hauptaufgabe**	• Existenzsicherung • Optimale, qualitative Steuerung der Personalressourcen
• Quantitativ: harte Kennzahlen	**Inhalte**	• Qualitativ: weiche Kennzahlen / Indikatoren
• Beachtung von Details	**Detaillierungsgrad**	• Vernachlässigung von Details
• Nach innen (Unternehmen)	**Orientierung**	• Unternehmen und Umwelt
• Unteres-mittleres Management	**Adressat**	• Oberes Management

Wir befassen uns in der Folge mit dem **operativen Controlling.**

A] Vorgaben

Die Vorgaben werden in der Regel mittels Kennzahlen definiert. **Personalkennzahlen** sind Masszahlen zu wichtigen Personalsachverhalten in einem Unternehmen.

Unterschieden werden können:

- **Absolute Kennzahlen** werden als Zahlenwert ausgedrückt (z. B. das Unternehmen beschäftigt 200 Mitarbeitende, die Personalkosten belaufen sich auf CHF xx).
- **Relative Kennzahlen** stellen eine Beziehung zwischen zwei Grössen her. Das Verhältnis wird in % ausgedrückt (z. B. der Frauenanteil liegt bei 44% – im Verhältnis zum Männeranteil; die Fluktuationsrate beträgt 2% – im Verhältnis zum Personalbestand).
- **Indexzahlen** gehen von einer absoluten Kennzahl zu einem bestimmten Zeitpunkt aus; dieser wird dem Wert 100 gleichgesetzt. Die Veränderungen werden in Relation dazu ausgedrückt (z. B. Personalbestand im Jahr 2010 = 200 Mitarbeitende [Indexwert = 100]; Personalbestand im Jahr 2015 = 216, das ergibt einen neuen Indexwert von 108 [+8 Indexpunkte]). Die Veränderung entspricht einer Erhöhung um 8%.

Es gibt fast endlos viele **Personalkennzahlen.** Jedes Unternehmen muss für sich die relevanten Kennzahlen definieren, mit denen es seine Ziele erreichen und überwachen möchte. Wir bringen einige Beispiele.

Abb. [3-11] **Personalkennzahlen**

Personalkennzahl	Beispiele
Personalstruktur	• Personalbestand: Anzahl MA (In- bzw. Ausland) • Männer-/Frauenanteil • Anteil befristeter / unbefristeter Arbeitsverträge • Anteil MA mit Pensum von 100%, 90%, 80% etc. • Anzahl / Anteil Lernender (männlich / weiblich) • Anzahl / Anteil MA in Führungspositionen / Führungsspanne • Anteil MA über 60 Jahre, 51–60 etc. • Durchschnittliche Zugehörigkeit zum Unternehmen in Jahren • Anzahl MA, die in den nächsten 5 Jahren pensioniert werden • Fluktuationsquote im Durchschnitt • Kündigung durch AG bzw. AN • Etc.

[1] Quelle: nach Torsten J. Gerpott; Sven H. Siemers.

Personalkennzahl	Beispiele
Arbeits- und Fehlzeiten	• Überstunden pro MA (pro Bereich, pro Funktion etc.) • Bezahlte / unbezahlte Absenzen • Arbeitsunfälle (Anzahl, im Durchschnitt pro MA) • Vorzeitige Pensionierung pro Jahr in % • Etc.
Humankapital / Personalkosten	• Personalaufwand (gesamt, pro MA, % vom Umsatz) • Umsatz pro MA • Löhne, Zulagen, Boni, Fringe Benefits, Sozialversicherung, Pensionskasse • Entsendungsquote ins Ausland • Etc.
Personalgewinnung / Personalmarketing / Personalentwicklung	• Dauer für die Besetzung (intern / extern) von vakanten Stellen (auch Lehrstellen) • Aufwand für die Personalgewinnung • Aufwand Personalentwicklung (Gesamt, pro MA, % vom Umsatz) • Ausfallzeiten (in Tagen) aufgrund von Massnahmen der Personalentwicklung • Anzahl Mitarbeitergespräche (Ist / Soll) Anzahl / Anteil MA mit bestimmten Qualifikationen • Identifizierte Talente im Verhältnis zum Personalbestand • Etc.

Um die Kennzahlen sinnvoll interpretieren zu können, braucht es immer Zielgrössen oder einen Benchmark, mit dem man die eigenen Zahlen vergleichen kann. Wichtig ist, dass die Zielgrösse realistisch ist. Es macht wenig Sinn, eine Steigerung von 5% beim Umsatz/Mitarbeiter zu verlangen, wenn die letzten fünf Jahre jeweils 1.5% erreicht wurden.

B] Analyse

Die Personalabteilung (in Grosskonzernen gibt es meist eine eigene Abteilung für das Personal-Controlling) ermittelt **periodisch** auf der Basis der verarbeiteten Daten die **tatsächlichen Werte** zu den Soll-Werten.

Je nach Werten und Vorgaben des Unternehmens werden diese **Ist-Werte** monatlich, quartals- oder semesterweise ermittelt. Es ist nicht sinnvoll, diese Daten erst nach einem Jahr zu ermitteln, da in diesem Fall die kurzfristige Steuerungsfunktion des Personalcontrollings nicht greift.

Beispiel

Wenn als Ziel der Abbau von Ferienresttagen formuliert wurde und die entsprechende Kennzahl z. B. «Ferienbestand Vorjahr minus 20%» ist, muss der tatsächliche Ferienbestand mindestens nach den Frühlings-, den Sommer- und den Herbstferien eruiert werden.

Wenn die Ferienplanung im Personalinformationssystem erfolgt, kann der Planungsstand gar monatlich ermittelt werden.

Damit greifen wir aber vor. Deshalb zurück zur Analyse. Wir vertiefen anhand von drei Beispielen die **Ist-Werte.**

Beispiel

Umsatz pro Mitarbeiter

Die entsprechenden Systeme liefern die Daten, die bestenfalls automatisch ins Personalinformationssystem fliessen. Falls die Personalabteilung diese Werte nicht hat, können sie von anderen Bereichen zur Verfügung gestellt werden. Das zeigt den Koordinationsbedarf – auch im Controllingprozess.

Dauer für die Besetzung vakanter Stellen

Hier werden die für die Rekrutierung Zuständigen angehalten, Auswertungen zu generieren, oder die Systeme sind in der Lage, diese Werte zu generieren.

Überstunden pro Mitarbeiter

Das ist ein Wert, den die Führungskräfte für die Einsatzplanung laufend, also mindestens einmal monatlich benötigen. Allenfalls werden diese durch das HR z. B. aus dem Zeiterfassungssystem extrahiert oder die Führungskräfte haben selbst Einblick in entsprechende Systeme.

C] Vergleich

In einem ersten Schritt werden die Daten aufbereitet und gegenübergestellt. Eine tabellarische oder optimalerweise **grafische Darstellung** der Werte erleichtert den Verantwortlichen das Erkennen von Abweichungen auf einen Blick. Fliesstexte eignen sich dafür nicht oder weniger.

Für die grafische Darstellung eignen sich auch hier vor allem **Diagramme.** Im **Monatsreporting** gibt es folgende Möglichkeiten:

- Vergleich des laufenden Monats mit demselben Monat des Vorjahrs und mit dem Zielwert
- Kumulierte Darstellung bis zum laufenden Monat, allenfalls ebenfalls mit einem Vergleich zum Vorjahr (gesamthaft oder Monatssicht) und mit dem Zielwert
- Vergleich des Ist-Werts mit dem Zielwert
- Etc.

Die folgenden Beispiele zeigen mögliche Darstellungsformen:

Beispiel

Umsatz pro Mitarbeiter

Wir gehen davon aus, dass alle Mitarbeitenden aufgrund unterschiedlicher Verkaufsgebiete oder Preissegmente unterschiedliche Umsatzziele haben.

Abb. [3-12] **Umsatz Mitarbeitende dargestellt als Tabelle (Angaben in CHF 1 000)**

	Umsatz Juni	Monatsdurchschnitt YTD	Umsatz Juni Vorjahr	Zielgrösse Monatsdurchschnitt
Anton Ameise	2.4	4.3	2	5.0
Barbara Burger	4.4	2.5	2	4.5
Charles Comminot	1.8	3.5	3	2.0
David Denner	2.8	4.5	5	3.5

Abb. [3-13] **Umsatz Mitarbeitende dargestellt im Säulendiagramm**

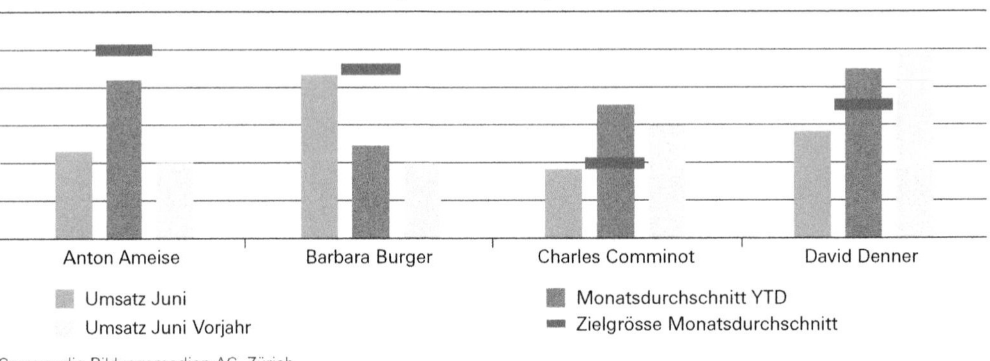

Compendio Bildungsmedien AG, Zürich

Dauer für die Besetzung vakanter Stellen

Wir treffen folgende Annahme: Für jede Vakanz wird dieselbe maximale Dauer bis zur Besetzung der Stelle vorgegeben.

Abb. [3-14] **Dauer für die Besetzung vakanter Stellen dargestellt als Tabelle**

	Zielgrösse, Tage	Dauer in Tagen
Vakanz 1	30	55
Vakanz 2	30	12
Vakanz 3	30	29
Vakanz 4	30	38

Abb. [3-15] Dauer für die Besetzung vakanter Stellen dargestellt im Punktdiagramm

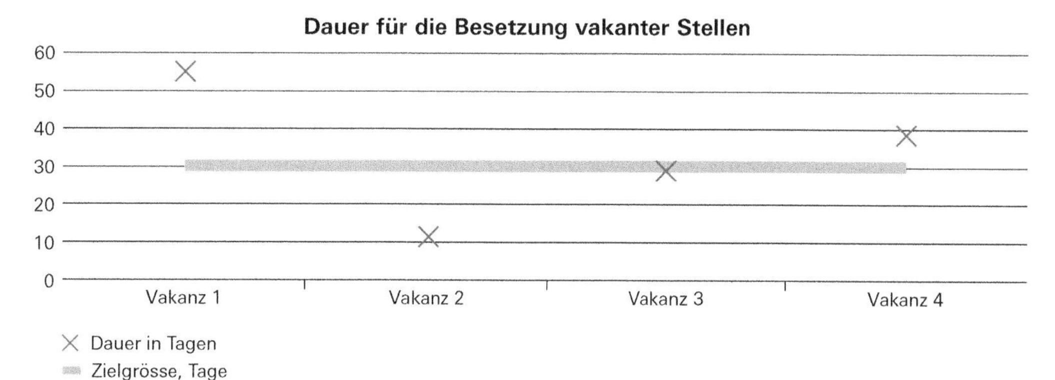

Compendio Bildungsmedien AG, Zürich

Überstunden pro Mitarbeiter

Wir gehen von einer Zielsetzung aus, die keinen monatlichen Zielwert, sondern einen Jahresendsaldo von 0 Stunden definiert. Der monatliche Saldo ist jeweils kumuliert.

Abb. [3-16] Überstunden pro Mitarbeiter dargestellt als Tabelle

	Übertrag	Januar	Februar	März	April	Mai	Juni
Anton Ameise	0	0	0	2	0	0	2
Barbara Burger	0	2	4	6	6	4	4
Charles Comminot	0	15	14	12	12	11	10
David Denner	10	8	10	15	20	30	45

Abb. [3-17] Überstunden pro Mitarbeiter dargestellt als Säulendiagramm

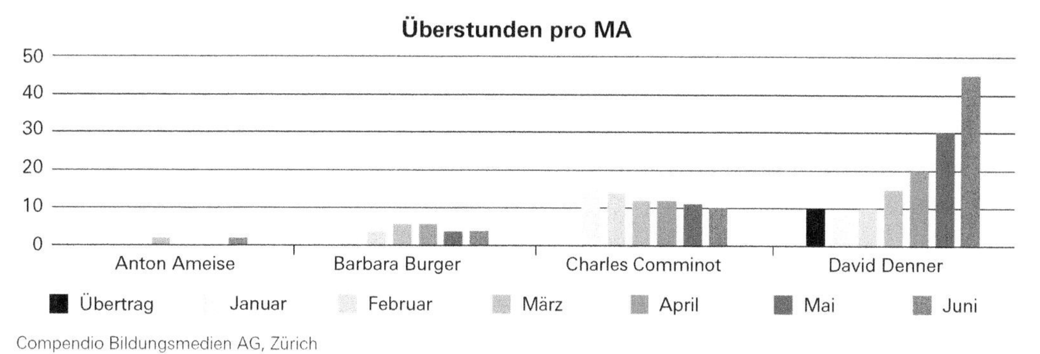

Compendio Bildungsmedien AG, Zürich

Hinweis

Nicht jeder Vergleich ist sinnvoll und zielführend. So kann nach grösseren Veränderungen im Unternehmen ein Vergleich mit Vorjahreswerten irrelevant sein. Viele Firmen vergleichen ihre Fluktuation z. B. mit Werten innerhalb der Branchen und Märkte. Die Aussagekraft dieses isolierten Vergleichs ist eher irrelevant und unter Umständen irreführend, wenn nicht bekannt ist, welche Austritte in die Berechnung einfliessen. Ein Vergleich der eigenen Bereiche mit Vorjahreswerten und die Auswertung von Austrittsgesprächen sind hier aussagekräftiger.

So sind auch externe Vergleiche von Löhnen oder Personalkosten gefährlich, wenn nicht sämtliche Informationen zur Verfügung stehen.

Wir haben nun die **Differenzen zwischen den Zielgrössen** respektive den Erwartungen und den tatsächlichen Werten dargestellt.

Diese werden den Verantwortlichen mitgeteilt, die die **Ursachenanalyse** vornehmen und z. B. gegenüber ihren Vorgesetzten die **Abweichungen** begründen. Das könnte in unseren Beispielen wie folgt aussehen:

Beispiel

Abb. [3-18] Umsatz pro Mitarbeiter

	Ursachenanalyse, Begründung
Anton Ameise	Nähert sich der Zielgrösse an
Barbara Burger	Leistungsabfall der Vormonate behoben, Tendenz gut
Charles Comminot	Weit über Zielwert, entwickelt das Gebiet gut
David Denner	Leistungsabfall bekannt und besprochen

Abb. [3-19] Dauer für die Besetzung vakanter Stellen

	Zielgrösse, Tage	Dauer in Tagen	Ursachenanalyse, Begründung
Vakanz 1	30	55	Schwieriger Markt, falsches Medium gewählt
Vakanz 2	30	12	Interne Rekrutierung
Vakanz 3	30	29	Gute Planung, gutes Netzwerk
Vakanz 4	30	38	Absage der Erstkandidatin

Abb. [3-20] Überstunden pro Mitarbeiter

	Ursachenanalyse, Begründung
Anton Ameise	Ausnahmsweise Einsatz anlässlich Inventur
Barbara Burger	Einsatzsteigerung nach Gesprächen, baut Mehrstunden wieder ab
Charles Comminot	Viel Arbeit, neue Kunden
David Denner	Gehört zum Thema Leistungsabfall, bereits besprochen

D] Steuerung

Mit der Darstellung der **Abweichungen und der Ursachenanalyse** und der Begründung ist der Controllingprozess weder abgeschlossen noch zielführend. Im Schritt Steuerung geht es nun darum, aus den Erkenntnissen **konkrete Massnahmen** abzuleiten. Auch dazu bringen wir Beispiele zu den bisherigen Zielwerten.

Beispiel

Abb. [3-21] Umsatz und Überstunden pro Mitarbeiter

	Massnahmen
Anton Ameise	Weitere Unterstützung, keine Massnahmen zu Überstunden
Barbara Burger	Massnahmen der Vormonate weiterführen, Aufbau Überstunden bereits thematisiert, Abbau läuft
Charles Comminot	Kundenaufbau weiterführen, derzeit kein Fokus auf Überstunden
David Denner	Klare Zielsetzung in Bezug auf Umsatz, Verhalten und Methodik (Überstundenaufbau) schriftlich festgehalten, regelmässige Begleitung durch Führungskraft, Schulung

Dauer für die Besetzung vakanter Stellen

- **Verbesserungsmassnahmen:** Bei künftigen Vakanzen Medienwahl fokussieren, Zweitkandidat in der Schlussrunde besser einbinden.
- **Optimierungsmassnahmen, Benchmark:** Netzwerke aktivieren, interne Laufbahnen fokussieren.

3.3.3 Nachhaltiges Ressourcenmanagement

Das **strategische Controlling** bezieht sich auf **Langfristigkeit** und fokussiert damit auf **Nachhaltigkeit.** So können z. B. durch Mitarbeiter- oder auch Kundenumfragen Indikatoren generiert werden, die im Vergleich zu früheren Auswertungen eine hohe Aussagekraft über die nachhaltige Wirkung der internen Massnahmen haben.

Auswertungen von Mitarbeitergesprächen, Zielerreichungen oder Austrittsgesprächen können eine **Verbindung zwischen langfristigen und kürzerfristigen Indikatoren** herstellen.

Wenn aus diesen Erkenntnissen strategische Massnahmen abgeleitet, konsequent umgesetzt und kontrolliert werden, generiert das eine **nachhaltige Wirkung** und unterstützt ein nachhaltiges Ressourcenmanagement.

Eine nachhaltige Wirkung erzielt aber **auch das operative Management,** wenn bei jedem Entscheid und jeder Handlung die möglichen Konsequenzen bewusst gemacht und berücksichtigt werden.

Beispiel

Wir geben Ihnen für jeden Schritt im HR-Prozess Beispiele, wie man Nachhaltigkeit erreicht:

Planung

Hier beginnt die Nachhaltigkeit im **qualitativen und quantitativen Einsatz von Personalressourcen.** Zum Beispiel wird in der Definition von Anforderungsprofilen oft die «Eier legende Wollmilchsau» beschrieben.

Ein Stelleninhaber, der das Profil im Wesentlichen erfüllt, aber einen Grossteil der **Kompetenzen im Alltag nicht einsetzen kann,** wird das Unternehmen nach kurzer Zeit wieder verlassen. Das generiert nicht nur immense Kosten, sondern schafft im Team und anderen Stakeholdern gegenüber Unruhe, was zu Leistungsabfall führen kann.

Quantitativ kann Nachhaltigkeit generiert werden, indem in der Budgetrunde nicht einfach die bisherigen Stellen wieder budgetiert werden, sondern **Überlegungen zu Optimierungen** gemacht werden. Optimierungen bedeuten nicht automatisch Einsparungen.

Suche / Auswahl

Das plakativste Beispiel ist die Rekrutierung: Wie oft werden kurzfristige Entscheide gefällt oder Kompromisse eingegangen, die ein aktuelles Problem wohl lösen, nämlich die Stelle besetzen, aber **langfristig neue Probleme** schaffen?

Gerade in der Rekrutierung, die auf einer umfassenden Planung basiert, die auf Langfristigkeit ausgerichtet ist (Stellenbeschreibungen, Anforderungsprofile respektive das Zusammenspiel der gesamten Aufbauorganisation), können eine **erneute Ausschreibung** und das «Warten» auf den oder das Ansprechen von richtigen Kandidaten dafür sorgen, dass nicht nur neue Kompetenzen, sondern auch Potenziale gewonnen werden können.

Einsatz / Führung

Transparente Führung und transparente Kommunikation mit vertretbaren Entscheiden, die auch, wenn sie Ausnahmen bilden, offen kommuniziert werden können und in die Rahmenbedingungen passen, schaffen das Fundament für Nachhaltigkeit.

Der Selektion, Entwicklung und Förderung der aktuellen und der künftigen Führungskräfte kommt dabei eine zentrale Bedeutung zu. Denn eine fähige Führungskraft agiert als **Multiplikator** gegenüber all ihren Mitarbeitenden – auch eine nicht fähige Führungskraft.

Entlohnung

Die Ableitung **transparenter Lohnmodelle** auf der Basis der Anforderungen an die Stellen (Funktionsbewertung) schafft eine relevante Basis für Nachhaltigkeit in der Entlohnung.

Eine **konsequente Umsetzung bestehender Lohnmodelle,** ohne nicht vertretbare Ausnahmen zu machen, schafft vielleicht kurzfristig unangenehme Situationen, wenn z. B. Mitarbeitende eine immense Lohnerwartung haben, die nicht erfüllt werden kann, und das Unternehmen zu verlassen drohen. Die Überschreitung eines Lohnrahmens in der aktuellen Funktion führt bekanntlich nicht zu Zufriedenheit, wenn man Herzbergs Theorie folgt. Und bei Bekanntwerden einer solchen Ausnahme sind die Folgen im Team verheerend.

Einem Mitarbeiter, der mehr Lohn erwartet, können **Entwicklungsmöglichkeiten und Laufbahnen** aufgezeigt werden. Nicht nur eine in Aussicht gestellte Entwicklung des Lohns, sondern auch eine Beteiligung an einer Weiterbildung kann die entsprechende Motivation schaffen.

Entwicklung

Sämtliche Entscheide, wie einzelne Bildungsmassnahmen, flächendeckende Entwicklungsmassnahmen, Beförderungen wollen wohlüberlegt sein. So macht es keinen Sinn, aus Goodwill einem Mitarbeiter einen Kurs zu bezahlen, der einem Kollegen nicht bezahlt würde. Aber auch das Engagement eines externen Trainers, der gerade im Trend liegt, macht nur Sinn, wenn die **Inhalte zu den Zielen des Unternehmens passen.**

Freisetzung

Nachhaltigkeit in der Freisetzung kann durch **Berücksichtigung der Bedürfnisse der verbleibenden** Mitarbeitenden nach Austritten durch **transparente Kommunikation** und damit **Vermeidung von Unsicherheiten** generiert werden. Der Begriff **«faire Kündigung»** wirkt nur auf den ersten Blick paradox: Wenn sich Leistung oder Verhalten eines Mitarbeiters ändern, kann das erkannt werden. Ein rasches Ansprechen des Betroffenen und Anleitung oder Unterstützung, selbst wenn drastischere Massnahmen, wie Verwarnungen, erforderlich sind, kann zu **Verbesserungen** führen.

Wenn die Massnahmen nicht zum gewünschten Erfolg führen und eine Entlassung unvermeidbar ist, kommt diese für niemanden überraschend – und sie erfolgt «fairer» als eine spontane, nicht nachvollziehbare Kündigung.

Im Personalressourcenmanagement dürfen **externe Einflüsse** nicht vergessen werden, die aus den Umweltsphären und Anspruchsgruppen erwachsen. Die Berücksichtigung dieser Einflüsse trägt auch zu einem nachhaltigen Personalmanagement bei. Es ist wichtig für eine Führungskraft, den Markt, in diesem Fall den **Arbeitsmarkt,** zu kennen. Welche Statistiken stehen in der Schweiz zur Verfügung, um sich ein Bild vom Arbeitsmarkt zu machen? Wir geben Ihnen zwei Beispiele:

- **«Die Lage auf dem Arbeitsmarkt»:** Das SECO veröffentlicht monatlich eine umfassende Dokumentation zur Gesamtlage auf dem Arbeitsmarkt. Diese macht z. B. Aussagen über die Arbeitslosenzahl und -quote nach Kantonen, Wirtschaftszweigen, Berufsgruppen, Altersklassen, Funktion und vieles mehr.

- **Erwerbstätigkeit und Arbeitszeit – Indikatoren:** Das Bundesamt für Statistik stellt eine Verbindung zwischen Arbeitsmarkt- und Bevölkerungsstatistiken her und stellt diese in der **Arbeitsmarktgesamtrechnung (AMG)** dar. Es geht hier um Bewegungen auf dem Arbeitsmarkt. Auch das Wachstum der Erwerbsbevölkerung in der Schweiz ist ersichtlich.

Prognosen können ebenfalls spannend sein. Dazu verweisen wir z. B. auf den **Arbeitsmarktbarometer** der Manpower. Quartalsweise wird in gesamthaft 42 Ländern jeweils eine relevante Anzahl von Arbeitgebern gefragt, ob ihrer Meinung nach die Personalbestände sich im folgenden Quartal erhöhen, zurückgehen oder gleich bleiben werden. Damit erstellt Manpower pro Land eine **Arbeitsmarktprognose,** die die Stimmung in den Arbeitsmärkten aus Sicht der Arbeitgeber zeigt. Die Entwicklung dieser Zahlen kann weltweit in 42 Ländern verfolgt werden und kann für Rekrutierungsanstrengungen eine gewisse Aussagekraft haben.

Zusammenfassung

Die **Personalkosten** setzen sich aus dem Lohnaufwand, dem Sozialversicherungsaufwand, dem übrigen Personalaufwand sowie aus Leistungen Dritter zusammen. Die **Personalkostenplanung** stellt die Kostenauswirkungen von Personalentscheidungen fest. Die Budgetierung der Personalkosten ist abhängig von der Gesamtbudgetierung des Unternehmens und erfordert einen gewissen Koordinationsaufwand.

Personalkennzahlen helfen bei der Führung des eigenen Teams. Auch betriebswirtschaftliche Kosten-Nutzen-Überlegungen sind nützlich. Inner- und überbetriebliche Kostenvergleiche für ähnliche Leistungen oder vergleichbare Massnahmen können Schwachstellen und mögliche Effizienzsteigerungen aufzeigen.

Das **Reporting** ist die Berichterstattung; es schafft Transparenz über tatsächliche Werte und dient den Führungskräften als Basis für ihre Führung. Umfassender ist das Controlling, in dem vor der Berichterstattung Soll-Werte generiert werden. Diese werden mit den Ist-Werten verglichen. Nach einer Ursachenanalyse werden umgehend Massnahmen definiert.

Nachhaltiges Ressourcenmanagement in der Personalarbeit und Führung kann durch strategische Entscheide, durch die konsequente Umsetzung entsprechender Massnahmen, aber auch im operativen Management betrieben werden, indem die Konsequenzen von Entscheiden und Handlungen berücksichtigt werden.

Repetitionsfragen

7	Welche der folgenden Kennzahlen sind für den Personalbereich interessant? A] Durchschnittlicher Lohn B] Fehlzeitenquote C] Rentabilität D] Fluktuationsquote E] Produktivität F] Anteil Männer / Frauen
8	Nennen Sie drei kurzfristige Massnahmen zur Senkung der Personalkosten.
9	Wie kann in der Entlohnung Nachhaltigkeit generiert werden?

Teil B

Personal gewinnen

4 Personalplanung

Lernziele

Nach der Bearbeitung dieses Kapitels können Sie …

- erklären, was eine systematische Personalbedarfsplanung beinhaltet.
- die quantitative und die qualitative Personalbedarfsplanung beschreiben.
- eine Stellenbeschreibung, ein Funktionendiagramm und ein Anforderungsprofil erstellen.

Schlüsselbegriffe

Anforderungsprofil, Fachkompetenz, Fehlzeiten, Fluktuation, Funktionendiagramm, Ich-Kompetenz, Methodenkompetenz, Nettobedarf, Personalbedarfsplanung, Personaleinsatzplanung, Personalkostenplanung, qualitative Personalbedarfsplanung, quantitative Personalbedarfsplanung, Sozialkompetenz, Stelle, Stellenbeschreibung, Stellenplan, Stellenbesetzungsplan

Die Personalplanung ist das **Bindeglied zwischen dem strategischen und dem operativen Personalmanagement:** Sie ermittelt die benötigten personellen Ressourcen für die Umsetzung der Unternehmensziele. Auf die Unternehmensplanung ausgerichtet, wird die Personalplanung – wie z. B. auch die Finanzplanung – als «Sekundärplanung» bezeichnet. Sie hängt mit allen anderen Teilplänen der Unternehmensplanung eng zusammen, insbesondere mit der Absatz- und der Produktionsplanung, und umfasst unter anderem die folgenden drei Planungsbereiche:

- Die **Personalbedarfsplanung** ermittelt die für den Planungszeitraum benötigte Anzahl Mitarbeitender und deren Qualifikationen (quantitative und qualitative Bedarfsplanung).
- Die **Personaleinsatzplanung** steuert den optimalen Einsatz der vorhandenen Personalkapazitäten.
- Die **Personalkostenplanung** ermittelt die Kostenauswirkungen von Personalentscheidungen.

Abb. [4-1] **Personalplanung als Teil der Unternehmensplanung**

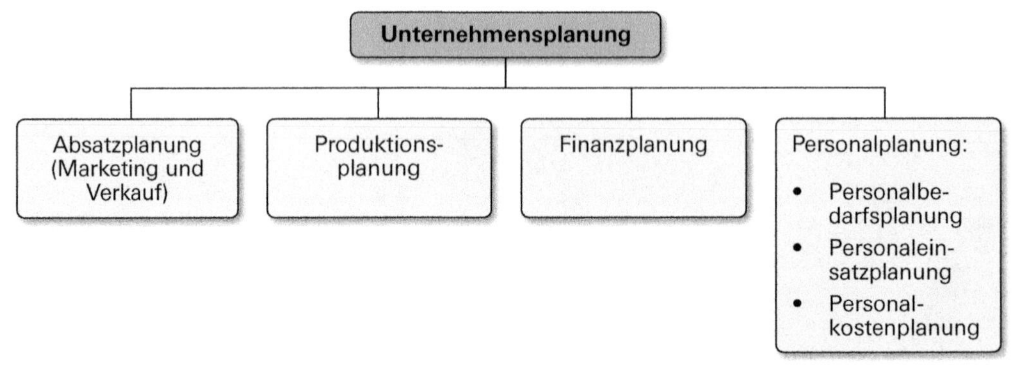

Compendio Bildungsmedien AG, Zürich

Die Personalplanung hängt massgeblich von den **restlichen Teilplänen der Gesamtunternehmensplanung** ab, insbesondere von der Absatz- und der Produktionsplanung. Die Koordination der Unternehmensplanung erfolgt z. B. durch das Rechnungswesen oder die Geschäftsleitung selbst; für die Personalplanung zeichnet die Personalabteilung verantwortlich.

4.1 Warum braucht man Personalplanung?

Wie jede andere Planung muss die Personalplanung vier **Bedingungen** erfüllen:

- **Kontinuität:** Die Personalplanung muss der vergangenen Entwicklung, der gegenwärtigen Situation und v. a. der zukünftigen Entwicklung des Unternehmens Rechnung tragen.
- **Plausibilität:** Die Personalplanung muss mit den Zielen der anderen Teilpläne übereinstimmen.

- **Ganzheitlichkeit:** Die Personalplanung muss sichtbar dazu beitragen, das übergeordnete Gesamtziel zu erreichen. Dabei richtet sie ihr Augenmerk nicht nur auf die quantitativen, sondern auch auf die qualitativen Planungsfragen.
- **Veränderung:** Die Personalplanung berücksichtigt systematisch neue Anforderungen (z. B. Fachwissen), die an die Mitarbeitenden gestellt werden. Sie sorgt so dafür, dass das Unternehmen den Anschluss an den Markt nicht verliert.

Ohne systematische Personalplanung geht das Unternehmen ein beträchtliches Risiko ein, denn

- das Einstellen eines Mitarbeiters ist eine finanziell bedeutende Entscheidung. Die Qualität dieser Entscheidung leidet, wenn man ungeplant und unvorbereitet unter Zeitdruck entscheiden muss.
- ohne Personalplanung sind kurzfristig Personalengpässe und langfristig Qualifikationslücken zu befürchten.
- ohne Personalplanung vergibt man die Chance, Mitarbeitende rechtzeitig auf künftige Aufgaben vorzubereiten und somit interne Stellenbesetzungen vornehmen zu können.
- andere Personalfunktionen wie Aus- und Weiterbildung, Berufsbildung und Personalförderung können nur auf der Grundlage einer systematischen Personalplanung zielorientiert ausgeübt werden.
- Ad-hoc-Entscheidungen im Personalbereich schaden dem Betriebsklima.

Auch eine systematische Personalplanung unterliegt **internen und externen Einflüssen.** Dazu kann auf das **St. Galler Management-Modell** zurückgegriffen werden.

Abb. [4-2] **St. Galler Management-Modell**

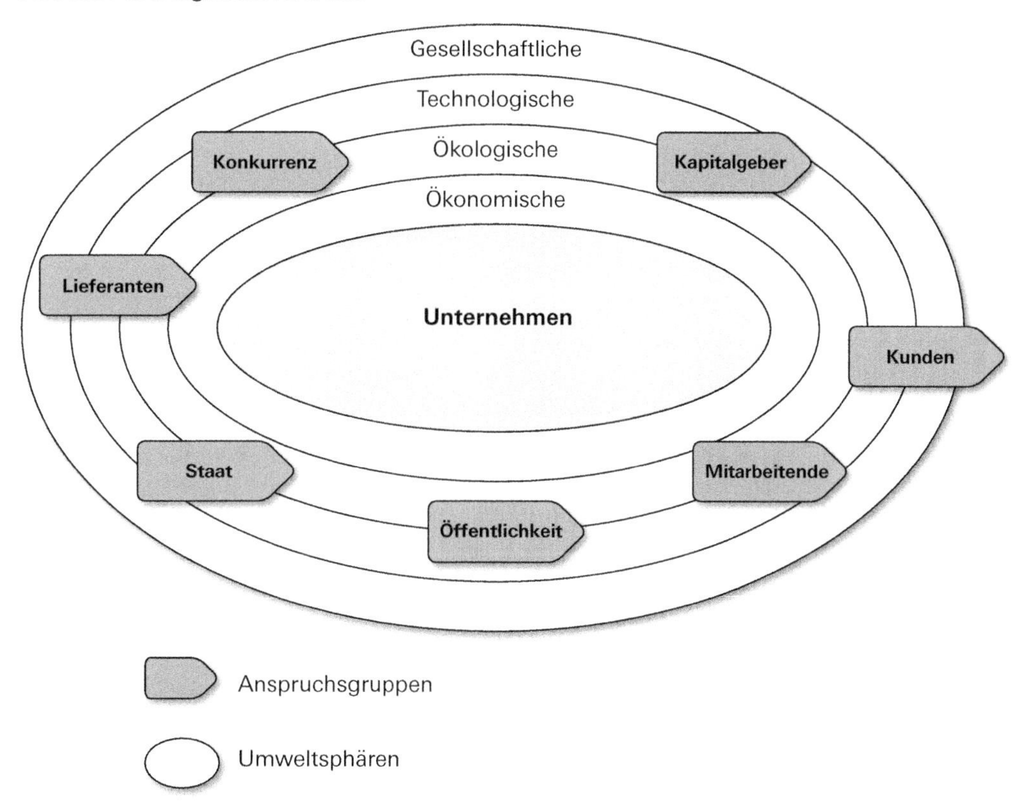

Compendio Bildungsmedien AG, Zürich

Was ist damit gemeint? Wir bringen zwei Beispiele dazu.

Beispiel **Anspruchsgruppe «Staat»**

Wenn die gesetzliche Höchstarbeitszeit reduziert wird, beeinflusst das die Personalplanung mittelfristig: Für dieselbe Leistung müssen entweder mehr Mitarbeitende angestellt werden oder die bestehenden Mitarbeitenden müssen effizienter arbeiten, was einen entsprechenden Schulungsbedarf oder einen höheren Automatisationsgrad (Digitalisierung) zur Folge haben kann.

Umweltsphäre «Technologie»

Bei technologischen Veränderungen, z. B. beim Einsatz neuer Maschinen, müssen die Mitarbeitenden geschult werden, damit sie die neuen Maschinen bedienen können. Wenn die Maschinen die menschliche Arbeitskraft ersetzen, hat das zur Folge, dass bestehende Mitarbeitende an andere Orte innerhalb des Unternehmens versetzt werden oder das Unternehmen verlassen werden.

So müssen in der Personalplanung neben der bestehenden Situation und den konkreten Plänen des Unternehmens auch weitere Einflussfaktoren mitberücksichtigt werden.

4.2 Personalbedarfsplanung

Die **Personalbedarfsplanung** ist ein wichtiger Teil der Personalplanung. Sie ermittelt, **wie viele Mitarbeitende mit welchen Qualifikationen** für die Erfüllung künftiger Aufgaben benötigt werden. Es geht dabei also nicht nur um die zahlenmässige Berechnung des Personalbedarfs, sondern auch um das Festlegen von qualitativen Bedarfskriterien. Deshalb unterscheidet man zwischen der quantitativen und der qualitativen Personalbedarfsplanung.

Die Bedarfsplanung mit der **Analyse der tatsächlichen Gegebenheiten:** der aktuellen Personalsituation, den aktuellen und den zukünftigen Bedürfnissen des Unternehmens und der Mitarbeitenden sowie den unternehmensexternen Einflussfaktoren, wie z. B. den Arbeitsmarktbedingungen. Diese Planungsgrundlagen werden über die verschiedenen Funktionsbereiche hinweg koordiniert und mit der Unternehmensplanung abgestimmt.

Die Personalbedarfsplanung ergibt einen Ersatzbedarf, einen Neubedarf oder einen Abbau von personellen Ressourcen.

Abb. [4-3] **Ergebnisse der Personalbedarfsplanung**

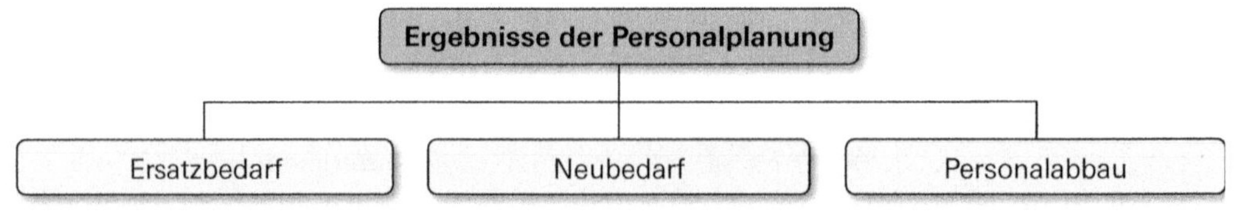

Compendio Bildungsmedien AG, Zürich

- **Ersatzbedarf** entsteht durch Kündigungen, Beförderungen oder Pensionierungen. Folglich braucht es für die Personalplanung genaue Daten zur Altersstruktur der Belegschaft, zur Fluktuation und zu Fehlzeiten. Die Planung des Ersatzbedarfs betrifft einen überschaubaren Zeitraum, z. B. 1 Jahr. Die Nachfolgeplanung für Führungspositionen muss aufgrund von Einarbeitungs- und Ausbildungszeiten längerfristig angelegt sein. Die entsprechenden Personalentwicklungspläne umfassen daher oft einen Zeitraum von bis zu 5 Jahren.
- **Neubedarf** entsteht aufgrund von Veränderungen in den strategischen Unternehmenszielen: durch Expansionsvorhaben, neu geforderte Qualifikationen z. B. im Produktionsprozess oder in der Informatik, Intensivierung bestimmter Aufgaben wie z. B. des Verkaufsaussendiensts, veränderte Arbeitsbedingungen (mehr Urlaub, kürzere Arbeitszeiten) usw. Der Personalneubedarf entsteht meist durch Vorhaben, die sich über einen längeren Zeitraum erstrecken. Entsprechend langfristig muss die Personalplanung sein und entsprechend schwierig sind die künftigen qualitativen Anforderungen einzuschätzen.
- **Personalabbau,** d. h. die Verminderung des Personalbedarfs, kann durch veränderte Unternehmensziele und -massnahmen wie Rationalisierungen, Umstrukturierungen, Stilllegung oder Verlagerung von Betriebsteilen oder aber aufgrund von schwerwiegenden Verlusten im Auftragsbestand nötig werden.

Der künftige Personalbedarf wird auf zwei Arten erfasst:

Abb. [4-4] **Quantitative und qualitative Personalbedarfsplanung**

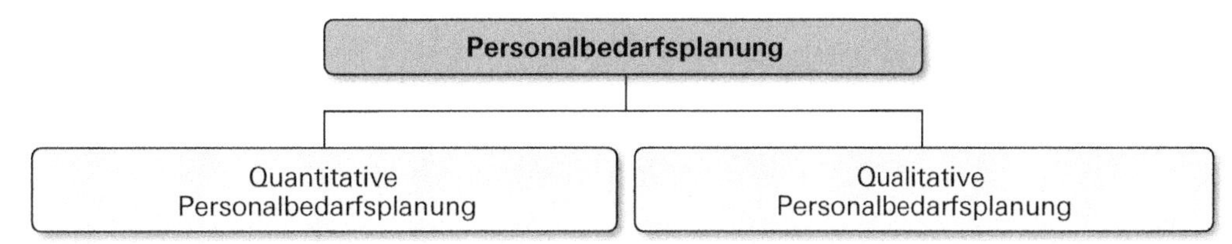

Compendio Bildungsmedien AG, Zürich

Die **quantitative Personalbedarfsplanung** weist die Zahl der Personen aus, die für die Erfüllung der Aufgaben zu einem bestimmten Zeitpunkt und für eine bestimmte Dauer benötigt werden. Werden die notwendigen Kompetenzen ermittelt, so spricht man von **qualitativer Personalbedarfsplanung.**

Quantitative und qualitative Personalbedarfsplanung sind in der Praxis nicht zu trennen und daher gleichzeitig durchzuführen. Wir betrachten sie in den folgenden Abschnitten dennoch getrennt, um die Eigenheiten aufzuzeigen.

4.3 Quantitative Personalbedarfsplanung

Die **quantitative Personalbedarfsplanung** beantwortet die Frage: «**Wie viele** personelle Ressourcen brauchen wir, um die Unternehmensziele zu erreichen?» Sie wird daher auch als Kapazitätsplanung bezeichnet.

Es geht dabei um folgende Aufgaben:

- Sicherstellen, dass der quantitative Personalbedarf x Jahre, Monate, Wochen, Tage **im Voraus erkennbar** ist. Er wird meist pro Zielgruppe bestimmt, d. h. nach bestimmten Qualifikationsanforderungen wie Produktionsleiterinnen, Vorarbeiter, Facharbeiterinnen usw.
- Sicherstellen, dass für wichtige Stellen (Schlüsselstellen) der **Nachfolgebedarf** und mögliche Nachfolger x Jahre vorher erkennbar sind
- Frühzeitiges Erfassen von anderen **quantitativen Veränderungen** (wie Personalverschiebungen oder -abbau)

4.3.1 Stellenplan und Stellenbesetzungsplan

Der **Stellenplan** ist das Verzeichnis aller Stellen.

Der Stellenplan enthält u. a. folgende Informationen:

- Stellennummer
- Stellenbezeichnung
- Rang- bzw. Funktionsebene
- Kennzeichnung, ob es sich um eine nur einmal vorkommende (Singulärstelle) oder um eine mehrmals vorkommende Stelle handelt
- Zeitpunkt, wann die Stelle eingerichtet wurde
- Zeitpunkt der letzten Überprüfung der Stellen- bzw. Tätigkeitsbeschreibung
- Information über Anforderungsprofil und Gehaltseinstufung

Vom **Stellenbesetzungsplan** spricht man, wenn zusätzlich Informationen über den Stelleninhaber enthalten sind:

- Name, Geburtsdatum, Eintrittsdatum, Beginn der Stellenbesetzung
- Leistungsgrad
- Familienstatus

4.3.2 Ermittlung des Nettobedarfs

Die quantitative Personalbedarfsplanung geht von den **Stellen** in einem Unternehmensbereich aus. Der **Nettobedarf** berechnet sich wie folgt:

Abb. [4-5]

Berechnung des Personal-Nettobedarfs

Sollbedarf	Geplanter Bedarf an Stellen zu einem Zeitpunkt X
– Ist-Bestand	Aktueller Bestand an Stellen zum heutigen Zeitpunkt
= Bruttobedarf	Differenz zwischen Sollbedarf und Ist-Bestand
+ Abgänge	Geplant, bis zum Zeitpunkt X
– Zugänge	Geplant, bis zum Zeitpunkt X
= Nettobedarf	Differenz zwischen Bruttobedarf, Ab- und Zugängen. Der Nettobedarf enthält folglich den Ersatz- und den Neubedarf.

Nicht nur die organisatorischen Veränderungen im Planungszeitraum sind also bei der Planung zu berücksichtigen, sondern auch die Personenzu- und -abgänge, die bereits feststehen.

4.3.3 Probleme bei der Ermittlung des quantitativen Personalbedarfs

Die Ermittlung des quantitativen Personalbedarfs wird durch unsichere Informationen erschwert. Dazu gehören

- Fehlzeiten und
- Fluktuationen.

A] Fehlzeiten

Fehlzeiten sind alle in Tagen gemessenen Abwesenheiten (Ausfallzeiten) eines Mitarbeiters von der vertraglich festgelegten Arbeitszeit. Diese Fehlzeiten müssen durch andere Mitarbeitende abgedeckt werden. Dadurch fallen beim Unternehmen Kosten an.

Man unterscheidet folgende **Arten von Fehlzeiten:**

- Ferien
- Krankheit und Unfall
- Sonderurlaub (z. B. Militärdienst, Zivilschutzdienst, öffentliche Ämter)
- Betriebliche Weiterbildung (z. B. Fortbildung)
- Absentismus (motivationsbedingte Fehlzeiten)
- Unentschuldigtes Fehlen

B] Fluktuation

Das Wort «**Fluktuation**» kommt aus dem Lateinischen und bedeutet «hin und her schwanken». Die **Fluktuationsquote** ist eine Kennzahl, die den Personalwechsel eines Unternehmens aufzeigt. Dabei werden die Ein- und Austritte im Laufe einer Periode – meist innerhalb 1 Jahres – berücksichtigt.

Das Unternehmen entscheidet, welche **Austritte** in die Berechnung einfliessen sollen und welche nicht. So ist denkbar, folgende **Austrittsgründe nicht zu berücksichtigen:**

- Befristete Verträge
- Austritt in Folge Alters- und IV-Pensionierung
- Austritt wegen Mutterschaft etc.

Wichtig ist, über die Jahre **immer dieselben Austrittsgründe zu erfassen,** aber auch **dieselbe Berechnungsmethode** anzuwenden. Nur so kann ein relevanter Vergleich angestellt werden, um eine ungünstige Entwicklung rechtzeitig zu erkennen und zielführende Massnahmen zu definieren.

Wie **berechnet man die Fluktuation?** Die sogenannte **BDA-Formel** (von der Bundesvereinigung der Deutschen Arbeitgeberverbände) berücksichtigt die Abgänge im Verhältnis zum durchschnittlichen Personalbestand:

$$\text{Fluktuation} = \frac{\text{Abgänge}}{\text{durchschnittlicher Personalbestand}} \cdot 100\%$$

Etwas genauere Angaben liefert die **Schlüter-Formel,** die den Anfangsbestand mitberücksichtigt:

$$\text{Fluktuation} = \frac{\text{Abgänge}}{\text{Anfangspersonalbestand} + \text{Zugänge}} \cdot 100\%$$

4.4 Qualitative Personalbedarfsplanung

Mit der quantitativen Eingrenzung des künftigen Personalbedarfs ist die Personalplanung noch nicht erledigt. Ebenso wichtig sind die qualitativen Aspekte – jene, die mit den **Anforderungen** an eine Stelle zu tun haben. Die qualitative Personalbedarfsplanung beantwortet folglich die Frage: «**Welche** personellen Ressourcen brauchen wir, um die Unternehmensziele zu erreichen?»

Für die Ermittlung des **qualitativen Personalbedarfs** verwendet man die **Arbeitsanalyse;** die Tätigkeiten und Einzelaufgaben einer Stelle werden analysiert und daraus die Anforderungen abgeleitet, die es für diese Stelle braucht. Stellen sind nichts Statisches, sondern können sich in den Tätigkeitsschwerpunkten oder in den Anforderungen verändern, z.B. dann, wenn neue Technologien eingesetzt werden. Es ist wichtig, die absehbaren **Veränderungen in den Anforderungen** rechtzeitig zu erfassen, denn sie beeinflussen auch die Planung der Personalentwicklung im Unternehmen.

4.4.1 Stelle und Stellenbeschreibung

Die Stelle ist die **kleinste organisatorische Einheit** in der Organisationsstruktur eines Unternehmens. Am deutlichsten sichtbar wird die Stelle im Organigramm, dem Abbild der Organisationsstruktur des Unternehmens:

Abb. [4-6] Schematische Darstellung von Stellen im Organigramm

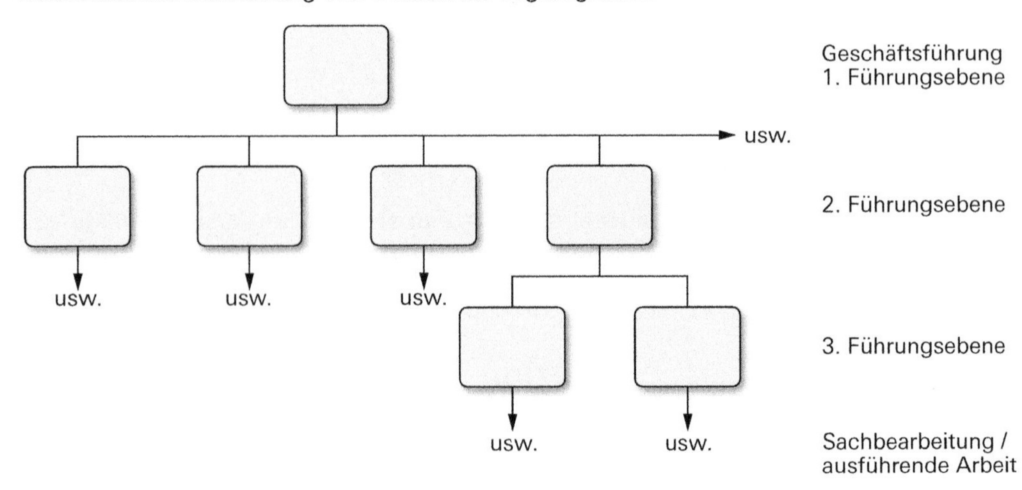

Compendio Bildungsmedien AG, Zürich

Die Stelle wird in Form einer **Stellenbeschreibung** definiert, die folgende Informationen enthalten soll:

- Bezeichnung der Stelle
- Aufgaben: kurze Beschreibung der Aufgaben
- Verantwortung: Aufgaben, für die der Stelleninhaber verantwortlich ist
- Kompetenzen: Zuständigkeiten und Befugnisse des Stelleninhabers
- Hierarchische Stellung: Bezeichnung der Stellung in der Organisationsstruktur des Unternehmens (Vorgesetzte, Unterstellte)
- Stellvertretung

Abb. [4-7] Stellenbeschreibung (Beispiel)

Stellenbezeichnung: Leiter Kundendienst	Stelleninhaber: Roman Schläpfer
Abteilung: Kundendienst	Position: Abteilungsleiter
Vorgesetzter: Leiter Marketing	Stv.: Leiter Verkauf

Genereller Aufgabenkreis, Zielsetzung		
Betreuung von Kundenbestellungen und -anfragen (Telefon, Mail, Bestellportal), Führung von zurzeit drei Personen, Redaktion Informationsportal, Koordination von Kundenbestellungen und -anfragen mit Verkauf / Vertrieb / Marketing, Sicherstellung statistischer Daten, kompetente und zuverlässige Vertretung des Unternehmensleitbilds gegen aussen und innen.		
Tätigkeiten, Aufgaben	**Priorität**	**Anteil Arb'zeit**
Telefonische Betreuung Kundenkontakte	1	20%
Redaktion und Auswertung Informationsportal	1	20%
Mitarbeiterführung Kundendienst	1	15%
Koordination Kundenbestellungen	1	15%
Erstellen und Auswerten von statistischen Daten	2	10%
Vorbereitung und Unterstützung von Marketingkampagnen	2	10%
Schulung und Information von Mitarbeitenden	3	10%
Kompetenzen		**Bemerkungen**
Führungskompetenz	Kundendienstmitarbeiter	
Entscheidungskompetenz	Inhalt / Redaktion Informationsportal Auftritt Kundendienst Reklamationen bis CHF 1 000	

4.4.2 Funktionendiagramm

Das **Funktionendiagramm** zeigt in einer Matrix das funktionale Zusammenwirken verschiedener Stellen bei der Aufgabenerfüllung. In den Spalten sind die Stellen aufgeführt, denen Funktionen zugeordnet werden. In den Zeilen werden die Aufgaben in Teilaufgaben zerlegt.

Die gängigste Aufteilung in Funktionen sieht wie folgt aus:

E = Entscheiden
D = Durchführen
K = Kontrollieren
M = Mitwirken

Zusätzlich können weitere Funktionen eingetragen werden, z. B.:

In = Initiative ergreifen
A = Antragsrecht
P = Planen
B = Bewilligen
M = Mitsprache
I = Informiert werden
V = Vetorecht
X = Gesamtfunktion

Für das folgende Beispiel verwenden wir die Aufgabe «Personalsuche» und beleuchten einen Teilschritt des gesamten Prozesses.

Abb. [4-8] **Funktionendiagramm (Beispiel)**

Funktionsträger / **Aufgaben / Tätigkeiten**		**PA**	**FK**
Bedarfsmeldung			X
Anpassung Stellenbeschreibung / Anforderungsprofil	M, K		E
Stellenausschreibung	X		
• Erstellen des Inserats	E	D	M
• Wahl des Mediums	E		M
• Inserateauftrag	E	D	
• Kontrolle der Insertion		X	
• Kontrolle der Rechnung		X	
• Grobselektion der Bewerber			
• …			
• …			

PL = Personalleiter FK = Führungskraft
PA = Personalassistent X = Gesamtfunktion

Compendio Bildungsmedien AG, Zürich

Ein **Funktionendiagramm** ist aussagekräftiger als eine Stellenbeschreibung und ist unter Umständen einfacher zu erstellen. Durch klare Kompetenzregelungen können Konflikte reduziert, vielleicht sogar eliminiert werden.

Hingegen können Sonderfälle kaum festgehalten werden. Die erste Erstellung von Funktionendiagrammen erfordert eine vorgängige Aufgabenanalyse, die äusserst aufwendig ist.

4.4.3 Anforderungsprofil

Im Idealfall passen Stelle und Mensch, Anforderungen und Qualifikationen perfekt zueinander. Sie sind und bleiben in einem optimalen Gleichgewicht. Aber sowohl der Mensch und seine Qualifikationen wie auch die Stelle und ihre Anforderungen sind **Elemente dynamischer Systeme,** die sich immer wieder verändern.

Aufgrund der Stellenbeschreibungen werden die Anforderungen definiert, die der Stelleninhaber erfüllen muss, um die Aufgaben zielführend, effizient und effektiv auszuführen. Im **Anforderungsprofil** werden somit alle wichtigen Erwartungen genannt, die an den Stelleninhaber herangetragen werden. Zu diesen Erwartungen gehören zum einen Anforderungen, die mit den Besonderheiten des Unternehmens oder der Stelle verbunden sind (z. B. Reisebereitschaft, mehrjährige Berufserfahrung). Zum anderen werden die **Kompetenzen** aufgelistet, die die Voraussetzung für Stelleninhaber bilden.

Der Begriff **«Kompetenz»** umfasst Wissen, Fähigkeiten und Fertigkeiten. Bei den meisten Stellen auf der Fachebene reicht es, wenn die vier Grundkompetenzen näher definiert sind. Zu den vier Grundkompetenzen gehören die Fach-, die Methoden-, die Sozial- und die Ich-Kompetenz. Handelt es sich um eine Führungsposition, dann muss die erwartete Führungskompetenz beschrieben werden. Wir beschreiben die vier Grundkompetenzen im Folgenden:

- **Fachkompetenz** umfasst Wissen, Fähigkeiten und Fertigkeiten, die erforderlich sind, um bestimmte fachliche Anforderungen erfüllen zu können. Fachkompetenz wird im Laufe der Aus- und Weiterbildung erworben. So lernt beispielsweise ein Schuhmacher, verschiedene Lederarten zu unterscheiden und zu bearbeiten.
- **Methodenkompetenz** umfasst das Wissen und die Fähigkeit, geeignete Methoden und Techniken zur Bewältigung eines Problems oder einer Herausforderung auszuwählen und anzuwenden.
- **Sozialkompetenz** umfasst Kenntnisse, Fähigkeiten und Fertigkeiten, die zur situationsbezogenen Gestaltung von Beziehungen befähigen. Dabei kann es sich um hierarchische Beziehungen (z. B. zwischen Mitarbeitenden und Vorgesetzten) handeln und um Beziehungen im Kollegenkreis sowie zu Kunden.
- **Ich-Kompetenz** wird auch als **Selbst- oder Persönlichkeitskompetenz** bezeichnet und umfasst das Wissen sowie die Fähigkeiten und Fertigkeiten einer Person, Anforderungen und Entwicklungschancen und Einschränkungen zu klären, eigene Talente zu entfalten und Karrierepläne zu realisieren bzw. zu modifizieren. Zu dieser Kompetenz gehören besonders Fähigkeiten wie Reflexionen, sich Ausgleich verschaffen und Feedback annehmen können.

Durch die Verbindung der vier Kompetenzen entsteht die **Handlungskompetenz,** die ermöglicht, die Aufgaben erfolgreich auszuführen.

Bei **Führungspositionen** wird darüber hinaus **Führungskompetenz** erwartet. Führungskompetenz umfasst Kenntnisse, Fähigkeiten und Fertigkeiten, die erforderlich sind, um Führungsaufgaben erfolgreich zu bewältigen. Zu den Führungsaufgaben gehören beispielsweise Aufgaben wie die Führung von Projektteams, die Gestaltung eines Veränderungsprozesses in einem Unternehmen oder die Definition einer neuen Strategie. Die folgende Abbildung bietet eine zusammenfassende Übersicht über wichtige Kompetenzen.

Abb. [4-9] **Wichtige Kompetenzen im Überblick**

Compendio Bildungsmedien AG, Zürich

Die Methoden-, die Sozial- und die Ich-Kompetenz werden heute auch als **Schlüsselkompetenzen** angesehen. Schlüsselkompetenzen sind Kompetenzen, die Menschen dabei helfen, Anforderungen auch unter veränderten und erschwerten Rahmenbedingungen zu erfüllen. Sie helfen beispielsweise, ein ungeahntes Problem in einem Projekt mit der Unterstützung von Fachkollegen zu lösen, einen tief greifenden Veränderungsprozess (z. B. bei einer Unternehmensfusion) mit Erfolg durchzuführen oder den Karriereschritt von der Fachlaufbahn zur Führungslaufbahn sicher zu gehen.

Der Begriff «Kompetenz» hat noch eine weitere Bedeutung. Kompetenz bedeutet auch **Befugnis, Berechtigung.** So kann beispielsweise mit einer Stelle eine bestimmte Berechtigung verbunden sein (z. B. Entscheidung über ein bestimmtes Budget oder eine Prokura). Dieser Begriff wird jedoch in der Stellenbeschreibung verwendet.

Da die Kompetenzen besonders wichtig sind, nehmen sie einen breiten Raum im Anforderungsprofil ein. Im **Anforderungsprofil** werden alle wesentlichen Erwartungen an den Stelleninhaber kurz beschrieben und gewichtet. Die Gewichtung gibt Orientierung und hilft bei der Bewerberauswahl.

Wir zeigen Ihnen ein Beispiel.

Beispiel

Es empfiehlt sich, im **Anforderungsprofil** nicht zu viele Anforderungen aufzulisten, sondern sich auf die wichtigsten zu beschränken. Im folgenden Beispiel finden Sie einen Auszug aus dem Anforderungsprofil für den Leiter Kundendienst, dessen Stellenbeschreibung Sie weiter vorne gesehen haben.

Die vierstufige **Skala** rechts zeigt die Gewichtung innerhalb der Anforderungen an die betreffende Stelle: ++ steht für «sehr wichtig», -- steht für «unwichtig».

Anforderungsprofil: Leitung Kundendienst	++	+	-	--
Fachkompetenz				
Spezifische Fachkenntnisse: Kundendienst, Bestellwesen		☒		
Fachkenntnisse: Marketing			☒	
…				
Methodenkompetenz				
Planung und Organisation		☒		
Problemlösungsfähigkeit	☒			
…				
Sozialkompetenz				
Coachingfähigkeit, Teamförderung		☒		
Kommunikationsfähigkeit, sprachlicher Ausdruck	☒			
…				
Persönlichkeit (Ich-Kompetenz)				
Frustrationstoleranz	☒			
Veränderungsbereitschaft			☒	
…				

Die in der folgenden Tabelle aufgeführten **Kriterien** helfen bei der Erstellung des Anforderungsprofils.

Abb. [4-10] **Kriterien bei der Erstellung des Anforderungsprofils**

Kriterium	Mögliche Fragen
Ziel und Zweck der Position	• Wie sieht das gewünschte Endprodukt oder die gewünschte Dienstleistung aus? • Welche internen Kontakte sind involviert? • Welche externen Kontakte sind involviert? • Welche Konsequenzen hat eine schlechte Arbeitsleistung / ein Totalversagen?
Aufgaben der Mitarbeiterin	• Worin liegen die täglichen Aufgaben? • Welches sind die wichtigsten Pflichten? • Wie oft sind diese Pflichten zu erfüllen?
Fachkompetenz	• Welche fachlichen Kenntnisse erfordert die Funktion? • Welche Ausbildung erfordert die Funktion? • Wie viele Jahre Berufspraxis erfordert die Funktion? • Welche fachlichen Fähigkeiten sind unverzichtbar?
Methodenkompetenz	• Welche Fähigkeiten in Bezug auf die Anwendung der fachlichen Kenntnisse sind erforderlich? • Welche spezifischen Methoden oder Techniken müssen beherrscht werden?
Sozialkompetenz	• Welche Fähigkeiten im Umgang mit Menschen sind erforderlich? • Welche besonderen Anforderungen werden an die Zusammenarbeit mit anderen gestellt?
Ich-Kompetenz	• Welche persönliche Einstellung braucht es vor allem? • Welche Charaktereigenschaften stehen im Vordergrund?
Kritische Leistungsfaktoren	• Welche typischen Vorfälle kommen in dieser Funktion vor? • Welche kritischen Leistungsfaktoren ergeben sich daraus?
Entwicklungspotenzial	• Welche Potenziale benötigt der Stelleninhaber, um die Position auch in Zukunft erfolgreich besetzen zu können?

4.5 Personaleinsatzplanung

Bei der **Personaleinsatzplanung** geht es um die konkrete Nutzung der vorhandenen **Personalkapazitäten,** d. h. um die Steuerung des zeitlichen und des örtlichen Personaleinsatzes. Ausgangspunkt der Personaleinsatzplanung ist die Frage: Was muss in einem bestimmten Zeitraum von wem erledigt werden?

Beispiel

Die Personaleinsatzplanung der Wochen 44–48 für die optimale Auslastung der Fertigungsstrassen in einem Produktionsbetrieb, für die Abdeckung der Kundenfrequenzen in einem Warenhaus, für die Realisierung eines Programmierauftrags in der Informatik usw.

Die **gesetzlichen Vorgaben,** wie z. B. die Ruhezeiten oder die gesetzlichen Feiertage, müssen zwingend eingehalten und die geleisteten Überzeiten mit einem zeitlichen oder einem finanziellen Zuschlag abgegolten werden.

Die Personaleinsatzplanung erfolgt kurzfristiger und dezentraler als die Personalbedarfsplanung: Sie ist eine **Führungsaufgabe** der Linienvorgesetzten, denn nur sie können auf kurzfristige Änderungen der Auftragslage oder der Personalkapazität schnell genug reagieren. Überdies kennen sie die Abwesenheits- und Ferienplanung ihrer Mitarbeitenden am besten, von der die Einsatzmöglichkeiten des Personals ebenfalls abhängen. Die Personalabteilung stellt den Führungskräften die nötigen **Informationen und Planungshilfsmittel** zur Verfügung und unterstützt bei Bedarf durch Massnahmen wie Personalversetzung, Suche nach temporären Arbeitskräften, Flexibilisierung bestehender Arbeitszeitmodelle usw.

4.6 Personalkostenplanung

Die **Personalkostenplanung** ist ein Teil der Gesamtkostenplanung im Unternehmen, sodass es einen Koordinationsprozess zwischen dem Finanz- und Rechnungswesen, der Personalabteilung und den einzelnen Führungsbereichen braucht. Schliesslich machen die Personalkosten vielerorts den höchsten Anteil an den Gesamtkosten aus.

Die kostenseitigen Auswirkungen von Personalentscheidungen werden in der Linie oftmals unterschätzt, insbesondere die Folgekosten der **Personalfluktuation.** Als Faustregel gilt nämlich: Ein Austritt einer Person mit anschliessender Neubesetzung kostet zusätzlich ein Jahresgehalt der betreffenden Stelle.

Zusammenfassung

Die Personalplanung ist ein Teil der Unternehmensplanung und steht in Abhängigkeit von der Planung der anderen Unternehmensbereiche (z. B. Finanz-, Produktions-, Absatzplanung):

- Die **Personalbedarfsplanung** stellt für einen Planungszeitraum die Anzahl benötigter Mitarbeitender und deren Qualifikationen fest.
- Die **Personaleinsatzplanung** befasst sich mit der Nutzung der vorhandenen Personalkapazitäten.
- Die **Personalkostenplanung** ermittelt die Kostenauswirkungen von Personalentscheidungen.

Aufgrund der Personalbedarfsplanung entstehen drei **Handlungsansätze:**

- **Ersatzbedarf** entsteht durch Fluktuation in Form von Kündigungen, Versetzungen, Beförderungen oder Pensionierungen.
- **Neubedarf** ergibt sich aufgrund von veränderten Unternehmenszielen, z. B. durch Expansionsvorhaben, veränderte Qualifikationen, Arbeitsbedingungen.
- **Personalabbau** ist ebenfalls das Ergebnis von veränderten Unternehmenszielen, z. B. durch Rationalisierungs-, Umstrukturierungs- oder Verlagerungsprojekte oder aufgrund drastischer Auftragsverluste.

Im **Stellenplan** sind alle Stellen verzeichnet. Der **Stellenbesetzungsplan** liefert zusätzliche Informationen über den Stelleninhaber.

Bei der Personalbedarfsplanung geht es darum, die benötigten personellen Ressourcen zu bestimmen:

Quantitativ	Man ermittelt die personellen **Kapazitäten** (Anzahl Personen, Arbeitsstunden usw.), die für die Erfüllung der Aufgaben zu einem bestimmten Zeitpunkt benötigt werden. Grundlage bilden die Unternehmenspläne und -ziele.
Qualitativ	Man ermittelt die notwendigen **Qualifikationen** (Kompetenzen, Spezialwissen, Fähigkeiten usw.), die für die Erfüllung der Aufgaben benötigt werden. Grundlage bilden die Stellenbeschreibungen und Anforderungsprofile.

Fehlzeiten und **Fluktuationen** erschweren die Ermittlung des quantitativen Personalbedarfs.

Repetitionsfragen

10 Erstellen Sie nach den folgenden Angaben eine Stellenbeschreibung für eine Produktmanagerin der Modebranche. Beachten Sie dabei alle sechs Punkte einer vollständigen Stellenbeschreibung, die wir in diesem Kapitel besprochen haben.

Angaben: Die Produktmanagerin der Modebranche betreut ein Produkt von der Planung über die Produktion bis zum Marketing. Designskizzen müssen in ein kollektionsfähiges Produkt umgesetzt werden. Dabei sollten immer die Kosten und die technischen Möglichkeiten berücksichtigt werden. Am Ende der Produktion steht die Qualitätskontrolle, die auch von der Produktmanagerin überwacht werden muss. Zur Arbeit gehört auch der Kontakt zu den Produktionsfirmen und Fabriken.

Nach der Produktion erfolgt die Vermarktung. Eine konkrete Marketingkampagne muss erstellt und organisiert werden. Es müssen auch die entsprechenden Händler und / oder Onlineshops kontaktiert bzw. aufgebaut werden. Vor und nach der Auslieferung ist die Produktmanagerin auch Ansprechpartnerin des Handels. Sie ist verantwortlich für den Umsatz ihrer Abteilung, dem Produktionschef unterstellt und wird von ihrem Arbeitskollegen, der die Herrenmodeabteilung leitet, vertreten.

11 Warum orientiert sich die Planung nicht nur an der Zukunft, sondern berücksichtigt auch die vergangene Entwicklung und die gegenwärtige Situation?

12 Erklären Sie einer Kollegin, was man unter «Kompetenzen» im Zusammenhang mit dem Anforderungsprofil versteht.

13 Nennen Sie zwei Gründe, die zu einem Ersatzbedarf an Mitarbeitenden führen können.

14
A] Nennen Sie die beiden Formeln zur Berechnung der Fluktuation, die wir kennengelernt haben.

B] Worin unterscheiden sich die beiden Formeln?

5 Personalsuche

Lernziele

Nach der Bearbeitung dieses Kapitels können Sie …

- die Merkmale und Vorteile der internen Personalsuche erklären.
- die verschiedenen Formen der externen Personalsuche aufzählen.
- ein Personalinserat formulieren und interpretieren.
- die verschiedenen Werbekanäle für die Stellensuche beschreiben.

Schlüsselbegriffe

AIDA, Arbeitsvermittlung, Electronic Recruiting, externe Personalsuche, GIULIO, Initiativbewerbung, interne Personalsuche, Internet, Jobbörsen, Jobmessen, Kontaktpflege, Networking, Öffentlichkeitsarbeit, Online-Stellenportale, Outsourcing, Personaldienstleister, Personalinserat, Personalvermittler, Printmedien, soziale Netzwerke, Stelleninserat, Werbekanäle

Unter der Personalsuche verstehen wir sämtliche Massnahmen, die getroffen werden müssen, um **offene Stellen optimal besetzen** zu können. Eine professionelle Personalsuche verlangt nach einem strukturierten Vorgehen. Dazu stehen grundsätzlich zwei Wege offen: Die interne Personalsuche richtet sich an Mitarbeitende im Unternehmen, die an einem Stellenwechsel interessiert sind, und die externe Personalsuche an potenzielle Bewerber auf dem Arbeitsmarkt.

Beispiel

Die Marketingleiterin Sandra Arpagaus muss möglichst bald einen Nachfolger oder eine Nachfolgerin für den bisherigen Leiter des Kundendiensts Roman Schläpfer finden. Im bestehenden Kundendienstteam zeichnet sich hierfür keine Möglichkeit ab, sodass sie auf Bewerbungen aus anderen Abteilungen des Unternehmens oder auf eine externe Personalsuche angewiesen ist.

5.1 Interne Personalsuche

Im Zusammenhang mit der **internen Personalsuche** stellen sich folgende Fragen:

- Können wir offene Stellen (Vakanzen) durch Versetzungen oder Beförderungen von bestehenden Mitarbeitenden besetzen?
- Wo gibt es Versetzungswillige oder Nachwuchskräfte, die infrage kommen: im eigenen Bereich, in anderen Bereichen des Unternehmens oder in anderen Unternehmen des Konzerns?

5.1.1 Unternehmensinterne Werbeträger

Offene Stellen werden unternehmensintern v. a. über folgende Wege oder **Werbeträger** kommuniziert:

- Anschlagbrett
- Stellenangebote in der Hauszeitung
- Stellenbulletin im Internet oder Intranet
- Information an Vorgesetzte
- Direktansprache von potenziellen internen Mitarbeitenden

5.1.2 Spielregeln bei der internen Personalsuche

Bei der internen Personalsuche müssen **klare Spielregeln** gelten, denn von der Art, wie interne Bewerbungen abgewickelt werden, hängt das Interesse der eigenen Mitarbeitenden an einem internen Stellenwechsel und somit am längerfristigen Verbleib im Unternehmen ab:

- In der Ausschreibung soll die **Stelle klar und sachlich beschrieben** werden und sie soll auch Auskunft über den Verantwortungsbereich und die Entwicklungsmöglichkeiten geben, d. h., es muss Transparenz herrschen.
- **Alle Mitarbeitenden** haben Zugang zu den Informationen im internen Stellenmarkt.
- Jede interne Bewerbung ist **sorgfältig zu prüfen**; eine Nichtberücksichtigung wird in einem persönlichen Gespräch erörtert und begründet. Es werden weitere berufliche Perspektiven für den Mitarbeiter aufgezeigt.

Folgend sind die wichtigsten **Vor- und Nachteile der internen Personalsuche** aufgelistet.

Abb. [5-1] **Vor- und Nachteile der internen Personalsuche**

	Aus ökonomischer Sicht	Aus sozialer Sicht
Vorteile	• Geringeres Auswahlrisiko, weil die Kenntnisse und Fähigkeiten der Mitarbeitenden bekannt sind • Schnelleres Einarbeiten in die neue Aufgabe, weil bereits erworbene Erfahrungen und Kontakte genutzt werden können • In der Regel schnellere Durchführung der Personalsuche • Geringere Kosten für die Suche	• Motivation der Mitarbeitenden durch Karrieremöglichkeiten • Mitarbeitende empfinden eine höhere Arbeitsplatzsicherheit • Veränderungsbedürfnisse der Mitarbeitenden können berücksichtigt werden
Nachteile	• Ein zu grosser Anteil an interner Nachbesetzung fördert die Betriebsblindheit • Widerstand von Vorgesetzten bei Abwerbung guter Mitarbeitender	• Demotivation der internen Kandidaten bei einer Absage • Akzeptanzprobleme bei den Teammitgliedern, wenn der Kollege zum Chef wird

5.2 Externe Personalsuche

Die **externe Personalsuche** hat das Ziel, auf dem Stellenmarkt neue Mitarbeitende für das Unternehmen zu finden. Das Potenzial an geeigneten externen Bewerbern hängt einerseits von äusseren Bedingungen ab, wie der konjunkturellen Situation, Branche, Mobilität usw. Andererseits trägt das Image des Unternehmens wesentlich dazu bei, ob und wie viele gute Bewerbungen für eine offene Stelle eintreffen.

Es zahlt sich aus, sich für den Rekrutierungsprozess die nötige Zeit zu nehmen und den Einsatz der einzelnen Werbeträger immer wieder zu überdenken.

5.2.1 Stelleninserat

Das bekannteste Instrument sind **Stelleninserate** in regionalen und überregionalen Tages- oder Wochenzeitungen, in Fachzeitschriften und im Internet auf der eigenen Homepage oder auf einem Stellenportal.

Die **Kosten** einer Inserateschaltung in der Tagespresse sind enorm hoch. Bei Inseraten in Fachzeitschriften ist zu bedenken, dass diese oft nur monatlich erscheinen; daher dauert der Rekrutierungsprozess länger als bei Schaltungen in der Tagespresse. Je nach Stelle kann sich auch ein Inserat am Anschlagbrett von Universitäten oder anderen Bildungsstätten eignen.

Stelleninserate wenden sich an zukünftige Mitarbeitende und sollten deren **Interesse für das Unternehmen und die offene Stelle** wecken. Man kann das Stelleninserat als einen Gesprächsanfang sehen. Wir empfinden eine Kommunikation als gelungen, wenn die Informationen **glaubwürdig** sind und mit dem übereinstimmen, was zwischen den Zeilen gesagt wird. Genauso ist es mit dem Stelleninserat: Es soll die potenziellen Bewerber auf der Sach- und auf der Beziehungsebene erreichen, sie informieren, aber auch einen persönlichen Kontakt herstellen und sie zu einer Bewerbung motivieren.

A] Wie verfasst man ein Personalsuchinserat?

Stelleninserate wenden sich an zukünftige Mitarbeitende, die vorerst noch «unbekannten» Gesprächspartner, und sollen personenorientiert sein! Das heisst: Die Auswahl der Informationen und ihre Darstellung sollen sich an den Bedürfnissen und Erwartungen des Bewerbers orientieren und ihn als Menschen ansprechen.

B] Die Formeln AIDA und GIULIO

Um Werbeinserate werbewirksam zu gestalten, wendet man die Formeln von **AIDA** und **GIULIO** an. So wie in der Werbung vorgegangen wird, um die Kunden für ein Produkt zu begeistern, sollte ein Unternehmen auch verfahren, um neue Mitarbeitende zu finden.

AIDA

Attention	=	Das Inserat erregt die Aufmerksamkeit potentieller Bewerber.
Interest	=	Das Inserat macht die potentiellen Bewerber neugierig und weckt ihr Interesse.
Desire	=	Das Inserat weckt den Wunsch, sich zu bewerben.
Action	=	Das Inserat bringt die potentiellen Bewerber dazu, sich zu bewerben.

GIULIO

Glaubwürdigkeit	=	Der Inhalt des Inserats ist ehrlich.
Information	=	Man erhält genau die Informationen, die man benötigt.
Unverwechselbarkeit	=	Das Inserat sticht aus der Flut von Stelleninseraten heraus.
Lesbarkeit	=	Das Inserat ist verständlich verfasst.
Identität	=	Das Inserat hat einen klaren Bezug zum Unternehmen.
Optik	=	Die Grösse und die Gestaltung des Inserat sind ansprechend.

C] Hinweise zum Formulieren von Stelleninseraten

- **Im Zentrum steht der Bewerber:** Viele Inserate wirken blass, gesichtslos, trocken und angebotsorientiert, kurz: für profilierte Bewerber nicht ansprechend genug. Ein gutes Inserat ist hingegen bewerberorientiert: Es veranlasst die Lesenden dazu, sich zu überlegen, ob die angebotene Position zu den eigenen Erwartungen und Fähigkeiten passen könnte.
- **Informativ:** Es gibt dem Bewerber alle Informationen, die er für seine erste Entscheidung braucht. Es ist klar, wahr und umfassend genug.
- **Selektiv:** Das Inserat soll ansprechen, informieren, aber auch filtern. Ein gutes Inserat zieht nicht möglichst **viele,** sondern möglichst **viele geeignete** Bewerberinnen an. Gehalt und Klarheit der Information sind der Filter. Diese auswählende Wirkung ist auch aus folgendem Grund wichtig: Sie gewinnen Zeit und sparen Kosten, wenn Sie möglichst viele geeignete Bewerbungen erhalten und nach einer ersten Prüfung nicht unnötig viele Absagen erteilen müssen.
- **Gut gestaltet:** Die grafische Aufmachung und äussere Form soll Aufmerksamkeit wecken, mit der Botschaft des Inserats übereinstimmen und die inhaltlichen Informationen strukturieren.
- **Im richtigen Medium:** Inserate müssen in den geeigneten Zeitungen, Fachzeitschriften oder Stellenportalen erscheinen, um ihr Zielpublikum zu erreichen.

D] Inhalt der Stelleninserate

Die folgende Checkliste gibt Ihnen eine Übersicht über die wichtigsten **Sachinformationen,** die ein Stelleninserat enthalten sollte.

Abb. [5-2] **Sachinformationen im Stelleninserat**

1. Das Unternehmen – «Wir sind ...»
Firmenname und -anschrift, Branche, Leistungsprogramm (Produkte, Dienstleistungen), Entwicklung des Unternehmens (Traditionen), Bedeutung des Unternehmens insgesamt bzw. einzelner Leistungsbereiche, Grösse (Mitarbeiterzahl), Rechtsform, Besitzverhältnisse (Konzernzugehörigkeit, Familienbetrieb), Zukunftsaussichten, Unternehmens- bzw. Führungsphilosophie, Betriebsklima, Standort (z. B. auch Verkehrs- und Schulverhältnisse, Freizeitwert)
2. Die zu besetzende Position – «Wir suchen ...»
Positionsbezeichnung, funktionale und hierarchische Eingliederung, Tätigkeitsmerkmale, Aufgabenbeschreibung, Leistungsziele bzw. Leistungsstandards, Grad der Selbstständigkeit, Kompetenzen, Entwicklungsmöglichkeiten, soziale Struktur im Umfeld der Position (Vorgesetzte, Kollegen, Mitarbeitende), Führungsstil im entsprechenden Bereich, Gründe für die Stellenausschreibung
3. Die Anforderungen an den Stelleninhaber – «Wir erwarten ...»
Kenntnisse und Fertigkeiten (Ausbildungsrichtung und -niveau), gewünschte Erfahrungen, erforderliche bzw. erwünschte Eigenschaften in Bezug auf Leistungs-, Kooperations- und Führungsverhalten, erforderliche bzw. erwünschte Einstellungen und Haltungen, besondere Belastbarkeit (z. B. für Schichtdienst, Reisetätigkeit, Auslandaufenthalte), Eignung der Position für besondere Gruppen (z. B. Schwerbehinderte)
4. Die betrieblichen Leistungen (das Anreizsystem) – «Wir bieten ...»
Sozialleistungen (v. a. besondere), Fortbildungsangebote, Aufstiegsmöglichkeiten, Urlaubs- und Arbeitszeitregelungen (z. B. gleitende Arbeitszeit), Modernität der Fertigungs- bzw. Büroeinrichtungen, Image des Unternehmens, Hilfe bei der Wohnungssuche, Firmenwagen
5. Bewerbungsmodalitäten – «Ihre Bewerbung ...»
Bewerbungsart (schriftlich, elektronisch per E-Mail oder über eine Bewerberplattform). Erforderliche Bewerbungsunterlagen, Bewerbungssicherung (Sperrvermerke, vertrauliche Behandlung usw.), Ansprechperson bzw. -abteilung

Interessierte möchten die **wichtigsten Informationen über das Unternehmen** erhalten, damit sie sich einerseits ein Gesamtbild machen, andererseits die Besonderheiten erkennen können. Die Informationen über die **Aufgabe und die Position** sind das Kernstück eines Stelleninserats. Man muss sich die zukünftige Funktion mit der damit verbundenen Verantwortung und den Kompetenzen lebhaft vorstellen können. Schliesslich wollen Sie, dass sich jemand vor seiner Bewerbung damit differenziert auseinandersetzt. Auf welche Eigenschaften kommt es bei der betreffenden Stelle besonders an?

Die zwingenden und die wünschenswerten **Anforderungen** geben Aufschluss über das Mitarbeiterprofil, das Sie suchen. Alle Informationen über die **betrieblichen Leistungen** müssen auf die Zielgruppe zugeschnitten sein. Beispielsweise sind gute Sozialleistungen heute eine Selbstverständlichkeit für Führungskräfte, die anderen Kandidaten erwarten dazu eine Aussage. Zu den formalen Angaben gehören die **Bewerbungsmodalitäten.** Definieren Sie, in welcher Form Sie die Bewerbung erwarten, wer die Ansprechperson für die Bewerbung ist, und sichern Sie die vertrauliche Behandlung der Bewerbung ausdrücklich zu.

Achten Sie darauf, die geltenden **arbeitsrechtlichen Bestimmungen** bei der Formulierung eines Stelleninserats einzuhalten. Demnach sollten grundsätzlich keine ausschliesslichen Kriterien bezüglich Alter, Geschlecht oder Nationalität vorkommen, sondern die Stelle muss neutral ausgeschrieben werden.

Beispiel Nicht zulässig ist die Formulierung: «Wir suchen eine 25- bis 30-jährige Sekretärin.»

Wenn Sie dennoch ein **ausschliessliches Kriterium** verwenden, müssen Sie das begründen, indem Sie z. B. die aktuelle Teamkonstellation von ausschliesslich jungen Mitarbeitenden beschreiben.

Abb. [5-3] **Stelleninserat (Beispiel)**

[Logo]

Wir sind ein führender Anbieter von hochwertigen Bauwerkstoffen in der Ostschweiz. Mit der konsequenten Marktausrichtung und Weiterentwicklung von Service- und Beratungsdienstleistungen wollen wir unsere Position weiter stärken. Deshalb suchen wir Sie, eine kommunikative und initiative Nachwuchsführungskraft als

Teamleiter/-in Kundendienst

Wir zählen auf Sie:
Sie führen unseren Kundendienst, personell wie fachlich. Im lebhaften Tagesgeschäft sorgen Sie für einen reibungslosen Ablauf bei den Kundendienstleistungen, pflegen das Informations- und das Bestellportal und koordinieren die zahlreichen Aktivitäten mit dem Verkauf, dem Marketing und dem Vertrieb. Sie führen ein kleines Team von qualifizierten Mitarbeitenden und schätzen es, selbst tatkräftig anzupacken.

Wir erwarten von Ihnen:
Sie verfügen über eine technische oder kaufmännische Ausbildung und Erfahrung im Innen- oder Kundendienst, vorzugsweise in der Baubranche. In Ihrer bisherigen Tätigkeit haben Sie Ihre Führungsfähigkeiten erfolgreich gezeigt. Sie sind eine zielorientierte, kommunikationssichere Persönlichkeit; zu Ihren Stärken gehören eine ausgeprägte Problemlösefähigkeit und Belastbarkeit, auch in hektischen oder schwierigen Situationen.

Sie schätzen an uns:
Eine interessante, abwechslungsreiche und anspruchsvolle Aufgabe, bei der Sie Ihre Fähigkeiten und Ihr Wissen optimal einsetzen können. Eine moderne Infrastruktur und ein kompetentes, junges Team in einem dynamischen Unternehmen. Die Gelegenheit, Ihre Stärken einzubringen und sich gezielt weiterentwickeln zu können.

Sind Sie interessiert? Dann senden oder mailen Sie uns bitte Ihre Bewerbungsunterlagen:

[Adresse]

Sandra Arpagaus, Leiterin Marketing, steht Ihnen für erste Fragen gerne zur Verfügung – Tel. [Nr.].

Compendio Bildungsmedien AG, Zürich

Gute Inserate sind mehr als gut zusammengestellte und klug formulierte Informationen. Sie haben ein **Leitthema,** um den Bewerber auch emotional anzusprechen. Oft sind das Bedürfnisse, die mit der neuen Aufgabe erfüllt werden können. Fragen Sie sich, was die zu besetzende Stelle einer potenziellen Bewerberin im Idealfall bieten bzw. welche Bedürfnisse der ideal geeignete Mitarbeiter darin verwirklichen kann. Somit erhalten die Inserate ein Leitthema.

5.2.2 Electronic Recruiting

Heute ist das Internet aus der Personalgewinnung nicht mehr wegzudenken. Die meisten Unternehmen haben eine Stellenbörse im Internet, ein Stellenportal oder eine Angebotsseite auf der Homepage. **E-Recruiting** ist der **elektronisch unterstützte Personalgewinnungsprozess.**

Werden auf der **Homepage** eines Unternehmens Stelleninserate platziert, sollten folgende Punkte beachtet werden:

- Die Seite sollte schnell und einfach auffindbar sein, indem es auf der Homepage einen direkten und gut erkennbaren Hinweis (Link) zu Stellenangeboten gibt.
- Die vorhandenen technischen Möglichkeiten sollen ausgeschöpft werden, z. B. durch ein Online-Bewerbungsformular, über das interessierte Personen sich direkt melden und ihr Dossier einsenden können.
- Der vom Gesetzgeber geforderte Persönlichkeits- und Datenschutz muss eingehalten werden. Online-Bewerbungen müssen die Anforderungen an eine sichere Übermittlung erfüllen. Es braucht auch eine klare und transparente Beschreibung, wie die Daten gespeichert, verarbeitet und zu einem späteren Zeitpunkt wieder gelöscht werden.

Stellenportale haben sich auf die Inserateschaltung und Abwicklung von elektronischen Bewerbungen im Internet spezialisiert. Die meisten bieten zwei Möglichkeiten an:

- Aufschalten von Einzelinseraten, wobei dem Inserenten der Preis pro Stelleninserat und pro Monat verrechnet wird
- Lösen eines Kundenkontos (Accounts), womit ein Unternehmen für einen gewissen Zeitraum beliebig viele Stelleninserate aufschalten kann

Hinweis

Einige Links zu Online-Stellenportalen in der Schweiz:

www.jobs.ch www.topjobs.ch www.jobscout24.ch
www.monster.ch www.jobwinner.ch www.linkedin.com
www.stepstone.ch www.alpha.ch

5.2.3 Zusammenarbeit mit externen Dienstleistungsunternehmen

Man kann die gesamte Suche oder Teile davon einem externen Dienstleister übertragen, das nennt man auch **Outsourcing.** Spezialisten übernehmen je nach Vereinbarung verschiedene Dienstleistungen:

- Formulieren und Schalten des Inserats
- Sichten der eingegangenen Bewerbungen
- Vorauswahl der Bewerbungen
- Führen eines ersten Vorstellungsgesprächs
- Vorstellen der infrage kommenden Bewerber

Erteilt man einem einzigen externen Partner einen solchen Auftrag, spricht man auch von einem exklusiven **Mandat.** Man kann den Auftrag aber auch an verschiedene Partner erteilen oder parallel dazu selbst die Suche fortführen.

Aus **Diskretionsgründen** kann die Suche z. B. ausschliesslich unter dem Namen des Dienstleisters erfolgen. Beide Unternehmen können aber auch gemeinsam im Markt auftreten, wenn z. B. das Outsourcing aus Gründen der Effizienz erfolgt oder wenn es die entsprechende Rekrutierungskompetenz in der Firma nicht gibt.

Eine **diskrete Suche,** ohne Angaben zum Unternehmen, bietet je nach Situation Vor- und auch Nachteile:

- Ein Stelleninserat kann mit dem Namen des Unternehmens eine positive Botschaft übermitteln: Die Firma expandiert, bietet spannende Stellen; es werden aber auch die Leistungen des Unternehmens dargestellt.
- Andererseits ist es je nach Funktion sinnvoll, innerhalb der Branche eine Vakanz nicht öffentlich zu kommunizieren, um den Mitstreitern im Markt keinen Vorteil zu verschaffen.

Insbesondere bei der Suche von **Führungs- oder speziell qualifizierten Fachkräften** ist die Zusammenarbeit mit einem externen Dienstleister üblich. Vor allem bei der Suche von Top-Führungskräften, Executive-Search-Mandaten, können durch den externen Partner auch gezielte Ansprachen von potenziellen Kandidaten gemacht werden.

Fragt man zahlreiche Vertreter von Personalabteilungen, nach welchen Kriterien sie einen **Personalvermittler aussuchen** oder bei Nichterfüllung austauschen, werden grundsätzlich einheitliche Kriterien genannt.

Beispiel

Kriterien für die Auswahl eines Personalvermittlers

- Er muss ein anerkannter Spezialist sein und die entsprechenden Kontakte pflegen: Branche, Berufsprofile, Region bzw. geografischer Schwerpunkt (z. B. international), aber auch überregional betrachtet.
- Professionalität, Seriosität, Ethik, Transparenz: Zum Beispiel schätzt es kein Unternehmen, dem ein neuer Mitarbeiter vermittelt wurde, wenn vom gleichen Dienstleister dieser oder ein anderer Mitarbeiter direkt angesprochen wird.
- Verhältnis zwischen Kosten und Nutzen der Dienstleistung: Die Personalvermittlung kostet je nach Anforderung und / oder Hierarchiestufe zwischen 8% und 12% eines Jahresgehalts (zum Teil auch mehr). Mandate werden in der Regel auf Erfolgsbasis abgeschlossen. Sie sind deshalb teurer als die üblichen Personalvermittlungen.

Genauso wichtig ist aber auch die **Sicht des Stellensuchenden:** Steht in der Zusammenarbeit die Vermittlung im Zentrum oder geniesst der Stellensuchende eine persönliche Beratung und Unterstützung? Arbeitet der Vermittler seriös und professionell? Hat der Headhunter den Auftrag exklusiv?

Referenzen und eigene Erfahrungen helfen, den für das Unternehmen respektive die Vakanz richtigen externen Rekrutierungspartner zu finden.

Die **Regionalen Arbeitsvermittlungszentren (RAV)** bieten eine unentgeltliche Personalvermittlung an.

5.2.4 Kontaktpflege und Öffentlichkeitsarbeit

Neben den bereits genannten gibt es noch viele andere Möglichkeiten der externen Personalwerbung. Es handelt sich dabei v. a. um mittelfristig wirksame Massnahmen, die auf der Pflege des eigenen **Kontaktnetzwerks** und der **Öffentlichkeitsarbeit** (Public Relations oder PR) beruhen:

- **Gezieltes persönliches Ansprechen von potenziellen Kandidatinnen** oder Meinungsbildenden (z. B. von Dozierenden, die Studierende oder Assistierende empfehlen können)
- **Kontaktpflege mit Lehrern, Hochschulprofessorinnen, Berufsberatern usw.**
- **Ansprechen und Empfehlen von Bekannten / Freunden** (z. B. CSL Behring hat dafür eine eigene Plattform eingerichtet)
- Teilnahme an **Kontaktgesprächen** in Schulen, Hochschulen, an Tagungen und Kongressen
- **PR-Aktivitäten** wie Tag der offenen Tür, Messeaktionen, in Karriereratgebern, Universitätshandbüchern, Beilagen zu Zeitschriften usw., die das Unternehmen mit der Öffentlichkeit in Kontakt bringen

Die **Langzeitwirkung** einer solchen Kontaktpflege und Öffentlichkeitsarbeit darf nicht unterschätzt werden. Sie bildet einen fruchtbaren Boden für gezielte Werbe- und Rekrutierungsmassnahmen.

Im **Social-Media-Zeitalter** verändern sich zunehmend auch die Rolle und die Aufgaben der Personalabteilungen in der Suche neuer Mitarbeitender. Ein blosses Ausschreiben einer Stelle und das Abwarten auf die richtigen Bewerbungen reichen schon lange nicht mehr. Die Rekrutierung durch die Firmen muss **aktiver,** wenn nicht **proaktiver** erfolgen. Wie muss man sich das vorstellen?

Nicht nur in persönlichen Netzwerken, privaten oder beruflichen, sondern auch in **virtuellen Netzwerken** können potenzielle Kandidaten angesprochen werden. Das heisst, dass sich der Rekrutierer im Netz Fachleute sucht und sie direkt mit einem spannenden Stellenangebot anspricht.

Hinweis

Links zu Netzwerkplattformen

- www.xing.com
- www.linkedin.com

5.3 Werbekanäle

Es ist für die Angebots- und die Nachfrageseite wichtig, mit den verschiedenen **Werbekanälen** und Werbeträgern des Arbeitsmarkts vertraut zu sein. Früher genügte vielleicht eine Ausschreibung, heute werden Stellen grossräumig und auf **vielen Wegen** angeboten. Nicht der Zufall oder der gemeinsame Ort bringen Stellenanbieter und Stellensuchende zusammen, sondern die gezielte Suche.

Für die Suche gibt es folgende **Kanäle:** Printmedien, Jobmessen, Networking, das World Wide Web mit Unternehmenswebsites, Jobbörsen, Meta-Jobbörsen und auf dem Web basierende soziale Netzwerke. Ausserdem können Stellensuchende gezielt bei Unternehmen nach Vakanzen fragen, Blind- und Initiativbewerbungen schicken sowie Personalberatungen einschalten. Wir werden die Werbekanäle in den folgenden Abschnitten vorstellen und kurz beschreiben.

5.3.1 Printmedien

Printmedien sind alle Informationsquellen, die in gedruckter Form erscheinen. Dazu gehören Zeitschriften und Zeitungen. Viele Zeitungen und Fachzeitschriften haben einen Anzeigenteil mit **Stellenangeboten von Unternehmen** und auch **Inserate von Stellensuchenden.** Doch nicht jedes Printmedium ist bei der Stellensuche ergiebig genug. Die folgende Übersicht weist auf wichtige Aspekte hin, die von Stellensuchenden berücksichtigt werden sollten.

Abb. [5-4] **Aspekte, die man bei der Suche von Bewerbern berücksichtigen sollte**

Aspekte	Fragen, die sich Stellensuchende stellen sollten
Inhaltlicher Schwerpunkt	Reicht es aus, in den Tageszeitungen nach Stellen zu suchen, oder ist es sinnvoll, auch in bestimmten Fachzeitschriften nach Stellen zu recherchieren? Welche Fachzeitschriften kommen infrage?
Erscheinungsplan	Wie oft erscheinen die infrage kommenden Printmedien? Wie oft und wann erscheinen die Stellenangebote in den Ausgaben? • Täglich • Wöchentlich • Monatlich
Geografische Streuung	Wie sieht es mit der geografischen Streuung der Medien aus? Auf welchen Markt sind die Medien ausgerichtet? • Gemeinde • Kanton • Wirtschaftsregion • Sprachregion • Ganze Schweiz • International
Auflage	Wie hoch ist die Auflage der Medien? Handelt es sich um Medien mit geringer Auflage für einen spezifischen Leserkreis (z. B. für Experten einer bestimmten Branche) oder ist die Auflage gross und richtet sich an eine breite Leserschaft in der Bevölkerung?
Leserkreis	Wer liest die Zeitung bzw. die Zeitschrift? Wird mit einem Inserat die Zielgruppe erreicht?

Inserate in Printmedien sind relativ **kostspielig.** Da Printmedien schnell an **Aktualität** verlieren, muss man sich eine Stellenausschreibung bzw. ein Stellengesuch in einer Zeitung gut überlegen.

5.3.2 Jobmessen

Jobmessen werden auch **Recruiting-Tage** oder **Kontakttage** genannt. Es handelt sich um Veranstaltungen, bei denen Unternehmen über freie Stellen und Karrieremöglichkeiten informieren. Stellensuchende haben die Gelegenheit, in einem unverbindlichen Gespräch einen ersten Eindruck von den Unternehmen und von den freien Stellen zu gewinnen. Auf vielen Jobmessen sind auch **Personalberatungen** vertreten. Oft bieten diese einen Check der Bewerbungsunterlagen und Hinweise für die Stellensuche an.

Die meisten Jobbörsen haben einen bestimmten **Schwerpunkt,** d. h. eine Branche oder ein Berufsfeld (z. B. technische Berufe), oder sind auf einen bestimmten Unternehmenstyp ausgerichtet (z. B. kleine und mittlere Unternehmen). Die Jobbörse kann auch auf eine bestimmte **Kandidatengruppe** zugeschnitten sein (z. B. Hochschulabsolventen, Berufserfahrene). Jobbörsen ermöglichen nicht nur ein erstes Gespräch, sie sind auch eine gute Gelegenheit, das eigene **Netzwerk** auszubauen und **Selbstmarketing** zu betreiben.

5.3.3 Networking

Networking ist der aktive Aufbau und die kontinuierliche Pflege eines persönlichen **Beziehungsnetzes.** Das eigene Beziehungsnetz ist in vielen Fällen eine gute Quelle für Stellensuchende. In einem Netzwerk fliessen v. a. **Informationen** über freie bzw. frei werdende Stellen schnell, d. h., Stellensuchende haben die Chance, sehr früh von noch **verdeckten Stellen** zu erfahren. Ausserdem kursieren in einem Netzwerk **Empfehlungen,** d. h., Anbieter von Stellen können auf einen möglichen Kandidaten gezielt zugehen.

Ein gutes Beziehungsnetz umfasst geschäftliche und private Kontakte. Zu den **geschäftlichen Kontakten** gehören:

- Kontakte aus Praktika, der beruflichen Bildung bzw. Hochschule
- Ehemalige und aktuelle Kollegen und Vorgesetzte
- Berater, Personalverantwortliche und Unternehmer
- Kontakte aus Projekten, Tagungen, Messen etc.
- Mitglieder von Fach- und Berufsverbänden
- Kontakte aus der freiwilligen und der ehrenamtlichen Tätigkeit

Vor allem Männer können bei der Stellensuche auf **Kontakte aus dem Militär- bzw. Zivildienst** bauen.

Private Kontakte sollte man nicht unterschätzen. Zum **privaten Netzwerk** gehören:

- Familienmitglieder und Freundeskreis
- Personen aus der Nachbarschaft
- Personen, mit denen man ein Hobby teilt

Der Vorteil des Networkings für Stellensuchende liegt auf der Hand. Auf informelle Art und Weise werden Informationen rasch weitergetragen. Um den Vorteil nutzen zu können, muss das Netzwerk gepflegt werden. Zur Beziehungspflege gehören die **kontinuierliche Aktualisierung** und die **gezielte Erweiterung** der Kontakte. Ein Netzwerk beruht auf Gegenseitigkeit, d. h., man muss auch geben und kann nicht nur nehmen.

Ausserdem ist beim Networking erforderlich, dass man die **Botschaft,** die man sendet, prüft – das gilt ganz besonders für Stellensuchende. Stellensuchende sollten bewusst im Netzwerk kommunizieren. Dabei helfen folgende Fragen:

- Wer ist jetzt für mich wichtig (z. B. Führungskräfte)?
- Was genau erwarte ich von der Person?
- Wie informiere ich auf angemessene Art und Weise über meine Situation, Ziele und Erwartungen?
- Welchen Nutzen bringe ich ein?

Die Pflege und Erweiterung des Beziehungsnetzes kann durch die Inanspruchnahme von Dienstleistern, die Möglichkeiten der sozialen Vernetzung mittels Internet anbieten, erleichtert werden. Wir stellen die auf dem Web basierenden sozialen Netze weiter unten vor.

5.3.4 Internet

Die Digitalisierung ist auf dem Stellenmarkt längst etabliert. Das Internet ist ein wichtiges Medium für Arbeitsuchende und für die Stellenausschreibung geworden. Das Internet bietet dazu verschiedene Möglichkeiten. Für Stellensuchende sind besonders wichtig:

- Websites der Unternehmen
- Jobbörsen oder Stellenplattformen
- Businessplattformen
- Soziale Netzwerke
- Weitere Möglichkeiten

A] Websites der Unternehmen

Viele Unternehmen schreiben **freie Stellen** auf ihrer Website aus. Die meisten grossen Unternehmen bieten ein **Karriereportal,** das über Vakanzen informiert und Interessenten die Möglichkeit zur **Online-Bewerbung** bietet. Bei manchen Unternehmen können Stellensuchende **Job Feeds** abonnieren. Job Feeds sind automatische Benachrichtigungen über vakante Stellen.

Es gibt Unternehmen, die **ausschliesslich auf ihren Websites** über vakante Stellen informieren. Unternehmen, die sich für diese Strategie entscheiden, hoffen, dass Stellensuchende das Unternehmen ganz gezielt mit ihrem Arbeitsangebot unterstützen wollen und nicht nur einen «Job» suchen. Das bedeutet, dass Stellensuchende sehr bewusst und regelmässig ihrem «Wunschunternehmen» einen virtuellen Besuch abstatten müssen, um von freien Stellen zu erfahren.

B] Jobbörsen oder Stellenplattformen

Stellenmärkte im Internet werden als Jobbörsen oder Stellenplattformen bezeichnet. Jobbörsen sind nicht auf die **vakanten Stellen** eines einzelnen Unternehmens ausgerichtet. **Viele Unternehmen** und auch HR-Beratungen können Interessenten auf freie Stellen aufmerksam machen und für sich werben. Und umgekehrt bieten viele Jobbörsen auch Stellensuchenden die Möglichkeit, ein **Profil zu erstellen** und Bewerbungsunterlagen (z. B. Lebenslauf) zu hinterlegen.

Zahlreiche grosse Tageszeitungen bzw. Medienunternehmen bieten Jobbörsen an. Die Jobbörsen der Tageszeitungen dienen oft als Ergänzung zu den Stellenausschreibungen in der gedruckten Ausgabe. Da gedruckte Stelleninserate relativ kostspielig sind, kann es durchaus vorkommen, dass ein Unternehmen in der Printausgabe nur kurz auf eine freie Stelle hinweist und auf der Jobbörse bzw. Unternehmenswebsite Detailinformationen zur Stelle hinterlegt.

Auch die **Regionalen Arbeitsvermittlungszentren (RAV)** haben eine Jobbörse. Um die grenzüberschreitende Mobilität der Arbeitskräfte zu fördern, hat sich die Schweiz «EURES» angeschlossen. **EURES** ist das **europäische Portal zur beruflichen Mobilität,** das Arbeitgebern und Arbeitsuchenden Informationen und eine Jobbörse bietet.

Arbeitgeber und Stellensuchende sollten genau überlegen, auf welcher Jobbörse sie sich am besten präsentieren. Es gibt neben den allgemeinen Jobbörsen eine Vielzahl an **spezialisierten Jobbörsen.** Beispiele für Spezialisierungen sind:

- Für Führungskräfte
- Für Fachkräfte (z. B. Ingenieure)
- Für Akademiker
- Für den Public Sector
- Etc.

Jobbörsen haben den Vorteil, dass sie sehr **aktuell** sind und bleiben. Komfortable Funktionen erleichtern die Suche nach geeigneten Stellen. Zu den **Auswahlkriterien** gehören:

- **Branche** (z. B. Baugewerbe, Versicherungen, öffentliche Verwaltung)
- **Berufsgruppe und Beruf** (z. B. Ingenieurinnen, HR-Fachkraft)
- **Anstellungsverhältnis** (z. B. unbefristet, befristet, Lehrstelle, Praktikum)
- **Arbeitspensum** (z. B. 100%, 80%, 50%)
- **Position** (z. B. Kader, Projektleitung, Berufserfahrene, Berufseinsteiger, Student/-in, Schüler/-in)
- **Berufsabschluss** (z. B. Berufsausbildung, HF, FH, Bachelor, Master etc.)
- **Region, Ort** (z. B. Kanton, Sprachregion, Ausland)
- **Datum der Veröffentlichung** (z. B. in der aktuellen oder der vergangenen Woche)

Jobbörsen haben viele Vorteile. Angebote können schnell **aktualisiert** werden und das elektronische Medium erlaubt einen **ortsunabhängigen Zugriff** durch Interessenten. Auch Leute, die beruflich oder aus privaten Gründen international unterwegs sind, können sich über freie Stellen in einer Region ihrer Wahl erkundigen.

Beispiel

- Ramona Fleissig ist als Projektmanagerin in Paris eingesetzt. Sie möchte nach Projektabschluss im Grossraum Paris bleiben und sucht auf Jobbörsen nach entsprechenden Positionen.
- Johannes Flink ist vor Jahren nach Brasilien ausgewandert. Seine Eltern leben in der Schweiz und sind pflegebedürftig. Er möchte nun zurück in die Schweiz und sucht im Internet nach einer passenden Stelle.

Darüber hinaus sind Stellenausschreibungen auf Jobbörsen im Vergleich zu den Inseraten in den Printmedien relativ **kostengünstig.** Es gibt auch **Meta-Jobbörsen.** Diese durchsuchen Jobbörsen und Stellenausschreibungen.

C] Soziale Netzwerke

Das Internet bietet viele Möglichkeiten für die Jobsuche. Auch auf dem Web basierende **soziale Netzwerke** können helfen, eine Stelle zu finden. Diese Webdienste bieten ihren Nutzern die Möglichkeit, ein **Profil** zu erfassen und eigene Inhalte zu erstellen. Der besondere Nutzen webbasierter sozialer Netzwerke ist, dass Suchfunktionen die **Kontaktaufnahme** erleichtern und **Beziehungen** gepflegt werden können.

Besonders interessant für Stellensuchende sind soziale Netzdienste, die primär auf **geschäftliche Kontakte** ausgerichtet sind. Beispiele dafür sind **Xing** und **LinkedIn.** Aber auch Dienste, die eher der privaten Vernetzung (z. B. Facebook) dienen, können für die Jobsuche nützlich sein.

Auf dem Web basierende soziale Netzwerke geraten immer wieder in die Kritik von **Datenschützern.** Jeder, der ein webbasiertes soziales Netzwerk nutzt, muss mit Bedacht damit umgehen. Es ist wichtig, Angaben zur eigenen Person und Fotos, die man ins Netz stellt, immer mit Blick auf das **Selbstmarketing** und die Pflege des eigenen **Renommees** zu prüfen, denn auch Arbeitgeber informieren sich auf diesen Plattformen über die Kandidaten.

D] Weitere Möglichkeiten des Internets

Die Vielfalt der Medien und die Möglichkeiten des Internets machen erfinderisch. So können Stellensuchende eine eigene Website mit Bewerbungsunterlagen erstellen oder auch ein Bewerbungsvideo ins Internet stellen. Die Entscheidung für eine **Bewerbungswebsite** oder ein **Bewerbungsvideo** muss sorgfältig reflektiert werden. Die meisten Unternehmen sind noch nicht bereit, diese Formate anzunehmen.

Ungewöhnliche Bewerbungsformate machen möglicherweise den Personalverantwortlichen oder den Personalberatungen mehr Arbeit und führen schon aus diesem Grund zu einer Ablehnung. Ausserdem gilt auch hier, dass das Internet ein gutes Gedächtnis hat, d. h., was irgendwann mal publiziert wurde, kann lange Zeit relativ **unkontrollierbar kursieren.**

In manchen Branchen bzw. Berufen können diese Formen als **Arbeitsprobe** gewertet werden. So ist es denkbar, dass eine Musikerin mit einer audiovisuellen Aufnahme einen positiven Eindruck hinterlässt und ein Webdesigner auf Stellensuche mit einer Bewerbungswebsite ein sichtbares Beispiel seiner Arbeitsweise bietet. Im Zweifelsfall sollte von diesen Formaten Abstand genommen werden.

Es gibt auch Formen des **virtuellen Recruitings.** Virtuelles Recruiting ist Personalbeschaffung in einer simulierten Welt bzw. in digital erzeugten Räumen. Die Beteiligten kommunizieren in der Form von grafischen Stellvertreterfiguren **(Avatar),** d. h., Arbeitgeber und HR-Berater sowie Kandidaten agieren nicht als natürliche Personen. Entsprechende Experimente finden beispielsweise im Rahmen der virtuellen Welten von **«Second Life»** statt.

5.3.5 Initiativbewerbung

Stellensuchende können auch direkt bei den bevorzugten Arbeitgebern anfragen, ob eine Stelle frei ist oder wird. Die Anfrage kann **telefonisch** erfolgen und durch eine **Initiativbewerbung** gestützt werden. In beiden Fällen sollten Stellenbewerber signalisieren können, dass sie sich für das Unternehmen interessieren und sich entsprechend kundig gemacht haben. Gibt es auf der Unternehmenswebsite Hinweise, dass Initiativbewerbungen nicht gewünscht sind, sollten Interessenten diesen Weg nicht einschlagen.

5.3.6 Personaldienstleister und Arbeitsvermittlung

Ein Stellensuchender kann die Bewerbungsunterlagen auch einem **Personaldienstleister** (Personalberatungen oder Personalvermittlungen) zugänglich machen oder sich bei einem **Regionalen Arbeitsvermittlungszentrum (RAV)** beraten lassen. Die meisten Personaldienstleister sind **spezialisiert,** d. h., nur Stellensuchende, deren Profil in das Geschäftsfeld passt, werden in die **Bewerberdatenbank** aufgenommen.

Personaldienstleister haben oft einen guten Einblick und auch Zugang zum **verdeckten Stellenmarkt.** Sie werden auch beauftragt, wenn Stellen mit grösster Diskretion besetzt werden sollen. Das ist beispielsweise bei Toppositionen der Fall. Diese Vakanzen werden anonymisiert ausgeschrieben, wenn sie nicht durch Direktansprache von bevorzugten Kandidaten besetzt werden können. Bei einer anonymisierten Stellenausschreibung heisst es beispielsweise: «Unsere Mandantin sucht …»

Zusammenfassend kann Stellensuchenden empfohlen werden, immer **mehrspurig** vorzugehen. In der folgenden Tabelle bieten wir eine Übersicht über die wichtigsten Werbekanäle und bringen diese in Verbindung mit dem offenen bzw. verdeckten Stellenmarkt.

Abb. [5-5] Werbekanäle und Werbeträger im Überblick

Werbekanäle und Werbeträger	Offener Stellenmarkt	Verdeckter Stellenmarkt
Printmedien	☒	
Jobmessen	☒	
Networking		☒
Websites der Unternehmen	☒	
Jobbörsen im Internet	☒	
Auf dem Web basierende soziale Netzwerke	☒	☒
Initiativbewerbung		☒
Einschalten von Personaldienstleistern		☒

Zusammenfassung

Die **interne** Personalsuche besteht v.a. aus **Versetzungen** oder der Beförderung von bestehenden Mitarbeitenden in neue Positionen.

Für die **externe** Personalsuche stehen verschiedene Wege offen:

- Am bekanntesten ist das **Personalinserat** im Internet, in Zeitungen oder Fachzeitschriften.
- Heute ist das **Electronic Recruiting** als elektronisch unterstützter Personalgewinnungsprozess weitverbreitet.
- Viele Unternehmen beauftragen externe **Personaldienstleister** mit der Suche und der Vorselektion der Nachfolgekandidaten.
- Die Pflege des eigenen **Kontaktnetzwerks** und **Öffentlichkeitsarbeit** erschliessen wichtige potenzielle Bewerberquellen.

Ein gutes **Personalinserat** ist bewerberorientiert verfasst; es gibt anschaulich klar und wahr Auskunft über

- das Unternehmen: «Wir sind …»
- die Aufgabe: «Wir suchen …»
- die Anforderungen: «Wir erwarten …»
- die betrieblichen Leistungen: «Wir bieten …»
- die Bewerbungsmodalitäten: «Ihre schriftliche / elektronische Bewerbung …»

Bei der Stellensuche gibt es folgende **Werbekanäle:**

- Printmedien
- Jobmessen
- Networking
- Internet (Websites der Unternehmen, Jobbörsen, soziale Netzwerke)
- Initiativbewerbung
- Personaldienstleister und Arbeitsvermittlung

15 Nennen Sie je zwei Argumente, die dafürsprechen, dass die Personalsuche

A] durch die Linienvorgesetzten und die Personalabteilung des Unternehmens erfolgt.

B] einem externen Personalberater in Auftrag gegeben wird.

16 Listen Sie alle Informationen auf, die Ihrer Meinung nach im folgenden Inserat fehlen.

> Liegenschaftsverwaltung in Basel sucht nach Vereinbarung:
> **Junior Kreditorenbuchhalter/-in (70–100%)**
>
> - Als Sachbearbeiter/-in kontieren, erfassen und verbuchen Sie Lieferantenrechnungen selbstständig und erstellen die Zahlungsdokumente.
> - Sie verfügen über erste Erfahrungen in der Buchhaltung und haben gute Deutschkenntnisse.
> - Sie haben gute EDV-Anwenderkenntnisse (SAP R/3 und MS Office von Vorteil).
>
> Bitte senden Sie Ihre schriftliche Bewerbung mit den üblichen Unterlagen an: ...

17 Beurteilen Sie die folgenden Aussagen. Stimmen sie?

A] Mit dem E-Recruiting kann der administrative Aufwand für die Personalsuche reduziert werden.

B] Die Online-Stellenbewerbung wird v. a. für die externe Personalsuche eingesetzt.

C] E-Recruiting wird sich nicht durchsetzen, weil es ein zu grosses Sicherheitsrisiko mit sich bringt.

18 Es gibt viele Werbekanäle, die bei der Stellensuche in Betracht gezogen werden müssen. Jeder Werbekanal hat Vor- und Nachteile. Bitte formulieren Sie je zwei Vor- und Nachteile für die Stellenausschreibung in Printmedien und in Internet-Jobbörsen.

	Printmedien	**Internet-Jobbörsen**
Vorteile		
Nachteile		

19 Auf welche Aspekte sollte ein Stellensuchender bei einer Initiativbewerbung achten? Nennen Sie mindestens zwei Aspekte.

6 Personalauswahl

Lernziele

Nach der Bearbeitung dieses Kapitels können Sie ...

- die einzelnen Schritte der Personalauswahl nennen.
- Bewerbungsunterlagen formal und inhaltlich beurteilen.
- ein Vorstellungsgespräch durchführen.
- weitere Instrumente der Personalauswahl beschreiben.

Schlüsselbegriffe

ABC-Auswahl, Anforderungsprofil, Arbeitsproben, Assessment-Center (AC), Beurteilungsfehler, Bewerberprofil, Bewerbungsdossier, Bewerbungsunterlagen, Entscheidungsmartix, formale Prüfung, Frageformen, Fragetechniken, inhaltliche Prüfung, Lebenslauf, Personalauswahl, Referenzen, Schnuppereinsätze, S-T-A-R, Tests, Verhaltensdreieck, Vorauswahl, Vorstellungsgespräch, Zweitgespräch

Als Ergebnis der Personalsuche erhält das Unternehmen viele **Bewerbungen.** Es muss nun die für das Unternehmen richtige **Auswahl** treffen. Dabei wird zunächst eine **Vorauswahl** getroffen und die verbleibenden **Bewerbungsunterlagen** werden geprüft. Danach wird ein **Vorstellungsgespräch** durchgeführt und es werden **weitere Instrumente** der Personalauswahl angewendet wie Referenzen, Tests, Assessments etc. Schliesslich wird ein Bewerber ausgewählt.

6.1 Grundlagen

Die Grundlagen für die Personalauswahl bilden die **Stellenbeschreibung** und das **Anforderungsprofil.** Das Ziel der Bewerberauswahl ist, den Bewerber zu finden, der am besten zum Anforderungsprofil der entsprechenden Position im Unternehmen passt.

Es geht in der Personalauswahl also um den **Abgleich des Anforderungs- und des Bewerberprofils.** Aus der Gegenüberstellung werden Abweichungen deutlich sichtbar.

Abb. [6-1] **Abgleich des Anforderungs- und des Bewerberprofils**

	Anforderungsprofil	Bewerberprofil
Kompetenzen	Welche Leistung benötigen wir? (Welche Kenntnisse, Fähigkeiten und Fertigkeiten benötigen wir?)	Welche Leistung kann er erbringen? (Welche Kenntnisse, Fähigkeiten und Fertigkeiten bietet der Bewerber?)
Motivation	Welchen Einsatz erwarten wir? (Was bieten wir den Kandidaten?)	Welche Leistung ist er bereit, zu erbringen? (Was erwartet der Bewerber von uns?)
Potenzial	Welche Erwartungen haben wir für die Zukunft?	Welche Entwicklungsmöglichkeiten sieht er?

Eine professionelle, nachhaltige Selektion berücksichtigt nicht nur die aktuellen Anforderungen an die zu besetzende Stelle, sondern bezieht auch das Potenzial und die kulturellen Aspekte (Unternehmen, Branche, Bereich, Land, Führung etc.), also das **Unternehmensprofil** mit ein.

Aufgrund des Abgleichs ergibt sich eine **Entscheidungsgrundlage,** die zwar nie eine 100%ige Sicherheit im Entscheid, aber eine hohe Treffgenauigkeit in den Aussagen ermöglicht.

Das Ziel der Selektion ist jedoch nicht nur, dass die Rekrutierungsverantwortlichen diesen Abgleich möglichst genau vornehmen können. Es liegt auch in der unternehmerischen Verantwortung, dafür zu sorgen, dass der Stellensuchende vor seinem Entscheid über die erforderlichen **Informationen für seinen persönlichen Abgleich** verfügt.

Abb. [6-2] **Abgleich der Erwartungen des Unternehmens und des Bewerbers**

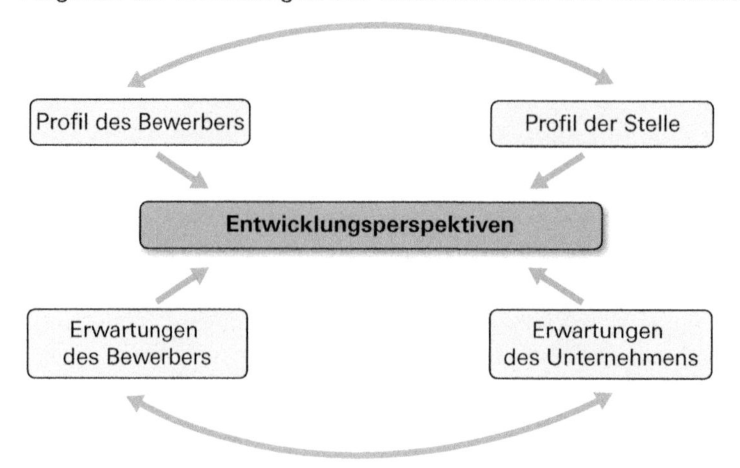

Compendio Bildungsmedien AG, Zürich

Vor dem Beginn der Personalauswahl muss im Unternehmen zudem geklärt werden, wer über die Anstellung eines bestimmten Bewerbers entscheidet. Jedes Unternehmen definiert die **Rollen und die Verantwortung** in diesem Prozess. Zwei häufige Möglichkeiten sind:

- Bei der Besetzung einer Position sind der direkte und der nächsthöhere Vorgesetzte und ein Recruiting-Spezialist aus der Personalabteilung zuständig.
- Bei der Besetzung einer Position, in der Regel für ausführende Tätigkeiten, hat der direkte Vorgesetzte, allenfalls der nächsthöhere Vorgesetzte die Entscheidungskompetenz. Die anderen am Prozess Beteiligten beraten ihn. Eine klare Definition der Prozesse und Standards ist ein Garant für eine nachhaltige Qualität der Anstellung.

Die **Personalauswahl** kann in **zwei Hauptschritte** aufgeteilt werden: die Grobanalyse und die Hauptanalyse, sie wird auch Detail- oder Feinanalyse genannt.

Abb. [6-3] **Die Phasen der Personalauswahl**

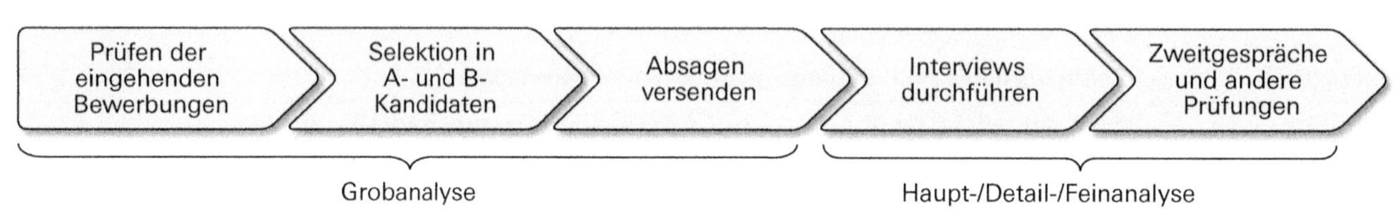

Compendio Bildungsmedien AG, Zürich

Wir behandeln die einzelnen Schritte in den nächsten Kapiteln vertieft. Das folgende Flussdiagramm zeigt die Vorgehensschritte im gesamten Prozess der **Personalauswahl** auf.

Abb. [6-4] Personalauswahl

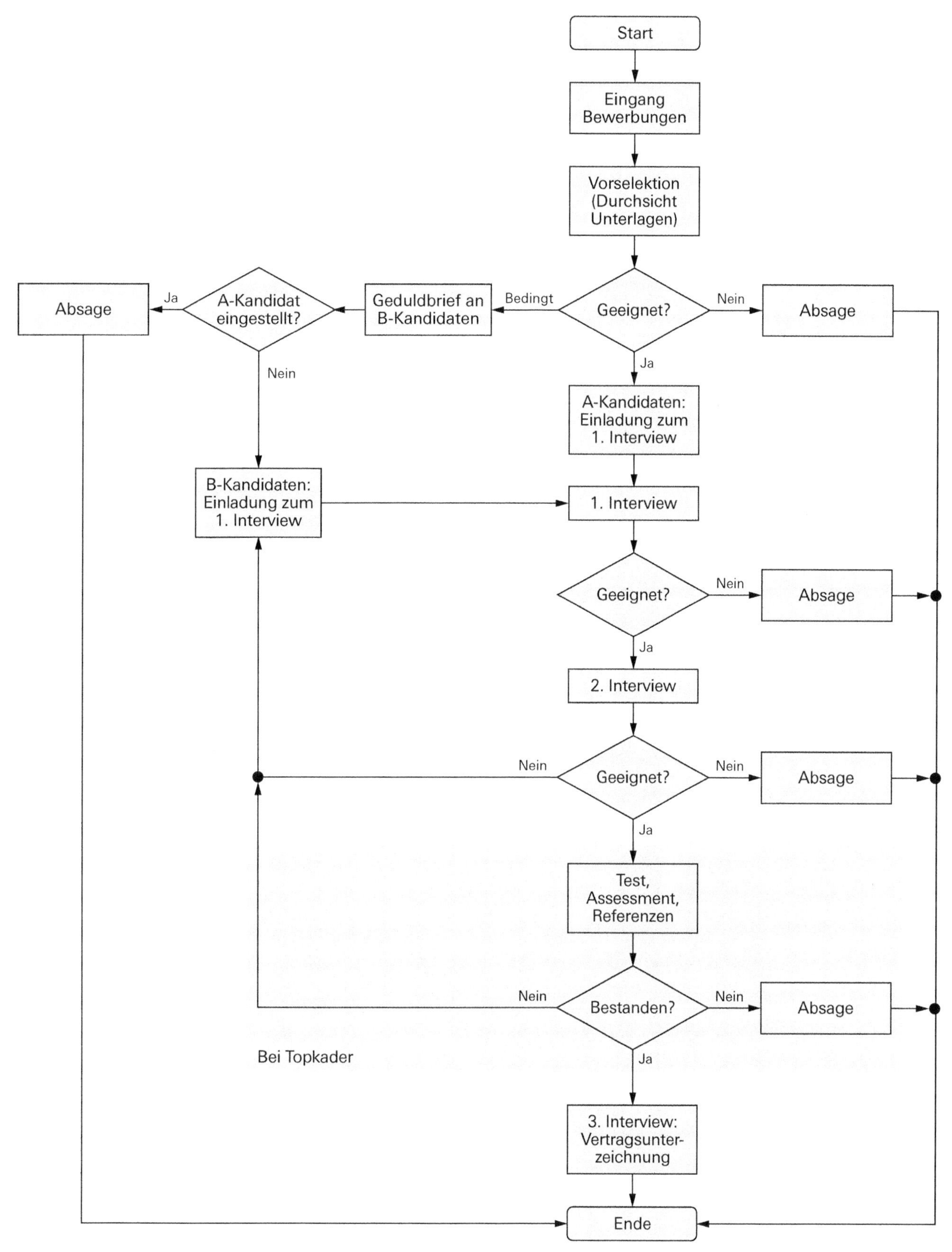

Compendio Bildungsmedien AG, Zürich

Die Auswahl beginnt mit dem Eingang des Bewerbungsdossiers, wird mit der Analyse der Unterlagen, durch persönliche Gespräche fortgesetzt und mit verschiedenen Auswahlverfahren verfeinert. In den folgenden Abschnitten behandeln wir diese Teilschritte eingehender.

Beispiel Aufgrund des Inserats für die Leitung des Kundendiensts sind mehr als 30 Bewerbungen eingetroffen. Sandra Arpagaus weiss, dass sie ein systematisches Vorgehen braucht, um effizient einen guten Überblick über die verschiedenen Bewerbungsunterlagen zu gewinnen.

Wichtige Anhaltspunkte für die Personalauswahl findet sie in der Stellenbeschreibung und im Anforderungsprofil.

In einem ersten Schritt der Auswahl werden die Bewerbungen in zwei Stufen gesichtet. Man spricht hier von der **ABC-Auswahl.** Das heisst, die Bewerbungsunterlagen werden in drei Kategorien eingeteilt.

Abb. [6-5] **Die drei Kategorien der ABC-Auswahl**

Kategorie	Beschreibung	Vorgehen
A	Passen gut auf das Anforderungsprofil. Erfüllen alle Muss- und viele Kann-Kriterien.	Diese Kandidaten werden weiter geprüft, d. h. umgehend kontaktiert und zu einem Gespräch eingeladen.
B	Entsprechen nicht in allen wesentlichen Punkten dem Anforderungsprofil, sind aber dennoch interessant.	Diese Kandidaten werden vertiefter geprüft, wenn es von den A-Kandidaten nicht genügend valable Kandidaten gibt. Sie werden umgehend «vertröstet», d. h., sie erhalten eine Nachricht, in der der Eingang der Bewerbung bestätigt und eine weitere Kontaktaufnahme versprochen wird. Diese Kontaktaufnahme muss dann auch innerhalb des aufgeführten Zeitraums erfolgen.
C	Entsprechen gar nicht den Anforderungen.	Diese Kandidaten erhalten eine Absage.

6.2 Vorauswahl

In einer **Vorauswahl** wird anhand des Motivationsschreibens und des Lebenslaufs geprüft, ob der Kandidat die wesentlichen Anforderungen erfüllt oder nicht:

- Erfüllt wesentliche Anforderungen (Kategorie A und eventuell B)
- Erfüllt die Anforderungen absolut nicht (Kategorie C)

Kandidaten, die auf keinen Fall den Anforderungen entsprechen, erhalten eine Absage. Die Daten werden gelöscht. Die **Absage** soll wohlwollend formuliert sein.

Das Bewerbungsschreiben und die Begründung für die Absage werden **aufbewahrt,** damit allfällige Fragen des Bewerbers beantwortet werden können. Diese Unterlagen sind ebenfalls bei einer allfälligen Klage wegen diskriminierender Nichtanstellung wichtig. Die restlichen Unterlagen dürfen aus datenschutzrechtlichen Gründen nicht aufbewahrt werden. Deshalb müssen elektronische Bewerbungen nach der Absage vernichtet werden.

An unserem Beispiel, der Vakanz der Kundendienstleitung, könnte der **Vorselektionsentscheid** auf der Basis des **Anforderungsprofils** wie folgt aussehen:

Beispiel

Bewerberprofil	Entscheid
Tippfehler im Motivationsschreiben	Absage
Bewerbungsunterlagen unvollständig	Absage
Erfahrung als Marketingdirektor in einem weltweit tätigen Konzern	Absage, überqualifiziert
Erfahrung im Kundendienst und Weiterbildung im Marketing	Weiter prüfen
Austrittsgrund gemäss Motivationsschreiben «möchte keine Veränderungen mitgestalten»	Vertiefter prüfen, da Veränderungsbereitschaft keine zwingende Anforderung

Bewerberprofil	Entscheid
Keine Erfahrung im Kundendienst, Bestellwesen	Absage, da spezifische Fachkenntnisse ein Muss-Kriterium
Führungserfahrung	Weiter prüfen
Etc.	

6.3 Prüfung der Bewerbungsunterlagen

Im zweiten Prozessschritt werden die **Bewerbungsunterlagen** differenziert betrachtet, verglichen und beurteilt. Wir unterscheiden zwischen der formalen und der inhaltlichen Prüfung.

Zu den üblichen Bewerbungsunterlagen gehören das Motivationsschreiben, der Lebenslauf, Zeugnisse und Bescheinigungen.

Abb. [6-6] **Dokumente zur ausgeschriebenen Stelle und Bewerbungsunterlagen**

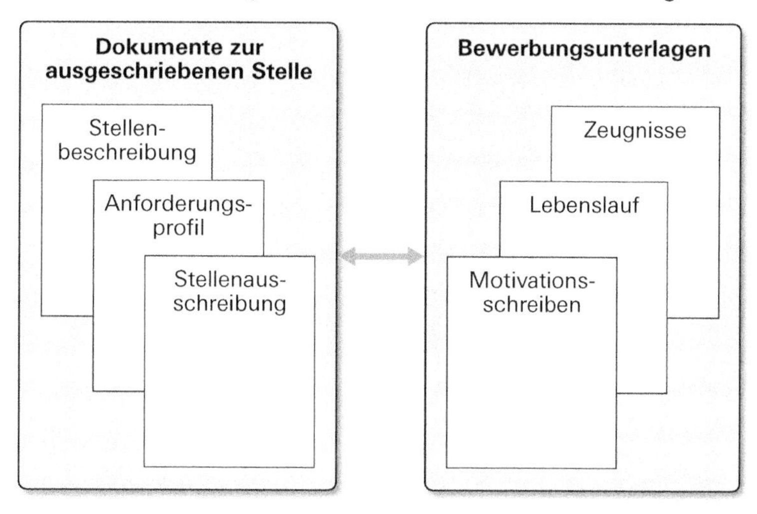

Compendio Bildungsmedien AG, Zürich

6.3.1 Formale Prüfung

Bei der **formalen Prüfung** geht es um die Art und die Form der Bewerbung.

Dabei spielen **formale Kriterien** eine wichtige Rolle. Die **Aufbereitung eines Bewerbungsdossiers** kann für oder gegen einen Kandidaten sprechen. Wir listen die wichtigsten formalen Beurteilungskriterien auf:

Abb. [6-7] **Formale Kriterien bei der Beurteilung von Bewerbungsunterlagen**

Vollständig	Alle geforderten Unterlagen und Angaben (z. B. keine Kurzbewerbung, wenn «vollständige Bewerbungsunterlagen» erwartet werden)
Ordentlich	Formal korrekt (keine Rechtschreib- oder Formatierungsfehler)
Angemessen	Unterlagen der Funktion und der Position entsprechend aufbereitet
Strukturiert	• Klar gegliedert und übersichtlich • Relevante Informationen gut ersichtlich
Plausibel	• Angaben und Daten nachvollziehbar und verständlich, wenn nötig kurz erklärt • Angaben und Daten durch Zeugnisse bestätigt
Lückenlos	• Chronologisch • Zeiten ohne Erwerbstätigkeit im Lebenslauf begründet
Aktuell	Alle Unterlagen auf dem neuesten Stand

6.3.2 Inhaltliche Prüfung

Aufgrund von **inhaltlichen Kriterien** wird v. a. geprüft, ob die Bewerber die **Anforderungen erfüllen,** die mit der Stelle verbunden sind. Wir listen die wichtigsten inhaltlichen Beurteilungskriterien auf:

Abb. [6-8] **Inhaltliche Kriterien bei der Beurteilung von Bewerbungsunterlagen**

Berufserfahrung	• Verfügt der Bewerber über die erforderliche, berufliche Erfahrung? • Wie hat der Bewerber die Erfahrungen gewonnen (z. B. durch häufigen Stellenwechsel oder nur bei einem Arbeitgeber)?
Führungserfahrung	• Welche Führungserfahrung hat die Bewerberin (in Jahren, in Linie oder Projekt, Führungsspanne)? • Sind diese Erfahrungen übertragbar (z. B. Führungserfahrung aus Militär, KMU, internationalen Unternehmen)?
Anforderungen	• Verfügt der Bewerber über die erforderlichen Qualifikationen und Kompetenzen (Kenntnisse, Fähigkeiten, Fertigkeiten)? • Kann der Bewerber die Rollenerwartungen erfüllen (z. B. persönlicher Auftritt, Zuverlässigkeit, kommunikative Fähigkeiten)? • Ist der Bewerber bereit, die inhaltlichen Aufgaben zu erfüllen (z. B. Mobilitätsbereitschaft, Fremdsprachen)?
Motivation zum Stellenwechsel, Mehrwert	• Plausible und verständliche Beschreibung der Motivation (z. B. warum es die Bewerberin zum Unternehmen hinzieht). • Welchen besonderen Nutzen bietet die Bewerberin dem Unternehmen (z. B. Erfahrungen, Vernetzung)?
Offene Punkte, unklare Lücken	• Offene Punkte, Unklarheiten und Lücken, die im Rahmen des Vorstellungsgesprächs geklärt werden müssen.

6.3.3 Das Bewerbungsdossier und seine Informationen interpretieren

Ein **Bewerbungsdossier** kann verschiedene Informationen liefern. Jede Information bietet einen bestimmten Einblick und hat bestimmte Interpretationsmöglichkeiten. Wir haben für Sie eine Zusammenstellung der Informationen gemacht. Zu jeder der folgenden Informationen weisen wir auf die besonderen **Chancen** und die **Grenzen** einer Interpretation hin.

Abb. [6-9] **Die Interpretation und die Gewichtung von Bewerbungsunterlagen**

Informationen	Hinweise für die Interpretation und die Gewichtung
Motivationsschreiben	Der Bewerbungsbrief ist wichtig für die Interpretation. Er ist zukunftsorientiert und gibt Aufschluss darüber, ob ein Kandidat wesentliche Anforderungen verstanden hat und sich konzentriert um die Stelle bzw. das Unternehmen bemüht. Die Art und Weise, wie der Kandidat seine berufliche Vergangenheit mit der beruflichen Zukunft verknüpft, kann Hinweise z. B. auf die Anschlussfähigkeit und die Motivation geben. HR-Berater lassen sich dabei nicht von einem sprachlichen Ausdrucksvermögen blenden. Das Motivationsschreiben sollte nicht länger als 1 Seite sein.
Lebenslauf	Der Lebenslauf wird auch als CV (Curriculum vitae) bezeichnet. Er ist wichtig für die Interpretation und zeigt, ob der Kandidat strukturiert die beruflichen Erfahrungen, Qualifikationen und Kompetenzen beschreiben kann. Ausserdem gibt er Aufschluss darüber, wie sich der Bewerber in der Vergangenheit entwickelt hat und ob es «Karrieresprünge» oder unklare Lücken gibt. Da die Vergangenheit keine eindeutige Vorhersage der zukünftigen Entwicklung erlaubt, verlassen sich HR-Berater nicht nur auf den Lebenslauf.
Zeugnisse	Zeugnisse und Bescheinigungen sind wichtige Dokumente. Sie belegen den Wahrheitsgehalt der Daten und Fakten im Lebenslauf und bestätigen die Aussagen im Motivationsschreiben. HR-Berater vergessen dabei nicht, auch informell erworbene Lernergebnisse zu würdigen.
Aus- und Weiterbildung	Diplome, Testate, Fähigkeitsausweise etc.
Foto	Ein Foto kann Hinweise darauf geben, ob der Bewerber die Stelle und das Unternehmen angemessen vertreten kann. Manche Unternehmen wünschen keine Fotos.

Der **Lebenslauf** ist ein Schlüsseldokument für die Interpretation. Wir zeigen Ihnen im Folgenden die Angaben aufgeführt, die im CV vorkommen sollten.

Abb. [6-10] **Inhalt und Aufbau eines Lebenslaufs**

Persönliche Daten	• Vorname und Name des Bewerbers und gegebenenfalls erworbene Titel • Vollständige Anschrift, Telefonnummer, E-Mail-Adresse • Eventuell ergänzende Angaben: – Geburtsdatum, gegebenenfalls Geburtsort – Bei Schweizer Bewerbungen der Heimatort, bei Ausländern Nationalität und Aufenthaltsbewilligung – Geschlecht, wenn aus dem Namen keine eindeutige Zugehörigkeit herauszulesen ist – Zivilstand und Anzahl der Kinder (eventuell Alter der Kinder)
Bewerbungsfoto	Ein Bewerbungsfoto (Porträt) wird oft erwartet. Manche Unternehmen wünschen keine Fotos.
Berufliche Tätigkeit	• Arbeitsverhältnisse kurz beschreiben: Zeitraum, Funktion, wichtige Aufgaben, Zuständigkeiten sowie Kompetenzen und Name und Adresse des Arbeitgebers • Phasen ohne Erwerbstätigkeit klären (z. B. Familienphase, Weltreise, Sabbatical)
Aus- und Weiterbildung	• Berufs- bzw. Studienabschlüsse • Schulabschluss (in der Regel nur der höchste Schulabschluss) • Weiterbildungen (Kurse / Seminare)
Sprach- und Softwarekenntnisse	Angaben gemäss den Anforderungen des Stellenangebots • Muttersprache(n) • Fremdsprachenkenntnisse (Grundkenntnisse, gute Kenntnisse, sehr gute Kenntnisse, verhandlungssicher) • Softwarekenntnisse (Programme, Einstufung der Kenntnisse)
Publikationen, Patente	• Publikationen oder Vorträge von Wissensarbeitern (z. B. Akademiker, Ausbilderinnen, Berater) oder Medien-/PR-/Kommunikationsschaffenden (z. B. Journalistinnen, Redaktoren, Pressesprecherinnen) • Geistiges Eigentum (z. B. Patente) von Forschenden
Sonstiges	Eventuell auf weitere Kenntnisse und Fähigkeiten hinweisen: • Mitgliedschaften in relevanten Fachverbänden oder -netzwerken • Auslandserfahrung • Hobbys, private Interessen • Freiwilliges karitatives Engagement • Führerscheine bei Stellen, die Mobilität voraussetzen

Hinweis Bei den Angaben zur Person in einem Lebenslauf gibt es Unterschiede im internationalen Vergleich: beispielsweise keine näheren Angaben zum Alter oder zum Zivilstand usw. In den USA werden keine Fotos verschickt.

Jede Information hat **Vor- und Nachteile.** Jede Information, die isoliert betrachtet wird, sagt nicht viel über den Bewerber bzw. seine Eignung für die Stelle aus. Alle Informationen zusammen gewähren eine hohe Verlässlichkeit bei der Vorselektion. Bei der **Beurteilung** von Bewerbungsdossiers richten HR-Fachleute einerseits den Blick auf die zu besetzende Position, andererseits auf den effizienten Ablauf der Auswahl. Darüber hinaus muss man auf mögliche **Vorbehalte und Vorurteile** gegenüber bestimmten Bewerbern achten.

In diesem Zusammenhang sind die **Analyse der Stellenwechsel** und somit auch das **Karrieremuster** der Bewerberin besonders aufschlussreich. Häufige Wechsel werden oft negativ beurteilt. Rückschlüsse sind jedoch nur möglich, wenn man die Branchen und Firmen beachtet, in denen jemand gearbeitet hat. Auch wirtschaftlich schwierige Zeiten führen zu mehr Entlassungen, was nichts über die Qualifikationen der davon Betroffenen aussagt.

Nicht nur die Zeitdauer spielt eine Rolle, sondern auch die möglichen **Gründe für die Stellenwechsel:**

- Hat die Bewerberin die sich bietenden Aufstiegs- oder Weiterentwicklungsmöglichkeiten konsequent wahrgenommen?
- Ist eine Karriere eher sprunghaft verlaufen?
- Gibt es Lücken im Lebenslauf – will der Bewerber etwas bewusst verschweigen?

6.3.4 Gegenüberstellung von Anforderungsprofil und Bewerberprofil

Wenn es um den abschliessenden Entscheid in dieser Phase geht, kann eine tabellarische **Gegenüberstellung des Anforderungsprofils und der Bewerberprofile** nützlich sein. Dafür gibt es einfachere und komplexere Modelle. Das folgende Beispiel soll diese Aussage verdeutlichen.

Abb. [6-11] **Anforderungsprofil und Erfüllungsgrad durch einen einzelnen Bewerber X**

Anforderungsprofil: Leitung Kundendienst	Nicht erfüllt	Knapp erfüllt	Erfüllt	Übertroffen
Fachkompetenz				
Spezifische Fachkenntnisse: Kundendienst, Bestellwesen				☒
…				
Methodenkompetenz				
Planung und Organisation				☒
…				
Sozialkompetenz				
Kommunikationsfähigkeit, sprachlicher Ausdruck			☒	
…				
Persönlichkeit (Ich-Kompetenz)				
Veränderungsbereitschaft		☒		
…				
Führungskompetenz				
Führungserfahrung von mehr als 10 Mitarbeitenden				☒
…				

Die Bewerber, die aufgrund der Bewerbungsunterlagen den **höchsten Deckungsgrad** mit den gestellten Anforderungen haben, entsprechen der **Kategorie A,** d. h., sie erhalten eine Einladung.

Man muss hier beachten, dass Bewerber, die die relevanten Kriterien **übertreffen,** nicht zwingend die geeigneten Bewerber auf lange Sicht sind, wenn ihnen keine entsprechenden Perspektiven geboten werden können.

Diese Art der Darstellung ist zwar einfach, aber für den Vergleich der Kandidaten kompliziert und nicht geeignet.

Möchte man **mehrere Bewerbungen direkt vergleichen,** kann eine von der Anzahl der Bewerber unabhängige Einstufung, z. B. nach Schulnoten erfolgen. Die Einzelbewertungen werden addiert und daraus ergibt sich eine Rangeinstufung.

Abb. [6-12] Anforderungsprofil und Erfüllungsgrad, Übersicht mehrerer Bewerber

Erfüllungsgrad Anforderungen: Leitung Kundendienst	**Anton Achener**	**Britta Blümchen**	**Charles Charon**	**Dora Duff**
Fachkompetenz				
Spezifische Fachkenntnisse: Kundendienst …	6	2	6	2
…				
Methodenkompetenz				
Planung und Organisation	5	6	3	4
…				
Sozialkompetenz				
Kommunikationsfähigkeit, sprachlicher Ausdruck	2	4	6	6
…				
Persönlichkeit (Ich-Kompetenz)				
Veränderungsbereitschaft	3	3	6	6
…				
Führungskompetenz				
Führungserfahrung von mehr als 10 Mitarbeitenden	3	5	2	6
…				
Total	19	20	23	24
Entscheid, Rang	4.	3.	2.	1.

Der Entscheid aufgrund dieser Tabelle ist deutlich transparenter als bei der ersten Aufstellung. Hier sind aber sämtliche **Kriterien einheitlich gewichtet.** Im Anforderungsprofil sind gewisse Kriterien unverzichtbar, d. h. sehr wichtig, andere sind weniger relevant. Dieser Aspekt wird hier nicht berücksichtigt.

Möchte man auch die **Gewichtung der Anforderungen** in der Selektion berücksichtigen, kann die Gewichtung in eine Entscheidungsmatrix übernommen werden: Man setzt z. B. Faktoren ein.

Abb. [6-13] **Faktoren der Gewichtung im Anforderungsprofil**

Ausprägung im Anforderungsprofil	**Faktor**
++	4
+	3
–	2
– –	1

Beispiel An einen Verkaufsleiter werden Sie andere sprachliche Massstäbe als an eine Werkstattchefin setzen. Wenn sich die künftige Werkstattchefin weniger gewandt ausdrückt, hat das eine andere Bedeutung als bei einem künftigen Verkaufsleiter. Die Gewichtung richtet sich nach den Anforderungen an die Stelle.

Die **Entscheidungsmatrix** könnte dann wie folgt aussehen:

Abb. [6-14] **Anforderungsprofil und Erfüllungsgrad, Entscheidungsmatrix**

Erfüllungsgrad Anforderungen: Leitung Kundendienst	**Gewichtung**	**AA**		**BB**		**CC**		**DD**	
		Bewertung	**Total**	**Bewertung**	**Total**	**Bewertung**	**Total**	**Bewertung**	**Total**
Fachkompetenz									
Spezifische Fachkenntnisse: Kundendienst …	4	6	24	2	8	6	24	2	8
…									
Methodenkompetenz									
Planung und Organisation	4	5	20	5	20	3	12	4	16
…									
Sozialkompetenz									
Kommunikationsfähigkeit, sprachlicher Ausdruck	4	2	8	4	16	6	24	6	24
…									
Persönlichkeit (Ich-Kompetenz)									
Veränderungsbereitschaft	3	3	9	3	9	6	18	6	18
…									
Führungskompetenz									
Führungserfahrung von mehr als 10 Mitarbeitenden	2	3	6	5	10	2	4	6	12
…									
Total			67		63		82		78
Entscheid, Rang						1.		2.	

Jetzt sieht die Rangfolge anders aus und hat eine höhere Aussagekraft als ohne Gewichtung der Kriterien. Es ist **aufwendig,** eine solche Entscheidungsmatrix (respektive Nutzwertanalyse) zu erstellen, und erst sinnvoll, wenn sämtliche Selektionsinstrumente angewendet wurden. Vor allem bei anspruchsvollen Führungs- oder speziellen Fachpositionen wird diese Aufstellung angewendet.

Der nächste Schritt im Prozess der Personalauswahl ist das **Vorstellungsgespräch.** Zur Vorbereitung der Gespräche kann schon während der Grobanalyse eine detaillierte **tabellarische Übersicht über die Bewerber** mit den wichtigen Kriterien und offenen Fragen erstellt werden.

Abb. [6-15] **Übersicht der Bewerber**

Bewerber	**Qualifikation**	**Deckungsgrad der Anforderungen**	**Motivation**	**Offene Fragen**	**Sonstiges**
CC	Diplom	Circa 90%, wenig Führungserfahrung	Gutes Image des Unternehmens	Organisationsfähigkeit prüfen	Viel Auslanderfahrung
DD	FA	Circa 80%, nur 2 Jahre Berufserfahrung	Sieht Entwicklungschancen	Fachkenntnisse prüfen	Will 80%-Pensum
Etc.					

6.4 Vorstellungsgespräch

Die Bewerbungsunterlagen geben v. a. Hinweise auf die Qualitäten eines Bewerbers auf der Sachebene. Im Laufe eines **Vorstellungsgesprächs** können Personalverantwortliche und auch Vorgesetzte einen **Eindruck von der Person** gewinnen und sich eine Vorstellung von den **sozialen Kompetenzen** der Bewerber machen, ob diese zur Position und zum Unternehmen passen.

6.4.1 Beurteilungsfehler

Gerade bei der Gewinnung von Eindrücken spielen **Wahrnehmungsverzerrungen** und sonstige **subjektive Einschätzungen** oft eine grosse Rolle. Diese können zu **Beurteilungsfehlern** führen. Wir führen in der Tabelle einige Beispiele auf.

Abb. [6-16] **Effekte bei der subjektiven Einschätzung**

Effekt	Beschreibung
Halo-Effekt	Eine spezifische Eigenschaft wird auf andere Eigenschaften projiziert (ein erfolgreicher Handballspieler ist zugleich äusserst teamfähig).
Hierarchie-Effekt	Mitarbeitende einer höheren Ebene werden automatisch besser beurteilt als andere.
Kleber-Effekt	Wer länger nicht befördert wurde, wird unbewusst unterschätzt.
Primacy-Effekt	Zuerst erhaltene Informationen oder Eindrücke werden stärker gewichtet als spätere Erkenntnisse («you never get a second chance to make a first impression»).[1]

Solche **Fehlerquellen** müssen erkannt und von vorneherein vermieden werden, damit keine Fehlentscheide getroffen werden.

6.4.2 Vorbereitung und Ablauf des Gesprächs

Ausserdem bietet das Vorstellungsgespräch eine Gelegenheit, **offene Fragen** zu klären und Annahmen über den Bewerber zu bestätigen bzw. zu widerlegen. Das Vorstellungsgespräch ist **keine einseitige Angelegenheit.** Auch der Bewerber hat die Chance, das Unternehmen und seine Mitarbeitenden kennenzulernen und so seine Annahmen über die Stelle zu bestätigen bzw. zu widerlegen.

Das Vorstellungsgespräch muss **gut vorbereitet** werden. Alle wesentlichen Themen sollen angemessen berücksichtigt werden. Die vorgesehene Zeit soll nicht überschritten werden. Das Gespräch soll in einem ruhigen, ungestörten und angenehmen Umfeld erfolgen. Es ist selbstverständlich, dass Getränke angeboten werden, mindestens ein Glas Wasser.

Der **Ablauf** respektive der Aufbau eines solchen Gesprächs kann je nach Unternehmen unterschiedlich gestaltet werden und auch abhängig von der Position variieren.

Ein **Gesprächsleitfaden** kann eine grosse Hilfe sein. Einerseits hilft er, das Gespräch inhaltlich und zeitlich optimal zu gestalten, andererseits erleichtert er den Vergleich zwischen mehreren Gesprächen auf einer objektiven Grundlage.

[1] Dieser Effekt gilt auch für das Unternehmen.

In der folgenden Tabelle haben wir den möglichen Ablauf eines einstündigen Vorstellungsgesprächs dargestellt.

Abb. [6-17] **Möglicher Ablauf eines einstündigen Vorstellungsgesprächs**

Minuten	Inhalt	Beschreibung
5	Persönliche Vorstellung und Hinweise auf Ablauf	Die anwesenden Personen (z. B. HR-Verantwortlicher und Linienverantwortlicher) stellen sich kurz vor und tauschen Visitenkarten aus. Der Ablauf des Vorstellungsgesprächs wird kurz besprochen.
5	Vorstellung des Unternehmens	Das Unternehmen wird von den Mitarbeitenden des Unternehmens vorgestellt. Wichtige Themen sind: Branche und Produkte, Anzahl der Mitarbeitenden, Entwicklung, Strategie, Ziele, Besonderheiten, Vorzüge als Arbeitgeber. Abbildungen und Grafiken sowie Prospekte können die mündlichen Ausführungen zum Unternehmen ergänzen.
10	Werdegang und Motivation des Bewerbers	Der Bewerber erhält Gelegenheit, seinen beruflichen Werdegang zu beschreiben. Mit Blick auf die vakante Stelle sollten wichtige Etappen, Entwicklungen und Erfolge genannt werden.
20	Fragen an den Bewerber	Die anwesenden Personen haben Gelegenheit, dem Bewerber Fragen zu seiner beruflichen Biografie und persönlichen Karriereplanung zu stellen. Typische Fragen sind: • Fragen, die sich aus den Bewerbungsunterlagen ergeben (z. B. Lücken) • Die grössten Erfolge und Misserfolge (mit Beispielen) und wie es dazu kam • Umgang mit Problemen und Konflikten (Beispiele und Lösungen) • Motiv zum Stellenwechsel bzw. Interesse am Unternehmen • Erwartungen an die berufliche Entwicklung im Unternehmen
5	Beschreibung der vakanten Stellen	Die Stelle wird vom HR-Verantwortlichen beschrieben (Aufgaben, organisatorische Einbindung, Entwicklungsmöglichkeiten) und die Erwartungen an den Bewerber werden geäussert; gegebenenfalls werden Aspekte genannt, die nicht in der öffentlichen Ausschreibung erwähnt wurden. Ein Organigramm und andere Materialien (z. B. Kopie der Stellenbeschreibung) können die Beschreibung ergänzen.
5	Offene Fragen des Bewerbers	Der Bewerber hat Gelegenheit, Fragen zum Unternehmen und zur Vakanz zu stellen.
5	Konditionen	Die Beteiligten informieren über ihre Konditionen (u. a. frühestmöglicher Stellenantritt, gegebenenfalls Gehaltswunsch bzw. Salär und Nebenleistungen).
5	Nächste Schritte und Verabschiedung	Der HR-Verantwortliche informiert über die nächsten Schritte (z. B. weitere Gespräche) und Termine. Die Beteiligten beenden das Interview und verabschieden sich.

Wenn für den Entscheid **unternehmenskulturelle Aspekte** sehr wichtig sind, erfolgt die Vorstellung des Unternehmens sinnvollerweise nach den Fragen an den Bewerber bei der Beschreibung der vakanten Stelle. Der Bewerber kann aber auch nach seinem Wissen über das Unternehmen, z. B. aus Presse oder Internet, gefragt werden.

In Vorstellungsgesprächen werden verschiedene Techniken eingesetzt. Wir bringen dazu einige Beispiele.

6.4.3 Frageformen und Fragetypen

Im Interview können im Wesentlichen zwei **Frageformen** unterschieden werden: geschlossene und offene Fragen. **Geschlossene Fragen** sind Fragen, die entweder mit Ja oder mit Nein beantwortet werden können.

Beispiel

- Können Sie per 1. März beginnen?
- Haben Sie Branchenerfahrung?
- Haben Sie einen Führerschein?

Offene Fragen sind Fragen, die dem Kandidaten **viele Antwortmöglichkeiten** erlauben.

Beispiel

- Welche waren die wichtigen Stationen Ihres beruflichen Werdegangs?
- Wie beschreiben Ihre Mitarbeitenden Sie als Führungskraft?
- Was hat Sie zur Bewerbung veranlasst?
- Welchen besonderen Nutzen hat der Arbeitgeber, wenn er Sie anstellt?

Offene Fragen geben mehr Einblick in die **Denk- und Handlungsmuster** des Befragten als geschlossene Fragen. Deshalb sind sie für Interviews besonders geeignet. Es gibt viele Arten von offenen Fragen. Wichtige Fragetypen finden Sie in der folgenden Tabelle.

Abb. [6-18] **Fragetypen**

Fragetyp	Beschreibung	Beispiele
Unerlaubte Fragen	In Bewerbungsgesprächen sind Fragen etwa zur Familie (ausser Zivilstand) und Familienplanung, zu Vorstrafen, zur Gesundheit und zur Zugehörigkeit zu einer Religion, Partei oder Gewerkschaft nicht erlaubt, sofern die Themen für die Stelle nicht direkt relevant sind.	• Wie sieht Ihre Familienplanung aus? • Welcher Partei stehen Sie nahe?
Meinungsfragen	Die Antwort informiert über die Werthaltungen oder Annahmen.	Was verstehen Sie unter Belastbarkeit?
Suggestivfragen	Mit der Frage soll der Antwortende beeinflusst werden.	Sind Sie nicht auch der Ansicht, dass man da einmal richtig durchgreifen müsste?
Verdeckte Fragen	Bei einer verdeckten Frage hofft der Fragende, indirekt Informationen zu gewinnen.	Haben Sie einen Parkplatz gefunden? (Haben Sie einen Führerschein?)
Zukunftsfragen	Zukunftsfragen geben Einblick in die Entwicklungswünsche des Kandidaten.	Welche beruflichen Ziele haben sie für die nächsten fünf Jahre?
Verständnisfragen	Verständnisfragen dienen der Vergewisserung.	Habe ich Sie richtig verstanden, dass ...?

6.4.4 Fragetechniken

Nur in den seltensten Fällen wird ein **Stressinterview** geführt. Denn in einer wohlwollenden, offenen Atmosphäre kann ein Gespräch geführt werden, das allen Gesprächspartnern einen grösseren Nutzen generiert. Das Stressinterview kann aber als weiteres Selektionsinstrument (z. B. in einem Assessment-Center oder in einem Zweitgespräch) eingesetzt werden.

Verschiedene Methoden, z. B. das **Verhaltensdreieck** oder die **S-T-A-R-Technik,** stellen den Zusammenhang zwischen Verhalten, Ergebnis und Situation dar.

Mit dem **Verhaltensdreieck** erhält man eine hohe Aussagekraft. Der Kandidat soll eine konkrete erlebte Situation schildern, beschreiben, wie er sich darin verhalten und welches Ergebnis er damit erzielt hat.

Abb. [6-19] **Verhaltensdreieck**

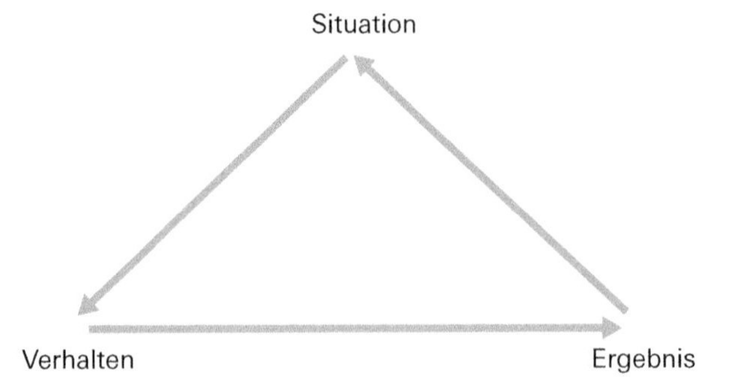

Compendio Bildungsmedien AG, Zürich

S-T-A-R ist ein Akronym für Situation, Task (Aufgabe) oder Target (Ziel), Action (dt. Handlung) und Result (dt. Ergebnis). Die S-T-A-R-Methode stammt aus den USA und wird bei Bewerbungsgesprächen genutzt, um möglichst effizient und umfassend Antworten vom Bewerber zum Umgang mit konkreten Herausforderungen zu erhalten.

Wenn die Rekrutierenden und der Bewerber übereinstimmend mit dem Selektionsprozess weiterfahren möchten, werden je nach Position weitere Selektionsinstrumente eingesetzt.

6.5 Weitere Instrumente der Personalauswahl

Die gängigsten Methoden sind:

- Referenzen
- Tests
- Arbeitsproben
- Schnuppereinsätze
- Assessment-Center
- Zweitgespräch

Im Folgenden stellen wir diese Instrumente kurz vor.

6.5.1 Referenzen

Normalerweise werden nach dem Vorstellungsgespräch eine oder mehrere **Referenzen** eingeholt. Aus datenschutzrechtlichen Gründen dürfen Referenzen ausschliesslich mit dem Einverständnis des Kandidaten eingeholt werden. Der Bewerber erstellt eine **Liste mit Kontaktdaten.** Der Personalverantwortliche bittet den Bewerber um Einverständnis zum Einholen von persönlichen Referenzen.

Mit den Aussagen von Referenzpersonen können bestimmte **Eindrücke erhärtet** und die **Entscheidung kann bestätigt** werden. Referenzen können darüber hinaus helfen, Unklarheiten (z. B. betreffend Verhaltensweisen oder Leistungsergebnissen) zu beseitigen. Beim Einholen von Referenzen muss klar sein, dass kein Referenzgeber es schafft, ein umfassendes Bild von einer anderen Person zu vermitteln. Es ist deshalb ratsam, **konkrete Fragen** zu stellen (z. B. «Welche Verantwortung genau hatte X im Projekt?»).

Es muss auch klar sein, dass nicht in allen Firmen dieselben Anforderungen genügen. Es reicht also nicht, nach der Kundenorientierung zu fragen, ohne abzugleichen, was **im Unternehmen** des Referenzgebers unter Kundenorientierung verstanden wird.

Bewerber geben naturgemäss Referenzgeber an, die wahrheitsgetreue, aber auch wohlwollende Aussagen über die Qualität der Zusammenarbeit und der Arbeitsergebnisse machen. Referenzen werden aus einer bestimmten **subjektiven Perspektive** formuliert, aber auch «negative» Referenzen sind subjektiv gefärbt. Interessant ist an den Referenzen nicht nur, was die Referenzgeber sagen, sondern in welchem **Umfeld** (Vorgesetzte, Organisationskultur) der Bewerber seine Fähigkeiten bisher erfolgreich entfaltet hat. Die auf der Referenzenliste genannten Unternehmen (KMU oder Grossunternehmen), die Branchenzugehörigkeit (z. B. Banken, Handel und Versicherungen oder Handwerk) und die Hierarchieebenen (mittleres Management oder Topmanagement) können dafür einen Anhaltspunkt geben.

Bei Referenzauskünften müssen zwei Gesetze beachtet werden: das **Datenschutzgesetz (DSG)** und das **Obligationenrecht (OR).** Besonders wichtig sind folgende Regelungen:

- Referenzen dürfen nur mit **Wissen und Zustimmung** des Kandidaten eingeholt werden.

Art. 4 DSG Abs. 1 Personendaten dürfen nur rechtmässig bearbeitet werden. Abs. 3 Ihre Bearbeitung hat nach Treu und Glauben zu erfolgen und muss verhältnismässig sein.

- Die Referenzauskunft muss in einem **sachlichen Zusammenhang** mit dem Arbeitsverhältnis stehen.

Art. 328b OR Der Arbeitgeber darf Daten über den Arbeitnehmer nur bearbeiten, soweit sie dessen Eignung für das Arbeitsverhältnis betreffen oder zur Durchführung des Arbeitsvertrages erforderlich sind ...

Art. 4 DSG Abs. 3 Personendaten dürfen nur zu dem Zweck bearbeitet werden, der bei der Beschaffung angegeben wurde, aus den Umständen ersichtlich oder gesetzlich vorgesehen ist. Abs. 4 Die Beschaffung von Personendaten und insbesondere der Zweck ihrer Bearbeitung müssen für die betroffene Person erkennbar sein.

- Der Kandidat hat das Recht, **Auskunft über den Inhalt** des Referenzgesprächs zu erhalten.

Art. 8 DSG Abs. 1 Jede Person kann vom Inhaber einer Datensammlung Auskunft darüber verlangen, ob Daten über sie bearbeitet werden.

Eine Stellenausschreibung kann einen Hinweis enthalten, dass in den Bewerbungsunterlagen Referenzen genannt werden sollen. Referenzauskünfte sollten aber erst nach dem Bewerbungsgespräch und mit ausdrücklicher **Erlaubnis des Bewerbers** eingeholt werden. Befindet sich der Kandidat in einer ungekündigten Stelle, dann sollten HR-Fachleute bei Referenzen im beruflichen Netzwerk des Kandidaten ganz besonders auf Diskretion achten, um dem Kandidaten in seiner aktuellen Position nicht zu schaden.

Auskünfte des Referenzgebers sollen **wahr** und **wohlwollend** sein. Sie entsprechen aber einer **subjektiven Wahrnehmung** in einem bestimmten, **meist beruflichen Zusammenhang.** Das bedeutet, dass beispielsweise der Führungsstil und die Unternehmenskultur Einfluss auf die Leistung und das Verhalten des ehemaligen Mitarbeiters hatten. Die Referenzen sollten nicht weit in der Vergangenheit liegen. Nur Informationen **aus den letzten Jahren** können das Bild vom Kandidaten bestätigen bzw. abrunden.

Ehemalige Arbeitgeber haben eine **Auskunftspflicht.** Wird ein ehemaliger **Arbeitgeber bzw. Vorgesetzter** um eine Referenz gebeten, dann darf seine Auskunft nicht den Informationen im Arbeitszeugnis widersprechen. Erlaubt sind **Klarstellungen,** etwa bei missverständlichen Formulierungen.

Referenzauskünfte sollten möglichst kurz und zielorientiert sein. Es macht deshalb Sinn, vor dem Gespräch einen **Leitfaden** mit wesentlichen Fragen an den Referenzgeber zu entwickeln.

Abb. [6-20] **Schlüsselfragen bei Referenzauskünften**

- Welche Aufgaben hatte der Kandidat beim ehemaligen Arbeitgeber?
- Über welche Kompetenzen verfügte der ehemalige Mitarbeiter?
- Welches Leistungsverhalten zeigte der ehemalige Mitarbeiter?
- Wie hat der Kandidat die beruflichen Herausforderungen im Vergleich zu den anderen Mitarbeitenden gemeistert?
- Wie lässt sich die Zusammenarbeit etwa mit Vorgesetzten, Mitarbeitenden oder Kunden beschreiben?
- Welche Stärken und Schwächen sind dem ehemaligen Arbeitgeber besonders aufgefallen?
- Was war aus Sicht des Arbeitgebers der Kündigungsgrund?
- Würde der Arbeitgeber den Kandidaten für eine vergleichbare Position wieder anstellen?
- Ist der ehemalige Arbeitgeber davon überzeugt, dass der Kandidat sich für die Vakanz eignet?

HR-Leute versuchen, bei mündlichen Referenzauskünften **«zwischen den Zeilen»** zu lesen. Eine zögerliche Antwort oder eine bestimmte Betonung können aufhorchen lassen. Diese Signale sind aber oft mehrdeutig und nicht einfach zu interpretieren. In diesen Fällen sollten die HR-Personen nachfragen und sich beispielsweise eine typische Situation schildern lassen, um **Missverständnisse** oder eine **Fehlinterpretation** auszuschliessen.

6.5.2 Tests

Tests sind standardisierte Verfahren, um bestimmte **Kenntnisse und Fähigkeiten zu messen.** Vorwiegend handelt es sich um Fragebögen und deren Antworten, die in der Form eines Profils abgebildet werden können. Es gibt viele verschiedene Tests.

Die Testzentrale der Schweizer Psychologen hat in ihrem Angebot mehr als 900 Testverfahren. Diese Tests genügen wissenschaftlichen Standards.

Bei der Personalsuche werden folgende **Testarten** eingesetzt:

- **Intelligenztests** messen allgemeine Fähigkeiten wie räumliches Denken, verbale Fähigkeiten oder schlussfolgerndes Denken.
- **Persönlichkeitstests** messen Werte, Einstellungen, Motivationen (z. B. Leistung, Gestaltung, Führung etc.), Verhaltensmuster (z. B. Extra-, Introversion).
- **Leistungstests** messen arbeitsbezogene Aspekte wie Teamorientierung, Belastbarkeit, Aufmerksamkeit.

Um sicherzustellen, dass nur seriöse Tests durchgeführt werden, sollten nicht geschulte HR-Personen sich von Experten beraten lassen bzw. ausgewiesene Experten mit der Durchführung beauftragen.

6.5.3 Arbeitsproben

In gewissen Berufen ist es üblich, eine **Arbeitsprobe** zu verlangen respektive einzureichen. So können Bewerber für wissenschaftliche Berufe oder Journalisten bereits veröffentlichte Artikel einreichen. Es muss sichergestellt werden, dass der Bewerber die Arbeitsprobe tatsächlich **persönlich erstellt** hat.

Arbeitsproben können auch im Rahmen eines Vorstellungsgesprächs erstellt werden. Ein Handwerker kann aufgefordert werden, eine kleine Reparatur vorzunehmen.

6.5.4 Schnuppereinsätze

Schnuppereinsätze sind nicht nur bei der Selektion von Lernenden sinnvoll. Auch Erwachsenen sollte je nach Beruf oder Position die Gelegenheit geboten werden, die **Aufgaben, die Kunden und das Team bei einem Probeeinsatz kennen- und erleben zu lernen.**

Für die Rekrutierenden, aber auch für das Team bietet ein solcher Einsatz die Gelegenheit, den Kandidaten, sein Verhalten und seine Arbeitsweise in einem möglichst realen Umfeld näher kennenzulernen – und umgekehrt.

6.5.5 Assessment-Center (AC)

Assessment (engl.) bedeutet Einschätzung, **Beurteilung.** Ein Bewerberassessment kann für einzelne Kandidaten und für einen Bewerberkreis durchgeführt werden. Werden bei einem Assessment mehrere Bewerber beurteilt, dann spricht man von einem Gruppen-Assessment in einem **Assessment-Center (AC).** Ein Assessment kann bis zu drei Tage dauern und wird v. a. bei der Auswahl von **Führungskräften** eingesetzt.

Ein Assessment ist ein **diagnostisches Verfahren.** Bei einem Assessment im Rahmen einer Bewerbung geht es darum, die besonderen **Stärken** und **Schwächen** der Kandidaten im Hinblick auf die gestellten Anforderungen besser einschätzen zu können. Im Mittelpunkt stehen die **Sozial- und die Methodenkompetenz** sowie die **Handlungskompetenz.** Bei Führungskräften wird auch die Führungs- bzw. Managementkompetenz beleuchtet.

Im Lauf eines Assessments werden typische Arbeitssituationen und Herausforderungen **simuliert.** Die Simulation soll helfen, das **Verhalten am zukünftigen Arbeitsplatz** zu prognostizieren. Um das zu erreichen, wird das Assessment auf die mit der Stelle verbundenen **Anforderungen** abgestimmt. Um zu ermitteln, wie die Bewerberin mit den zu erfüllenden Anforderungen umgeht, können **verschiedene Methoden** eingesetzt und kombiniert werden. Die folgende Tabelle zeigt typische Methoden eines Assessments.

Abb. [6-21] **Typische Methoden und Übungen des Assessments**

	Beschreibung
Interview	In einem strukturierten Interview werden die Kandidaten nach ihrem Umgang mit bestimmten Situationen (z. B. ein Konflikt und seine Lösung durch den Kandidaten) befragt.
Präsentation	Die Kandidaten müssen über ein bestimmtes Thema eine Präsentation erarbeiten und diese vortragen.
Diskussion	Die Kandidaten erhalten eine Aufgabe (z. B. Reorganisation eines Unternehmens) und müssen gemeinsam eine Vorgehensweise erarbeiten.
Fallbearbeitung	Die Kandidaten werden mit einer Fallgeschichte konfrontiert (z. B. ein unzufriedener Kunde droht mit der Presse) und aufgefordert, einen Lösungsweg zu entwickeln.
Rollenspiel	Die Teilnehmenden werden aufgefordert, eine bestimmte Gesprächssituation (z. B. ein Gespräch zwischen Mitarbeitenden und Vorgesetzten) durchzuspielen.
Postkorb	Die Kandidaten müssen unter Zeitdruck den Inhalt eines Postkorbs bearbeiten und zeigen, dass sie bei der Bearbeitung Prioritäten setzen und Abhängigkeiten zwischen den Informationen erfassen können.

Ein Assessment kann auch mit **Tests** (z. B. Intelligenztest, Persönlichkeitstest, Leistungstest) kombiniert werden.

Um einseitige Beurteilungen zu vermeiden, werden die Kandidaten nach dem **Vieraugenprinzip** von mindestens zwei Assessoren beobachtet und eingeschätzt. Bei einem Assessment soll es nicht um eine Überrumpelung oder um eine allgemeine Einschätzung gehen. Die Anforderungskriterien und Übungen werden den Kandidaten transparent gemacht. Die Kandidaten erhalten in einem **Feedbackgespräch** eine Rückmeldung zu ihren **Stärken** und **Schwächen** in Bezug auf das konkrete Anforderungsprofil und Hinweise auf **Entwicklungspotenziale.**

Soll ein Assessment bei der Bewerberauswahl helfen, dann sind mehrere Schritte zu beachten:

- Die **Ziele** des Assessments müssen klar und eindeutig sein.
- Die **Anforderungen** an die Bewerber müssen operationalisiert werden.
- Die **Übungen und Tests** müssen auf die Ziele und Anforderungen abgestimmt werden.
- Die **Beobachter** müssen auf ihre Aufgabe vorbereitet werden.
- Die **Durchführung** muss geplant und die Teilnehmenden müssen informiert werden.
- In einem **Assessment-Bericht** werden die Ergebnisse zusammengefasst und Empfehlungen abgeleitet. Der Kandidat erhält eine Kopie dieses Berichts.
- Es müssen **Feedbackgespräche** mit den Kandidaten durchgeführt werden.

Bevor ein Assessment veranlasst wird, sollten alle **Vor- und Nachteile** in Erwägung gezogen werden. Die wichtigsten Vor- und Nachteile haben wir in der folgenden Übersicht zusammengefasst.

Abb. [6-22] Assessment – Vor- und Nachteile

Vorteile	Nachteile
• Ein Assessment schafft die Möglichkeit, einen Bewerber in **verschiedenen Situationen** zu erleben. Es lässt mehr Schlüsse zu als schriftliche Arbeitszeugnisse oder persönliche Interviews. • Ein Assessment verspricht durch die Transparenz der Entscheidungskriterien eine höhere **Neutralität** bei der Bewerberauswahl. • In einem Assessment müssen sich die Teilnehmenden in konkreten Situationen bewähren. Der **Arbeitsalltag** wird simuliert.	• Die Vorbereitung und Durchführung eines Assessments ist **aufwendig** und relativ **kosten- und zeitintensiv.** • Die Übungen im Assessment finden in einer **künstlich geschaffenen Situation** statt, d. h., aus den Ergebnissen kann nur mit Vorsicht eine Prognose zum Verhalten im beruflichen Alltag in einer bestimmten Unternehmenskultur abgeleitet werden. • Die Teilnehmenden eines Assessments sind **Konkurrenten,** d. h., sie stehen in einer besonderen Stresssituation, in der es um eine begehrte Stelle geht.

6.5.6 Zweitgespräch

Mit dem **Zweitgespräch** wird die Personalsuche in der Regel abgeschlossen und die Personalentscheidung wird bekräftigt. Im Mittelpunkt des zweiten Gesprächs stehen die **Vertiefung gewisser Fragen, die Klärung offener Punkte sowie Detailfragen zum Vertrag und zu den Rahmenbedingungen.** Dazu gehören die Themen wie:

- Salärgestaltung und Sozialleistungen
- Arbeitsbedingungen (z. B. Arbeitszeitmodelle)
- Möglichkeiten zur Vereinbarung von Arbeit und Familie
- Laufbahnmodelle und Aufstiegschancen
- Einarbeitungsphase (z. B. Programm, Götti)

Beispiel

Folgende Selektionsinstrumente für die Hauptselektion der Nachfolge des bisherigen Kundendienstleiters könnten eingesetzt werden:

Selektionsinstrument	Beispiel	Bezug zum Anforderungsprofil
Vorstellungsgespräch	Verhaltensdreieck	Sämtliche Anforderungen
Referenz	Beim letzten Arbeitgeber	Offene Punkte aus dem Gespräch
Test	Persönlichkeitstest	Führungsverhalten, Konfliktfähigkeit
Arbeitsprobe	Formulieren einer Antwort auf eine Kundenreklamation	Sprachlicher Ausdruck
Zweitgespräch	Offene Punkte	

6.6 Abschluss

Nach dem **Abschluss** der Selektion, der Klärung der Detailfragen zum Vertrag und der Zusage wird der Vertrag erstellt und unterzeichnet.

Gleichzeitig mit der Vertragserstellung beginnt die Vorbereitung des Eintritts. Dazu gehören die interne und die externe Information zum Eintritt des neuen Mitarbeiters, die Anmeldungen der Sozialversicherungen und die Vorbereitung der Einführung.

Zusammenfassung

Das Auswahlverfahren ist ein **Filterungsprozess:** Aus einer Anzahl von internen und / oder externen Bewerbungen selektioniert man in verschiedenen Schritten den am besten geeigneten Kandidaten für die offene Stelle.

Im Allgemeinen unterscheidet man zwei Ebenen bei der Beurteilung des Dossiers:

Eine formal gute Bewerbung ist …	Eine inhaltlich gute Bewerbung zeigt, dass der Bewerber …
• vollständig, • ordentlich, • angemessen, • strukturiert, • plausibel, • wahr, • lückenlos, • aktuell.	• die gestellten Anforderungen auf der Fach- und der Führungsebene erfüllen kann. • die Voraussetzungen zur Durchführung der Aufgaben erfüllt (z. B. Reisebereitschaft) oder darüber verfügt (z. B. Qualifikationen). • über angemessene Erfahrung verfügt. • den Anforderungen an die Person entspricht (z. B. Zuverlässigkeit). • motiviert ist, die Aufgabe zu erfüllen. • einen Mehrwert für das Unternehmen erwarten lässt.

Beim **Vorstellungsgespräch** gewinnt man einen Eindruck von der Person und den sozialen Kompetenzen des Bewerbers.

Neben dem Vorstellungsgespräch kommen **andere Auswahlmethoden** zum Einsatz, wie der Beizug mehrerer Personen für das Gespräch, Tests oder Assessment-Center. Das Einholen von **Referenzauskünften** dient als zusätzliche Entscheidungshilfe.

Repetitionsfragen

20

Sie erfahren mehr über die Persönlichkeit eines Bewerbers, wenn Sie ihn nach typischen Verhaltensbeispielen aus seiner bisherigen Tätigkeit fragen.

Formulieren Sie zu den folgenden zwei theoretischen Fragen je eine solche Verhaltensfrage:

A] «Sind Sie eine analytische Person?»

B] «Wie lösen Sie Konflikte?»

21

Man sollte die Bewerbungsunterlagen formal und inhaltlich prüfen.

A] Was versteht man unter «gut strukturiert»?

B] Beschreiben Sie stichwortartig drei inhaltliche Beurteilungskriterien.

22

Aus dem Lebenslauf einer Bewerberin geht Folgendes hervor:

Ihr beruflicher Werdegang war zuerst durch mehrere Stellenwechsel in kurzer Folge bestimmt, danach war sie 5 Jahre in derselben Position tätig. Diese hat sie verloren, weil das Unternehmen aus wirtschaftlichen Gründen aufgelöst wurde. Seitdem hat die Bewerberin innert 4 Jahren zweimal ihre Stelle gewechselt.

Beschreiben Sie in Stichworten, welche Schlussfolgerungen Sie daraus ziehen und welche Fragen zum Werdegang Sie im Vorstellungsgespräch klären möchten.

23	Nennen Sie mindestens zwei Kriterien, von denen die Qualität einer Referenz abhängt.
24	Sie sind in der Personalabteilung tätig. Sie haben drei mögliche Kandidaten für ein Bewerbungsgespräch ausgewählt. Gemäss ihren Bewerbungsunterlagen (Motivationsschreiben, Lebenslauf und den Zeugnissen) scheinen alle Bewerber Idealkandidaten zu sein. Sie wollen noch ergänzende Informationen über die Kandidaten durch Referenzen und Arbeitsproben gewinnen. Vergleichen Sie die beiden Möglichkeiten und notieren Sie je einen Vorteil und einen Nachteil.

7 Rechtliche Bestimmungen zur Stellenbewerbung

Lernziele

Nach der Bearbeitung dieses Kapitels können Sie ...

- die für die Stellenbewerbung massgebenden Gesetzesbestimmungen nennen.
- eine Stellenbewerbung rechtlich korrekt durchführen.

Schlüsselbegriffe

Assessment, Auskunftspflicht, Bewerbungsgespräch, Bewerbungsunterlagen, Fragerecht, grafologisches Gutachten, medizinischer Test, Mitteilungspflicht, Notwehrrecht der Lüge, psychologischer Test, Referenzen, Screening, Vorstellungskosten, Wahrheitspflicht

7.1 Bewerbungsgespräch

Im **Bewerbungsgespräch** will der künftige Arbeitgeber herausfinden, ob eine Bewerberin oder ein Bewerber für die angebotene Stelle geeignet ist.

7.1.1 Fragerecht

Der künftige Arbeitgeber darf dem Bewerber nur Fragen stellen, an denen er ein **berechtigtes Interesse** hat. Dazu müssen die Fragen in einem **unmittelbaren Zusammenhang** mit der zukünftigen Arbeitsstelle und der zu leistenden Arbeit stehen. Diese Beschränkung des **Fragerechts** lässt sich aus folgenden Rechtsquellen ableiten:

- OR 328b: Der Arbeitgeber darf Daten nur so weit bearbeiten, als dies nötig ist, um die Eignung eines Arbeitnehmers für eine Arbeitsstelle abzuklären.
- Datenschutzgesetz: DSG 4 II verlangt die Verhältnismässigkeit von Datensammlungen, DSG 4 III die Zweckmässigkeit.

Ob eine Frage gerechtfertigt und somit zulässig ist, lässt sich nicht allgemein sagen. Massgebend sind der **konkrete Einzelfall,** die Art der angebotenen Stelle, die Enge des Vertrauensverhältnisses, die Wichtigkeit der Stellung usw. Bei Leitungspositionen kann deshalb ein weiter gehendes Fragerecht gerechtfertigt sein als bei wenig qualifizierten Stellen.

Zulässig sind Fragen nach

- der schulischen und der beruflichen Ausbildung,
- bisherigen Anstellungen und Qualifikationen,
- Berufsplänen, Weiter- und Umbildungsabsichten,
- dem Bestehen eines Konkurrenzverbots oder
- ausgedehnten Militärdienstpflichten.

Unzulässig sind Fragen, die für Arbeit und die Arbeitsstelle unerheblich sind, z. B. nach

- der Zugehörigkeit zu einer Gewerkschaft oder zu sonstigen Vereinigungen,
- der politischen Gesinnung, den religiösen Ansichten oder anderen privaten und persönlichen Verhältnissen,
- den finanziellen Verhältnissen,
- dem Lohn an der alten Arbeitsstelle und den weiteren Leistungen des Arbeitgebers.

Solche Fragen sind allerdings **ausnahmsweise** zulässig, wenn sie einen direkten Zusammenhang mit dem Arbeitsverhältnis haben.

Beispiel	**Unzulässige Fragen**

Der Arbeitgeber betont, dass ihm ein persönliches Verhältnis zu den Arbeitnehmenden wichtig sei. Deshalb fragt er die Bewerberin nach ihrem Partner und dessen Arbeitstätigkeit. Diese Frage ist unzulässig, da sie keinen Bezug zur Arbeitsstelle hat.

In einem Fragebogen, den ein Bewerber vor dem Vorstellungsgespräch ausfüllen soll, wird nach den Freizeitaktivitäten gefragt. Diese Frage ist nicht zulässig. Sie hat keinen Bezug zum Arbeitsverhältnis.

Ausnahmsweise Zulässigkeit unzulässiger Fragen

Eine Gewerkschaft stellt einen Gewerkschaftssekretär, ein kirchliches Missionswerk einen Kursleiter oder eine politisch rechts stehende Zeitung einen Redaktor ein. Hier handelt es sich um Tendenzbetriebe mit bestimmten ideellen Zielen. Sie dürfen erwarten, dass ihre Mitarbeitenden ihre Ziele teilen. Deshalb sind Fragen nach der entsprechenden Gesinnung bzw. Haltung zulässig.

Der **Umfang** des Fragerechts bereitet häufig Probleme. Oft ist nicht klar, ob eine Frage in einem sachlichen Zusammenhang mit der Arbeit steht und deshalb erlaubt ist. Besonders brisant sind Fragen nach Vorstrafen, nach der Gesundheit und nach einer bestehenden Schwangerschaft.

Abb. [7-1] **Praxisfragen zum Umfang des Fragerechts**

Vorstrafen	Fragen nach Vorstrafen sind nur zulässig, wenn die Art der Straftat den Bewerber für die vorgesehene Stelle ungeeignet macht. So ist es z. B. zulässig, den Chauffeur nach Verkehrsdelikten oder den Buchhalter nach Finanzdelikten zu fragen. In der Praxis verlangt der Arbeitgeber vom Bewerber oft einen **Strafregisterauszug**; wenn sich der Bewerber dem widersetzt, hat er kaum eine Chance auf Anstellung. Faktisch liegt es deshalb am Arbeitgeber, sich aus Fairness an die rechtlichen Grenzen seines Fragerechts zu halten.
Schwangerschaft	Fragen nach einer Schwangerschaft sind grundsätzlich nicht zulässig. Schwangere Frauen dürfen bei der Bewerbung nicht durch ihre Schwangerschaft benachteiligt werden, dies aufgrund des Gleichstellungsgesetzes (GIG), das Diskriminierungen verbietet. Nur, wenn die Arbeit für schwangere Frauen eine Gefährdung der Gesundheit bedeuten könnte und wenn Massnahmen getroffen werden müssen, um eine Schwangere zu schützen, ist die Frage nach einer Schwangerschaft zulässig. Das ist z. B. bei Fotomodellen oder Tänzerinnen der Fall.
Gesundheit	Krankheiten, Alkohol- und Drogenabhängigkeit und psychiatrische Behandlungen gehen den Arbeitgeber grundsätzlich nichts an. Der Arbeitgeber darf aber fragen, • ob der Bewerber eine **ernsthafte und ansteckende Krankheit** hat oder • ob er körperliche oder psychische Krankheiten / Suchtprobleme hat, die ihn für die Stelle weniger tauglich machen, weil er überdurchschnittlich **viele Absenzen** hat (z. B. viele Arztbesuche) oder **deutlich leistungsschwächer** ist (z. B. schweres Rückenleiden bei einem Bauarbeiter). Die eingeschränkte Leistungsfähigkeit muss konkret absehbar sein. Dass sich die Krankheit / Sucht irgendwann in ferner Zukunft verschlimmern und dem Arbeitgeber daraus Kosten entstehen könnten, genügt nicht, um ein Fragerecht des Arbeitgebers zu rechtfertigen: • Die Frage nach einer **HIV-Infektion** ist unzulässig, weil es Jahre gehen kann, bis die Krankheit ausbricht, und weil die Krankheit im normalen Kontakt am Arbeitsplatz nicht übertragbar ist. Zulässig ist dagegen die Frage, ob HIV schon ausgebrochen sei. Denn in diesem Moment sind überdurchschnittliche Absenzen absehbar. • Unzulässig wäre auch eine Frage nach einer **psychischen Erkrankung.** Wenn diese weit zurückliegt und keine Rückfallgefahr besteht, hat der Arbeitnehmer keine Informationspflicht.
Private Lebensverhältnisse und Lebensplanung	Fragen über die **persönlichen Verhältnisse** wie verwandtschaftliche Beziehungen, Lebenspartner, Familienplanung oder Freizeitbeschäftigung sind nicht zulässig. Ebenfalls nicht zulässig ist die Frage nach **Name und Staatszugehörigkeit der Kinder.** Es besteht keine Auskunftspflicht. Eine Ausnahme besteht nur dort, wo die Daten objektiv notwendig sind, z. B., um den Pflichten als Arbeitgeber (Lohn, Sozialversicherungsansprüche, Kinderzulagen etc.) nachzukommen. Zulässig ist deshalb die Frage an eine Bewerberin nach dem Personenstand und nach den Familienverhältnissen zur Berechnung von Familien- und Kinderzulagen. Umstritten ist die Frage nach den **Heiratsabsichten.** Ein Teil der Lehre sagt, die Frage ist unzulässig, der andere Teil lässt die Frage zu und begründet sie mit arbeitsvertraglichen Fürsorgepflichten.

7.1.2 Auskunftspflicht der bewerbenden Person

Die bewerbende Person hat eine **Auskunftpflicht**, die besonders die **Wahrheitspflicht** beinhaltet. **Zulässige** Fragen muss der Bewerber **wahrheitsgetreu** beantworten. Wenn der Arbeitgeber erst nach der Anstellung merkt, dass der Arbeitnehmer bei der Bewerbung eine zulässige Frage **falsch** beantwortet hat, stehen ihm zwei Möglichkeiten offen:

- **Fristlose Kündigung.** Der Arbeitgeber kann den Arbeitnehmer **fristlos entlassen,** wenn ihm die Fortsetzung des Arbeitsverhältnisses wegen dieser Lüge **nicht mehr zumutbar** ist.
- **Anfechtung des Arbeitsvertrags.** Der Arbeitgeber kann den Arbeitsvertrag auch **wegen absichtlicher Täuschung** anfechten (OR 28), d. h. einseitig auflösen. Er muss dann dem Arbeitnehmer mitteilen, er wolle das Arbeitsverhältnis wegen der Lüge nicht mehr weiterführen. Dadurch wird der Arbeitsvertrag mit **sofortiger Wirkung aufgehoben.**

Beispiel

Ein Bewerber hatte in den Bewerbungsgesprächen mit einer Bank wahrheitswidrig erklärt, er stehe in ungekündigter Stellung und verwalte Kundengelder im Umfang von einigen Hundert Millionen Dollar.

Er wurde angestellt, obwohl er der Aufforderung, sein Zeugnis aus der letzten Anstellung einzureichen, nicht nachkam. Vom früheren Arbeitgeber erfuhr die Bank, dass der Arbeitnehmer wegen ungenügender Leistungen bereits vor über einem Jahr entlassen worden und seither arbeitslos war.

Die Bank entliess den Arbeitnehmer daraufhin fristlos. Das Bundesgericht schützte diese fristlose Entlassung: Es erachtete die wahrheitswidrigen Angaben mit direktem Bezug zur Arbeitsstelle als treuwidrig und geeignet, die Vertrauensgrundlage zu dem als Mitglied der Geschäftsleitung angestellten Arbeitnehmer schwerwiegend zu erschüttern.

Die Wahrheitspflicht kennt auch **Ausnahmen.** Wenn der Arbeitgeber unzulässige Fragen stellt, kann die Bewerberin die Antwort verweigern. Damit schmälert sie aber ihre Chancen auf die Stelle. Aus diesem Grund hat die Bewerberin ein **Notwehrrecht der Lüge.** Sie darf eindeutig unzulässige Fragen falsch beantworten. Der Arbeitgeber hat diese Lüge mit einer unzulässigen Frage selbst provoziert. Er hat damit sein Recht zur fristlosen Kündigung oder zur Anfechtung des Arbeitsvertrags verwirkt, wenn er später von der Lüge erfährt.

Beispiel

Fragt der Arbeitgeber nach Entziehungskuren wegen Alkohol- bzw. Drogenabhängigkeit oder nach einer psychiatrischen Behandlung, so muss der Bewerber nicht wahrheitsgetreu antworten, wenn er wegen der Sucht bzw. der Krankheit nicht eindeutig weniger leistungsfähig ist als gesunde Personen. Der Arbeitgeber darf bei späterem Entdecken der Sucht bzw. der Krankheit weder den Arbeitsvertrag anfechten noch fristlos kündigen.

7.1.3 Mitteilungspflicht von Bewerbern

Der Arbeitgeber muss die für ihn wichtigen Fragen selbst stellen. Nur ausnahmsweise besteht eine **Mitteilungspflicht** der bewerbenden Person: Sie muss ungefragt informieren, wenn klar ist, dass sie wegen einer Eigenschaft völlig ungeeignet für die künftige Arbeit ist und wenn der Arbeitgeber dies nicht von sich aus erkennen bzw. in Erfahrung bringen kann.

Die Mitteilungspflicht führt zu heiklen Abgrenzungsfragen. Hier sind einige Fälle aus der Gerichtspraxis zusammengestellt.

Abb. [7-2] Praxisfragen zur Mitteilungspflicht

Fehlende Berufsbildung	Über fehlende Berufsbildung, die für die Arbeitsleistung absolut notwendig ist, muss der Arbeitnehmer den Arbeitgeber aufklären.
Konkurrenzverbot	Ein Konkurrenzverbot, das den Bewerber in der Ausübung seines Berufs wesentlich behindert, muss ungefragt mitgeteilt werden.
Schwangerschaft	Aus der jüngeren Gerichtspraxis sind folgende Entscheide bekannt: • Eine im zweiten Monat schwangere Frau, die sich als Sportlehrerin bewirbt, muss ihre Schwangerschaft mitteilen. • Das Bundesgericht hat in einem Urteil festgestellt, dass eine im dritten Monat schwangere Frau, die sich als Serviertochter beworben hatte, zur Mitteilung ihrer Schwangerschaft verpflichtet gewesen wäre, weil sie «zum Vornherein (habe) damit rechnen müssen, den an sie gestellten beruflichen Anforderungen schon nach kurzer Zeit nicht mehr gewachsen zu sein». • Hingegen hat das Kantonsgericht St. Gallen eine Frau geschützt, die bei der Bewerbung als Aufsichtsperson für einen Spielsalon ihre Schwangerschaft verschwieg. Es erklärte die fristlose Entlassung für unzulässig und verpflichtete den verklagten Arbeitgeber zur Zahlung des Lohns bis zum Ablauf der ordentlichen Kündigungsfrist.
Vorstrafen	Über Vorstrafen besteht nur bei Stellen, die besondere Integrität gegenüber der Öffentlichkeit erfordern (z. B. Bankdirektor), eine Mitteilungspflicht.

7.1.4 Auskunfts- und Mitteilungspflicht des Arbeitgebers

Auch der Arbeitgeber hat eine **Auskunfts- und Mitteilungspflicht:**

- Er muss **zulässige Fragen** des Bewerbers **richtig beantworten** (z. B. zur Unternehmensentwicklung in den nächsten Jahren, zu Aufstiegs- und Weiterbildungsmöglichkeiten oder zu den Chancen einer Versetzung in die ausländische Filiale).
- **Er muss ungefragt** auf die Verhältnisse am künftigen Arbeitsplatz hinweisen, wenn sie offensichtlich für den Bewerber wichtig sind (z. B. auf die Gefährlichkeit oder die Ansteckungsgefahr einer Tätigkeit, auf die geplante Auflösung der Filiale oder die baldige Umstellung der Produktion auf volle Computersteuerung).

Stellt der Arbeitnehmer fest, dass der Arbeitgeber im Anstellungsgespräch diese Auskunfts- oder Mitteilungspflicht **verletzt** hat, so kann er gleich wie der Arbeitgeber entweder den Arbeitsvertrag anfechten oder, falls ihm deswegen die Weiterführung des Arbeitsverhältnisses nicht mehr zumutbar ist, fristlos kündigen.

7.2 Beschaffung von weiteren Informationen

Neben den schriftlichen Bewerbungsunterlagen und den Auskünften des Bewerbers im Bewerbungsgespräch beschafft der Arbeitgeber oft **weitere Informationen** – z. B. über Referenzauskünfte und Recherchen oder über Gutachten und Tests.

7.2.1 Einholen von Referenzen

Der Arbeitgeber darf **Referenzen** einholen, und zwar nicht nur bei den ehemaligen Arbeitgebern, sondern auch bei anderen Personen (z. B. bei Arbeitskollegen, Einwohnerkontrolle etc.).

Grundsätzlich dürfen Referenzen nur mit **Wissen und Zustimmung** des Arbeitnehmers eingeholt werden (DSG 4 II und DSG 12 II lit. b und c). Nur ausnahmsweise dürfen Referenzen gegen den ausdrücklichen Willen des Bewerbers eingeholt werden (DSG 13 II). Ob das Interesse an einer Auskunft höher zu gewichten ist als der Schutz der persönlichen Interessen des Bewerbers, muss im Einzelfall geklärt werden.

Das Auskunftsrecht des künftigen Arbeitgebers findet seine **Grenzen** im Persönlichkeitsrecht und Datenschutz:

- Der Arbeitgeber darf nur das fragen, was er schon den Bewerber selbst fragen durfte. Er darf also nur Auskünfte einholen, die in einem **direkten sachlichen Zusammenhang** zur Arbeit stehen (OR 328b und DSG 4 II und III).
- Steht der **Bewerber in ungekündigter Stellung,** so dürfen beim jetzigen Arbeitgeber gar keine Referenzen eingeholt werden, ausser der Bewerber erlaube dies **ausdrücklich.** Tut der zukünftige Arbeitgeber es dennoch, so haftet er dem Bewerber für den allfälligen Schaden, der diesem aus der Anfrage beim jetzigen Arbeitgeber entsteht (z. B. wenn dem Arbeitnehmer deswegen gekündigt wird).
- Holt der Arbeitgeber Referenzen ein, so hat der Bewerber das Recht, den **Inhalt** der Auskünfte zu **erfahren** (DSG 8).

Grundsätzlich hat der künftige Arbeitgeber **keinen Anspruch auf Auskunft** von Kontaktpersonen:

- **Allgemeine Informationspersonen (wie z. B. Vermieter usw.):** Solche Kontaktpersonen müssen sich an die engen Grenzen des DSG halten. Dies bedeutet, dass sie grundsätzlich ohne Einverständnis des Arbeitnehmers keine Auskunft geben dürfen.
- **Ehemalige Arbeitgeber** haben dagegen eine Auskunftspflicht, die sich als Nachwirkung aus dem Arbeitsvertrag mit dem Arbeitnehmer ergibt. Solche Referenzen sind nichts anderes als mündliche Arbeitszeugnisse.

Der **Inhalt** von Referenzauskünften muss den folgenden Kriterien genügen, damit er zulässig ist:

- Die Auskünfte müssen einen **sachlichen Zusammenhang** mit der neuen Arbeit haben. Sie müssen **wahrheitsgemäss und wohlwollend** sein.
- Ehemalige Arbeitgeber dürfen **nichts anderes** sagen, als was im **Arbeitszeugnis** steht. Nur Klarstellungen sind zulässig. Die Referenzauskunft darf dem Arbeitszeugnis nicht widersprechen. **Negative Auskünfte** sind nur zulässig, wenn sie wahr und für das neue Arbeitsverhältnis so entscheidend sind, dass sie höher zu gewichten sind als das Interesse der Bewerberin bzw. des Bewerbers an wohlwollender Förderung.

Wenn eine Referenzperson, insbesondere der ehemalige Arbeitgeber, **falsche, irreführende oder unvollständige Auskünfte** erteilt, dann muss er den daraus entstandenen finanziellen Schaden ersetzen. Eine solche **Schadenersatzpflicht** kann entstehen

- gegenüber dem Bewerber selbst (z. B. wenn dieser wegen der falschen Angaben die Stelle nicht erhält) oder auch
- gegenüber dem neuen Arbeitgeber (z. B. wenn dieser den Bewerber aufgrund der falschen Angaben einstellt).

Beispiel Ein ehemaliger Arbeitgeber gab eine unwahre Referenzauskunft. Dies führte zur Arbeitslosigkeit der Bewerberin. In der Folge wurde der ehemalige Arbeitgeber zu Schadenersatz und Genugtuung verurteilt.

7.2.2 Internetrecherchen zur Informationsbeschaffung

Künftige Arbeitgeber benutzen zunehmend die Möglichkeiten des Internets, um sich über Bewerber zu informieren. Sie betreiben ein **Screening** z. B. in sozialen Netzwerken oder Kommunikationsplattformen wie Facebook, Twitter, LinkedIn oder Xing oder über Suchmaschinen wie Google.

Diese Form der Informationsbeschaffung ist im Gesetz nicht erwähnt. Für sie gelten ebenfalls die engen Grenzen des **Datenschutzrechts.** Inwieweit Screening erlaubt ist, ist umstritten:

- Nach Meinung eines Teils von Rechtsexperten ist das Screening in privaten sozialen Netzwerken und Suchmaschinen unzulässig, weil sie private Daten enthalten. Ausnahme: Der Bewerber gibt sein Profil von sich aus bekannt. Hingegen wird Screening in **Businessnetzwerken** als eher zulässig beurteilt.
- Andere Rechtsexperten dagegen erklären auch das Screening von privaten Daten als zulässig, wenn die Person sie selbst ins Netz gestellt hat. Diese Ansicht stützt auch der Eidgenössische Datenschutzbeauftragte, der Screening in sozialen Netzwerken wie Facebook als zulässig erachtet, da sie öffentlich zugängliche Quellen darstellen, in denen Arbeitgeber nach Informationen über Stellenbewerber suchen dürfen.

7.2.3 Grafologische Gutachten, psychologische Eignungstests und medizinische Untersuchungen, Berichte über Assessments

Für alle Verfahren und Massnahmen, mit denen die Eignung eines Bewerbers für eine Stelle festgestellt werden soll, gilt:

- Es braucht eine **ausdrückliche Einwilligung** der betroffenen Person (DSG 12 und 13).
- Der Bewerber hat ein **Informationsrecht nach DSG 8** über die Resultate.

Grafologische Gutachten (Schriftgutachten) geben Einblick in Charaktereigenschaften der analysierten Person und greifen damit in die Persönlichkeit ein.

Inhaltlich sind grafologische Gutachten gleich **beschränkt** wie das Fragerecht. Der Arbeitgeber darf also nur Eigenschaften untersuchen lassen, die einen **direkten Zusammenhang** mit der zukünftigen Stelle haben. Kurz: Im Bericht des Experten darf nur das stehen, was auch der Arbeitgeber fragen dürfte.

Das Gleiche gilt für alle anderen Erhebungen wie z. B. **medizinische** oder **psychologische Tests** und **Assessment-Auswertungen.** Hier geschieht die Einwilligung dadurch, dass der Bewerber zum Vertrauensarzt geht oder am Assessment teilnimmt. Ärzte, Gutachter und Psychologen dürfen nur über Dinge Auskunft geben, die für die betreffende Stelle von Bedeutung sind. Darüber hinausgehende Auskünfte dürfen sie nicht geben.

Beispiel

- Wer eine handschriftliche Bewerbung einreicht, willigt nicht automatisch in ein grafologisches Gutachten ein. Das ist eine ungenügende stillschweigende Zustimmung. Ausdrücklich willigt er ein, wenn er sinngemäss sagt: «Ja, ich bin mit der Erstellung eines Gutachtens einverstanden.» Aus Sicht des Arbeitgebers wird diese Zustimmung am besten schriftlich eingeholt.
- Wenn der Arbeitgeber schon nicht nach einer HIV-Infektion fragen darf, so darf er auch den Arzt nicht beauftragen, ohne Wissen des Bewerbers einen entsprechenden Bluttest zu machen. Nur wenn der Bewerber ausdrücklich einwilligt, ist das zulässig.

7.3 Weitere Fragen

7.3.1 Die Rückgabe von Bewerbungsunterlagen

Die persönlichen **Bewerbungsunterlagen** (Bewerbungsschreiben, Zeugnisse, Lebenslauf usw.) sind **Eigentum der Bewerberin.** Während des Bewerbungsverfahrens gelten die Grundsätze des Datenschutzes. Deshalb dürfen sie nur von den zuständigen Personen eingesehen werden. Weiterleitungen z. B. an Filialen sind nur mit Zustimmung des Bewerbers zulässig.

Der Arbeitgeber muss die Unterlagen **sorgfältig** aufbewahren. Wird der Bewerber abgelehnt, muss der Arbeitgeber die Bewerbungsunterlagen (mit Ausnahme des Bewerbungsschreibens) sofort zurückgeben.

Abb. [7-3] **Fragen im Zusammenhang mit den Bewerbungsunterlagen**

Elektronische Dossiers	Heute werden Bewerbungsunterlagen häufig als elektronische Dossiers eingereicht. Das Gesetz sagt nichts über die Behandlung elektronisch eingereichter Bewerbungsunterlagen. Wer als Bewerber Unterlagen elektronisch zustellt, muss damit rechnen, dass diese gespeichert, gesichert und allenfalls nicht mehr gelöscht werden. Die Lehre geht deshalb von einem stillschweigenden Einverständnis zu diesem Vorgehen aus.
Personalfragebogen und andere Unterlagen des Arbeitgebers	Unterlagen, die der Arbeitgeber selbst angefertigt oder in Auftrag gegeben hat, sind sein Eigentum. Dazu gehören Personalfragebogen, Notizen, medizinische, psychologische oder grafologische Gutachten usw. Der Bewerber hat wohl das Recht auf Information über die Resultate von Tests und Assessments (DSG 8), er kann aber nicht die Herausgabe verlangen. Wenn er nicht angestellt wird, darf er aber ihre Vernichtung verlangen. Wird er angestellt, so werden diese Unterlagen Teil des Personaldossiers.

7.3.2 Vorstellungskosten

Vorstellungskosten sind Fahrt-, Verpflegungs- und Übernachtungskosten, nicht aber ein eventuell entstandener Verdienstausfall. Diesen muss der Bewerber selbst tragen. Wer die Spesen und Auslagen zu tragen hat, ist im Gesetz nicht geregelt. Es empfiehlt sich, diese Frage vorgängig zu klären und eine Vereinbarung zu treffen.

Das Vorstellungsgespräch ist meist im Interesse beider Parteien. Deshalb geht ein Teil der Lehre davon aus, dass der Bewerber entstandene Vorstellungskosten selbst tragen muss, v. a., wenn diese gering sind. Wenn ein Arbeitgeber jemanden zu einem Vorstellungsgespräch einlädt, ohne dass sich dieser für eine Stelle beworben hat, sollte nach dieser Meinung der Arbeitgeber die Kosten übernehmen. Ein anderer Teil der Lehre geht davon aus, dass ein Auftragsverhältnis entsteht, wenn ein Arbeitgeber einen Bewerber zu einem persönlichen Gespräch einlädt. Als Auftraggeber muss er die Auslagen und Spesen bezahlen (OR 402 I).

7.3.3 Ablehnung des Bewerbers

Eine Bewerbung gibt keinen Anspruch auf Anstellung. Allerdings sind die Grundsätze des **Gleichstellungsgesetzes** (GIG) zu beachten. GIG 3 verbietet bei der Personalauswahl eine **Diskriminierung** wegen Geschlecht, Zivilstand oder familiärer Situation. BV 8 verbietet die Rassendiskriminierung.

Ein Bewerber, der eine Diskriminierung befürchtet, kann eine **schriftliche Begründung** der Absage verlangen (GIG 8). Eine Weigerung des Arbeitgebers, die Ablehnung zu begründen, könnte in einem Verfahren vor Gericht gegen ihn verwendet werden.

Der Bewerber kann innert 3 Monaten eine **Klage** einreichen. Wird eine Diskriminierung bejaht, so hat der Bewerber eine Entschädigung von maximal 3 Monatslöhnen zugut. Er hat aber trotzdem keinen Anspruch auf Anstellung (GIG 5 II und IV sowie GIG 8).

Beispiel

In diesen Fällen war eine Berufung auf das Gleichstellungsgesetz wegen direkter bzw. indirekter Diskriminierung erfolgreich:

- Bei der Besetzung einer Professur an einer Universität wurde ein männlicher Bewerber wegen Einhaltung der Frauenquote abgelehnt. Das Bundesgericht gewährte dem abgelehnten Stellenbewerber ein Beschwerderecht wegen Diskriminierung.
- Ein Hauswart wurde nicht angestellt, weil seine Frau Mitglied einer Freikirche war.
- Eine Sozialpädagogin bewirbt sich bei einer Telefonnotrufzentrale für Kinder und Jugendliche. Sie durchläuft das Bewerbungsverfahren. Dabei wird sie auf ihre Familienplanung angesprochen. Sie bestätigt, schwanger zu sein. Darauf erhält sie eine Absage mit der Begründung, dass die Familienarbeit mit dem zu leistenden Nacht- und Wochenenddienst nicht vereinbar sei.
- Ein Stellensuchender wird im Bewerbungsgespräch gefragt, ob er schwul sei. Als er bejaht, stocken die bislang positiv verlaufenen Verhandlungen und er erhält schliesslich eine Absage. Die Frage nach der sexuellen Ausrichtung ist klar diskriminierend.
- Die Primarlehrerin ist befristet als Stellvertretung angestellt und erhält ein gutes Arbeitszeugnis. Als dieselbe Stelle erneut ausgeschrieben ist, wird ihre Bewerbung abgelehnt. Der Arbeitgeber begründet die Ablehnung mit ihrer Schwangerschaft.

Zusammenfassung

Im Bewerbungsverfahren klärt der künftige Arbeitgeber ab, ob die bewerbende Person für die ausgeschriebene Stelle geeignet ist. Das Bedürfnis nach Informationen wird durch die engen Grenzen des Persönlichkeits- und des Datenschutzrechts sowie durch das Gleichstellungsgesetz eingeschränkt:

- **Fragerecht des Arbeitgebers:** Zulässig sind nur Fragen, die im Zusammenhang mit der Stelle stehen. In diesem Umfang muss der Bewerber wahrheitsgetreu antworten.
- **Auskunftspflicht des Bewerbers:** Zulässige Fragen müssen wahrheitsgetreu beantwortet werden. Bei unzulässigen Fragen besteht ein sog. Notwehrrecht zur Lüge.
- **Mitteilungspflicht des Bewerbers:** Der Bewerber muss über Tatsachen von sich aus informieren, wenn sie relevant sind für die Stelle und der Arbeitgeber sie nicht ohne Weiteres erkennen kann.
- **Referenzen** dürfen grundsätzlich nur mit Zustimmung des Bewerbers eingeholt werden. Der Arbeitgeber darf nur fragen, was er den Bewerber selbst fragen darf. Die Auskünfte der ehemaligen Arbeitgeber dürfen nicht über das hinausgehen, was im Arbeitszeugnis steht. Irreführende oder unwahre Referenzen können zu Schadenersatzpflicht führen.
- **Gutachten und Tests** erfordern die Zustimmung des Bewerbers.
- **Bewerbungsunterlagen** sind Eigentum des Bewerbers und müssen nach einer Ablehnung zurückgegeben oder vernichtet werden.
- Wird ein Bewerber aus **diskriminierenden Motiven** wie Geschlecht, familiären Verhältnissen etc. abgelehnt, hat er ein Beschwerderecht nach dem Gleichstellungsgesetz (GIG).

Repetitionsfragen

25

Welche der folgenden Aussagen sind richtig bzw. falsch? Bitte kreuzen Sie an.

Richtig	Falsch		
☐	☐	1.	Im Anstellungsgespräch darf der Arbeitgeber dem Bewerber keine persönlichen Fragen stellen.
☐	☐	2.	Hat der Bewerber im Anstellungsgespräch eine zulässige Frage wahrheitswidrig beantwortet und bemerkt der Arbeitgeber die Lüge erst später, dann kann er den Arbeitsvertrag sofort auflösen.
☐	☐	3.	Der Arbeitgeber darf den Bewerber das fragen, was ihn interessiert, denn es steht ihm frei, zu bestimmen, welche persönlichen Eigenschaften er bei seinen Mitarbeitenden voraussetzen will.
☐	☐	4.	Von sich aus muss der Bewerber nur Dinge mitteilen, die für das Arbeitsverhältnis von grundlegender Bedeutung sind.

26

Die Stiftung «Informationszentrale für Suchtkrankheiten» sucht einen Sozialarbeiter für die Beratung und Betreuung von Suchtkranken. Beantworten Sie die folgenden Fragen und begründen Sie Ihre Antworten.

A] Darf ein Bewerber nach eigenen Suchtkrankheiten gefragt werden?

B] Wie steht es mit der Frage nach einer HIV-Infektion?

C] Wäre die Frage nach Vorstrafen zulässig?

27

Franziska Schenk hat sich bei Ihnen um eine Stelle als Leiterin der Abteilung Rechnungswesen beworben. Sie ist in ungekündigter Stellung. Unter welchen Voraussetzungen dürfen Sie bei den folgenden Personen Auskünfte einholen? Begründen Sie Ihre Antwort.

- Beim Betreibungsamt
- Beim derzeitigen Arbeitgeber
- Beim Vermieter
- Bei ehemaligen Arbeitgebern

28

Sie arbeiten in der Personalabteilung der Z-AG. Eines Tages erhalten Sie eine Anfrage des Personalassistenten der X-AG; er will Auskünfte über Timo Frantzen einholen. Timo Frantzen hat bis vor 2 Wochen bei Ihnen gearbeitet und bewirbt sich nun um eine Stelle bei der X-AG.

A] Erläutern Sie, ob eine Pflicht zur Auskunftserteilung besteht und wem gegenüber die Auskunft erteilt werden müsste.

B] Was müssen Sie bei Ihren Auskünften berücksichtigen?

C] Begründen Sie, ob die Auskünfte negativ sein dürfen.

8 Einführung von neuen Mitarbeitenden

Lernziele

Nach der Bearbeitung dieses Kapitels können Sie ...

- die grundlegenden Anforderungen an eine gute Mitarbeitereinführung nennen.
- den ersten Arbeitstag eines neuen Mitarbeiters vorbereiten.
- ein Einführungsprogramm für neue Mitarbeitende entwickeln.
- beschreiben, worauf man beim Probezeitgespräch achten muss.

Schlüsselbegriffe

Einführungsprogramm, Onboarding-Prozess, Probezeitgespräch

Nach dem Abschluss des Auswahlverfahrens muss die **Einführung** des neuen Mitarbeiters vorbereitet werden.

Die Personalkosten sind in der Regel der grösste Kostenblock eines Unternehmens. Deshalb hat das Unternehmen ein grosses Interesse an einer **raschen, nachhaltigen Integration neuer Mitarbeitender.** Eine gut geplante Einführung und Probezeit kann die Einarbeitung neuer Mitarbeitender fördern und die Leistungsentfaltung beschleunigen.

Die **Hauptziele der Einführung** (auch **Onboarding-Prozess** genannt) sind folgende:

- Integration erleichtern
- Selbstständigkeit und Entscheidungsfähigkeit sichern, allenfalls beschleunigen

Bei der Einführung neuer Mitarbeitender müssen zwei Ebenen berücksichtigt werden: die fachliche und die soziale Ebene. Bei der **fachlichen Ebene** geht es darum, dass neue Mitarbeitende schnell und gut über relevante Sachthemen informiert werden, um ihre Kompetenzen optimal einsetzen zu können. Zu diesen Themen gehören beispielsweise Produkte und Methoden des Unternehmens. Auf der **sozialen Ebene** ist die Integration oft schwieriger. Zur sozialen Ebene gehören Themen wie Unternehmenskultur oder Umgangsweisen im Kollegenkreis.

Das Unternehmen kann die Integration neuer Mitarbeitender durch bestimmte Massnahmen fördern. Zu diesen **Integrationsmassnahmen** gehören:

- Die Vorbereitung des ersten Arbeitstags und die Begleitung des Mitarbeiters
- Die Erstellung eines Einführungsprogramms
- Die Durchführung des Probezeitgesprächs

Wir werden im Folgenden diese Massnahmen näher beschreiben.

8.1 Vorbereitung des ersten Arbeitstags

Der erste Arbeitstag im neuen Unternehmen ist eine besondere Herausforderung. Es gibt viele neue Informationen und es gibt viele Dinge, von denen der neue Mitarbeiter noch nichts ahnt. Ein gutes Unternehmen **unterstützt** neue Mitarbeitende am ersten Arbeitstag besonders intensiv.

Die Mitarbeitenden müssen mit **wesentlichen Informationen** versorgt werden, der Kollegenkreis benötigt Informationen über sie und ihr Arbeitsplatz muss vorbereitet werden. Die folgende Tabelle informiert über grundlegende Vorbereitungen der beteiligten Personen und des Arbeitsplatzes.

Abb. [8-1] Der erste Arbeitstag – vorbereitende Massnahmen

Neue Mitarbeitende informieren	Kollegenkreis informieren	Arbeitsplatz vorbereiten
• Beginn (Uhrzeit) des ersten Arbeitstags • Ort (Arbeitsplatz oder Treffpunkt) am ersten Arbeitstag, gegebenenfalls mit • Ansprechperson am ersten Arbeitstag • Unterlagen, die mitzubringen sind • Gegebenenfalls Name und Kontaktdaten des Göttis (Mentors)	• Name der neuen Mitarbeitenden • Eintrittstermin • Aufgaben der neuen Mitarbeitenden • Position innerhalb der Organisation (übergeordnete und untergeordnete Stellen) • Arbeitsplatz und Kontaktdaten	• Ausstattung des Arbeitsplatzes (u. a. Stuhl, Computer) • Reinigung des Arbeitsplatzes (inkl. Schubladen) • Arbeitsmaterialien (Papier, Stifte) • Telefonanschluss • E-Mail-Adresse • Zutrittsberechtigungen (Schlüssel, Codes, Badge) • Visitenkarten • Sonstiges (z. B. Begrüssungsgeschenk, Essensmarken)

Viele Unternehmen stellen neuen Mitarbeitenden einen **Götti**[1] zur Seite. Diese Massnahme hat viele Vorteile. Der persönliche Ansprechpartner kann auf informelle Art zahlreiche Informationen zum Unternehmen vermitteln und hilfreiche Kontakte im Unternehmen herstellen. Die Person, die als Götti fungiert, muss auf diese besondere Aufgabe vorbereitet werden.

8.2 Einführungsprogramm für neue Mitarbeitende

Die Unternehmen bieten neuen Mitarbeitenden ein **Einführungsprogramm** oder ein Integrationsprogramm. Die Funktion, die Komplexität der Aufgabe und die Anzahl der Schnittstellen definieren den Umfang und die Dauer der Einführung. Denkbar sind folgende Varianten:

- **Standardprogramm für ganze Mitarbeitergruppen:** Hier kann eine Checkliste mit den wesentlichen Punkten und Stationen erstellt werden. Dieses Programm kann durch eine Checkliste für die Vorgesetzten ergänzt werden. Beide Dokumente sollen sich ergänzen.
- **Individuelles Detailprogramm für einen einzelnen Mitarbeiter.**

Die Einführung muss folgende **Stationen** respektive **Informationen** beinhalten:

- Übersicht über das Unternehmen: wichtige Organisationseinheiten, Ansprechpartner und zentrale Prozesse (z. B. Ferienantrag) sowie Informationsinstrumente (z. B. Intranet)
- Einführung in das eigene Umfeld: Abteilung, Team, Schnittstellen zu anderen Bereichen, aber auch «Ungeschriebenes» und soziale Aspekte (z. B. Mittagessen)
- Einarbeitung in die eigene Aufgabe
- Angaben zur Ansprechspersonen (inbesondere Götti), zu Terminen von Standortgesprächen und zum Zeitpunkt des Probezeitgesprächs

Die folgende Tabelle zeigt ein Beispiel eines möglichen **Standardeinführungsprogramms** für die ersten beiden Arbeitstage.

[1] Einen Mitarbeiter oder eine Mitarbeiterin, der oder die schon länger im Unternehmen arbeitet und bei der Einführung und auch später bei Fragen weiterhelfen kann.

Abb. [8-2] **Einführungsprogramm für neue Mitarbeitende (Beispiel)**

Tag	Zeit	Wer?	Was?
1. Tag	09.00	Sandra Meier (HR-Leiterin)	• Begrüssung und Vorstellungsrunde • Informationen zum Ablauf des Integrationsprogramms
	10.00	Peter Landolt (Mitglied der Geschäftsleitung)	Vortrag über Strategie und Ziele des Unternehmens
	11.00	Uli (HR-Fachkraft)	Information zu wesentlichen Formalitäten der Personaladministration, Übergabe Schlüssel
	13.00	Restaurant	Gemeinsames Mittagessen
	14.00	Uli (HR-Fachkraft)	Beantwortung von Fragen zu den HR-Formalitäten
	15.00	Individuell	Einrichten des eigenen Arbeitsplatzes, Einarbeiten in Informationen und Unterlagen zum Unternehmen
	17.00	Sandra Meier (HR-Leiterin)	Abschlussgespräch 1. Arbeitstag
2. Tag	09.00	Jeremias Jenniger (IT)	Einführung in die Benutzung des Intranets
	11.00	Lena Frisch (Marketing)	Strategie und Massnahmen des Marketings
	13.00	Restaurant	Gemeinsames Mittagessen
	Etc.	Etc.	Etc.

Es ist auch denkbar, am Nachmittag des ersten Arbeitstags bereits erste fachliche Aspekte einzuplanen.

Auch für die Erstellung eines Einführungsprogramms und v. a. während der Durchführung sollen und können die **Stellenbeschreibung** und das **Anforderungsprofil** die relevanten Basisinformationen liefern.

Beispiel

Der Stellenbeschreibung entnehmen wir, dass ein grosser Anteil der Aufgabe des Kundendienstleiters folgende Tätigkeiten beinhaltet:

- Telefonische Betreuung, Kundenkontakte
- Redaktion und Auswertung Informationsportal

Somit ist sinnvoll, schon während der ersten Woche folgende Stationen im Einführungsprogramm einzuplanen:

- Einführung in den Telefondienst durch den Stellvertreter und Einsatz während 1–2 Tagen
- Einführung in die Benutzung des Intranets und in das Informationsportal durch die IT

Im **Anforderungsprofil** werden «Planung und Organisation» als Muss-Kriterium aufgeführt, somit muss diesem Aspekt schon während der Einführung hohe Priorität beigemessen werden. Das kann ebenfalls mit entsprechenden Einsätzen erfolgen, z. B. «Einführung in die Einsatzplanung durch Sandra Arpagaus, Marketingleiterin».

Dieses Thema muss aber auch in den Standortgesprächen beurteilt und besprochen werden. Mit systematischen Zielen kann hier rasch eine hohe Selbstständigkeit mit entsprechender Qualität erreicht werden.

8.3 Probezeitgespräch

Planen Sie während der Einführungs- und Einarbeitungsphase regelmässig eine Besprechung mit der neuen Mitarbeiterin ein. Holen Sie von ihr **Feedbacks** ein, damit Sie allfällige Probleme, Missverständnisse oder Unsicherheiten sofort klären und gegebenenfalls das Einführungsprogramm ändern können. Nehmen Sie zudem eine gemeinsame **Standortbestimmung** in Form eines ersten **Probezeitgesprächs** ungefähr in der Hälfte der Probezeit vor. So haben Sie und die Mitarbeiterin noch genügend Zeit, notwendige Korrekturmassnahmen für die Einarbeitungszeit einzuleiten und umzusetzen.

Die Probezeit ist **gesetzlich geregelt.** Sie dauert gemäss OR 335b mindestens einen Monat, maximal drei Monate und kann zweimal um einen Monat verlängert werden. In der Schweiz sind drei Monate Standard.

Neue Mitarbeitende und das Unternehmen haben während der Probezeit Gelegenheit, zu prüfen, ob die **Erwartungen an die Zusammenarbeit** erfüllt werden oder nicht. Jede Probezeit sollte mit klar definierten Zielen verbunden sein. Die Ziele müssen eine erfolgreiche Integration begünstigen und eine Grundlage für die zukünftige Zusammenarbeit schaffen.

Die Probezeit sollte von beiden Seiten – also von den neuen Mitarbeitenden und von den Vorgesetzten – gut genutzt werden. Es geht darum, **Informationen auszutauschen, Missverständnisse zu beseitigen, Fragen zu klären,** voneinander zu lernen und Korrekturen vorzunehmen. Das geschieht am besten in regelmässigen Feedbackgesprächen. Das bedeutet, dass nicht auf das Probezeitendgespräch gewartet werden sollte. Es sollten Gespräche während der Probezeit eingeplant werden.

Wichtige Fragen während der Probezeit sind:

- Wie wahrscheinlich ist es, dass die Probezeitziele erreicht werden?
- Was fördert die Zielerreichung, was hindert die Zielerreichung?
- Was kann der Vorgesetzte tun, um die Zielerreichung zu unterstützen?
- Was kann der neue Mitarbeiter tun, um die Ziele leichter zu erreichen?
- Wie verläuft die Integration im Team und im Unternehmen?
- Wo gibt es Missverständnisse oder Schwierigkeiten?
- Welche Massnahmen (z. B. Verhaltensänderungen) können sich positiv auswirken?

Mit diesen Fragen kommt ein Austausch zum **Fremd- und Selbstbild der Mitarbeitenden.** Dieser Austausch kann sehr fruchtbar sein, aber nur, wenn er erwünscht ist. Die Zwischengespräche schützen beide Seiten vor unangenehmen Überraschungen am Ende der Probezeit und fördern die gut informierte Zusammenarbeit.

Die Probezeit wird mit einem **Gespräch** und einer **Beurteilung** abgeschlossen. Viele Unternehmen haben dafür standardisierte Vorlagen mit Beurteilungskriterien.

Mit dem Abschluss der Probezeit und der Vereinbarung von allfälligen Zielsetzungen für die kommende Zeit (z. B. Schulungsmassnahmen) ist die Personalsuche abgeschlossen.

Zusammenfassung

Bei der **Einführung von neuen Mitarbeitenden** oder auch beim **Onboarding** müssen die fachliche und die soziale Ebene berücksichtigt werden. Es gibt dabei folgende Integrationsmassnahmen:

- Vorbereitende Massnahmen
- Einführungsprogramm
- Probezeitgespräch

Bei den **vorbereitenden Massnahmen** geht es vor allem um Informationen für die neue Mitarbeiterin und die zukünftigen Arbeitskollegen. In vielen Unternehmen wirkt ein Götti (Mentor) als Ansprechpartner oder es werden Einführungsveranstaltungen für die Neueintretenden organisiert.

Im **Einführungsprogramm** werden der detaillierte Ablauf, sämtliche Termine mit Dritten, die Ziele und Programmpunkte festgehalten.

Beim **Probezeitgespräch** handelt es sich um ein erstes formelles Beurteilungsgespräch als Abschluss der Einführungsphase. Bereits während der Probezeit finden gemeinsame Standortbestimmungen statt.

Repetitionsfragen

29	Nennen Sie mindestens zwei Gründe, weshalb ein Vorgesetzter nicht erst am Schluss der Probezeit ein Gespräch mit der neuen Mitarbeiterin führen sollte.
30	Begründen Sie gegenüber einem Kollegen in ein paar Sätzen, warum es sich für alle Beteiligten auszahlt, die Einführungs- und Einarbeitungszeit bewusst zu gestalten.

Teil C

Personal erhalten

9 Motivation

Lernziele

Nach der Bearbeitung dieses Kapitels können Sie …

- die Begriffe «Motiv» und «Motivation» erklären.
- die Bedürfnismodelle von A. H. Maslow und von C. P. Alderfer beschreiben.
- die Zwei-Faktoren-Theorie von F. Herzberg erläutern.

Schlüsselbegriffe

Achtung, Anerkennung, Bedürfnisse, Bedürfnispyramide, ERG-Theorie, extrinsische Anreize, Frustrationstoleranz, Grundbedürfnisse, Hygienefaktoren, intrinsische Anreize, Motiv, Motivation, Motivatoren, Primärbedürfnisse, Sekundärbedürfnisse, Selbstachtung, Selbstverwirklichung, Sicherheitsbedürfnis, soziale Bedürfnisse, Zwei-Faktoren-Theorie

Motivation ist eine wesentliche **Voraussetzung für eine gute Leistung.** Bewerber betonen im Bewerbungsschreiben ihre Motivation. Es liegt aber auch an den Arbeitgebern, einen Rahmen zu schaffen, der sich positiv auf das Leistungsverhalten der Mitarbeitenden auswirkt.

Wir beschreiben zunächst die Motive und ihre Entstehung. Danach gehen wir auf drei Motivationsmodelle ein.

9.1 Einleitung

9.1.1 Was sind Motive und was ist Motivation?

Unter **Motiv** versteht man einen isolierten Beweggrund menschlichen Verhaltens und Erlebens, unter **Motivation** das Zusammenspiel verschiedener Motive in konkreten Situationen. Die Begriffe «Bedürfnis», «Wunsch», «Trieb», «Antrieb», «Drang», «Triebfeder» usw. haben eine ähnliche Bedeutung wie «Motiv».

Die Frage nach der Motivation ist die Frage nach dem **Warum** des menschlichen Handelns.

Beispiel

Wenn man danach fragt, warum Herr A. sich für den Beruf des Automechanikers entschieden hat, wird man das Zusammenspiel vielfältiger Motive finden:

- Er ist von Motoren und Autos begeistert.
- Er möchte mit den Händen arbeiten.
- Er hat Spass am Autofahren.
- Er möchte den gleichen Beruf ausüben wie der Vater oder der grössere Bruder.
- Er will selbst mal eine eigene Werkstatt oder eine eigene Garage besitzen.
- Er will vielleicht selbst ein Auto konstruieren und bauen können.

Motive sind alle **Verhaltensgründe**, die in der betreffenden Person wirken, wobei durchaus offenbleibt, ob sie spontan oder durch einen anderen Beweggrund wirksam werden.

9.1.2 Wie entstehen die Motive?

Bedürfnisse sind Auslöser des menschlichen Handelns. Sie äussern sich in einem Gefühl des Mangels. Kommt zu diesem Gefühl des Mangels die Bereitschaft dazu, ihn zu beheben, sprechen wir von einem Motiv. Motive sind zielgerichtet.

Beispiel

Der Begriff «Durst» bezeichnet eine Mangelempfindung, ein Bedürfnis. Zusammen mit der Bereitschaft, den Durst zu löschen, entsteht ein Motiv.

Es gibt **Primär-** und **Sekundärbedürfnisse.** Die Primärbedürfnisse, auch Triebregungen genannt, sind angeboren, z. B. Hunger, Durst, Liebesbedürfnisse usw. Die Sekundärbedürfnisse werden im Lauf des Lebens aufgrund von Erfahrungen erworben.

So haben wir meist nicht einfach Durst, d. h. ein Bedürfnis nach Flüssigkeit, sondern der eine hat Lust auf Milch, auf Wasser, einen Tee oder einen Kaffee usw.

Durch die Erfahrung haben wir z. B. gelernt, dass wir das **Primärbedürfnis** «Durst» am besten durch Trinken von Limonade befriedigen. Im Lauf der Zeit wird das Trinken von Limonade dann zu einem Sekundärbedürfnis. Es geht also nicht mehr darum, ein Primärbedürfnis zu erfüllen und den Durst zu löschen, sondern um ein Lustbedürfnis. Ob es sich im speziellen Fall nun um eine Triebregung oder um ein Bedürfnis handelt, ist nicht immer einfach zu erkennen. Unsere Motive werden unter anderem durch die **Umwelt oder die entsprechende Kultur geprägt.**

9.2 Motivationsmodell von A. H. Maslow

Das **Motivationsmodell von Maslow** wird in der Arbeitspsychologie und in den Sozialwissenschaften häufig zitiert. Der Grund für diese Verbreitung ist wohl seine Einfachheit und Überschaubarkeit. Vieles lässt sich einleuchtend erklären.

Maslow selbst entwickelte seinen Ansatz nicht auf der Grundlage von Untersuchungen in Unternehmen oder der Arbeitswelt; er kam zu seiner Theorie durch Beobachtungen an Menschen, die zu ihm in psychotherapeutische Behandlung kamen. Er spricht von grundlegenden **Bedürfnissen** im Allgemeinen, die weder im Speziellen auf das Privatleben noch auf den Arbeitsplatz zutreffen.

Abb. [9-1] **Bedürfnispyramide nach A. H. Maslow**

Compendio Bildungsmedien AG, Zürich

9.2.1 Bedürfnisse und ihre Dynamik

Maslow unterscheidet **fünf Arten von Bedürfnissen** in seiner **Bedürfnispyramide:**

- Physiologische oder Grundbedürfnisse
- Sicherheitsbedürfnis
- Kontakt- oder soziale Bedürfnisse
- Bedürfnisse nach Achtung und Anerkennung
- Bedürfnis nach Selbstverwirklichung

Wir werden diese in der Folge besprechen.

A] Physiologische oder Grundbedürfnisse

Es handelt sich um die **Grundbedürfnisse des Organismus** nach Nahrung, Flüssigkeit, Sauerstoff, Wärme, Ruhe usw., aber auch um die nicht ganz so elementar erscheinenden Bedürfnisse nach Aktivität und sexueller Betätigung. Auf dieser Stufe stehen das persönliche Überleben (Existenzsicherung) und die Arterhaltung im Vordergrund.

B] Sicherheitsbedürfnisse

Bei den **Sicherheitsbedürfnissen** geht es um das **Bedürfnis nach einem geordneten Leben in einer stabilen Umwelt,** die relativ frei von Bedrohung der existenziellen, aber auch der physischen und der psychischen Sicherheit ist. Als Sicherheitsbedürfnis gelten Schutz, Geborgenheit, Gesetze, Ordnung, Grenzen und Angstfreiheit. Konkreter Ausdruck dieser Bedürfnisstufe ist z. B. das Sparen. Das Sicherheitsbedürfnis drückt sich im Arbeitsleben aus, im Streben nach Sicherheit des Arbeitsplatzes, des einmal erreichten Einkommens, nach Schutz vor Arbeitslosigkeit und nach Alterssicherung. Die Stärke des Sicherheitsbedürfnisses ist von Mensch zu Mensch verschieden. Durch Erziehung und Erfahrung (wirtschaftliche Krisen, Kriege usw.) wird das Sicherheitsbedürfnis des Einzelnen wesentlich beeinflusst.

C] Kontakt- oder soziale Bedürfnisse

Maslow fasste wichtige **soziale Bedürfnisse** zusammen: den Wunsch nach Zuneigung und Geborgenheit, nach Akzeptiertwerden, nach gefühlsbetonten Kontakten mit anderen Menschen, nach sozialer Nähe, Zugehörigkeit und Eingliederung und auch das Bedürfnis, von einer Gruppe akzeptiert zu werden.

D] Bedürfnisse nach Achtung und Anerkennung

Maslow unterscheidet hier zwischen dem Grundbedürfnis nach Selbstachtung und dem nach Anerkennung durch andere.

Selbstachtung entsteht durch Erfahrung der eigenen Kraft, Stärke und Kompetenz, durch Erfolg in dem, was man tut. Damit ist nicht der soziale Erfolg gemeint, sondern der Erfolg, den jeder bei der Bewältigung von Aufgaben hat. Auch ein kleines Kind kann dieses Bedürfnis befriedigen. Der Wunsch nach Selbstachtung äussert sich ferner auch im Wunsch nach Entscheidungsspielraum und Unabhängigkeit.

Zum anderen Bereich gehört v. a. das Streben nach **Achtung** und **Anerkennung durch andere Menschen.** Es zeigt sich im Drang, bewundert zu werden, angesehen zu sein, von anderen geschätzt zu werden, Prestige, Status, Bedeutung, Herrschaft zu erlangen. Im Unterschied zu den sozialen Bedürfnissen geht es hier aber nicht um das soziale Akzeptiertwerden, sondern um das Dazugehören. Menschen streben darüber hinaus meist auch nach einer möglichst angesehenen und einflussreichen Stellung innerhalb der Gruppe.

E] Bedürfnis nach Selbstverwirklichung

Selbstverwirklichung äussert sich im Bestreben, die eigenen individuellen Möglichkeiten zu realisieren und so in steigendem Mass das zu werden, was man werden kann. Zu dieser Gruppe von Bedürfnissen gehört auch der Wunsch, das Wissen zu erweitern, durch seine Aktivität innerlich bereichert zu werden, sich persönlich entwickeln und entfalten zu können und ein sinnvolles Leben zu führen (nicht nur zu überleben).

Maslow wurde nicht nur berühmt, weil er einen einleuchtenden Katalog von Bedürfnissen aufstellte, sondern v. a., weil er eine **Dynamik dieser Bedürfnisse** aufzeigte:

1. Er geht davon aus, dass die genannten **Bedürfnisse** nicht erlernt, sondern **in der Natur des Menschen** angelegt sind: Die ersten vier Bedürfniskategorien nennt er **Defizitbedürfnisse.** Sie sind darauf angelegt, einen Mangelzustand zu beheben. Bleibt die Befriedigung aus, so kann das seelische Störungen verursachen. Umgekehrt dient ihre Befriedi-

gung bzw. Wiederbefriedigung der seelischen Gesundheit. Bei der letzten Bedürfnisstufe, dem Bedürfnis nach Selbstverwirklichung, handelt es sich dagegen um ein **Wachstumsbedürfnis.** Dieses ist nicht darauf gerichtet, durch Beseitigung eines Mangels einen zuvor gegebenen Zustand wiederherzustellen, sondern sein Ziel besteht im Wesentlichen darin, den Menschen in seinen ganz persönlichen Möglichkeiten zu verwirklichen und damit über seinen momentanen Zustand hinauszuheben.

2. Maslow sagte, dass die fünf Bedürfnisklassen in einem ganz bestimmten **Über- bzw. Unterordnungsverhältnis** zueinander stehen: Das jeweils niedrigere Motiv ist so lange das wichtigste und beherrscht das Verhalten, als es unbefriedigt ist. Ist es befriedigt, wird das nächsthöhere Motiv aktiviert und damit handlungsbestimmend.

Wer sich in seinen Grundbedürfnissen bedroht fühlt, wird alles daransetzen, dass er überleben kann. Wenn ihm das gelingt, wird ihm die eigene Sicherheit nach stabiler Ordnung wichtig; wer sich gesichert glaubt, kann positive Beziehungen zu seiner Mitwelt aufbauen. Wer auch diese Zuneigung gefunden hat, richtet sein Handeln so aus, dass er persönlichen Erfolg und Anerkennung durch andere finden kann. Ist auch das erreicht, sieht er für sich die Möglichkeit, sich selbst zu verwirklichen.

Gerät jedoch ein Mensch in eine **Notlage** oder wird in einem Bedürfnis frustriert, ist nur noch diese Bedürfnisstufe im Moment wichtig. Alle anderen Bedürfnisstufen verlieren an Bedeutung.

Beispiel

- Herr W. ist ein erfolgreicher Börsenmakler und liebt seinen Beruf. Für ihn bedeutet seine Arbeit Sinnerfüllung; er kann sein Wissen und Können voll einsetzen. Von seinen Kollegen wird er aber gemobbt, weil ihm diese den Erfolg missgönnen. Herr W. leidet stark darunter und fühlt sich in den zwischenmenschlichen Bedürfnissen frustriert. Er verliert die Freude an der Arbeit, da er seine gesamte Energie aufwenden muss, um die Frustrationen ertragen zu können. Solange es ihm nicht gelingt, das Mobbing durch ein Gespräch mit seinen Kollegen oder durch andere Massnahmen zu beenden, wird er sich kaum selbst verwirklichen können.
- Frau K. ist Verkaufsleiterin in einem grossen Detailhandelsunternehmen und schätzt den direkten Kontakt mit ihren Kunden. Sie geniesst das Ansehen, das ihr entgegengebracht wird, und freut sich auch über ihre eigenen Verkaufserfolge. Die Konkurrenz ist aber in letzter Zeit sehr stark geworden und sie hat dadurch Marktanteile verloren. Diese für sie neue Situation löst grosse Ängste in ihr aus. Im Moment ist sie so stark frustriert, dass sie unfähig ist, neue Verkaufsstrategien zu entwerfen und erfolgreiche Aktionen zu lancieren. Sobald sie aber mit ihren Frustrationen im Sicherheitsbedürfnis umgehen kann, wird sie Möglichkeiten finden, um wieder erfolgreich tätig zu sein.

Solange es den arbeitenden Menschen in wirtschaftlicher Hinsicht schlecht geht und ihre Positionen ungesichert sind, werden die untersten Bedürfnisstufen für ihr Handeln bestimmend sein. Sie werden dann dem Unternehmen kaum als mitdenkende, erfolgsfreudige und zielorientierte Mitarbeitende zur Verfügung stehen.

Die folgende Tabelle zeigt, wie das **Unternehmen** die Bedürfnisbefriedigung der Mitarbeitenden beeinflussen kann.

Abb. [9-2] **Massnahmen des Unternehmens zur Beeinflussung der Bedürfnisse der Mitarbeitenden**

Bedürfnis	Massnahmen
Grundbedürfnisse	• Geregelte Arbeitszeiten • Pausen, Ferien • Möglichkeiten der Verpflegung, Kantine, Kaffee-Ecke • Arbeitsplatzgestaltung nach ergonomisch richtigen Überlegungen • Möglichkeit der Aktivität • Möglichkeit der Arbeit
Sicherheitsbedürfnisse	• Entlohnung • Sozialversicherungen • Schutz vor Gefahren • Stabile und gesicherte Struktur • Transparente, objektive und situationsgerechte Information, die möglichst Ängste abbaut oder erst gar nicht zulässt

Bedürfnis	Massnahmen
Kontaktbedürfnisse	Firmenkultur, die • Kommunikation als unerlässlich betrachtet, • Gefühle zulassen kann, • regelmässige Mitarbeitergespräche durchführt, • Teamentwicklungen fördert, • informelle Gruppen als wichtig einstuft, • die Würde des Menschen achtet, • Konflikte fair austrägt und • Mobbing mit allen Mitteln verhindert.
Bedürfnis nach Achtung	Diesem Bedürfnis wird entsprochen, wenn • der Mitarbeiter am richtigen Ort so eingesetzt wird, dass er durch seinen Einsatz Erfolgserlebnisse erreicht. • die Ziele durch Mitspracherecht gemeinsam erarbeitet werden. • die Leistungen beurteilt und das Selbstwertgefühl der Mitarbeitenden gestärkt wird. • besondere Leistungen oder Aktivitäten so honoriert werden, dass diese Zuwendung vom Mitarbeiter als Privileg empfunden wird.
Bedürfnis nach Selbstverwirklichung	Dieses Bedürfnis wird befriedigt, wenn • der Mitarbeiter die Möglichkeit erhält, seine ganz individuellen Fähigkeiten und Kenntnisse einzusetzen. • der Mitarbeiter durch Schulung und Weiterbildung unterstützt wird. • Arbeitszeitmodelle angewendet werden, die dem Mitarbeiter mehr freien Spielraum in seiner Arbeitstätigkeit gewähren.

9.2.2 Befriedigung der Bedürfnisse

Es muss nicht jedes Bedürfnis zu 100% abgedeckt werden. Die meisten Menschen in unserer Gesellschaft sind nur teilweise in ihren Bedürfnissen befriedigt. Viele Menschen können jedoch gut damit leben, wenn sie auf etwas verzichten müssen. Wer längere Zeit hindurch gewohnt ist, etwas zu entbehren, kann Fähigkeiten zu mehr **Frustrationstoleranz** entwickeln. Besonders Menschen, die in den ersten Lebensjahren ihre wichtigsten Bedürfnisse befriedigen und ein gutes Selbstvertrauen aufbauen konnten, neigen auch später dazu, bei **Bedürfnisbeeinträchtigungen** sicher und stark zu bleiben. Wenn jedoch die Frustration vom Menschen als zu heftig erlebt wird, fühlt er sich seelisch krank. Die Theorie von Maslow wird oft als **Pyramide** dargestellt, da die verschiedenen Bedürfnisstufen in der Hierarchie unterschiedliche Befriedigung anschaulich machen sollen.

Die Bedürfnisse des Menschen werden vom Durchschnittsmenschen häufiger **unbewusst** als bewusst erlebt. Es kann demnach dazu führen, dass frustrierte Bedürfnisse nicht wahrgenommen oder verdrängt werden.

Der Mensch nimmt die Motive und Bedürfnisse unterschiedlich wahr. Es ist daher unmöglich, eine für alle Menschen in allen Situationen verbindliche Bedürfnistheorie aufzustellen. Sie hilft aber, den Einzelfall besser zu beurteilen.

Es ist auch zu beachten, dass **Bedürfnisse an verschiedenen Orten befriedigt** werden. So können z. B. Kontaktbedürfnisse am Arbeitsplatz frustrierend sein, im Freundeskreis oder in der Familie können sie zur vollen Zufriedenheit gestillt werden. Schlimm wird es für einen Menschen, wenn er in all seinen Lebensbereichen Bedürfnisfrustrationen erleben muss.

9.3 ERG-Theorie von C. P. Alderfer

Clayton P. Alderfer baut auf Maslows Überlegungen auf, unterscheidet aber nur noch **drei Bedürfnisarten:**

- Bedürfnisse nach Selbsterhaltung (engl. **E**xistence)
- Bedürfnisse nach Kontakt (engl. **R**elatedness)
- Bedürfnisse nach Selbstverwirklichung und Wachstum (engl. **G**rowth)

Den Anfangsbuchstaben seiner Motivkategorien entsprechend nennt Alderfer seinen Ansatz **«ERG-Theorie»**.

Neben der Dreiteilung der Bedürfnisse macht er drei Zusatzannahmen:

- Die Selbsterhaltungsbedürfnisse werden umso stärker, je **weniger** sie und die Kontaktbedürfnisse befriedigt sind.
- Die Kontaktbedürfnisse werden umso stärker, je **weniger** sie und die Bedürfnisse nach Selbstverwirklichung befriedigt werden und je **mehr** die Selbsterhaltungsbedürfnisse befriedigt sind.
- Die Bedürfnisse nach Selbstverwirklichung werden umso stärker, je **mehr** sie und die Kontaktbedürfnisse befriedigt werden.

Diese Überlegungen lassen sich wie folgt veranschaulichen:

Abb. [9-3] **ERG-Theorie nach Alderfer**

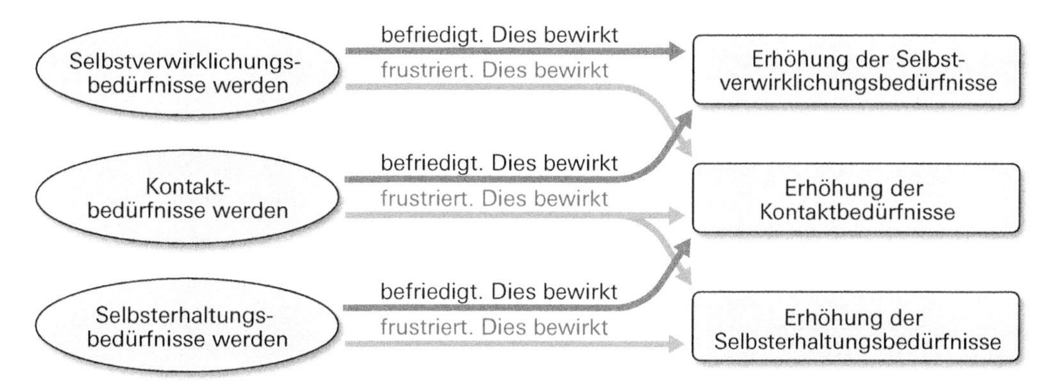

Compendio Bildungsmedien AG, Zürich

Beispiel Riccarda Amrein hat eine interessante Stellung; sie wird gefordert und kann sich weiterentwickeln. Nach einem Wechsel in der Unternehmensleitung wird sie neu einer Führungsperson unterstellt, bei der Riccarda Amrein Mühe hat, den zwischenmenschlichen Zugang zu finden. Sie fühlt sich in ihren Kontaktbedürfnissen frustriert. Gemäss der Theorie von Alderfer würde sich dieser Vorgang wie folgt gestalten: Riccarda Amrein ist frustriert in ihren Kontaktbedürfnissen, dadurch erhöht sich ihr Bedürfnis nach Selbsterhaltung. Dies könnte bedeuten, dass sie gezielt nach neuen Aktivitäten sucht oder sich in ein passives Verhalten flüchtet; ferner könnte sich auch der Konsum von Süssigkeiten erhöhen als unbewusste Kompensation einer Bedürfnisfrustration.

Beachten Sie: Die Theorien von Maslow und von Alderfer sagen nichts über die **Dauer** und die **Intensität** der Frustration bzw. der Befriedigung aus. Die Bedürfnisse können über längere Zeit, d. h. über Wochen und Monate, hinaus frustriert werden (z. B. beim Verlust eines geliebten Menschen, bei Mobbing usw.) oder sie können täglich zwischen Befriedigung und Frustration hin und her wechseln.

9.4 Zwei-Faktoren-Theorie von F. Herzberg

Zur gleichen Zeit, als Maslow seine Theorien der Bedürfnisbefriedigungen entwickelte, arbeitete Frederik Herzberg an ähnlichen Projekten. Er wollte herausfinden, **in welchen Situationen Mitarbeitende besonders zufrieden oder unzufrieden** waren, und befragte verschiedene Berufstätige,

- welches die Gründe ihrer Zufriedenheit bzw. Unzufriedenheit waren,
- wie sich die geschilderte Situation auf ihren Leistungswillen auswirkte und
- wie lange diese Wirkungen andauerten.

Die Ergebnisse waren überraschend: Die **Gründe für die Zufriedenheit und jene für die Unzufriedenheit** erwiesen sich als unterschiedlicher als zuvor angenommen, ebenso ihre Wirkung. Offenbar hatten die Zufriedenheit stiftenden Bedingungen über längere Zeit einen positiven Einfluss auf die Leistungen. Hingegen zeigten die Faktoren, die als Gründe für Unzufriedenheit genannt wurden, keine oder nur geringfügige Wirkungen auf die Leistungsbereitschaft. Daraus entwickelte Herzberg seine **Zwei-Faktoren-Theorie.**

Abb. [9-4] Motivationstheorie von F. Herzberg

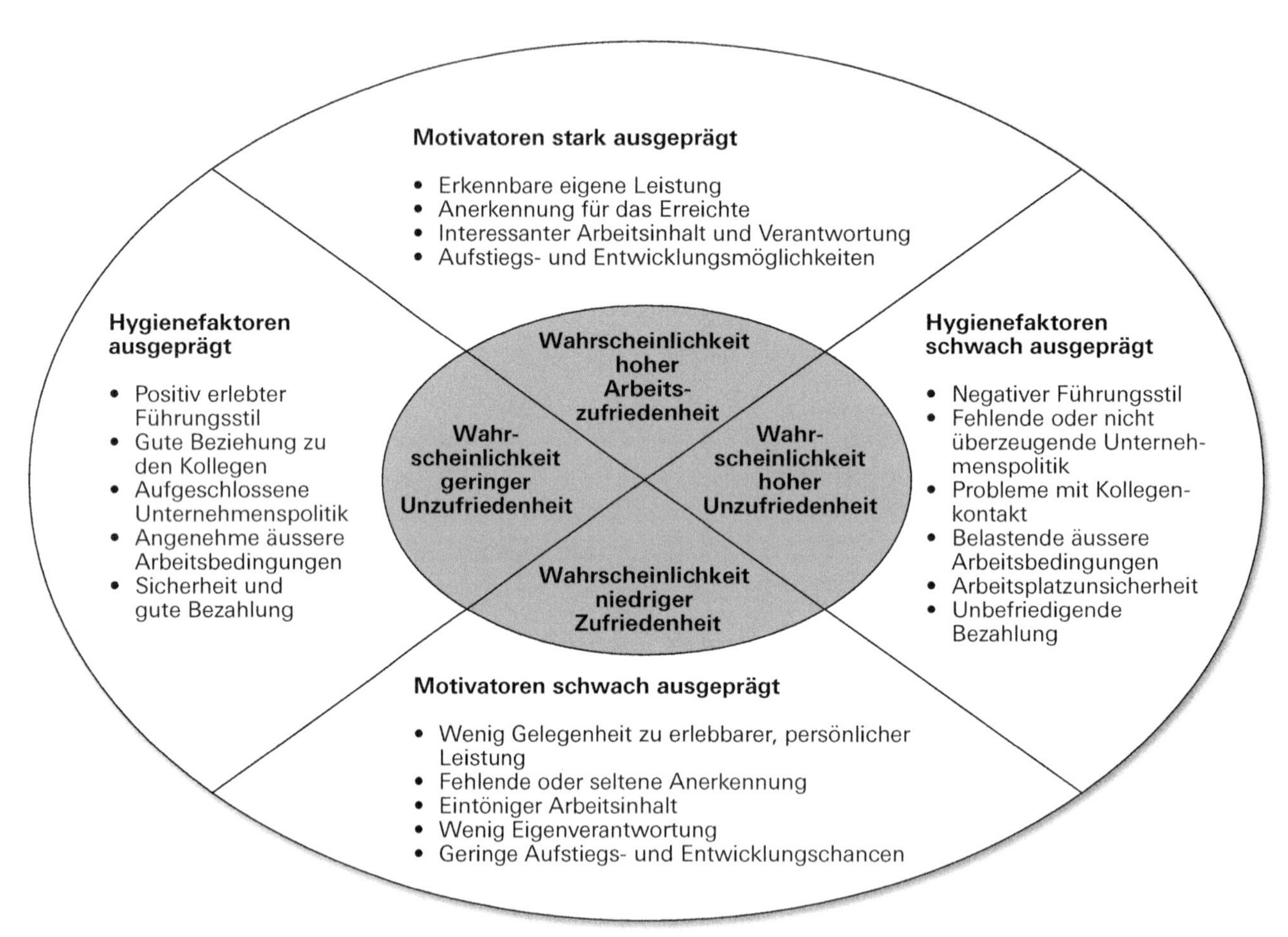

Compendio Bildungsmedien AG, Zürich

9.4.1 Motivatoren und Hygienefaktoren

Herzberg schloss daraus, dass die verschiedenen **Anreize** einer bestimmten Arbeit von unterschiedlicher Qualität und Wirkung sind. Er unterschied diese Anreize in **Motivatoren** (Satisfiers) und in **Hygienefaktoren** (Dissatisfiers).

Abb. [9-5] Anreize nach F. Herzberg

	Motivatoren	Hygienefaktoren
Erklärung	Motivatoren wirken sich positiv auf die **Zufriedenheit** und den Leistungswillen aus. Sie entscheiden also darüber, ob jemand in seiner Arbeit zufrieden ist oder nicht, und gelten als motivations- und leistungssteigernd.	Hygienefaktoren verursachen **Unzufriedenheit,** haben aber keine nennenswerten langfristigen Wirkungen auf die Leistungsbereitschaft. Eine Verbesserung führt somit v. a. dazu, Unzufriedenheit abzubauen.
Beispiele	• Eigene Leistung • Anerkennung für das Erreichte • Arbeitsinhalt, Aufgaben • Verantwortung • Aufstiegs- und Entwicklungsmöglichkeiten	• Führungsstil • Unternehmenspolitik und -kultur • Beziehungen zu Kollegen • Äussere Arbeitsbedingungen • Arbeitsplatzsicherheit • Bezahlung (Entlohnung)
Andere Bezeichnung	Weil sich die Motivatoren vorwiegend auf den **Inhalt der Arbeit** beziehen, hat sich auch der Name **Kontent-Variablen** (= Inhalts-Variablen) eingebürgert.	Da es sich bei den Hygienefaktoren um Bedingungen handelt, die im **Umfeld der Arbeit** (nicht in ihr selbst) liegen, heissen sie auch **Kontext-Variablen** (= Umfeld-Variablen).

Die Befragungen ergaben, dass **Zufriedenheit durch andere Einflussgrössen bewirkt wird als Unzufriedenheit;** Zufriedenheit und Unzufriedenheit sind somit als zwei voneinander unabhängige Grössen zu sehen. Deshalb heisst die Theorie auch «Zwei-Faktoren-Theorie».

Beispiel

Simon Kraft arbeitet seit etwa 2 Jahren in der Verkaufsabteilung einer Handelsgesellschaft. Mittlerweile sind die Aufgaben zur Routine geworden, sodass sich Simon Kraft unterfordert fühlt und eine neue Herausforderung sucht. Gerne würde er in die Einkaufsabteilung wechseln. Er spricht darüber mit seiner Vorgesetzten, die ihm ihre Unterstützung für die berufliche Weiterentwicklung zusichert. Als im Einkauf eine Stelle frei wird, erhält eine Mitarbeiterin den Vorzug, die dort bereits halbtags arbeitet und ihr Pensum auf 100% aufstocken will. Simon Kraft versteht diesen Entscheid zwar, sieht sein Bedürfnis nach einer Veränderung aber immer noch nicht befriedigt. Als er erneut mit seiner Vorgesetzten darüber spricht, bietet sie ihm stattdessen eine überdurchschnittliche Lohnerhöhung an.

Simon Kraft freut sich natürlich darüber. Dennoch kündigt er 2 Monate später, nachdem er in einem anderen Unternehmen eine Stelle im Einkauf gefunden hat. Seine Vorgesetzte zeigt sich betroffen, hat sie doch geglaubt, mit der Lohnerhöhung Simon Kraft zum Bleiben motivieren zu können.

Fazit: Die Motivatoren von Simon Kraft waren nicht befriedigt. Die ihm gewährte Lohnerhöhung hat die fehlende Motivation nicht oder nur kurzfristig kompensieren können.

9.4.2 Intrinsische und extrinsische Motivation

Im Berufsleben können wichtige Bedürfnisse befriedigt werden, wie z. B. sich an einer Herausforderung messen, erfolgreich sein oder gebraucht werden. Natürlich arbeiten wir auch, um unseren Lebensunterhalt zu verdienen.

Unseren **beruflichen Erfolg und Misserfolg** schreiben wir unterschiedlichen Ursachen zu: Einmal erachten wir die äusseren Umstände (d. h. extrinsische Faktoren) als treibende Kraft für eine geglückte oder missglückte Leistung, ein anderes Mal sehen wir uns selbst als die Ursache an (d. h. intrinsische Faktoren). Herzberg geht davon aus, dass die Motivatoren und die Hygienefaktoren von unterschiedlichen Anreizen und Arbeitsmotiven beeinflusst werden.

Die **Motivatoren** werden u. a. von folgenden **intrinsischen Anreizen** beeinflusst:

- Körperliche Betätigung: aktiv sein, sich bewegen können
- Sozialer Kontakt: für andere da sein, in einem Team arbeiten, mit anderen Menschen gemeinsam Ziele erreichen
- Leistungsbereitschaft: eigenes Können und Wissen einsetzen, Erfolg haben, Herausforderungen wahrnehmen und eigene Grenzen spüren
- Einfluss und Verantwortung: selbstständig arbeiten, entscheiden und mitsprechen
- Selbstverwirklichung: nicht nur das Wissen und Können, sondern auch Neigungen und besondere Talente in die Arbeit einbringen

Beispiel Sarah Fiedler arbeitet als Chemikerin in einem anspruchsvollen internationalen Forschungsprojekt hoch motiviert mit. Sie sieht darin eine einmalige Chance, ihr Spezialwissen einzubringen und zu erweitern.

Die **Hygienefaktoren** werden durch **extrinsische Anreize** beeinflusst. Zu ihnen zählen:

- Geld: materielle Existenzsicherung, sich etwas leisten oder ein angenehmes Leben führen können
- Sicherheit: einen Lebensstandard aufrechterhalten können, gegen Notsituationen gewappnet sein, nichts verlieren
- Ansehen: Prestige geniessen, einen gewissen Status erreichen, bevorzugt behandelt werden, etwas gelten

Beispiel Gabriel Neuenschwander wechselt seine Stelle, weil ihm am neuen Arbeitsplatz mehr Leute unterstellt sind und er in den Rang eines Vizedirektors aufsteigen kann.

Intrinsische und extrinsische Arbeitsmotive sind **individuell verschieden.** Sie können je nach Lebenssituation eine andere Bedeutung erhalten. Meistens sind auch mehrere Motive gleichzeitig wirksam.

Zusammenfassung

Ein **Motiv** ist ein einzelner, persönlicher Beweggrund menschlichen Verhaltens; **Motivation** ist das Zusammenspiel verschiedener Motive, das in einer konkreten Situation zu konkreten Handlungsweisen führt.

A. H. Maslow entwickelte die Bedürfnispyramide als Motivationsmodell. Er gliedert die menschlichen Bedürfnisse in fünf Stufen:

- Physiologische oder Grundbedürfnisse
- Sicherheitsbedürfnis
- Kontakt- oder soziale Bedürfnisse
- Bedürfnisse nach Achtung und Anerkennung
- Bedürfnis nach Selbstverwirklichung

Diese Bedürfnisse bauen hierarchisch aufeinander auf. Eine höhere Bedürfnisstufe wird erst dann verhaltensbestimmend, wenn die darunterliegenden Bedürfnisse befriedigt sind.

C. P. Alderfer unterscheidet in seiner ERG-Theorie nur drei Bedürfnisarten:

- Bedürfnisse nach Selbsterhaltung (engl. **E**xistence)
- Bedürfnisse nach Kontakt (engl. **R**elatedness)
- Bedürfnisse nach Selbstverwirklichung und Wachstum (engl. **G**rowth)

Der Grad der Befriedigung eines Bedürfnisses wirkt sich auf die Stärke der anderen Bedürfnisse aus.

F. Herzberg fand heraus, dass Unzufriedenheit etwas anderes ist als das Fehlen von Zufriedenheit. Zufriedenheit entsteht v. a. durch die Arbeit selbst und wird durch **Motivatoren** verursacht. Unzufriedenheit hängt mit den **Hygienefaktoren** zusammen, die im Arbeitsumfeld liegen, wie z. B. die Entlohnung, die Sicherheit des Arbeitsplatzes oder der Führungsstil.

Repetitionsfragen

31 Welche der folgenden Behauptungen sind richtig?

A] Die Stärke eines Motivs kann sich im Lauf des Lebens verändern.

B] Nicht in allen Menschen wirken dieselben Motive gleich stark.

32 Geben Sie bei den folgenden Beispielen an, ob es sich vorwiegend um intrinsische oder extrinsische Anreize handelt, die die vier Berufsleute motivieren.

A] Alice Gehrig ist Physikerin. Sie lehnt ein gut bezahltes Stellenangebot eines Unternehmens ab, um in der Forschung tätig zu bleiben. Zurzeit arbeitet sie an einem besonders anspruchsvollen Projekt, das sie herausfordert.

B] Boris Portmann, Publizistikstudent, sucht einen Job während der Semesterferien, um seine finanzielle Lage zu verbessern.

C] Carole Mudry arbeitet als Assistentin im Direktionsstab einer Bank. Sie hat ein modernes, grosses Büro, ihre Kollegen und Vorgesetzten sind nett, der Job ist gut bezahlt und gilt als privilegiert. Dabei besteht ihre Arbeit weitgehend aus Routineaufgaben, die wenig Entfaltungsmöglichkeiten bieten.

D] Daniel Oppliger ist Schreiner. Er liebt seinen Beruf, hat sich intensiv weitergebildet und baut jetzt sein eigenes Geschäft auf. Er muss dabei ganz klein anfangen und hart arbeiten.

33 Nehmen Sie in einigen Sätzen Stellung zu mindestens einer der folgenden provokativen Fragen.

A] Ist es überhaupt möglich, einen Menschen für irgendetwas zu motivieren?

B] Liegt die Motivation nicht einfach in der Natur des Menschen?

C] Kennt der Mensch denn seine Motive?

34 Verschiedene Personen bewerten dieselbe Situation unterschiedlich. Erklären Sie für die folgenden drei Fälle, wie es zu diesen Unterschieden kommt.

A] Rolf Guhler kehrt aus dem Ausland zurück, wo er ein Spitzengehalt verdient hat. Die Lohnangebote der Firmen, bei denen er sich jetzt bewirbt, findet er enttäuschend niedrig. Seine Freunde schätzen dieselben Angebote jedoch als eher grosszügig ein.

B] Einer der drei Arbeitskollegen war schon in der Schule immer der Beste; er leistet auch in der Arbeit Überdurchschnittliches. Gleichzeitig findet er, seine beiden Kollegen seien nachlässig und nähmen ihre Arbeit zu wenig ernst. Diese jedoch glauben, ihre Arbeit korrekt zu erledigen. Den Spitzeneinsatz des Kollegen erachten sie in diesem Job als unnötig.

C] Kerstin Sandhofer hat soeben ihre Berufsausbildung abgeschlossen. Der Arbeitsmarkt ist ausgetrocknet, sodass sie froh ist, einen Arbeitsplatz und eine einigermassen zufriedenstellende Arbeit zu haben. Sie findet die Forderungen einiger ihrer Ausbildungskollegen ziemlich überrissen.

10 Lohn und Sozialleistungen

Lernziele

Nach der Bearbeitung dieses Kapitels können Sie ...

- typische Erwartungen an die Lohngestaltung beschreiben.
- die wichtigsten Vor- und Nachteile von ausgewählten Lohnsystemen aufzeigen.
- die Unterschiede zwischen Lohnformen erklären.

Schlüsselbegriffe

Akkordlohn, Cafeteria-System, Erfolgsvergütung, Fringe Benefits, Leistungslohn, Lohnbänder, Lohnformen, Lohngerechtigkeit, Lohnklassen, Lohnkomponenten, Lohnnebenkosten, Lohnpolitik, Lohnsystem, Marktkonformität, Naturallohn, Sozialversicherungen, Zeitlohn, Zulagen

Die **Lohngestaltung** ist ein viel diskutiertes Thema: Wie weit dient der Lohn als Motivationsfaktor? Warum gibt es auch heute noch grosse Lohnungleichheiten? Welcher Lohn ist für welche Leistung gerechtfertigt? Wann dürfen Lohnerhöhungen gefordert werden? Die Forderung nach einer **«gerechten» Entlöhnung** für alle gibt immer wieder Anlass zu schwierigen Verhandlungen und heftigen Auseinandersetzungen zwischen der Arbeitnehmer- und der Arbeitgeberseite. Kann man sich nicht einigen, kann es im Unternehmen oder in einem gesamten Wirtschaftszweig zu Streiks kommen.

10.1 Erwartungen an die Lohngestaltung

Verschiedene Ansprüche und Erwartungen beeinflussen die Lohnfindung im Unternehmen direkt oder indirekt.

Wesentliche **unternehmensexterne** Einflussfaktoren sind

- die Branche und die Konkurrenzsituation,
- der Standort oder bei Filialbetrieben die unterschiedlichen Standorte,
- die Konjunkturlage und
- die Gesetze.

Als **unternehmensinterne** Einflussfaktoren gelten v. a.

- die Grundsätze der Lohnpolitik,
- die finanziellen Möglichkeiten und Zukunftsaussichten des Unternehmens und
- die aktuelle Personalsituation (z. B. Fluktuationsraten, Engpässe, Qualifikationen usw.).

10.1.1 Erwartungen der Arbeitnehmenden und der Arbeitgeber

Die Arbeitgeber als Lohnzahlende und die Arbeitnehmenden als Lohnempfangende vertreten natürlich unterschiedliche Erwartungen und Ansprüche an die Lohngestaltung:

- Die **Mitarbeitenden** fordern: «Der Lohn muss gerecht sein!» Das heisst: Er muss den Anforderungen der Aufgabe und den persönlichen Leistungen entsprechen. Auch muss er einem Vergleich innerhalb des Unternehmens und auf dem Arbeitsmarkt standhalten.
- Für den **Arbeitgeber** stehen die gesamtunternehmerischen Ziele im Vordergrund. Dabei fällt die Kostenbetrachtung besonders ins Gewicht, weil die Lohnkosten in der Regel den grössten oder zumindest einen grossen Kostenfaktor im Unternehmen darstellen.

Abb. [10-1] **Erwartungen an die Lohngestaltung**

Erwartungen der Arbeitnehmenden	Erwartungen der Arbeitgeber
• Deckung der persönlichen Bedürfnisse • Leistungsgerechter, individuell festgesetzter Lohn • Flexible Verhandlungsbasis für Lohnerhöhungen • Garantierter Teuerungsausgleich • Gratifikation, 13. Monatslohn und eventuell Sonderleistungen • Regelmässige und pünktliche Bezahlung des Lohns	• Konkurrenzfähigkeit auf dem Arbeitsmarkt • Gerechtes System für möglichst alle Mitarbeitenden im Unternehmen • Leistungsanreize bieten • Berücksichtigung der Funktionsanforderungen und der beruflichen Entwicklung

10.1.2 Forderung nach Lohngerechtigkeit

Eines steht fest: Den absolut gerechten Lohn gibt es nicht und für eine objektive Beurteilung einer Lohngerechtigkeit fehlen die Massstäbe. Der Lohn muss aber diversen Kriterien entsprechen, damit er von Arbeitgebern und Arbeitnehmenden als **relativ gerecht** empfunden wird. Mit den Lohnverhandlungen zwischen Arbeitgebern und Arbeitnehmenden soll das Risiko von Willkür oder von zu unterschiedlichen Bedürfnissen und Zielsetzungen reduziert werden. Deshalb definiert man verschiedene Anforderungen an den Lohn, die gesamthaft eine relative Gerechtigkeit ergeben. Wer für sich den Anspruch erheben will, gerecht zu entlöhnen, sollte sich über **fünf Dimensionen der Lohngerechtigkeit** Rechenschaft ablegen:

Abb. [10-2] **Die fünf Dimensionen der Lohngerechtigkeit**

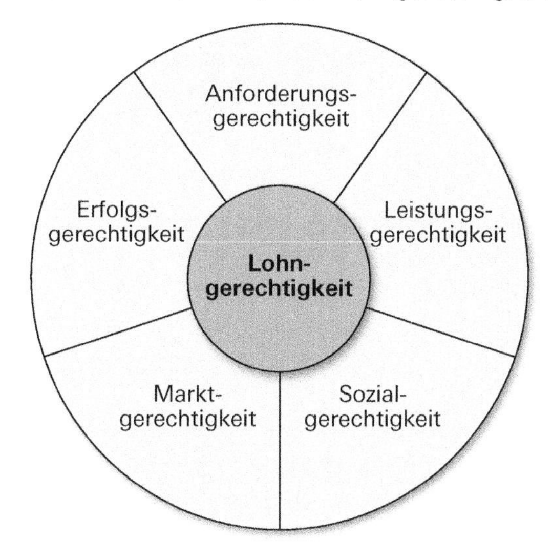

Compendio Bildungsmedien AG, Zürich

Die **Anforderungsgerechtigkeit** verlangt, dass die Anforderungen der Stelle (die notwendige Berufserfahrung, der Ausbildungshintergrund, der Schwierigkeitsgrad der Arbeit usw.) sich im Lohn niederschlagen. Unter anderem dient dazu die **Arbeitsplatzbewertung.** (Andere Bezeichnungen sind Funktions- oder Stellenbewertung.)

Leistungsgerechtigkeit stellt man sicher, indem man die Leistungen der Mitarbeitenden (die Zielerreichung, das Arbeits- und das Sozialverhalten usw.) angemessen im Lohn berücksichtigt. Dies geschieht meist in Form von periodischen Personalbeurteilungen.

Unter **Sozialgerechtigkeit** versteht man, dass sich soziale und sozialpolitische Anliegen im Lohn ausdrücken. Die Altersvorsorge, Lohnzahlung bei Krankheit und Unfall, Kinder- und Familienzulagen, aber auch die gerechte Bezahlung von Menschen mit Behinderung oder der gleiche Lohn für Mann und Frau gehören zur Gewährung von Sozialgerechtigkeit. Grundlage hierfür bilden einerseits die rechtlichen Bestimmungen, andererseits die ethischen Grundwerte oder die Leitsätze, denen sich das Unternehmen verpflichtet sieht.

Marktkonforme Löhne liegen im Durchschnitt nicht tiefer als die Löhne vergleichbarer Unternehmen und Funktionen. Um aus der Sicht des Unternehmens sowie der Arbeitnehmenden die **Marktgerechtigkeit** der Löhne sicherzustellen, werden entsprechende Lohnvergleiche durchgeführt.

Die **Erfolgsgerechtigkeit** beantwortet die Frage: «Widerspiegelt sich der Erfolg des Unternehmens im Lohn der Mitarbeitenden?» Mit Erfolg sind Faktoren wie der Unternehmensgewinn, der Pro-Kopf-Umsatz, die Kundenzufriedenheit usw. gemeint.

Es bestehen offensichtlich **gegenseitige Abhängigkeiten** und somit auch **Zielkonflikte** zwischen den einzelnen Gerechtigkeitsdimensionen:

Beispiel

Wenn ein Unternehmen die Leistungsgerechtigkeit sehr stark betont, wird es wahrscheinlich nicht an Abstrichen bei der Sozialgerechtigkeit vorbeikommen.

Wie stark die einzelnen Gerechtigkeitsdimensionen in der Lohnpolitik verankert werden, hängt von den Grundwerten bzw. der gelebten **Unternehmenskultur** ab. Gleichzeitig hat die Lohnpolitik eines Unternehmens aber auch eine Wirkung auf die Unternehmenskultur.

10.2 Lohnpolitik und betriebliche Sozialpolitik

Die **Lohnpolitik** als Teil der Personalpolitik wird nicht isoliert betrachtet, sondern hängt mit den gesamtunternehmerischen Zielsetzungen zusammen. Sie beantwortet die Frage: «Wie verteilen wir die im Unternehmen erwirtschaftete Wertschöpfung? Welcher Anteil davon soll welchen Beschäftigten zufliessen?» Die in der Lohnpolitik definierten **Rahmenbedingungen** für die Lohnfindung werden mit dem Lohnsystem umgesetzt.

Die generellen **Ziele** einer Lohnpolitik sind:

- Leistungsanreize für die Mitarbeitenden schaffen.
- Gute Mitarbeitende halten und gewinnen.
- Identifikation mit dem Unternehmen steigern.
- Forderungen nach Lohngerechtigkeit erfüllen.
- Lohnkosten optimieren.

Auch die **betriebliche Sozialpolitik** dient dazu, den Mitarbeitenden Sicherheit zu vermitteln und sie dadurch an das Unternehmen zu binden. Obwohl heute die meisten Arbeitnehmenden durch die staatlichen Sozialversicherungen gut geschützt sind, haben Warnungen vor massiven Leistungsreduktionen bei den Pensionskassen und der staatlichen Altersvorsorge viele aufgeschreckt und das Bewusstsein für eine fortschrittliche betriebliche Sozialpolitik von Neuem geweckt.

Mit folgenden Fragen befasst sich die betriebliche Sozialpolitik:

- Wie kann und soll das staatliche Sozialversicherungssystem durch **betriebliche Leistungen** ergänzt werden?
- Welche **freiwilligen Sozialleistungen** soll ein Unternehmen bezahlen?
- Wie soll das Paket von **Sozialleistungen zusammengesetzt** sein, damit es modernen Anforderungen entspricht und als überzeugend angesehen wird?

10.3 Lohnsystem

Die Einführung eines Lohnsystems oder eine Änderung am bestehenden Lohnsystem wirft **komplexe und auch sehr heikle, sensible Fragen** auf. Sie wirken sich auf das Arbeitsklima aus und haben rechtliche, versicherungstechnische und steuerliche Folgen. Daher sollten solche Vorhaben nur in Absprache und Zusammenarbeit mit ausgewiesenen Fachleuten angegangen werden.

10.3.1 Anforderungen an das Lohnsystem

Wenn ein Lohnsystem als Führungsinstrument verstanden werden will, muss es bestimmten **Anforderungen** gerecht werden:

- **Flexibilität:** Das Lohnsystem muss anpassungsfähig und bei Bedarf revidierbar sein, Wahlmöglichkeiten und Freiräume für besondere Umstände vorsehen.
- **Transparenz:** Hier geht es nicht um die heute viel diskutierte Offenlegung der individuellen Löhne. Das System muss transparent sein. Das heisst, es muss verständlich, nachvollziehbar und allen Mitarbeitenden bekannt sein.
- **Einfachheit:** Das Lohnsystem muss für alle Beteiligten leicht verständlich und nachvollziehbar und überdies mit geringem Aufwand bewirtschaftbar sein.
- **Akzeptanz:** Das Lohnsystem muss von allen Beteiligten anerkannt werden. Ein Lohnsystem, das nicht verknüpft ist mit dem Managementsystem der Unternehmen, bleibt wirkungslos. Die Führungskräfte müssen die Zusammenhänge kennen und in der Praxis umsetzen können.
- **Individualität:** Das Lohnsystem soll den spezifischen Gegebenheiten des Unternehmens so weit wie möglich Rechnung tragen.

Es gibt zwei Arten von Lohnsystemen: das Lohnklassen- und das Lohnbändersystem.

10.3.2 Lohnklassen

Bei diesem System werden die Mitarbeitenden einer definierten **Lohnklasse** zugeteilt, die v. a. auf dem **Schwierigkeitsgrad der jeweiligen Tätigkeit** und der **Berufserfahrung** basiert. Der Lohn erhöht sich nach Dienstjahren, und zwar um einen für jede Lohnklasse fixierten Prozentsatz. Somit verläuft die Lohnentwicklung in sämtlichen Klassen parallel.

Das Lohnklassensystem kommt heute nur noch in wenigen Unternehmen zum Einsatz. Bund, Kantone und teilweise Städte arbeiten aber noch immer mit Lohnklassen.

10.3.3 Lohnbänder

Die **Lohnbänder** sind folgendermassen aufgebaut: Pro Band werden der **Einstiegslohn** und das **Lohnmaximum** definiert. Danach legt man den Lohn der einzelnen Mitarbeitenden innerhalb dieser Bänder fest. Dadurch ergibt sich die Möglichkeit von individuellen Lohnkurven für die Mitarbeitenden. **Individuelle Lohnkurven** sind heute sehr verbreitet. Die Lohnentwicklung verläuft viel flexibler und individueller als bei den Lohnklassen.

Die Lohnhöhe im jeweiligen Band bestimmen verschiedene Einflussfaktoren:

- Anforderungen an die Funktion
- Individuelle Leistungen
- Erfahrung
- Marktkonformität und Konkurrenzfähigkeit

Abb. [10-3] **Individuelle Lohnkurven im Lohnbändersystem**

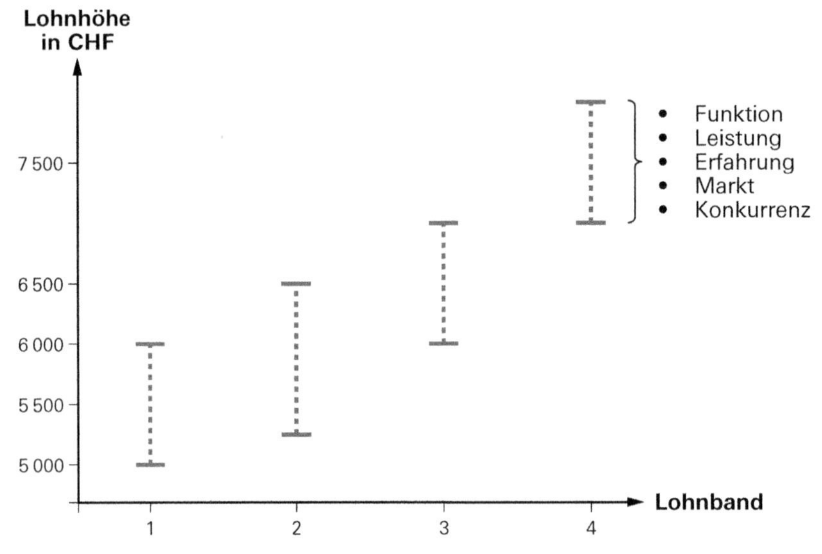

Compendio Bildungsmedien AG, Zürich

10.4 Lohnkomponenten

Das Entgelt für Arbeit kann sich aus **drei Lohnkomponenten** zusammensetzen: aus dem Grundlohn, der variablen Vergütung und den Zusatzleistungen.

Abb. [10-4] **Lohnkomponenten**

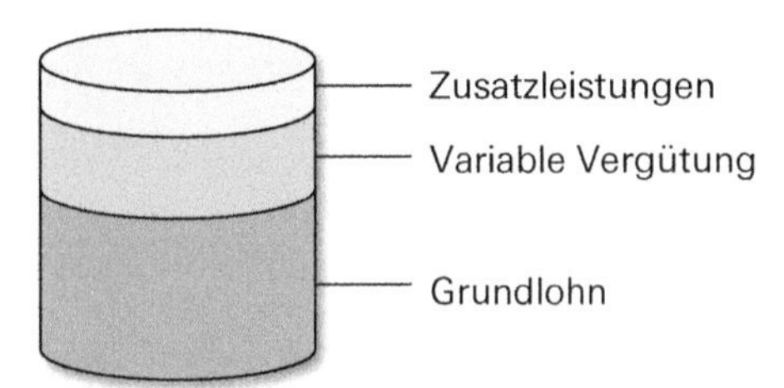

Compendio Bildungsmedien AG, Zürich

Lohnkomponente	Einzelne Lohnbestandteile
Grundlohn	Fixer Anteil, der für eine bestimmte Funktion bezahlt wird. Man spricht in diesem Zusammenhang auch von Funktionslohn oder Festgehalt.
Variable Vergütung	Der variable Anteil umfasst alle Bezüge, die mit dem Geschäftsgang und der individuell erbrachten Leistung direkt zusammenhängen: • Anerkennungsprämien für ausserordentliche Leistungen oder Verhaltensweisen • Bonus oder Incentive als variabler Erfolgsanteil
Zusatzleistungen	Zusätzlich kommen zwei Vergütungsbestandteile hinzu: • Gesetzlich vorgeschriebene Sozial- und Vorsorgebeiträge (Vorsorgeleistungen) • Nutzungsleistungen (sog. «Fringe Benefits»), wie z. B. das Geschäftsfahrzeug, verbilligter Produkteinkauf und spezielle Pauschal-Spesenvergütungen

Lohnnebenkosten fallen beim Arbeitgeber zusätzlich zum ausgezahlten Lohn an. Dies sind insbesondere die Sozialversicherungsbeiträge. Man nennt die Lohnnebenkosten auch Personalnebenkosten, Personalzusatzkosten oder Lohnzusatzkosten. Die folgende Abbildung listet die Schweizer Sozialversicherungen auf, an die Arbeitgeberbeiträge fliessen.

Abb. [10-5] Sozialversicherungen in der Schweiz

Sozialversicherung	Beschreibung
AHV (Alters- und Hinterlassenenversicherung) **IV** (Invalidenversicherung) **EO** (Erwerbsersatzordnung)	Obligatorische staatliche Vorsorge (1. Säule) zur • Deckung des Existenzbedarfs von nicht mehr im Berufsleben stehenden Alten, Waisen und Witwen • Unterstützung von Invaliden, die nicht mehr oder nur teilweise noch erwerbstätig sein können • Deckung von Risiken im Zusammenhang mit dem Militärdienst, Mutterschaft und Vaterschaft
BVG (Berufliche Vorsorge gemäss Berufsvorsorgegesetz)	Obligatorische Personalvorsorgestiftungen bzw. Pensionskassen (2. Säule) zur Finanzierung eines bestimmten Lebensstandards nach der Pensionierung
BU / NBU (Berufs- und Nichtberufsunfallversicherung)	Obligatorischer Schutz gegen Berufs-, Nichtberufsunfälle und Berufskrankheiten, sobald ein Arbeitnehmer mehr als 8 Stunden pro Woche arbeitet
ALV (Arbeitslosenversicherung)	Taggelder für den Verdienstausfall, Umschulungen oder Weiterbildungen bei Arbeitslosigkeit
Familienzulagen	Kinderzulagen; Beitragshöhe kantonal geregelt
Krankentaggeldversicherung	Taggelder, nachdem die Lohnfortzahlungspflicht des Arbeitgebers erloschen ist und der Arbeitnehmer noch immer krank ist

10.5 Lohnformen

Mit dem Lohn wird entweder die Zeit oder die Leistung vergütet. Daraus ergeben sich die verschiedenen **Lohnformen.**

10.5.1 Zeitlohn

Wie der Name schon sagt, wird mit dem **Zeitlohn** eine bestimmte Zeitperiode vergütet; der Lohn hängt nicht von der Leistung der Mitarbeitenden in dieser Zeitperiode ab.

Beispiel Die Krankenpflegerin erhält einen Monatslohn, der sich nach ihrem zeitlichen Einsatz richtet.

Abb. [10-6] **Zeitlohnarten**

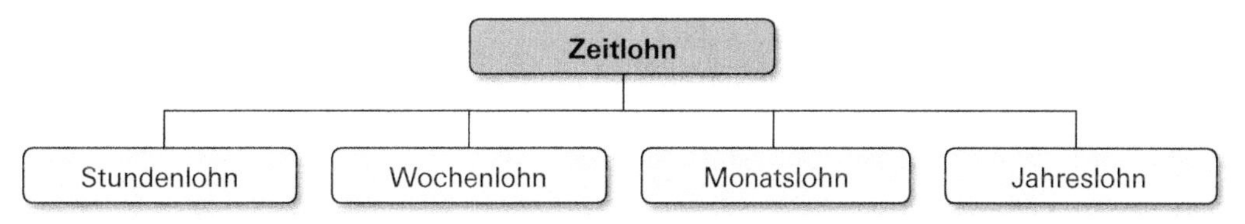

Compendio Bildungsmedien AG, Zürich

Der Zeitlohn macht Sinn, wenn die Leistung nur schwer gemessen (bei rein qualitativen Arbeiten) oder aber kaum beeinflusst werden kann oder soll (z. B. bei häufigen Unterbrechungen oder gefährlichen Arbeiten).

10.5.2 Leistungslohn

In der Praxis gibt es **zwei Arten von Leistungslohn:** den Akkordlohn und die Erfolgsvergütung.

Abb. [10-7] **Leistungslohnarten**

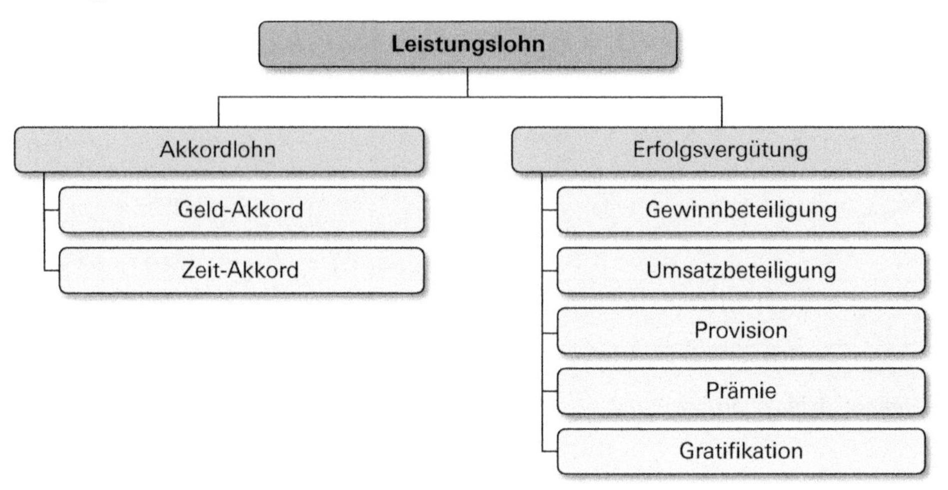

Compendio Bildungsmedien AG, Zürich

A] Akkordlohn

Beim **Akkordlohn** erfolgt die Entlohnung aufgrund einer geleisteten Arbeitsmenge in zwei Varianten:

- **Geld-Akkord,** auch Stück-Akkord genannt: Unabhängig vom Zeitaufwand wird für eine bestimmte Arbeitsleistung oder -menge ein gewisser Betrag bezahlt.
- **Zeit-Akkord:** Für eine bestimmte Arbeitsleistung oder -menge wird eine Vorgabezeit definiert, wonach pro Stunde Vorgabezeit ein vereinbarter Akkordsatz vergütet wird.

Beispiel

- Geld-Akkord: Der Cartoonist einer Tageszeitung wird pro druckreife Illustration bezahlt, unabhängig von seinem zeitlichen Aufwand.
- Zeit-Akkord: Der Velokurier erhält seinen Lohn nach Arbeitsleistung. Pro Kurierauftrag hat er eine Vorgabezeit; wenn er diese unterschreitet, kann er insgesamt mehr Aufträge während seines Einsatzes annehmen.

B] Erfolgsvergütung

Die **Erfolgsvergütung** wird auch «Bonus» oder «Incentive» genannt. Sie honoriert **kurzfristig erzielte Erfolge** der einzelnen Mitarbeitenden und soll gleichzeitig als Anreiz für künftige überdurchschnittliche Leistungen dienen.

Die bekanntesten Erfolgsvergütungsformen sind:

- Ein Teil des erzielten Reingewinns wird an die Mitarbeitenden als **Gewinnbeteiligung** weitergegeben, entweder in Form einer prozentualen Beteiligung, eines bestimmten Bonusbetrags oder als Mitarbeiteraktien.
- Ein prozentualer Anteil am Gesamtumsatz eines Unternehmens, eines Bereichs oder eines Produkts wird als **Umsatzbeteiligung** ausgeschüttet.
- Die Mitarbeitenden erhalten als **Provision** einen prozentualen Anteil am Wert der von ihnen selbst abgeschlossenen oder vermittelten Geschäfte.
- Bei überdurchschnittlichen Leistungen kommt ein gewisser Betrag als **Prämie** einmalig zur Auszahlung.
- Die **Gratifikation** ist eine Sondervergütung, z. B. anlässlich des Firmenjubiläums, des Jahresabschlusses oder eines speziellen Erfolgs.

Beispiel

- Die Mitglieder der Geschäftsleitung sind am erzielten Unternehmensreingewinn bonusbeteiligt.
- Die Aussendienstmitarbeiter einer Lebensversicherungsgesellschaft erhalten einen bestimmten Anteil der abgeschlossenen Verträge als Umsatzbeteiligung.
- Die Projektleiterin bekommt für jeden Nachfolgeauftrag, den sie in ihren Projekten akquiriert, eine Provision.
- Für ihren Sondereinsatz an der Herbstmesse wird den Standbetreuerinnen eine Prämie ausbezahlt.
- Zum 100-jährigen Firmenbestehen erhalten die Mitarbeitenden eine Gratifikation von CHF 1 000.

Abb. [10-8] **Vor- und Nachteile der Leistungslohnarten**

	Akkordlohn	Erfolgsvergütung
Vorteile	• Leistungsgerechtigkeit • Anreiz zur Leistungssteigerung • Kein Risiko bei Leistungsrückgang für das Unternehmen	• Optimierung der Wirtschaftlichkeit • Leistungsgerechtigkeit • Anreiz zur Leistungssteigerung • Steigerung der Verantwortungsbereitschaft
Nachteile	• Wegen Zeitdruck allenfalls Qualitätseinbussen • Erhöhtes Unfallrisiko (v. a. bei Zeit-Akkord) • Aufwendige Lohnabrechnung • Schwankende Einkommensverhältnisse	• Aufwendige Berechnung • Unzufriedenheit bei nicht als leistungsgerecht empfundener Verteilung • Gesellschaftlich umstritten

10.5.3 Spezielle Lohnformen

Zu den speziellen Lohnformen zählen die freiwilligen Zulagen, der Naturallohn, die Fringe Benefits und das Cafeteria-System.

Abb. [10-9] **Spezielle Lohnformen**

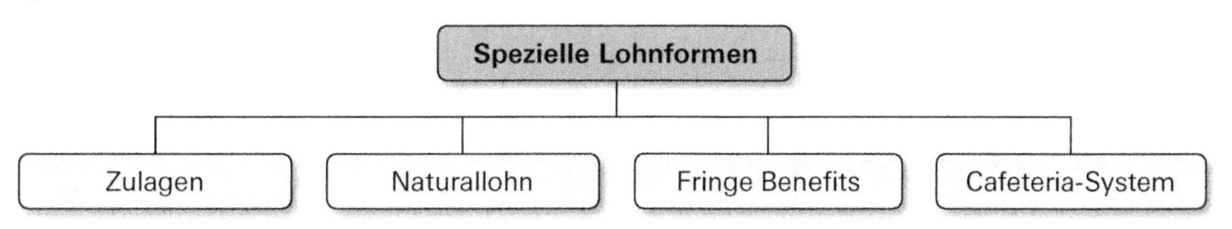

Compendio Bildungsmedien AG, Zürich

A] Zulagen

Nebst den gesetzlich vorgeschriebenen **Zulagen** (z. B. Kinder- oder Sonntagszulagen) bezahlen viele Unternehmen weitere, freiwillige Zulagen, wie Dienstalters- oder Geburtstagszulagen.

B] Naturallohn

Der **Naturallohn** ist in Art. 322 Abs. 2 OR geregelt: «Lebt der Arbeitnehmer in Hausgemeinschaft mit dem Arbeitgeber, so bildet der Unterhalt im Hause mit Unterkunft und Verpflegung einen Teil des Lohnes, sofern nichts anderes verabredet oder üblich ist.»

Der Naturallohn als **Lohnbestandteil** ist in bestimmten Berufsfeldern üblich, so in der Hotellerie, der Gastronomie, der Landwirtschaft oder für Hausangestellte.

C] Fringe Benefits

Als **Fringe Benefits** gelten zusätzliche **Nutzungsleistungen,** die das Unternehmen freiwillig entrichtet: nicht in Form von Geld und unabhängig vom Unternehmenserfolg oder von der individuellen Leistung. Fringe Benefits werden meist dem Einkommen wertmässig zugerechnet und somit auch besteuert.

Typische Fringe Benefits sind:

- Übernahme der Kosten für den Arbeitsweg: Geschäftsauto, Generalabonnement SBB
- Übernahme der Mobiltelefongebühren
- Einkaufs- und Verpflegungsvergünstigungen
- Beteiligung an Weiterbildungs- und Freizeitkosten (Freizeitkurse, Fitnessabonnement, Kultur- oder Sportanlässe), Benutzung von Sportanlagen
- Verbilligte Wohnungen, Reisen usw.
- Spezielle Zinskonditionen für Hypotheken, Kredite usw.
- Spezielle Versicherungsleistungen (höhere Pensionskassenbeiträge des Arbeitgebers, zusätzliche Versicherungen)

D] Cafeteria-System

Beim **Cafeteria-System** haben die Mitarbeitenden die Möglichkeit, entsprechend ihren persönlichen Bedürfnissen und Präferenzen aus verschiedenen Alternativen der **flexiblen Entschädigung** zu wählen. Sie können einen Teil des Lohns z. B. durch mehr Ferien, eine bessere Pensionskassen- oder Versicherungsleistung, den Bezug von Aktien oder Sachwerten, einen Kinderbetreuungsdienst usw. beziehen. Als Voraussetzung für ein funktionierendes Cafeteria-System müssen die verschiedenen Entschädigungsformen wertmässig klar definiert sein und aus organisatorischen Gründen auch verweigert werden können.

Beispiel

Wenn mehrere Mitarbeitende einer Abteilung verlängerte Ferien beziehen wollen, kann dies zu Kapazitätsproblemen führen. In einem solchen Fall müssen bei der Entschädigungsform Kompromisse gefunden werden.

Zusammenfassung

Bei der Forderung nach Lohngerechtigkeit stehen fünf Ansprüche im Zentrum:

- **Anforderungsgerechtigkeit:** ein den Anforderungen angemessener Lohn.
- **Leistungsgerechtigkeit:** ein die individuellen Leistungen honorierender Lohn.
- **Sozialgerechtigkeit:** Soziale und sozialpolitische Anliegen werden berücksichtigt.
- **Marktgerechtigkeit:** ein konkurrenzfähiger Lohn.
- **Erfolgsgerechtigkeit:** Der Unternehmenserfolg widerspiegelt sich im Lohn.

Man unterscheidet zwei Arten von Lohnsystemen:

- **Lohnklassen:** vordefinierte Lohnkurven, die auf der Berufserfahrung und den Dienstjahren basieren.
- **Lohnbänder:** Einstiegs- und Maximallohn werden pro Band definiert. Innerhalb dieser Bänder wird der Lohn pro Mitarbeiter festgelegt.

Die **Lohnkomponenten** sind:

- Grundlohn (Fix- oder Funktionslohn)
- Variable Vergütung (Prämien, Boni, Incentive usw.)
- Zusatzleistungen (Sozial-, Vorsorgebeiträge und Nutzungsleistungen)

Als **Lohnformen** gelten der Zeit- und der Leistungslohn; dazu kommen die speziellen Lohnformen.

Zeitlohn	Wird abhängig von der jeweiligen Zeit bezahlt: Stunden-, Wochen-, Monats- oder Jahreslohn
Leistungslohn	Wird abhängig von der erbrachten Leistung bezahlt: • **Akkordlohn** als Geld- oder Zeit-Akkord • **Erfolgsvergütung** (Bonus, Incentive) für besondere Leistungen: Gewinn-, Umsatzbeteiligung, Provision, Prämie, Gratifikation
Spezielle Lohnformen	• **Zulagen** (gesetzlich obligatorische, wie z. B. Kinder-, Sonntagszulagen, oder freiwillige, wie z. B. Dienstalterszulagen) • Gesetzlich geregelter **Naturallohn** durch Anrechnung von Unterkunft und Verpflegung als Lohnbestandteil • **Fringe Benefits** als freiwillige zusätzliche Leistungen des Unternehmens (z. B. Geschäftsauto, Verpflegungsvergünstigungen usw.) • **Cafeteria-System** als Wahlmöglichkeit der Mitarbeitenden zwischen verschiedenen Entschädigungsformen

Repetitionsfragen

35 Wir haben von den fünf Dimensionen der Lohngerechtigkeit gesprochen. Nennen Sie für jede der folgenden vier Forderungen die zugehörige Dimension.

A] Gleicher Lohn für Mann und Frau bei gleichwertiger Arbeit!

B] Lohnerhöhungen erfolgen nicht nach dem «Giesskannenprinzip».

C] Das Unternehmen hält sich bei der Lohnbezahlung an die branchenüblichen Ansätze.

D] Ein qualifizierter Mitarbeiter in der Logistik mit einem Lehrabschluss erhält einen höheren Lohn als die angelernte Hilfskraft.

36 Zeigen Sie einem Kollegen auf, worin sich ein Lohnsystem mit Lohnbändern von einem Lohnsystem mit Lohnklassen unterscheidet.

37 Kreuzen Sie in der Tabelle an, bei welchen Leistungen des Unternehmens es sich um Fringe Benefits und bei welchen es sich um andere Leistungen handelt. Nennen Sie zudem möglichst genau, um welche andere Leistung es sich handelt.

Leistung des Unternehmens	Fringe Benefit	andere Leistung	Welche andere Leistung?
Verpflegung für Hotelangestellte	☐	☐	
Angestelltenrabatte für Firmenprodukte	☐	☐	
Dienstaltersgeschenk	☐	☐	
Kinderzulage	☐	☐	
Mitfinanzierung einer Führungsausbildung	☐	☐	

11 Arbeitszeitgestaltung und Mitwirkung

Lernziele

Nach der Bearbeitung dieses Kapitels können Sie ...

- die Vor- und Nachteile der verschiedenen Arbeitszeitmodelle für die Arbeitgeber und für die Arbeitnehmenden beschreiben.
- die Mitspracherechte und Mitwirkungsmöglichkeiten der Mitarbeitenden beschreiben.

Schlüsselbegriffe

Arbeitszeitmodelle, Bandbreitenmodell, betriebliches Vorschlagswesen, gleitende Arbeitszeit, Jahresarbeitszeit, Jobsharing, kontinuierlicher Verbesserungsprozess (KVP), Kurzarbeit, Lebensarbeitszeit, Mitspracherecht, Mitwirkung, Mitwirkungsstufen, mobile Arbeit, Qualitätszirkel, Schichtarbeit, Teilzeitarbeit, Urlaub, zeitautonome Arbeitsgruppen

Die **Anspruchsgruppen** eines Unternehmens haben verschiedene Erwartungen an die Arbeitszeitgestaltung:

- Die **Kunden** wünschen ihren Bedürfnissen entsprechende Ansprechzeiten, z. B. ein möglichst schnelles Beantworten ihrer Anfragen oder längere Schalteröffnungszeiten.
- Die **Mitarbeitenden** suchen möglichst flexible Arbeitszeitlösungen, die sie an ihre individuellen Bedürfnisse anpassen können.
- Die **Kapitalgeber** und ebenso die **Unternehmensleitung** streben aus Kostengründen eine optimale zeitliche Auslastung des bestehenden Personals für die Erreichung der Unternehmensziele an. Um eine optimale Organisation sicherzustellen, gelten allenfalls unterschiedliche Arbeitszeitregelungen in den einzelnen Funktionsbereichen.
- Der **Staat** legt im Arbeitsgesetz (ArG) und im OR verschiedene Bestimmungen zum Schutz der Arbeitnehmenden fest, die eingehalten werden müssen. Es geht v. a. um die Arbeits- und die Ruhezeiten sowie um Sonderschutzbestimmungen.

Da diese Erwartungen nur teilweise übereinstimmen, muss eine für alle Anspruchsgruppen akzeptable Lösung der Arbeitszeitregelung gefunden werden. Dies ist Aufgabe der Personalabteilung, die zusammen mit der Unternehmensleitung, den Linienvorgesetzten und Mitarbeitervertretern und unter Berücksichtigung der Rechtsvorschriften ein **Arbeitszeitreglement** für die verschiedenen Funktionsbereiche entwickelt.

Hinweis

Die betriebliche Normalarbeitszeit gemäss Arbeitsvertrag oder Gesamtarbeitsvertrag (GAV) beträgt in der Schweiz 40 bis 44 Stunden pro Woche. Das Bundesgesetz über die Arbeit in Industrie, Gewerbe und Handel (ArG) legt die maximale wöchentliche Arbeitszeit für industrielle Betriebe bei 45 Stunden, in Gewerbebetrieben bei 50 Stunden fest.

11.1 Arbeitszeitmodelle

Jedes Unternehmen wählt das für die eigenen Ziele und Begebenheiten sinnvolle Modell oder mehrere Modelle. In vielen Branchen herrschen heute die **flexiblen Arbeitszeitmodelle vor.**

Die Gestaltung der Arbeitszeit hat in den letzten Jahren stark an Bedeutung gewonnen: Die sog. Normalarbeitszeit (z. B. der klassische Achtstundentag) ist in Schweizer Unternehmen immer seltener anzutreffen. Inzwischen gibt es eine grosse Anzahl unterschiedlicher Modelle, die eine **flexiblere Gestaltung** der zu leistenden Arbeitszeit bezwecken.

Abb. [11-1] Flexible Arbeitszeitmodelle

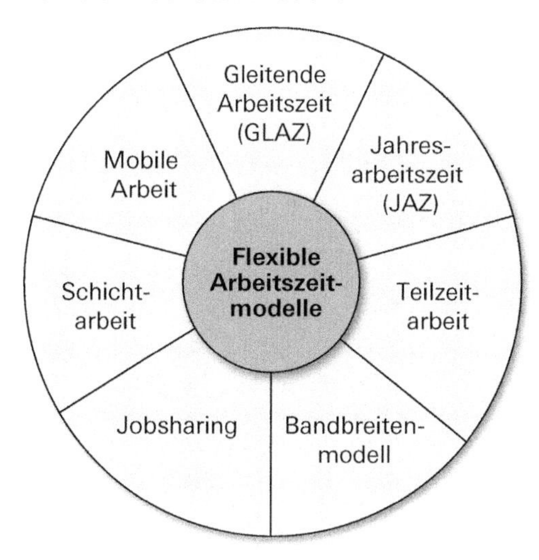

Compendio Bildungsmedien AG, Zürich

11.1.1 Gleitende Arbeitszeit (GLAZ)

Bei der **gleitenden Arbeitszeit** gibt der Arbeitgeber die **Wochen-Soll-Stunden,** die **fixen Präsenzzeiten** (die Blockzeiten) und einen Rahmen für den Beginn und das Ende der Arbeitszeit vor. Innerhalb dieser Vorgaben können die Mitarbeitenden die Arbeitszeit nach eigenen Präferenzen leisten.

Beispiel Die 6 Angestellten im Optikgeschäft Klarsicht arbeiten nach folgendem GLAZ-Modell: Die Wochenarbeitszeit beträgt 42 Stunden und die fixen Präsenzzeiten richten sich grundsätzlich nach den Ladenöffnungszeiten und der Kundenfrequenz. Die Angestellten organisieren die Personaleinsatzplanung innerhalb der vorgegebenen Blockzeiten selbstständig.

Eine Weiterentwicklung der GLAZ ist die **variable Arbeitszeit:** Der Arbeitgeber gibt lediglich eine Rahmenarbeitszeit vor. Die Mitarbeitenden wählen ihre Arbeitszeit innerhalb dieses Rahmens.

11.1.2 Jahresarbeitszeit (JAZ)

Bei der **Jahresarbeitszeit** wird eine **jährliche individuelle Soll-Arbeitszeit** vorgegeben. Diese richtet sich nach der Auftragslage und / oder nach den individuellen Bedürfnissen der Mitarbeitenden und gleicht sich im Lauf 1 Jahres aus. Der Arbeitgeber definiert die Rahmenbedingungen (z. B. minimale Einsatzzeiten während Produktionsspitzen) und die Jahres-Soll-Stunden. Das Jahreseinkommen wird monatlich in gleichen Teilen ausbezahlt.

Beispiel Die Angestellten einer lokalen Bierbrauerei praktizieren das JAZ-Modell, um saisonale Produktionsschwankungen zwischen den Sommer- und den Wintermonaten auszugleichen.

11.1.3 Teilzeitarbeit

Dabei handelt es sich um eine **Reduktion der Normalarbeitszeit.** Im Zusammenhang mit den veränderten Werthaltungen und Lebensmodellen hat die **Teilzeitarbeit** auch für qualifizierte Funktionen in den letzten Jahren an Bedeutung gewonnen. Teilzeitlösungen erfordern eine Anpassung der Arbeitsorganisation und einen erhöhten Koordinationsaufwand. Sie bringen dem Unternehmen aber auch Vorteile: Die Verantwortung wird auf mehrere Schultern verteilt und Spezialisten-Know-how gezielt kombiniert, wertvolle Mitarbeitende bleiben dem Unternehmen erhalten und besonders umworbene Personen können dank Teilzeitangeboten ins Unternehmen geholt werden.

Eine spezielle, rechtlich und gesellschaftlich äusserst umstrittene Form der Teilzeitarbeit ist die Arbeit auf Abruf. Man nennt sie auch **«kapazitätsorientierte variable Arbeitszeit»** (KAPOVAZ). Der Arbeitgeber bietet die Arbeitnehmenden bei Bedarf zu einem Einsatz auf, diese halten sich entsprechend zur Verfügung.

Diese Variante bedingt klare Regelungen, damit sie auch rechtlich und gesellschaftlich praktikabel wird, z. B.:

- Wie werden die Zeiten ohne Einsatz, in denen man sich zur Verfügung hält, vergütet?
- Die Mitarbeitenden haben das Recht, einen Einsatz abzulehnen.

Beispiel Marco Solari, Biologiestudent, arbeitet nebenbei als Pizzakurier für «Al Forno», und zwar auf Abruf von Freitag- bis Sonntagabend und während Grossanlässen wie z. B. der Fussball-Europameisterschaft.

11.1.4 Bandbreitenmodell

Beim **Bandbreitenmodell** können die Mitarbeitenden in einem vorgegebenen Rahmen ihre wöchentliche Arbeitszeit erhöhen oder reduzieren. Man spricht in diesem Zusammenhang auch von der **individuell fixierten Arbeitszeit.** Daraus ergeben sich je nach Reglement entweder Lohnerhöhungen bzw. -reduktionen und / oder zusätzliche Ferientage. Solche unterschiedlichen Vergütungsformen werden auch als **«Cafeteria-System»** bezeichnet.

Beispiel Die Vollzeitangestellten der Bundesverwaltung können innerhalb eines Bandbreitenmodells verschiedene Möglichkeiten auswählen. Beispielsweise kann jemand 10 zusätzliche Ferientage beanspruchen, wenn er entweder die Wochenarbeitszeit um jeweils 2 Stunden erhöht, oder bei normaler Wochenarbeitszeit auf einen vergleichbaren Anteil Lohn verzichtet.

11.1.5 Jobsharing

Beim **Jobsharing** teilen sich zwei oder mehrere Mitarbeitende eine Vollzeitstelle oder mehrere Teilzeitstellen mit dem Ziel, dass für eine bestimmte Funktion trotz Teilzeitarbeit immer mindestens eine zuständige Person anwesend ist. Dieses Modell bringt dem Unternehmen einen Zuwachs an Wissen, eine bessere Kapazitätsauslastung und mehr Möglichkeiten, Arbeitsausfälle von Mitarbeitenden aufzufangen. Von den Mitarbeitenden erfordert das Jobsharing eine gute Planungs- und Organisationsfähigkeit und eine hohe Kommunikationsbereitschaft:

- Am häufigsten kommt das **Jobsplitting** vor. Die Mitarbeitenden teilen die mit einer Stelle verbundenen Aufgaben untereinander auf und jede Person ist für die ihr zugeteilten Aufgaben verantwortlich.
- Beim **Jobpairing** übernehmen zwei Personen gemeinsam die Verantwortung für die Gesamtaufgabe der Stelle.

Beispiel Heike Zimmermann und Rosanna Gomez haben im Jobsharing eine Vollzeitstelle im Kundendienst übernommen, weil beide zusätzlich als Hausfrau und Mutter engagiert sind. Sie haben die anfallenden Aufgaben untereinander aufgeteilt.

11.1.6 Schichtarbeit

Schichtarbeit ist ein traditionelles **Modell der Arbeitszeitflexibilisierung.** In manchen Unternehmen werden die Betriebszeiten auf bis zu 24 Stunden täglich erweitert, um die Produktionsanlagen optimal auszulasten oder weil eine Bereitschaftspflicht rund um die Uhr erforderlich ist (z. B. in Spitälern). Die Mitarbeitenden arbeiten jeweils während eines Teils der Betriebszeiten (z. B. in drei Schichten à 8 Stunden) und teilen sich so einen Arbeitsplatz.

11.1.7 Mobile Arbeit

Immer mehr Personen arbeiten mobil. In der Schweiz waren es im Jahr 2016 ca. 38% der Erwerbstätigen.[1]

Für die mobile Arbeit werden auch die Begriffe «Homework» oder «Homeoffice» verwendet.

Unter **mobiler Arbeit** versteht man Arbeit,

- die nicht an einem festen Arbeitsort, z. B. unterwegs oder zu Hause (Homeoffice),
- mithilfe von mobilen Arbeitsgeräten, z. B. Laptop, Smartphone, Tablet,

verrichtet wird.

Die **Hauptgründe für mobiles Arbeiten** sind: Autonomie, Ungestörtheit, Produktivität, Zeitgewinnung, Vereinbarkeit von Arbeit und Familie, Vermeidung von Hauptverkehrszeiten. **Autonomie** bedeutet, dass man entscheiden kann, wann und wo man arbeitet.[2]

In vielen Unternehmen ist das mobile Arbeiten **nicht erlaubt,** weil sensible Daten das Unternehmen nicht verlassen sollten. Zudem müssen die **technischen Voraussetzungen** gegeben sein, z. B. Laptops, der Zugriff auf interne Daten und cloudbasierte Tools, die das gemeinsame Arbeiten an verschiedenen Orten ermöglichen.

Die **Teamzusammenarbeit** ist beim mobilen Arbeiten erschwert, weil die räumliche Nähe fehlt.

11.2 Spezifische Bedürfnisse an die Arbeitszeit

Durch die Veränderungen in der Gesellschaft und in den Werthaltungen bezüglich der Lebens- und der Berufsgestaltung haben sich auch **neue Bedürfnisse an die Arbeitszeitenregelung** entwickelt. In den folgenden Abschnitten gehen wir auf einige Beispiele ein.

11.2.1 Zeitautonome Arbeitsgruppen

Zeitautonome Arbeitsgruppen organisieren eigenverantwortlich die Einteilung der Arbeitszeit und der Auftragserledigung. Vorgegeben werden ihnen dabei lediglich die Zielsetzungen, die Gesamt-Zeitbudgets und allenfalls die minimalen bzw. maximalen Anwesenheitszeiten.

11.2.2 Urlaub

Zusätzlich zu den gesetzlich vorgeschriebenen Ferien beziehen manche Mitarbeitende **Urlaubszeit** zur Verfolgung persönlicher Ziele, z. B. für längere Reisen oder einen Bildungsurlaub (auch **«Sabbatical»** genannt). Während eines solchen Urlaubs bleibt das Arbeitsverhältnis bestehen; die Lohnauszahlung (voll, teilweise, keine) hängt von der jeweiligen Vereinbarung ab.

[1] FlexWork Survey 2016: Befragung von Erwerbstätigen und Unternehmen zur Verbreitung mobiler Arbeit der Fachhochschule Nordwestschweiz, Olten 2016.

[2] FlexWork Survey 2016: Befragung von Erwerbstätigen und Unternehmen zur Verbreitung mobiler Arbeit der Fachhochschule Nordwestschweiz, Olten 2016.

11.2.3 Lebensarbeitszeit

Mit dem Entschluss, nach dem Erreichen des Rentenalters weiterzuarbeiten, kann die **Lebensarbeitszeit** verlängert, mit einer **flexiblen Pensionierungsregelung** verkürzt werden. Eine frühere Pensionierung kann man selbst, z. B. durch die dritte Säule, oder durch grosszügige Pensionskassenregelungen seitens des Arbeitgebers finanzieren. Einige Firmen machen ihren Mitarbeitenden das Angebot, mittels einer Erhöhung der Wochenarbeitsstunden die Stundenguthaben zu sammeln und dadurch Vorleistungen für die flexible Pensionierung zu erbringen. Allerdings ist dies wenig verbreitet, da bei einem Stellenwechsel die «Stundenkonti» nicht automatisch auf den neuen Arbeitgeber übertragen werden können. Die **gleitende Pensionierung** ermöglicht eine schrittweise Reduktion des Arbeitspensums über einen längeren Zeitraum hinweg, bevor die ordentliche Pensionierung erfolgt.

11.3 Mitwirkung der Mitarbeitenden

In der Schweiz gibt es ein gesetzlich verankertes Mitspracherecht der Mitarbeitenden; in vielen Unternehmen haben darüber hinausgehende Mitwirkungsrechte eine lange Tradition.

11.3.1 Gesetzlich verankertes Mitspracherecht

Die Mitwirkung ist im **Bundesgesetz über die Information und die Mitsprache der Arbeitnehmerinnen und Arbeitnehmer (MWG)** geregelt. Es räumt den Mitarbeitenden eines privaten Betriebs das Recht ein, eine Arbeitnehmervertretung (Betriebskommission) einzusetzen, das Recht auf Informationen, die mit ihrer Leistungserbringung zusammenhängen, und das Mitspracherecht. Auch das **Bundesgesetz über die Arbeit in Industrie, Gewerbe und Handel (Arbeitsgesetz, ArG)** schreibt dem Arbeitgeber vor, für bestimmte Situationen die Arbeitnehmenden zu konsultieren oder ihre Zustimmung einzuholen.

Gesetzlich verankert ist das **Mitspracherecht** der Mitarbeitenden oder von deren Vertretung in folgenden Angelegenheiten:

- In allen Fragen der Arbeitssicherheit bzw. des Gesundheitsschutzes, bei der Organisation der Arbeitszeit und der Gestaltung der Einsatzpläne
- Hinsichtlich der bei Nachtarbeit vorgesehenen besonderen Schutzbestimmungen
- Im Vorfeld von geplanten Massenentlassungen

Zum Mitspracherecht gehört der Anspruch auf **Anhörung** und **Beratung,** bevor die Unternehmensleitung ihre Entscheidungen trifft. Falls die getroffenen Entscheidungen mit den Anliegen der Mitarbeitenden oder deren Vertretung nicht oder nur teilweise übereinstimmen, müssen sie seitens der Unternehmensleitung begründet werden.

11.3.2 Mitwirkungsmöglichkeiten im Unternehmen

Natürlich steht es jedem Unternehmen frei, den Mitarbeitenden über die gesetzlichen Bestimmungen hinaus verschiedene **zusätzliche Mitwirkungsrechte** zu gewähren. Die folgende Abbildung stellt die vier Mitwirkungsstufen im Unternehmen vor.

Abb. [11-2] Vier Mitwirkungsstufen im Unternehmen

Mitwirkungsstufe	Erläuterung
1. Information	Information bedeutet, dass die Geschäftsleitung die Arbeitnehmervertretung über eine betriebliche Angelegenheit orientiert und ihr Gelegenheit zur Aussprache gibt.
2. Mitsprache	Mitsprache bedeutet, dass sich die Geschäftsleitung mit der Arbeitnehmervertretung berät, bevor sie einen Entscheid in bestimmten betrieblichen Angelegenheiten trifft. Der gefällte Entscheid ist der Arbeitnehmervertretung bekannt zu geben und zu begründen, wenn er von deren Stellungnahme abweicht.
3. Mitentscheidung	Mitentscheidung bedeutet, dass in bestimmten betrieblichen Angelegenheiten eine Entscheidung nur mit Zustimmung sowohl der Arbeitnehmervertretung als auch der Geschäftsleitung getroffen werden kann.
4. Selbstverwaltung	Selbstverwaltung bedeutet, dass die Geschäftsleitung der Arbeitnehmervertretung einzelne Aufgaben zur selbstständigen Erledigung überträgt. Die dafür ausgearbeiteten Richtlinien sind verbindlich.

11.3.3 Betriebliches Vorschlagswesen

Das **betriebliche Vorschlagswesen** ist die institutionalisierte Bewertung und Belohnung von Verbesserungsvorschlägen der Mitarbeitenden. Es wird deshalb auch als **kontinuierlicher Verbesserungsprozess (KVP)** bezeichnet.

Das betriebliche Vorschlagswesen **bezweckt,**

- das verantwortliche Mitdenken möglichst vieler Mitarbeitender zu fördern,
- die Zusammenarbeit zu verbessern,
- die Qualität der Arbeitsprozesse und -ergebnisse zu optimieren und
- die Selbstständigkeit der Mitarbeitenden zu vergrössern.

Das betriebliche Vorschlagswesen ist zugleich ein Instrument der **Motivation** und der **Rationalisierung.** Die steigende Zahl von Verbesserungsvorschlägen in vielen Unternehmen belegt, dass die Mitarbeitenden diese Institution annehmen, d. h., ihre Kreativität am Arbeitsplatz einsetzen wollen. Die Honorierung von verwirklichten Verbesserungsvorschlägen erfolgt in der Regel durch eine **Geldprämie,** die z. B. einen bestimmten Prozentsatz der erreichten Kosteneinsparungen ausmacht oder aufgrund eines pauschalen Bewertungsschlüssels berechnet wird. Es sind jedoch auch **nicht monetäre Belohnungen** möglich, z. B. die Teilnahme an speziellen Weiterbildungskursen, Beförderungen, die Erwähnung in der Firmenzeitung usw.

11.3.4 Qualitätszirkel

Eine Ergänzung des betrieblichen Vorschlagswesens sind **Qualitätszirkel** (Quality Circles). Qualitätszirkel sind **Problemlösungsgruppen.** Eine kleine Gruppe von Mitarbeitenden, meist aus dem gleichen Arbeitsbereich, trifft sich regelmässig und freiwillig zu Arbeitssitzungen, um Probleme aus dem eigenen Arbeitsbereich zu behandeln und daraus resultierende Lösungen oder Massnahmen in die Praxis umzusetzen. Die Arbeitssitzungen werden von einem Moderator geleitet. Es geht dabei nicht nur um die Verbesserung von Produkten, sondern auch um die Qualität der Arbeit z. B. der Arbeitsbedingungen und der Zusammenarbeit.

Man kennt die Qualitätszirkel v. a. aus der **japanischen Industrie,** ihren Ursprung haben sie aber in den USA, wo sie nach dem Zweiten Weltkrieg eingeführt wurden. Auch in Europa sind Qualitätszirkel mittlerweile stark verbreitet. Ausser «Qualitätszirkel» verwendet man auch andere Bezeichnungen wie z. B. «Arbeitskreis», «Projektgruppe», «Taskforce».

Zusammenfassung

Bei der Gestaltung der Arbeitszeit müssen unterschiedliche Ansprüche berücksichtigt werden:

- Kundenbedürfnisse
- Mitarbeiterbedürfnisse
- Zielsetzungen der Kapitalgeber bzw. der Unternehmensleitung
- Gesetzliche Bestimmungen im Arbeitsgesetz und im OR

Die gängigsten **Arbeitszeitmodelle** sind:

Arbeitszeitmodell	Erklärung
Fixierte Arbeitszeit	Vollumfängliche Vorgabe der Arbeitszeiten
Gleitende Arbeitszeit	Freie Gestaltung innerhalb eines vorgegebenen Rahmens
Jahresarbeitszeit	Freie Gestaltung innerhalb vorgegebener Jahres-Sollzeiten
Teilzeitarbeit	Reduzierte Normalarbeitszeit
Bandbreitenmodell	Möglichkeit zur individuellen fixierten Erhöhung oder Reduktion der Wochenarbeitszeit in Abgleich mit der Lohn- oder der Ferientageentschädigung
Jobsharing	Verteilung der Arbeitsinhalte und / oder der Arbeitszeit einer Vollzeit- oder mehrerer Teilzeitstellen auf mehrere Mitarbeitende
Schichtarbeit	Aufteilung der Betriebszeit auf mehrere zeitliche Einheiten und somit auf mehrere Mitarbeitende
Mobile Arbeit	Arbeit, die nicht an einem festen Arbeitsort, z. B. unterwegs oder zu Hause mithilfe von mobilen Geräten verrichtet wird

Die **Mitwirkung im Unternehmen** basiert zunächst auf gesetzlichen Vorschriften, die den Mitarbeitenden bei heiklen Fragen der Arbeitsgestaltung ein **Mitspracherecht** bei Entscheidungen einräumen.

Generell unterscheidet man vier **Mitwirkungsstufen,** die im Unternehmen möglich sind:

- Information: das Recht auf Aussprache.
- Mitsprache: das Recht auf Stellungnahme durch die Arbeitnehmervertretung.
- Mitentscheidung: Die Zustimmungspflicht ist durch die Arbeitnehmervertretung erforderlich.
- Selbstverwaltung: Die Arbeitnehmervertretung handelt selbstständig unter Einhaltung von vereinbarten Richtlinien.

Mit dem **betrieblichen Vorschlagswesen** bezweckt man, dass die Mitarbeitenden sich mit ihren Erfahrungen und Ideen aktiv für das Unternehmen einsetzen.

Qualitätszirkel treffen sich regelmässig und freiwillig, um Probleme aus dem eigenen Arbeitsbereich zu besprechen, Lösungen zu entwickeln und diese einzuführen.

38 Welche der folgenden Aussagen zur Arbeitszeitgestaltung sind richtig? Begründen Sie Ihre Einschätzung.

A] Will ein Arbeitgeber die Betriebsnutzungszeiten verlängern, kann er Schichtarbeit einführen.

B] Im Gegensatz zur fixierten Arbeitszeit kann der Mitarbeiter seine Einsätze beim Bandbreitenmodell spontan an seine täglichen Bedürfnisse anpassen.

C] Wird ein Jahresarbeitszeitmodell gewährt, darf der Arbeitgeber keine Einschränkungen, wie z. B. Betriebsferien, Sperrzeiten für Ferien oder Ähnliches, vorgeben.

D] Bei einem 50%igen Einsatz, der KAPOVAZ und beim Jobsharing handelt es sich um Teilzeitarbeitszeitmodelle, da die betroffenen Arbeitnehmenden dem Arbeitgeber nicht während der betriebsüblichen Arbeitszeit zur Verfügung stehen.

E] Bei der kollektiven Telearbeit handelt es sich um ein Jobsharing, jedoch von zu Hause aus.

---

39 Welches Arbeitszeitmodell wird in den drei folgenden Fällen angewendet?

A] Jorge Gomez arbeitet bei Bedarf, d. h. besonders vor Feiertagen oder Wochenenden, stundenweise als Hilfsbäcker für eine Grossbäckerei.

B] Das Empfangssekretariat einer Personalberatung wird jeweils am Morgen von Amira Asani, am Nachmittag von Hannah Stampfli betreut.

C] Jonas Kaiser ist Gruppenleiter bei einem Reiseveranstalter. Er kann seine Arbeit grundsätzlich frei einteilen – einzige Bedingung ist, dass er zwischen 09.30 und 11.30 Uhr und zwischen 14.00 und 16.00 Uhr an seinem Arbeitsplatz erreichbar ist.

---

40 Um welche Mitwirkungsstufen handelt es sich hier?

A] Es steht den einzelnen Mitarbeitenden frei, die Pausenregelung auszugestalten.

B] Die Unternehmensleitung ruft die Mitarbeitenden zusammen. Sie präsentiert die Auswirkungen des bisherigen Geschäftsgangs und die notwendigen Reorganisationsmassnahmen im Produktionsbereich.

C] Das bisherige Beurteilungssystem soll abgelöst werden. Mitarbeitende aller hierarchischen Stufen arbeiten an der Entwicklung des neuen Beurteilungssystems mit; es muss von der Geschäftsleitung und der Mitarbeitervertretung verabschiedet werden, bevor es in Kraft tritt.

Teil D

Personal fördern

12 Personalbeurteilung

Lernziele

Nach der Bearbeitung dieses Kapitels können Sie ...

- den Zweck der Personalbeurteilung für das Unternehmen anhand von Beispielen erklären.
- die wesentlichen Anforderungen an ein Beurteilungssystem beschreiben.
- das Beurteilungsverfahren Führen durch Zielvereinbarung (MbO) erläutern.

Schlüsselbegriffe

analytische Beurteilungsverfahren, Beurteilungsbogen, Beurteilungsformen, Beurteilungsgespräch, Beurteilungsrhythmus, Beurteilungssystem, Beurteilungsverfahren, Feedback, Leistungsbeurteilung, Management by Delegation (MbD), Management by Objectives (MbO), Potenzialbeurteilung, SMART-Formel, summarische Beurteilungsverfahren, Zielvereinbarung, Zielvorstellungen

Menschen beurteilen sich gegenseitig, seitdem es Menschen gibt. Betrachten wir zunächst einige wichtige **Entwicklungsstationen der Personalbeurteilung:**

Bis Ende der 1950er-Jahre stand die **Persönlichkeit** im Mittelpunkt. Man fragte nach Eigenschaften wie Willensstärke, Fleiss, Reife und nach den persönlichen Einstellungen. Etwa ab 1960 verlagerte sich der Beurteilungsschwerpunkt zu den leistungsbestimmenden **Verhaltensweisen,** wie z. B. der Sorgfalt, der Zuverlässigkeit, der Fähigkeit zur Zusammenarbeit. Später kam die Bewertung der **Leistung** hinzu, hinsichtlich Qualität und Quantität. Man sprach daher zunehmend von der «Leistungsbeurteilung».

Heute bedeutet die Personalbeurteilung v. a. eine **Standortbestimmung.** Nebst der Leistung ist das noch nicht ausgeschöpfte berufliche **Entwicklungspotenzial** von Mitarbeitenden ein wichtiges Beurteilungskriterium geworden.

Hinweis

Es existieren verschiedene Begriffe für die Mitarbeiterbeurteilung: Personalbeurteilung, Mitarbeiterbeurteilung, Jahresgespräch, Qualifikationsgespräch, Leistungsbeurteilung, Persönlichkeitsbeurteilung, Potenzialbeurteilung, Entwicklungsbeurteilung, Vorgesetztenbeurteilung, Zielvereinbarungsgespräch usw.

Oftmals werden die Beurteilungsverfahren nach der zu beurteilenden Person benannt. Man spricht dann von der Mitarbeiterbeurteilung (durch Vorgesetzte) und der Vorgesetztenbeurteilung (durch Mitarbeitende).

Wir verwenden «Personalbeurteilung» als Überbegriff für die Beurteilung der Leistungsergebnisse und der Entwicklungsmöglichkeiten der Mitarbeitenden.

12.1 Beurteilungsebenen, -kriterien und -ziele

Im Zentrum der Personalbeurteilung steht die Frage, wie umfassend eine Person ihre psychischen, physischen und geistigen Kräfte, ihr Potenzial, einsetzt bzw. einsetzen kann, um für das Unternehmen **optimale Leistungen** zu erbringen und für sich selbst ein **Höchstmass an Arbeitszufriedenheit** zu erreichen. Man unterscheidet drei Ebenen von Beurteilungen, die von verschiedenen Beurteilungskriterien und -zielen bestimmt werden: Feedback, Leistungs- und Potenzialbeurteilung.

Abb. [12-1] Beurteilungsebenen, -kriterien und -ziele

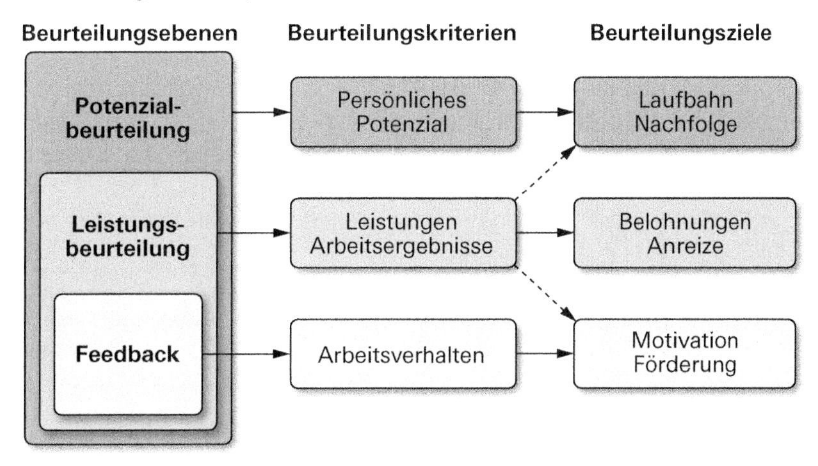

Compendio Bildungsmedien AG, Zürich

12.1.1 Feedback

Das **Feedback** zum Arbeitsverhalten geschieht aufgrund von Beobachtungen des täglichen Verhaltens und von einzelnen Vorkommnissen und unterliegt somit der **kurzfristigen Betrachtung.** Diese «Beurteilung» ist ein wichtiger Bestandteil des Führungsprozesses; sie geschieht im direkten Gespräch zwischen Vorgesetzten und Mitarbeitenden.

Das Feedback in Form von Lob und Kritik dient einerseits der **Motivation und Förderung** der Mitarbeitenden in der täglichen Arbeit, andererseits ermöglicht es der Führungskraft, auf Fehlleistungen oder Fehlverhalten unmittelbar und korrigierend einzuwirken.

Beispiel Der Kundendienstleiter Reto Hofstetter hat innerhalb weniger Tage zwei Reklamationen von Kunden erhalten, wonach seine Mitarbeiterin Rosanna Gomez Anfragen und Bestellungen nicht fristgerecht bzw. fehlerhaft erledigt habe. – Reto Hofstetter spricht Rosanna Gomez auf diese Reklamationen direkt an.

12.1.2 Leistungsbeurteilung

Die **Leistungsbeurteilung** basiert auf der Vergangenheit; die **Leistungen und Arbeitsergebnisse** eines bestimmten Zeitraums (meist des vergangenen Jahres) werden nachträglich beurteilt; das Leistungsverhalten spielt jedoch nur insofern eine Rolle, als es die erbrachte Leistung massgeblich beeinflusst hat. Normalerweise kommt dafür die Zielvereinbarung gemäss **Management by Objectives (MbO)** zum Einsatz. Die vereinbarten Ziele bilden die Beurteilungsgrundlage und den Beurteilungsmassstab. Die Leistungsbeurteilung wird von den Vorgesetzten und Mitarbeitenden vorgenommen; die Personalabteilung liefert dazu das geltende Beurteilungssystem und wertet die Ergebnisse aus.

Mit der Leistungsbeurteilung werden in erster Linie **Belohnungen und Anreize** in Form von Erfolgsvergütungen oder Beförderungen verbunden, zusätzlich dient sie aber auch der Arbeitszufriedenheit und der Leistungsmotivation der Mitarbeitenden und liefert Einschätzungskriterien für die individuelle Laufbahnplanung.

Beispiel Reto Hofstetter bereitet die Leistungsbeurteilung für das vergangene Jahr vor. Mit seinen drei Kundendienstmitarbeitern vereinbart er jeweils einen Gesprächstermin und bittet sie, dazu eine Einschätzung der eigenen Zielerreichung mitzubringen und sich Gedanken zur Zusammenarbeit mit ihm als Vorgesetztem zu machen.

12.1.3 Potenzialbeurteilung

Die **Potenzialbeurteilung** richtet ihren Betrachtungsschwerpunkt auf die Zukunft aus; man will das **persönliche Potenzial** von Mitarbeitenden einschätzen. Persönliche Eigenschaften, Kompetenzen und Qualifikationen bilden die wichtigste Grundlage für diese Potenzialeinschätzung, aber auch die Ergebnisse der Leistungsbeurteilung fliessen darin ein.

Die Potenzialbeurteilung liefert die Grundlagen für die **Laufbahn- und die Nachfolgeplanung.**

Beispiel

Reto Hofstetter ist aufgrund verschiedener Beobachtungen, Gespräche und des Leistungsausweises davon überzeugt, dass sein Mitarbeiter Philipp Hunkeler seine Fähigkeiten in der jetzigen Position nicht voll ausschöpft und über Entwicklungspotenzial, z. B. in Richtung Product Management oder als Teamleiter, verfügt.

In der Praxis wird für das jährlich stattfindende Beurteilungsgespräch häufig eine Kombination aus Leistungs- und Potenzialbeurteilung eingesetzt.

12.2 Beurteilungsrhythmus

Da **Feedbacks** sich auf die tägliche Arbeit beziehen, ist es wichtig, sie möglichst unmittelbar und aus aktuellem Anlass zu geben.

Eine **systematische Leistungs- und Potenzialbeurteilung** muss in regelmässigen zeitlichen Abständen erfolgen. In der Praxis hat sich ein Beurteilungsrhythmus von 1 Jahr bis maximal 3 Jahren bewährt.

Hinzu kommen Beurteilungen in **bestimmten Situationen,** v. a.

- vor dem Ablauf der Probezeit,
- bei der Übernahme neuer Aufgaben oder beim Wechsel der Organisationseinheit bzw. des Arbeitsgebiets,
- bei einem Vorgesetztenwechsel,
- beim Austritt aus dem Unternehmen.

12.3 Beurteilungssystem

Es gibt eine Vielzahl praxiserprobter, standardisierter Beurteilungssysteme, die an die jeweiligen Unternehmensbedürfnisse angepasst werden können. Wir beschränken uns daher in diesem Abschnitt auf einige allgemeingültige **Hinweise zum Einsatz von Beurteilungssystemen** und zu den notwendigen Voraussetzungen im Unternehmen.

12.3.1 Anforderungen an das Beurteilungssystem

Man kann die Personalbeurteilung als ein lebendiges, attraktives Führungsinstrument nutzen oder zu einer unbeliebten administrativen Routine (einem sog. «Papiertiger») verkommen lassen. Mit anderen Worten: Nur ein **in den gesamten Führungsprozess integriertes Beurteilungssystem** hat Bestand und zeigt Wirkung. Es darf keinesfalls ein abgekoppeltes Sonderdasein fristen oder zu einer Alibiübung werden, bei der die Vorgesetzten sich dazu aufraffen müssen, wieder einmal die Beurteilungsbogen auszufüllen.

Ein **taugliches Beurteilungssystem** muss

- sorgfältig eingeführt und gepflegt werden,
- leicht verständlich sein – komplizierte Verfahren mit sehr vielen Kriterien und Beurteilungsstufen sind administrativ aufwendig, schwer überblickbar, finden kaum Akzeptanz und erzielen daher nicht die gewünschte Wirkung,
- auf die Personalpolitik abgestimmt sein – eine Leistungsbeurteilung, die z. B. primär der Lohndifferenzierung dienen soll, ist anders konzipiert als eine umfassende Personalbeurteilung, die als Förderungsinstrument verwendet wird,
- die Gleichbehandlung aller Mitarbeitenden durch klare Spielregeln, durch vergleichbare Kriterien und Skalen und durch einen festgelegten zeitlichen Rhythmus fördern,
- auf einem kooperativen Führungsverständnis basieren – dies schliesst eine Selbstbeurteilung der Mitarbeitenden genauso ein wie das Angebot einer Vorgesetztenbeurteilung.

12.3.2 Voraussetzungen im Unternehmen

Damit ein Beurteilungssystem Fuss fassen kann, müssen **drei Voraussetzungen** im Unternehmen gegeben sein: klare Abläufe, Strukturen und Ziele.

Abb. [12-2] **Drei Voraussetzungen für ein Beurteilungssystem**

Voraussetzung	Erläuterung	Bemerkung
Klare Abläufe	• Aufgaben- und Funktionsbeschreibungen mit möglichst klaren Leistungszielen • Leistungsstandards oder persönliche Zielvereinbarungen	Es muss für die Vorgesetzten und die Mitarbeitenden klar sein, was eine gute Leistung ist, woran diese gemessen und anhand welcher Kriterien sie beurteilt wird.
Klare Strukturen	Die Zuständigkeit für die Beurteilung muss geregelt sein: • Normalfall: direkter Vorgesetzter • Doppelunterstellungen (Fach- und Linienvorgesetzte): Fachvorgesetzter • Grundsätzlich: der Vorgesetzte mit dem besten Einblick	Führungsspanne: 20 Mitarbeitende gelten als oberste Grenze für eine differenzierte Beurteilung. Je komplexer die Aufgaben und Anforderungen, desto niedriger muss die Zahl der zu führenden Mitarbeitenden sein.
Klare Ziele	• Personalbeurteilung im gesamten Führungsprozess integriert • Leistungs- und Motivationssteigerung	Die Lohndifferenzierung kommt meist in einer zweiten Phase dazu, wenn das Beurteilungssystem gut eingeführt ist und sich bewährt hat.

12.3.3 Funktion des Beurteilungssystems

In der Personalstrategie wird definiert, welchen Zweck das Beurteilungssystem verfolgen soll. Hauptsächlich dient die Personalbeurteilung als **Führungsinstrument** und liefert **Schlüsselinformationen für weitere Personalmassnahmen,** wie die Förderung der Mitarbeitenden, Laufbahn- und Nachfolgeplanung, betriebliche Weiterbildung und Lohnfindung.

Abb. [12-3] Funktion des Beurteilungssystems

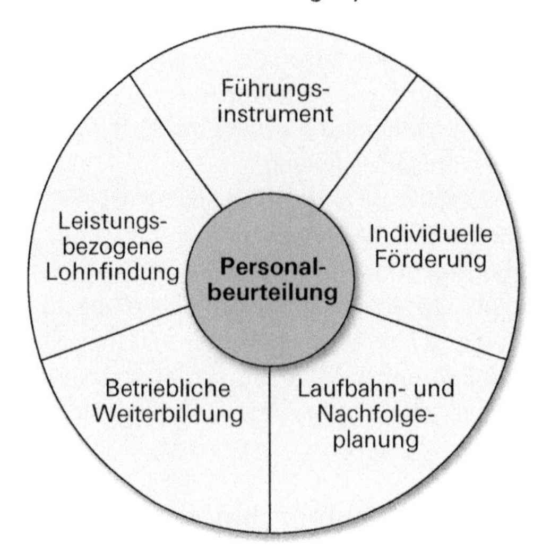

Compendio Bildungsmedien AG, Zürich

A] Führungsinstrument

Die Personalbeurteilung **unterstützt den gesamten Führungsprozess.** Wer die Stärken und Schwächen seiner Mitarbeitenden wirklich kennt, kann seine Führungsprozesse gezielter steuern und die Zusammenarbeit weiterentwickeln. Dabei muss man auf folgende Aspekte achten:

- Realistische Ziele und klare Prioritäten setzen.
- Verantwortung sinnvoll und motivierend delegieren.
- Motivieren durch Anerkennung der Leistung und des Verhaltens.
- Die Kooperationsbereitschaft erhöhen, weil die Bedürfnisse der Mitarbeitenden mitberücksichtigt werden und eine Auseinandersetzung über die Anforderungen und die noch brachliegenden Mitarbeiterpotenziale stattfindet.
- Die Dialogkultur fördern, indem man sich regelmässig und offen über die Zusammenarbeit, über Störungen oder Probleme sowie über Verbesserungsansätze austauscht.

B] Individuelle Förderung

Regelmässige Beurteilungen zeigen die bisherigen **individuellen Entwicklungen und die Perspektiven für die Zukunft** auf. «Der richtige Mitarbeiter am richtigen Arbeitsplatz» bedeutet in diesem Zusammenhang auch, dass er möglichst alle Fähigkeiten einsetzen kann, dadurch wertvoll für das Unternehmen wird und selbst eine optimale Befriedigung in der Arbeit erhält. Ausserdem gibt die Beurteilung wertvolle Hinweise für individuelle Förderungsmassnahmen.

C] Laufbahn- und Nachfolgeplanung

Wo im Unternehmen welche entwicklungsfähigen Nachwuchsleute sitzen, muss bekannt sein. Im Gesamtunternehmen braucht es daher eine bereichsübergreifende **Koordination der Laufbahn- und der Nachfolgeplanung.** Man bezeichnet diese auch als Management Development (MD).

D] Betriebliche Weiterbildung

Ein wichtiger Aspekt der Personalentwicklung ist die betriebliche Aus- und Weiterbildung. Aus den Beurteilungsgesprächen ergeben sich **Schulungsbedürfnisse,** die in das betriebliche Schulungskonzept einfliessen. Konkrete Umsetzungsmassnahmen werden auf den individuellen Bedarf und die gesamtbetrieblichen Bedürfnisse abgestimmt.

E] Leistungsbezogene Lohnfindung

Eine gute Leistung soll nicht nur durch Lob anerkannt, sondern auch **in Form von Geld honoriert** werden. Auch **nicht monetäre Belohnungen** wie mehr Ferien oder eine Kombination von Geld und Ferien sind immer wichtiger werdende Faktoren. Mit dem Lohnsystem wird festgelegt, wie sich die Leistungsbeurteilung in der Entlohnung niederschlägt.

12.4 Beurteilungsformen

Traditionellerweise wird in Unternehmen **hierarchisch** beurteilt, d. h., die Führungsperson beurteilt ihre Mitarbeitenden und wird selbst von ihrem Vorgesetzten beurteilt. Inzwischen haben sich jedoch auch noch weitere **Beurteilungsformen** durchgesetzt, die für eine ausgewogenere Beurteilung im Unternehmen sorgen.

Abb. [12-4] Beurteilungsformen

Vorgesetztenbeurteilung	Nach dem «Bottom up»-Ansatz beurteilen die Mitarbeitenden ihre Vorgesetzten in Bezug auf ihr Führungsverhalten.
Kollegenbeurteilung	Mitarbeitende im gleichen Team beurteilen einander, die Auswertung wird gemeinsam besprochen.
360-Grad-Beurteilung	Nicht nur der direkte Vorgesetzte, sondern weitere wichtige Anspruchsgruppen (andere Führungskräfte, Teammitglieder, Arbeitskolleginnen, interne oder externe Kunden usw.) beurteilen die Mitarbeitenden anhand vorgegebener Kriterien.
Selbstbeurteilung	Neben der Fremdbeurteilung ist die Selbstbeurteilung wichtig. Die regelmässige Auseinandersetzung mit sich selbst und die Reflexion des eigenen Verhaltens fördern das Selbstbewusstsein und die Lernbereitschaft.

12.5 Beurteilungsverfahren

Man unterscheidet zwei Arten von **Beurteilungsverfahren:**

- Summarische Beurteilungsverfahren: frei, ohne Kriterienvorgaben
- Analytische Beurteilungsverfahren: kriterienbasiert

12.5.1 Summarische Beurteilungsverfahren

Bei **summarischen Beurteilungsverfahren** beurteilt die Vorgesetzte Leistung und Verhalten, **ohne** sich auf bestimmte **Kriterien** stützen zu müssen. Die summarische Beurteilung ist **formlos und frei.** Dadurch läuft sie Gefahr, subjektiv oder schwierig nachvollziehbar auszufallen. Sie stellt auf jeden Fall hohe Anforderungen an die Beobachtungs- und die Formulierungsgabe der beurteilenden Person.

Beispiel

Frei formulierte Beurteilung:

«Ivo Fontana verfügt über ausgezeichnete Fachkenntnisse in der Automationstechnik. Seine Projekte leitet er sehr selbstständig, exakt und zuverlässig. Er neigt dazu, sich in seiner Detailgenauigkeit zu ‹verlieren›, und bekommt öfters Probleme mit der Termineinhaltung. Ein konsequentes Terminmanagement ist für ihn daher unerlässlich.

Ivo Fontana bezeichnet sich als eher introvertierten Menschen und arbeitet am liebsten allein oder in vertrauten Teamkonstellationen. Er unterstützt seine Teamkollegen bereitwillig bei fachlichen Fragen oder Problemen in Projekten. Gegenüber Kunden, Mitarbeitenden anderer Abteilungen und Vorgesetzten ist er korrekt, aber zurückhaltend.»

12.5.2 Analytische Beurteilungsverfahren

Heute setzt man fast ausschliesslich **analytische Beurteilungsverfahren** ein, die auf **definierten Beurteilungskriterien** und **klaren Einstufungen** basieren. Analytische Beurteilungsverfahren sollen dazu dienen, die Mitarbeiterbeurteilung möglichst objektiv zu gestalten, und haben die folgenden Vorteile:

- Sie tragen zu einer sachlichen Beurteilung bei,
- liefern untereinander vergleichbare Ergebnisse,
- sind leichter zu erstellen und damit rationeller als die summarischen Verfahren und
- vermitteln aufgrund von transparenten Kriterien das Gefühl der Gleichbehandlung, d. h. einer gerechteren Beurteilung.

Wenn man das Beurteilungsverfahren im gesamten Unternehmen anwenden will, braucht es **allgemeingültige Beurteilungskriterien,** die auf möglichst viele Funktionen zutreffen. Für ein gemeinsames Verständnis ist es wichtig, die einzelnen Beurteilungskriterien **exakt zu beschreiben.** Ausserdem sollte man sich auf wenige, möglichst zweckdienliche Beurteilungskriterien beschränken, um das schematische Ankreuzen einer Vielzahl beliebiger Kriterien zu vermeiden. Ein klares und vordefiniertes Bewertungsraster erleichtert die Einstufung. Wir zeigen Ihnen ein Bewertungraster in Form einer Skala:

Abb. [12-5] **Bewertungsskala (Beispiel Leiter Kundendienst)**

Bewertungsskala		
4	Sehr gut	Fähigkeiten, Leistungen und Verhalten liegen deutlich über den Anforderungen und Erwartungen; klare Vorbildfunktion und Leistungsträger/-in.
3	Gut	Fähigkeiten, Leistungen und Verhalten entsprechen den Anforderungen und Erwartungen; Erwartungen werden zuverlässig zu 100% erfüllt.
2	Nicht ganz genügend	Fähigkeiten, Leistungen und Verhalten entsprechen den Anforderungen und Erwartungen nicht vollumfänglich; Erwartungen werden mit Schwankungen zu ca. 80–90% erfüllt.
1	Ungenügend	Fähigkeiten, Leistungen und Verhalten entsprechen den Anforderungen und Erwartungen deutlich nicht; markante Verbesserung notwendig; Aufgaben-/Funktionswechsel prüfen.

A] Beurteilungsbogen

Einen **Beurteilungsbogen** von Grund auf neu zu entwickeln, ist ziemlich aufwendig. Daher greift man oft auf **Standard-Beurteilungsbogen** zurück, passt sie gezielt an oder ergänzt berufsspezifische Schlüsselkriterien.

Beispiel Wir zeigen Ihnen ein Beispiel für einen Beurteilungsbogen für die Leitung des Kundendiensts.

Kompetenzbereich	**Kompetenzen (Beurteilungskriterien)**	**Beurteilungsstufe**				**Bemerkungen**
		4	3	2	1	
Fachkompetenz	Funktionsbezogene Fachkenntnisse					
	Fachkenntnisse Marketing					
	…					
Methodenkompetenz	Planungs- und Organisationsfähigkeit					
	Problemlösungsfähigkeit					
	…					
Sozialkompetenz	Team- und Mitarbeiterorientierung					
	Kommunikationsfähigkeit					
	…					
Ich-Kompetenz	Leistungsorientierung, Belastbarkeit					
	Lern- und Entwicklungsfähigkeit					
	Initiative, Veränderungsbereitschaft					
	…					
Unternehmerische Kompetenz	Markt- und Kundenorientierung					
	Kosten- und Qualitätsorientierung					
	…					
Gesamtbewertung						

B] Führen durch Zielvereinbarung (MbO)

Ein in der Unternehmenspraxis weitverbreitetes Beispiel für ein **analytisches Beurteilungsverfahren** ist das Führen durch Zielvereinbarung (**Management by Objectives** oder MbO). Gemäss dem MbO sind für eine gute individuelle Leistung zwei Voraussetzungen unabdingbar:

- **Ziele:** Ohne Ziele fehlen wichtige Informationen, es wird nicht optimal geplant, entschieden, kommuniziert, ausgeführt und kontrolliert. Eindeutige Ziele führen somit zu einer besseren Leistung.
- **Zufriedenheit der Mitarbeitenden:** Man muss sich mit den eigenen Aufgaben im Unternehmen und mit den Zielen identifizieren können, um sich dafür einzusetzen und eine gute Leistung zu erbringen. Diese Identifikation ist nur möglich, wenn die Bedürfnisse der Mitarbeitenden in der Zielvereinbarung mitberücksichtigt bzw. die Ziele aufeinander abgestimmt werden.

Wie formuliert man Ziele?

Klare Ziele schaffen eine Orientierungsgrundlage. Die **SMART-Formel** dient als allgemeine Richtlinie für die Formulierung solcher unmissverständlicher Ziele.

Damit die Ziele «SMART» sind, müssen sie

- **spezifisch (= specific) sein (S):** Das ist der Fall, wenn der Gegenstand bzw. Schwerpunkt eindeutig ist. Nur so ist ein Ziel unmissverständlich und damit messbar.
- **messbar (= measurable) sein (M):** Wenn immer möglich, sollte man einen eindeutigen Massstab oder Leistungsstandard für die Ziele finden. Beispiele dafür sind: Absatzmengen, Umsatz-, Produktivitätszahlen, Zeiteinheiten, Qualitätsgrade.
- **erreichbar oder akzeptiert (= achievable oder attractive) sein (A):** Nur Ziele, die aufgrund der Eignung und der Leistungsfähigkeit des jeweiligen Mitarbeiters und mit den verfügbaren Mitteln erreicht werden können, stellen eine motivierende Herausforderung dar. Sowohl unter- als auch überfordernde Ziele wirken kontraproduktiv.

- **realistisch (= reasonable) sein (R):** Nicht das **Wie,** also der Weg in Form von einzelnen Tätigkeiten, wird formuliert, sondern das **Was** in Form eines Ergebnisses, einer künftigen Situation oder eines konkreten Endprodukts.
- **terminiert (= time-bound) sein (T):** Es ist ein genauer Zeitpunkt oder ein Zeitraum für die Zielerfüllung zu vereinbaren, damit die Zielerreichung kontrolliert werden kann.

Zielarten

Man unterscheidet quantitative und qualitative Ziele.

Quantitative Ziele zeichnen sich durch einen quantifizierbaren Leistungsstandard aus, wie z. B. das Rentabilitätsziel (Prozentanteil des Gewinns am eingesetzten Kapital).

Bei **qualitativen Zielen,** wie z. B. Image des Unternehmens, Kundenorientierung, Flexibilität usw., ist es hingegen schwierig, einen quantifizierbaren Leistungsstandard festzulegen. Um qualitative Ziele zu konkretisieren und damit messbar und überprüfbar zu machen, wird deshalb oft auf Hilfsmassstäbe oder qualitative Leistungsstandards ausgewichen.

Beispiel Ein Hilfsmassstab für eine verbesserte Kundenorientierung ist: «Kundenanfragen beantworten wir innerhalb von maximal 36 Stunden.»

Erarbeitung von Zielvereinbarungen

Entscheidend für die positiven Wirkungen auf Motivation und Zusammenarbeit ist, dass die Ziele und Aufgaben gemeinsam erarbeitet werden. Man legt in der **Zielvereinbarung** gemeinsam fest, was mit welchen Mitteln und in welchem Zeitraum zu erreichen ist.

Das **Vorgehen bei einer systematischen Zielvereinbarung** gemäss MbO läuft in vier Teilschritten ab, auf die wir in den folgenden Abschnitten näher eingehen.

Abb. [12-6] **Vier Vorgehensschritte im MbO**

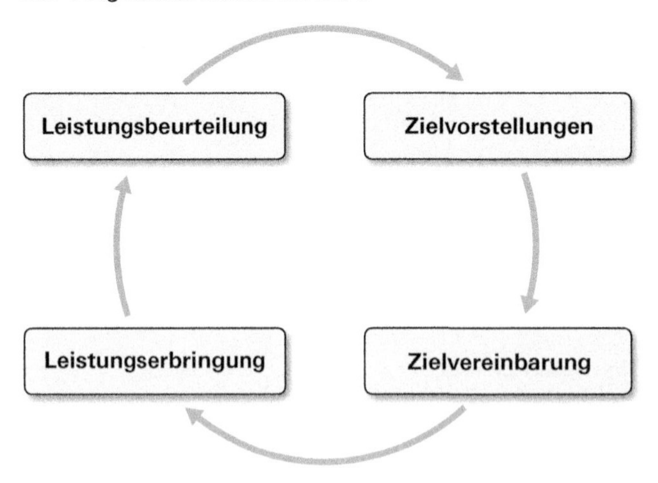

Compendio Bildungsmedien AG, Zürich

1. Zielvorstellungen

Für die Identifikation mit den Zielen ist es wichtig, dass der Vorgesetzte nicht einfach Zielvorgaben für jeden einzelnen Mitarbeiter definiert. Deshalb werden in einem ersten Schritt die **Zielvorstellungen** formuliert: Einerseits formuliert der **Vorgesetzte** die Zielvorstellungen für jeden Mitarbeiter seines Teams, andererseits jeder **Mitarbeiter** seine eigenen Zielvorstellungen (aufgabenbezogene und Entwicklungsziele) für die Beurteilungsperiode.

2. Zielvereinbarung

Im **Zielvereinbarungsgespräch** präsentieren sie sich gegenseitig die Zielvorstellungen. Man stellt Gemeinsamkeiten fest, diskutiert die Abweichungen und einigt sich schliesslich auf die definitiv vereinbarten Ziele.

Die mit MbO vereinbarten Ziele müssen der SMART-Formel entsprechen. Sie werden gemeinsam vom Vorgesetzten und vom Mitarbeiter priorisiert und schriftlich vereinbart.

3. Leistungserbringung

Die Mitarbeitenden sind zur **selbstständigen Leistungserbringung** herausgefordert, indem sie die Mittel bzw. das Vorgehen zur Zielerreichung selbst bestimmen. Der Vorgesetzte greift nur ein, wenn er um Unterstützung gebeten wird oder wenn die Zielerreichung massgeblich gefährdet ist. In regelmässigen **Zwischenbesprechungen** überprüft der Vorgesetzte mit den Mitarbeitenden gemeinsam den Fortschritt und den Grad der Zielerfüllung und analysiert die Ursachen bei allfälligen Abweichungen. In welchem Ausmass solche Zwischenbesprechungen angebracht sind, hängt v. a. vom Ziel ab.

4. Leistungsbeurteilung

Bei der **Leistungsbeurteilung** gemäss MbO geht es um einen Soll-Ist-Vergleich während der Beurteilungsperiode, d. h. um die **Zielerreichung.** Dieser erfolgt im gemeinsamen Beurteilungsgespräch. Die Gesprächsergebnisse werden schriftlich festgehalten und verwendet für

- zukünftige Zielformulierungen,
- Zielanpassungen bei Abweichungen und
- Massnahmen, die sich aus der Beurteilung ableiten lassen.

Voraussetzungen für das MbO

- Ausrichtung der individuellen Ziele auf die Unternehmensziele
- Analyse des Ist-Zustands und Offenlegung der Stärken und Schwächen, aber auch der Entwicklungsmöglichkeiten der Mitarbeitenden
- Stufengerechte Integration der Unternehmensziele in ein hierarchisches System
- Klare Definition der Delegations- und Verantwortungsbereiche
- Gut organisiertes und leistungsfähiges Planungs-, Informations- und Kontrollsystem
- Objektive, zielgerichtete und transparente Beurteilung
- Leistungsorientierte Bezahlung
- Gemeinsame Erarbeitung der Ziele zwischen Vorgesetzten und Mitarbeitenden

Vorteile des MbO

- Förderung der Leistungsmotivation, der Eigeninitiative und der Verantwortungsbereitschaft
- Anerkennungs- und Selbstverwirklichungsbedürfnisse werden befriedigt
- Weitgehende Entlastung der Führungsspitze
- Schaffung von Kriterien für eine leistungsgerechte Entlohnung

Nachteile des MbO

- Gefahr von überhöhtem Leistungsdruck
- Zeitaufwendiger und kostspieliger Zielbildungs-, Planungs- und Kontrollprozess
- Klare und langfristig gültige Ziele lassen sich oft schwer formulieren; Gefahr, dass die schwer quantifizierbaren Ziele nicht berücksichtigt werden

C] Führen durch Delegation (MbD)

Dieses Führungssystem wird in Englisch als **Management by Delegation** bezeichnet. Auf Deutsch könnte man anstatt «Delegation» das Wort «Übertragung» verwenden.

Dabei werden **Aufgaben vom Vorgesetzten an die Mitarbeitenden übertragen.** Es können Routineaufgaben, aber auch umfangreiche und anspruchsvolle Aufgaben delegiert werden. Die Art und der Umfang der Aufgaben werden im Voraus vom Vorgesetzten festgelegt. Der Mitarbeiter erhält in der Regel Weisungsrechte und Vertretungsbefugnisse für seinen Aufgabenbereich. Der Vorgesetzte führt nur eine Erfolgskontrolle durch und steht bei eventuellen Fragen zur Verfügung. Der Vorgesetzte trägt aber die Verantwortung für die Aufgaben.

Das Ziel des Führungssystems ist einerseits die Entlastung des Vorgesetzten, andererseits soll der Mitarbeiter zu einem Entscheidungsträger für seinen Aufgabenbereich werden.

12.6 Beurteilungsgespräche führen

Gute **Beurteilungsgespräche** sind für die Arbeitszufriedenheit und für das Arbeitsklima massgebend; es werden damit drei **Ziele** angestrebt:

- Persönliche Anerkennung und Wertschätzung erfahren.
- Konkrete Anhaltspunkte für Verbesserungen und die Weiterentwicklung bekommen.
- Motivation für künftige Leistungen und Erfolge steigern.

Beim Beurteilungsgespräch muss man einige **organisatorische Punkte** beachten:

- **Gesprächstermin und -vorbereitung:** Teilen Sie den Mitarbeitenden vorzeitig mit, wann Sie das Beurteilungsgespräch führen möchten. Sie sollen sich in aller Ruhe auf das Gespräch vorbereiten und einstellen können – mit einer Selbstbeurteilung der Zielerreichung, der eigenen Leistungsfähigkeit und -entwicklung sowie den Zukunftsvorstellungen.
- **Gesprächsort und -dauer:** Das Gespräch muss an einem ruhigen Ort stattfinden. Störungen durch Telefonate usw. sind unbedingt auszuschalten. Ein Beurteilungsgespräch dauert in der Regel 1 bis 1.5 Stunden.

Ein **offenes Gesprächsklima** ist unerlässlich. Über die Qualität des Beurteilungsgesprächs gibt u. a. die Beteiligung beider Gesprächsteilnehmer Auskunft: Es geht nicht um eine Beurteilung der Führungskraft, sondern darum, die eigene Sichtweise mit derjenigen des Mitarbeiters auszutauschen und zu vergleichen. **Anerkennung und Kritik** sind dabei von zentraler Bedeutung. Anerkennung auszusprechen, ist relativ einfach: Es schafft Nähe, während Kritik immer Gefahr läuft, Abneigung oder Distanz zu erzeugen. Es ist wichtig, offen und kritisch zu sein und dennoch das Vertrauen aufrechtzuerhalten. Das sind wesentliche Führungsqualitäten.

12.7 Auswertung der Mitarbeiterbeurteilung

Die Ergebnisse der Leistungsbeurteilung haben eine zentrale Bedeutung für fast alle Bereiche der Personalplanung und für wichtige Entscheidungen im Personalbereich.

Die **Beurteilungsbogen** werden im Personaldossier des Mitarbeiters in der Personalabteilung aufbewahrt. Bevor die Personalverantwortlichen den Bogen ablegen, werten sie ihn aus, d. h., sie erfassen alle relevanten Daten, um sie für die Einsatz-, die Schulungs- und die Förderplanung zur Verfügung zu haben.

Wenn das Material sehr umfangreich ist, sollten **Listen und Auszüge** gemacht werden. Dabei sind folgende **Fragen** interessant:

- **Quervergleiche:** Wo arbeiten besonders gute Mitarbeitende, die befördert werden sollten?
- Wo gibt es **ähnliche Schulungsbedürfnisse,** die man zusammenfassen könnte?
- In welchen Bereichen gibt es **Qualifikationsmankos** oder muss man Vorgesetzte besonders unterstützen, z. B. durch Anwerbung weiterer Leute?
- Wie fallen die Beurteilungen **abteilungsweise** aus? Daraus ergeben sich Informationen für Rücksprachen mit den betreffenden Vorgesetzten über die Arbeit des Qualifizierens, eventuell der Führung insgesamt usw.

Jede Personalabteilung muss versuchen, die gewonnenen Informationen so geschickt wie möglich zu verarbeiten.

Es ist wichtig, dass die **Personalabteilung** die Ergebnisse **zentral auswertet** – auch in einem nur mittelgrossen Unternehmen. An einem Punkt müssen die Fäden zusammenlaufen, muss der Überblick möglich sein und müssen alle Planungsdaten erfasst werden. Wann immer Personalentscheidungen im Unternehmen getroffen werden, ob ein Vorgesetzter mehr Leute braucht, ein anderer einen überqualifizierten Mitarbeiter abgeben will oder ob man daran denkt, interne Seminare für eine bestimmte Fachschulung aufzubauen, muss die Personalabteilung mithilfe der Informationen, über die sie verfügt, unterstützend mitwirken.

Beurteilungsfehler können aufgrund von Wahrnehmungsverzerrungen oder sonstigen subjektiven Einschätzungen passieren. Solche Fehlerquellen müssen erkannt und von vornehereín vermieden werden, damit keine Fehlentscheide getroffen werden. Typische Beispiele sind:

- Halo-Effekt: Eine spezifische Eigenschaft wird auf andere Eigenschaften projiziert (ein erfolgreicher Handballspieler ist zugleich äusserst teamfähig).
- Hierarchie-Effekt: Mitarbeitende einer höheren Ebene werden automatisch besser beurteilt als andere.
- Kleber-Effekt: Wer länger nicht befördert wurde, wird unbewusst unterschätzt.
- Primary-Effekt: gewichtet als spätere Erkenntnisse («you never get a second chance to make a first impression»).

Zusammenfassung

Die Personalbeurteilung unterstützt als **Führungsinstrument** den gesamten Führungsprozess und dient als ein **Informationsmittel** für Personalentscheidungen im Hinblick auf die Einsatzplanung, die Förderung der einzelnen Mitarbeitenden, die gesamtbetriebliche Laufbahn- und Nachfolgeplanung, die Planung der betrieblichen Aus- und Weiterbildung und die leistungsbezogene Lohnfindung.

Es werden dabei **drei Beurteilungsebenen** unterschieden:

Beurteilungsebene	Beurteilungsziele
Feedback	Es gehört zu den Führungsaufgaben, laufend Rückmeldungen zum Arbeitsverhalten zu geben. Sie dienen der Motivation und der Förderung.
Leistungsbeurteilung	Die Basis für die Bewertung der Arbeitsergebnisse und Leistungen bilden die vereinbarten Ziele. Das Ziel der Leistungsbeurteilung ist, über Belohnungen Leistungsanreize zu schaffen.
Potenzialbeurteilung	Mit der Bewertung der Mitarbeiterpotenziale sollen die Laufbahn- und die Nachfolgeplanung im Unternehmen sichergestellt werden.

Ein **einheitliches, transparentes Beurteilungssystem** trägt zur Glaubwürdigkeit und zur Akzeptanz wesentlich bei und erleichtert überdies die Abwicklung und Auswertung der Resultate.

Es gibt summarische und analytische Beurteilungsverfahren:

- Bei den **summarischen Verfahren** werden die Leistungen und das Verhalten der einzelnen Mitarbeitenden zusammenfassend und in freier, beschreibender Form beurteilt.
- Bei den **analytischen Verfahren** werden einzelne Beurteilungskriterien definiert und nach einem einheitlichen Einstufungsverfahren bewertet.

Das Führungsmodell **Management by Objectives (MbO)** sieht Zielvereinbarungen zwischen den Vorgesetzten und den Mitarbeitenden als Beurteilungsgrundlage vor. Der Zielvereinbarungsprozess durchläuft vier Teilschritte:

1. Zielvorstellungen definieren.
2. Zielvereinbarung treffen.
3. Leistung erbringen und regelmässige Standortbestimmungen vornehmen.
4. Leistung beurteilen und Entwicklungsmassnahmen ableiten.

In Unternehmen kommen noch weitere Beurteilungsformen zum Einsatz, wie die Vorgesetzten-, die Kollegen-, die 360-Grad- und die Selbstbeurteilung.

Konstruktive **Beurteilungsgespräche** zeichnen sich durch folgende Merkmale aus:

- Sorgfältige Gesprächsvorbereitung
- Angenehmer, ungestörter und zeitlich gut bemessener Gesprächsrahmen
- Einhalten der Gesprächsziele: Anerkennung und Kritik offen aussprechen
- Vertrauensvolle Gesprächsatmosphäre durch ausgeglichene Redeanteile, regelmässige Gespräche und ein Vertrauensverhältnis schaffen

Repetitionsfragen

41 Nennen Sie je zwei Vor- und Nachteile des MbOs.

42 Beschreiben Sie in einigen Sätzen den Zusammenhang zwischen der Personalbeurteilung und der Laufbahnplanung.

43 Wir haben gesagt, dass die Beurteilungskriterien beobachtbar sein sollten. Welche der folgenden Beschreibungen entsprechen diesem Erfordernis?

A] Der Mitarbeiter führt Arbeiten pünktlich und termingerecht aus.

B] Die Mitarbeiterin erledigt Zusatzaufträge ohne Mahnung und Zusatzerinnerung.

C] Der Mitarbeiter unterstützt seine Kollegen in schwierigen Situationen.

44 A] Worin unterscheiden sich summarische und analytische Beurteilungsverfahren? Beantworten Sie die Frage in einigen Sätzen.

B] Nennen Sie drei Vorteile der analytischen Beurteilungsverfahren.

13 Personalentwicklung

Lernziele

Nach der Bearbeitung dieses Kapitels können Sie ...

- die Unterschiede der verschiedenen Personalentwicklungskonzepte anhand von Beispielen aufzeigen.
- erläutern, wie eine Schulungsmassnahme geplant und umgesetzt wird.
- die wichtigsten Anforderungen an eine systematische Laufbahnplanung beschreiben.

Schlüsselbegriffe

Abschlüsse, Berufsbildner, betriebliche Grundausbildung, betriebliche Weiterbildung, Entwicklungsbedarf, Entwicklungsmassnahmen, externe Ausbildner, externe Kurse, interne Ausbildner, interne Kurse, Kompetenzenentwicklung, Laufbahnmodelle, Laufbahnplanung, Lehrbetrieb, Lehre, Lernende, Lerninhalte, Lernziele, Management Development, Personalentwicklungskonzepte, Personalentwicklungspolitik, Personalportfolio, Schulungsbedarf, Schulungskonzept

Die dynamischen Entwicklungen von Märkten und Unternehmen, Produktinnovationen und Prozessverbesserungen wirken sich unweigerlich auf die Anforderungen an die Leistungsträger im Unternehmen aus: Je stärker und rascher sich die Umweltbedingungen verändern, desto wichtiger wird für das Unternehmen als Ganzes wie für den einzelnen Mitarbeiter die **ständige Weiterentwicklung** oder das «lebenslange Lernen».

13.1 Entwicklungsbedarf

Die **Personalentwicklung** umfasst alle Massnahmen, mit denen die Qualifizierung der Mitarbeitenden und somit auch des Unternehmens verbessert werden soll. Sie trägt massgeblich zur Unternehmensentwicklung bei und konzentriert sich auf **zwei Schwerpunkte:**

- Im Unternehmen müssen geeignete **Qualifikationen** zur Verfügung stehen, um die Unternehmensziele zu unterstützen.
- Die im Unternehmen vorhandenen **Mitarbeiterpotenziale** sind bestmöglich auszuschöpfen.

Abb. [13-1] **Unternehmensentwicklung setzt Personalentwicklung voraus**

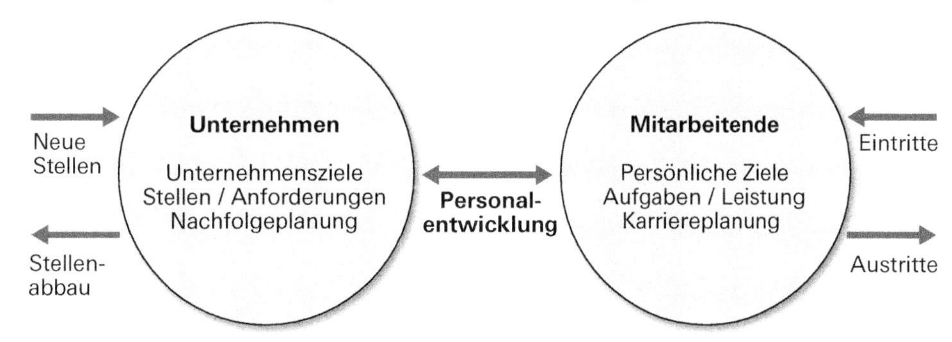

Compendio Bildungsmedien AG, Zürich

In der Personalplanung werden die für die Erreichung der **Unternehmensziele** notwendigen Stellen und Anforderungen definiert. Um rechtzeitig über die notwendigen Mitarbeitenden mit den entsprechenden Qualifikationen zu verfügen, braucht es im Unternehmen eine systematische Nachfolgeplanung.

Damit die Mitarbeitenden motiviert und somit auch leistungsstark bleiben, wollen sie ihre **persönlichen Ziele** erreichen, Aufgaben einnehmen, die ihren Qualifikationen entsprechen, für ihre Leistungen honoriert werden und ihre persönliche Karriereplanung verwirklichen. Der Eintritt und der Verbleib im Unternehmen hängen wesentlich davon ab, ob die persönlichen Entwicklungsziele mit den Entwicklungsmöglichkeiten im Unternehmen übereinstimmen.

13.2 Personalentwicklungspolitik

Die **Personalentwicklungspolitik** verdeutlicht, welchen Wert das Unternehmen auf die **Förderung seiner Mitarbeitenden** legt, wie es dabei vorgeht, welchen Stellenwert bestimmte Massnahmen (z. B. die interne Schulung, die individuelle Laufbahnplanung usw.) dabei einnehmen und wie es die Nachfolgeplanung konzipiert.

Die generellen **Ziele einer Personalentwicklungspolitik** sind demnach:

- Verbesserung der **Wettbewerbsfähigkeit:** Die Mitarbeitenden werden so ausgebildet und gefördert, dass sie die Wettbewerbsfähigkeit des Unternehmens bestmöglich unterstützen und weiterentwickeln.
- Erhöhung der **Flexibilität:** Die bessere Qualifikation der Mitarbeitenden macht sie breiter einsetzbar (auch «polyvalent» genannt).
- Steigerung der **Motivation:** Der Erfolg des Unternehmens hängt zu einem wesentlichen Teil von der Motivation und der Leistungsbereitschaft der Mitarbeitenden ab.
- Sicherung des **Mitarbeiterpotenzials:** Qualifizierte Mitarbeitende sind gleichzeitig Engpass und Garant des langfristigen Unternehmenserfolgs. Gezielte Personalentwicklungsmassnahmen verringern die Fluktuation und somit den externen Personalbedarf.

In diesem Kapitel gehen wir näher auf die zwei hauptsächlichen Aufgabengebiete der Personalentwicklung im Unternehmen ein: die betriebliche Aus- und Weiterbildung und die Laufbahnplanung.

13.3 Personalportfolio

Die Idee des **Personalportfolios** stammt aus der Finanztheorie, nach der ein Depot eine optimale Mischung von einzelnen Werten (Aktien, Obligationen etc.) enthalten soll.

Das Personalportfolio ermöglicht die **Einordnung aller Mitarbeitenden nach ihrer aktuellen Leistung und nach ihrem Potenzial.** Es ist ein Instrument, mit dem festgestellt werden kann, ob die Mitarbeitenden den Anforderungen der Gegenwart und Zukunft gewachsen sind.

Abb. [13-2] Personalportfolio[1]

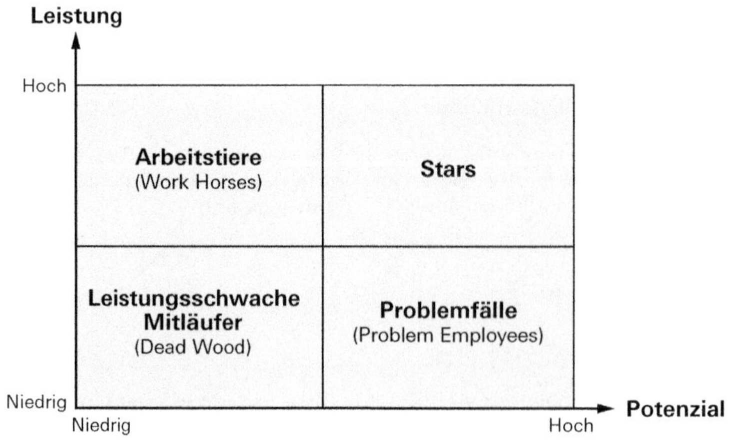

Compendio Bildungsmedien AG, Zürich

[1] Odiorne, George S.: Strategic Management of Human Resources: A Portfolio Approach (Jossey Bass Social and Behavioral Science), New York 1984.

Das Ergebnis des Personalportfolios ist wichtig für die Entwicklungspolitik. Für die einzelnen Gruppen von Mitarbeitenden müssen **unterschiedliche Massnahmen** getroffen werden.

Arbeitstiere haben eine hohe Leistung, aber ein geringes Entwicklungspotenzial. Sie gehören meist schon lange Zeit zum Unternehmen und identifizieren sich mit ihrer Arbeit. Die HR-Manager müssen die Leistungsmotivation dieser Mitarbeitenden erhalten und dafür sorgen, dass ihre Fachkompetenz auch bei veränderten Bedingungen gesichert ist.

Stars sind die herausragenden Leistungsträger des Unternehmens. Sie müssen von den HR-Managern besonders gefördert werden und Freiräume zur Entfaltung erhalten.

Bei den **Problemfällen** ist die Leistung schwach, aber das Potenzial gross. Sie sind für das Unternehmen eine ungenützte Potenzialquelle. Die Führungspersonen müssen klären, was die Ursache der schwachen Leistung sind. Liegt es an der Qualifikation, kann das durch Schulungen verbessert werden. Ist die Ursache aber eine fehlende Motivation, muss beim Anreizsystem angesetzt werden.

Bei den **leistungsschwachen Mitarbeitenden** sind sowohl die Leistung als auch das Potenzial niedrig. Es könnten Mitarbeitende sein, die innerlich schon ausgestiegen sind oder die aufgrund ihrer Tätigkeit nicht motiviert sind. Hier können Personalentwicklungsmassnahmen und Leistungsvereinbarungen eingesetzt werden.

13.4 Betriebliche Aus- und Weiterbildung

Die betriebliche Aus- und Weiterbildung knüpft an die Personalbeurteilung an, die den **individuellen Weiterbildungsbedarf** des einzelnen Mitarbeiters anzeigt, und hat Querverbindungen zur Laufbahnplanung (z. B. zur Nachwuchsplanung), zur Personalplanung (z. B. zur Stellenplanung) und auch zur Personalsuche und -auswahl (z. B. zur internen Stellenbesetzung). Grössere Unternehmen haben spezielle Schulungsabteilungen, die für alle Fragen der betrieblichen Aus- und Weiterbildung zuständig sind. In kleinen und mittleren Unternehmen ist dies oftmals Aufgabe der Linienvorgesetzten.

Abb. [13-3] **Die Bereiche der Aus- und Weiterbildung**

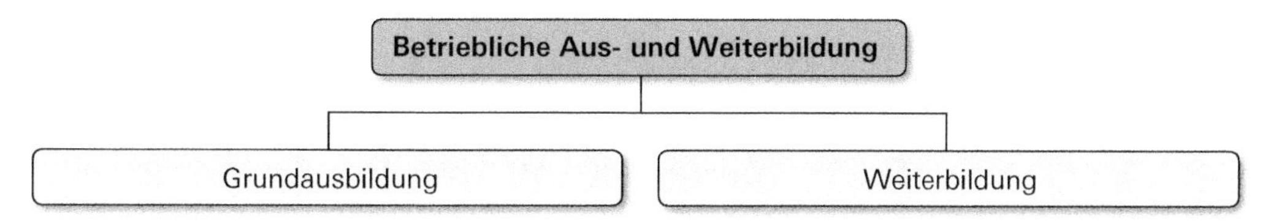

Compendio Bildungsmedien AG, Zürich

13.4.1 Betriebliche Grundausbildung

Die betriebliche **Grundausbildung** vermittelt den Mitarbeitenden die erforderlichen Grundkenntnisse und -fähigkeiten, um eine Tätigkeit übernehmen oder einen Beruf ausüben zu können. Typischerweise gehören dazu die Berufslehre, das Praktikum sowie das Anlernen von Hilfsarbeitskräften.

Beispiel

Grundausbildung: Die Berufslehre eines Werkzeugmechanikers beginnt mit einer halbjährigen Einführung in die Metallberufe, die alle Mechanikerlehrlinge absolvieren. Dann folgt 1 Jahr allgemeine berufliche Fachbildung als Werkzeugmechaniker und schliesslich die bis zum Lehrabschluss dauernde Spezialisierung im Fachgebiet (z. B. Instrumententechnik etc.).

Gemäss Berufsbildungsgesetz (BBG) können mit der beruflichen Grundbildung die in der folgenden Tabelle aufgeführten Abschlüsse erlangt werden.

Abb. [13-4] **Die Abschlüsse der beruflichen Grundbildung**

Eidgenössischer Abschluss	Dauer der Grundbildung	Voraussetzungen	Bemerkungen, Hinweise
Berufsattest (EBA)	2 Jahre	Prüfung oder gleichwertiges Qualifikationsverfahren[1]	Trägt den unterschiedlichen Voraussetzungen der Lernenden Rechnung (d. h. berücksichtigt z. B. schulisch Schwächere)
Fähigkeitszeugnis (EFZ)	3 oder 4 Jahre	Lehrabschlussprüfung oder gleichwertiges Qualifikationsverfahren[2]	
Berufsmaturitätszeugnis	Mindestens 6 Semester	• Eidg. Fähigkeitszeugnis und • Berufsmaturitätsprüfung oder gleichwertiges Qualifikationsverfahren[3]	• Berechtigt zum prüfungsfreien Zugang an Fachhochschulen. • Kann parallel zur beruflichen Grundbildung (EFZ) oder nach Abschluss als Vollzeitlehrgang oder berufsbegleitend abgeschlossen werden.

13.4.2 Betriebliche Weiterbildung

Zur **betrieblichen Weiterbildung** gehören alle Massnahmen und Tätigkeiten zur Erweiterung und Vertiefung der Berufsbildung. Ebenfalls Umschulungsmassnahmen im Hinblick auf den Wechsel des Berufsfelds.

Beispiel Weiterbildung: Alle Teamleiterinnen der Produktionsabteilung besuchen ein 2-tägiges Vertiefungsseminar zum Thema «Führen durch Zielvereinbarung MbO».

Als Führungskraft initiieren Sie **Schulungsmassnahmen für Ihre Mitarbeitenden** oder entscheiden über deren **Anträge für berufliche Weiterbildungskurse** oder **-lehrgänge.** Vielleicht führen Sie kürzere Trainingssequenzen mit Ihrem Team selbst durch oder aber Sie beauftragen einen internen oder externen Trainer.

13.5 Planung und Durchführung einer Schulungsmassnahme

In den folgenden Abschnitten behandeln wir das systematische Vorgehen bei der Planung und Durchführung einer Schulungsmassnahme.

[1] Wer seine berufliche Grundbildung nicht durch formalisierte Bildung erwirbt, kann die Bildung durch ein Qualifikationsverfahren abschliessen. Diese Verfahren werden vom Bund definiert und von den Kantonen durchgeführt.

[2] Wer seine berufliche Grundbildung nicht durch formalisierte Bildung erwirbt, kann die Bildung durch ein Qualifikationsverfahren abschliessen. Diese Verfahren werden vom Bund definiert und von den Kantonen durchgeführt.

[3] Wer seine berufliche Grundbildung nicht durch formalisierte Bildung erwirbt, kann die Bildung durch ein Qualifikationsverfahren abschliessen. Diese Verfahren werden vom Bund definiert und von den Kantonen durchgeführt.

Abb. [13-5] **Planung und Durchführung einer Schulungsmassnahme**

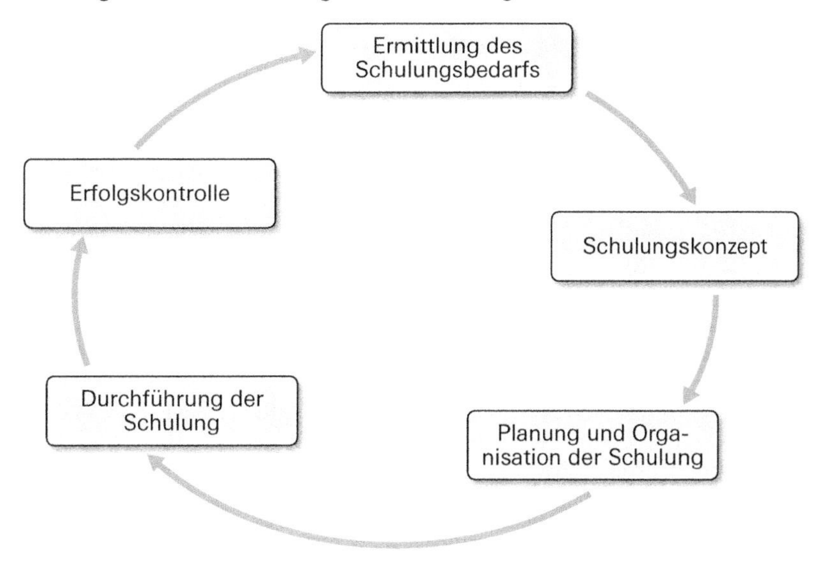

Compendio Bildungsmedien AG, Zürich

Um eine Schulungsmassnahme erfolgreich umzusetzen, muss man zunächst die Bedürfnisse der Zielgruppe kennen, sich im Klaren über die Ziele und Inhalte der betreffenden Schulung sein und eine konkrete Vorstellung davon haben, welche Schulungsmethoden sich dafür eignen.

13.5.1 Ermittlung des Schulungsbedarfs

Ein **Schulungsbedarf** kann aus verschiedenen Gründen entstehen:

- Durch allgemeine **Bildungsziele,** die sich aus den Unternehmenszielen ergeben
- Durch gezielte **Befragungen** von Vorgesetzten, Mitarbeitenden, Kunden, Lieferanten und weiteren Anspruchsgruppen aus dem Unternehmensumfeld
- Als individuelle **Entwicklungsmassnahme** aus dem Beurteilungsgespräch
- Aufgrund von **Veränderungen** im Unternehmen, wie z. B. der Einführung neuer System- oder Softwarelösungen, veränderter Arbeitsbestimmungen, der Inbetriebnahme einer neuen Maschine, des Einsatzes neuer Werkstoffe, infolge einer Reorganisation usw.

Beispiel

Aufgrund der Beobachtungen am Markt kommen wir zu folgendem Schluss: Die Informationsbedürfnisse unserer Firmenkunden haben sich verändert. Es genügt oftmals nicht mehr, zu einem Verkaufsgespräch unsere Produktdokumentation mitzubringen. Viele Firmenkunden verlangen heutzutage eine auf ihre Bedürfnisse massgeschneiderte Präsentation vor den versammelten Entscheidungsträgern.

Die Bedarfsklärung hat ergeben, dass v. a. die jüngeren, weniger erfahrenen Aussendienstmitarbeitenden ein intensives Präsentationstechniktraining begrüssen. Der Einsatz moderner Präsentationsmedien und der Rhetorik steht dabei im Vordergrund. Das Feedback eines Profis wird ausdrücklich gewünscht.

Der Schulungsbedarf ist die Differenz zwischen dem Soll und dem Ist, d. h. zwischen den künftigen Anforderungen und den heutigen Qualifikationen der Mitarbeitenden.

Abb. [13-6] **Schulungsbedarf**

Compendio Bildungsmedien AG, Zürich

13.5.2 Schulungskonzept

Im **Schulungskonzept** (oft auch «Seminarkonzept» genannt) wird die Schulungsmassnahme detailliert geplant. Es enthält alle notwendigen Informationen für die Organisation und Durchführung der Schulungsmassnahme.

A] Inhalte der Schulung

Ein Schulungskonzept sollte die folgenden Inhalte abdecken:

Abb. [13-7] **Inhalt eines Schulungskonzepts**

Schulungsthema	Seminartitel, wie z. B. «Präsentationstechnik und Rhetorik im Verkaufsgespräch»
Art der Schulung	Zum Beispiel Fachausbildung, Führungsausbildung
Zielgruppe(n)	Detaillierte Angaben zum Teilnehmerkreis der Schulung
Zeitbudget	Anzahl Lernstunden (inkl. Vor- und Nachbereitung)
Kostenbudget	Für die Schulung zur Verfügung stehender Maximalbetrag
Lerninhalte	Themenschwerpunkte in der Schulung
Lernziele	Kompetenzen, die mit der Schulung erworben werden
Schulungsprogramm	Ablauf der Schulung, einzelne Programmpunkte
Lerntransfer	Mögliche Lerntransfermassnahmen nach dem Seminarabschluss oder zwischen zwei Seminartagen, wie z. B. gezielte Übungen im beruflichen Alltag, das Führen eines Lerntagebuchs
Weitere inhaltliche und methodische Hinweise	Zum Beispiel notwendige Fachliteratur, Anforderungen an die Räumlichkeiten oder an die technische Infrastruktur

Der Schulungsbedarf beschreibt grundlegende Bedürfnisse an eine Schulungsmassnahme und zeigt somit eine erste grobe Zielsetzung auf. In einem weiteren Schritt gilt es, daraus klare **Lernziele** abzuleiten, die die Lernenden dank der Schulungsmassnahme erreichen sollen. Lernziele steuern den Lernprozess. Je konkreter sie formuliert sind, desto genauer lässt sich später messen, ob sie mit der Schulungsmassnahme erreicht wurden.

Die Lernziele geben auch wichtige Anhaltspunkte für die **Lerninhalte** oder **Themenschwerpunkte,** die in der Schulungsmassnahme behandelt werden sollen.

Beispiel

Schulungsthema	Präsentationstechnikseminar für Aussendienstmitarbeiter
Lernziele	Die Seminarteilnehmerin ist in der Lage, ihre Kundenpräsentationen nach den Kriterien einer guten Visualisierung professionell aufzubereiten.
Lerninhalte	• Gestaltungsrichtlinien für die Präsentation und kundenspezifische Dokumentationen. • Inhaltliche Aufbereitung: Was gehört in die Dokumentation – was in die Präsentation? • Tipps und Tricks zur wirkungsvollen Präsentation vor Publikum usw.

Bestimmt ist Ihnen aufgefallen, dass wir in diesem Lehrmittel zu Beginn jedes Kapitels die Lernziele ausweisen, die Sie erreichen sollten.

B] Interne oder externe Kurse?

Grundsätzlich sind vier Varianten möglich:

- **Externe Ausbildung bei einem Anbieter von betrieblicher Aus- und Weiterbildung** (z. B. Hochschulinstitute, private Ausbildungsinstitutionen, Verbände, Ausbildungsberater, Trainer): Die Mitarbeitenden besuchen diese Kurse zusammen mit Teilnehmenden aus anderen Firmen.
- Das Unternehmen kann auch mit einem **externen Schulungsberater** zusammenarbeiten, der die gesamte Weiterbildung mit internen und externen Spezialisten koordiniert und leitet.
- **Interne Schulung durchgeführt mit externen Ausbildnern:** Die Mitarbeitenden des eigenen Unternehmens bleiben unter sich; der Ort der Schulung kann im Haus oder extern sein.
- **Interne Ausbildung** mit Ausbildnern und Linienvorgesetzten **aus dem eigenen Unternehmen.**

Ob man sich für eine interne oder eine externe Schulung entscheidet, hängt zum einen von den eigenen Möglichkeiten ab (Grösse, personelle und finanzielle Mittel), zum anderen von der Einschätzung der Vor- und Nachteile der internen und der externen Schulung.

Abb. [13-8] **Vor- und Nachteile der externen Schulung**

Vorteile	Nachteile
• Sie wirkt gegen Betriebsblindheit, da nicht auf betriebliche Besonderheiten eingegangen wird. • Sie regt stärker zur Innovation an, weil ohne Rücksichtnahme auf betriebliche Eigenarten geschult wird. • Wenn Hochschul- oder Forschungsinstitute Kurse anbieten, besteht gute Gewähr dafür, dass neueste Erkenntnisse angeboten werden. • Externe Kurse bringen Kontakte mit Mitarbeitenden anderer Unternehmen und damit auch wertvollen Erfahrungsaustausch.	• Die externe Ausbildung kann nicht oder nur in ganz geringem Ausmass auf die Probleme und die konkreten Ausbildungsbedürfnisse des Unternehmens eingehen. • Sie bleibt generell, weil nicht mit den spezifischen Grundlagen des einzelnen Unternehmens (Grundstrategie, Führungsrichtlinien usw.) gearbeitet werden kann. • Die Einflussmöglichkeiten der Unternehmensleitung sind gering.

Der Besuch **externer Kurse** ist wertvoll, wenn wenige Mitarbeitende Schulung in einem Spezialgebiet benötigen oder wenn man neue Impulse sucht (auch auf höchster Ebene, etwa im Bereich der Unternehmensentwicklung).

Interne Kurse empfehlen sich, wenn viele Mitarbeitende im gleichen Bereich zu schulen sind. Durch die gemeinsame Anwendung in der Praxis wird der Lernvorgang intensiviert. Aktuelles Fachwissen und neue Impulse können durch externe Kursleiter hereingebracht werden.

Das Schulungskonzept nimmt durch die Beantwortung der eben dargestellten Leitfragen Gestalt an. Meist entsteht es in einem Prozess, der nicht linear, sondern wiederholt abläuft, d. h., die Beantwortung späterer Fragen kann Rückwirkungen auf Entscheide zu früheren Fragen haben, sodass sich dort erneut Anpassungen ergeben.

C] Interne und externe Ausbildner

Im Allgemeinen ist der Einsatz von **internen Ausbildnern** und Linienvorgesetzten sehr sinnvoll, weil die Verknüpfung zwischen Schulung und Unternehmen, zwischen Theorie und Praxis enger gestaltet werden kann. Voraussetzung ist allerdings, dass die Linienvorgesetzten auf ihre Ausbildnertätigkeit vorbereitet werden.

Externe Ausbildner kommen für kleinere Unternehmen infrage; zur Einführung von Innovationen und zur Abdeckung von Spezialthemen, in denen sie besonders erfahren sind. Sie können als Ergänzung zu den internen Ausbildnern tätig werden. Sie müssen aber über die betrieblichen Gegebenheiten gut informiert sein, um einen **Transfer** zu ermöglichen.

Die eduQua[1] hat folgendes **Anforderungsprofil** für Ausbildner formuliert:

- Ausbildungsabschlüsse zur fachlichen Qualifikation: z. B. HF, FH, Uni
- Fachliche Erfahrung: z. B. Anzahl Praxisjahre im Fachgebiet, Führungserfahrung
- Fachliche Weiterbildungen
- Ausbildungsabschlüsse zur pädagogischen Qualifikation: z. B. SVEB oder analog
- Unterrichtserfahrung: z. B. Dauer, Stufe, Fachbereich
- Methodisch-didaktische Weiterbildungen
- Sozialkompetenzen
- Gewünschte Zusatzkenntnisse: z. B. Sprachen, Fertigkeiten
- Erwartetes Engagement für den Unterricht sowie die Institution

Man kann diese Punkte auf drei wichtige Anforderungen reduzieren:

- Fachliches Können
- Menschliche Qualitäten
- Pädagogisches Geschick

Bei einem Ausbildner muss die **Persönlichkeitskompetenz** in besonderem Mass ausgeprägt sein. Selbstständigkeit und Selbstdisziplin, Selbstbewusstsein, Frustrationstoleranz, Fähigkeit zur Stressbewältigung, Einsatzbereitschaft und Identifikation mit der Aufgabe sind bei einem Ausbilder von besonderer Bedeutung. Er muss sich aber auch durchsetzen können und die Fähigkeit haben, andere zu überzeugen. Eine rhetorische Begabung oder zumindest rhetorische Fähigkeiten tragen zu seinem Erfolg bei.

Im Umgang mit den Auszubildenden muss er **Sozialkompetenzen** haben. Diese zeigen sich in Geduld, Empathiefähigkeit und der Fähigkeit zum Zuhören.

13.5.3 Planung und Organisation der Schulung

Eine gut funktionierende **Seminarorganisation** sorgt für das Wohlbefinden der Teilnehmenden und für einen reibungslosen Ablauf der Schulung. Zur Organisation gehören u. a. **folgende Aufgaben:**

- Einladung und Anmeldeverfahren der Teilnehmenden
- Bekanntgabe des detaillierten Schulungsprogramms
- Reservation des Schulungsorts (Räume, technische Hilfsmittel, Anreise, Übernachtungs- und Verpflegungsmöglichkeiten)
- Aufbereitung der Schulungsunterlagen

13.5.4 Durchführung der Schulung

Ein guter Unterricht beginnt nicht an irgendeinem Punkt der Stoffvermittlung. Vielmehr soll er den **Lernprozess** der Teilnehmenden sinnvoll steuern. Als **Lern- oder Lehrmethoden** bezeichnet man die Art, wie ein Stoff oder ein Thema vermittelt und bestimmte Lernprozesse in Gang gesetzt werden. Typische Methoden sind z. B. der Vortrag, das Lehrgespräch, die Gruppenarbeit, das Rollenspiel, die Exkursion usw.

[1] Das ist ein Schweizer Qualitätslabel für Anbieter von Weiterbildungen. Weiterbildungsinstitute können sich zertifizieren lassen und so zeigen, dass sie Qualitätsstandards einhalten.

13.5.5 Erfolgskontrolle

Jede Schulungsmassnahme bedarf einer systematischen Erfolgskontrolle oder Evaluation. Man prüft, ob die Lernziele der Schulungsmassnahme tatsächlich erreicht wurden und ob sich der Aufwand gelohnt hat.

Typische **Evaluationsmethoden** sind:

- Feedbackrunden oder Fragebogen am Ende des Seminars
- Tests über das erlernte Wissen oder die erworbenen Fähigkeiten
- Auswertung des Praxistransfers, d. h. des Schulungserfolgs im Berufsalltag. Mögliche Beurteilungskriterien sind z. B. verbesserte Verkaufszahlen, Rückgang der Kundenreklamationen, eine beobachtbare Verhaltensänderung in bestimmten Führungssituationen
- Kosten-Nutzen-Analyse mittels Kennziffern, wie z. B. Ausbildungskosten pro geleistete Arbeitsstunde oder pro Teilnehmer, Kostenvergleiche zwischen ähnlichen Schulungsmassnahmen

13.6 Durchführung der Lehre

Die gesamte **Lehre** beinhaltet zwei parallele Prozesse:

- Die theoretische Ausbildung
- Die praktische Ausbildung in einem privaten oder einem öffentlichen Betrieb

Die Ausbildung wird an **drei Lernorten** vermittelt:

- In den Berufsfachschulen die schulische Bildung (berufliche und Allgemeinbildung)
- Im Betrieb die berufspraktischen Fertigkeiten
- In überbetrieblichen Kursen grundlegende berufsspezifische Fertigkeiten, ergänzend zur Bildung in den Schulen und im Betrieb

Für die **praktische Ausbildung** leiten die zuständigen **Organisationen der Arbeitswelt (OdA)** den jeweiligen **Leistungszielkatalog** ab. Die OdA setzt sich aus Vertretern der Branche, dem Bund und den Kantonen zusammen.

13.6.1 Lehrbetrieb

In den Bildungsverordnungen ist u. a. festgehalten, welche Voraussetzungen ein Betrieb erfüllen muss, um Lernende ausbilden zu dürfen:

- **Einrichtung:** Sie muss gewährleisten, dass die Ausbildungsziele gemäss Reglement erreicht werden können. Der Lehrbetrieb muss sich aber verpflichten, den Lernenden die restliche Ausbildung in einem anderen Lehrbetrieb zu vermitteln (die Eignung wird durch die kantonale Behörde, nämlich das Berufsbildungsamt festgestellt).
- **Höchstzahl von Lernenden:** Sie ist – je nach Beruf – abhängig von den im Betrieb ständig beschäftigten Fachleuten.

Abb. [13-9] **Voraussetzungen für die Ausbildung von Lernenden**

Anzahl Lernende	Dentalassistent	Detailhandel	Automobilfachmann
1	• 1 Zahnarzt • 1 qualifizierter Berufsbildner mit einer Beschäftigung von 100%	1 qualifizierte Berufsbildnerin mit einer Beschäftigung von 100%	• 1 qualifizierter Berufsbildner mit einer Beschäftigung von 100% oder • 2 qualifizierte Berufsbildnerinnen mit einer Beschäftigung von je 60%
1 zusätzlich	Mit jeder zusätzlichen Fachkraft zu 100% oder mit 2 Fachkräften zu je 60%		
Spezielles	Behörde kann Überschreitung bewilligen.	–	–
	Befindet sich ein Lernender im letzten Berufsjahr, kann eine weitere Person die Lehre beginnen.		

13.6.2 Berufsbildner

A] Anforderungen

Im Berufsbildungsgesetz (BBG, Art. 45) ist festgehalten, welche Anforderungen die **Berufsbildner** zu erfüllen haben: Sie müssen über eine «qualifizierte Bildung sowie über angemessene pädagogische und methodisch-didaktische Fähigkeiten» verfügen.

Die Verordnung über die Berufsbildung (BBV, Art. 44) konkretisiert grundsätzlich diese Vorgabe:

> Art. 44 BBV
> Abs. 1:
>
> a) ein eidgenössisches Fähigkeitszeugnis auf dem Gebiet, in dem sie bilden, oder über eine gleichwertige Qualifikation;
> b) zwei Jahre berufliche Praxis im Lehrgebiet;
> c) eine berufspädagogische Qualifikation im Äquivalent von 100 Lernstunden.

Die Punkte a. und b. werden in den Bildungsverordnungen pro Beruf im Detail ausgeführt. Die folgende Übersicht zeigt an denselben drei Beispielen die **berufsspezifischen Anforderungen an die Berufsbildner.**

Beispiel **Berufsspezifische Anforderungen anhand von drei Beispielen**

Dentalassistent	• Dentalassistent EFZ mit mind. 2 Jahren Praxis oder • Gelernter Dentalassistent mit Röntgenberechtigung mit mind. 2 Jahren Praxis oder • SSO-Diplomassistent mit mind. 2 Jahren Praxis oder • Zahnmedizinischer Assistent FASSO mit Röntgenberechtigung und mind. 2 Jahren Praxis oder • EFZ eines anverwandten Berufs mit notwendigen Berufskenntnissen mit Röntgenberechtigung und mind. 3 Jahren Praxis oder • Einschlägiger Abschluss einer Universität mit mind. 2 Jahren Praxis
Detailhandel	• Fähigkeitszeugnis einer 3-jährigen Grundbildung im DH und 2 Jahre Praxis oder • Fähigkeitszeugnis einer 2-jährigen Grundbildung im DH und 3 Jahre Praxis oder • Qualifizierte Personen verwandter Berufe und 3 Jahre Praxis
Automobilfachmann	• ... Abschluss der höheren Berufsbildung ... (z.B. Automobildiagnostiker) oder • Gelernte Automechaniker, -mechatroniker ... und 3 Jahre Praxis oder • Automobilfachmann und 3 Jahre Praxis

Der Punkt c. Art. 44 BBV ersetzt den früheren Lehrmeisterkurs. Das erforderliche **berufspädagogische Wissen** muss mit den erwähnten 100 Lernstunden oder ersatzweise mit einem

Berufsbildnerkurs erlangt werden, der 40 Kursstunden zu umfassen hat. In einem solchen Kurs werden folgende Gebiete behandelt:

- Berufsbildung und ihr Umfeld (z. B. Schweizer System, gesetzliche Grundlagen)
- Lernender (z. B. Verhalten und Rolle im Betrieb, in der Schule und der Gesellschaft)
- Lehren und Lernen (z. B. Unterstützung der Lernenden)
- Bildungsplan (z. B. Erstellen und Anwenden eines betrieblichen Bildungsplans)
- Berufsbildnerin (z. B. Rollenverständnis, eigene Weiterbildung)
- Weitere Themen im Zusammenhang mit der beruflichen Grundbildung (Gesundheit und Arbeitssicherheit, Arbeitskultur, Aufgaben und Rollen in der Zusammenarbeit mit dem Berufsbildungsamt usw.)

Nach Abschluss des Berufsbildnerkurses erhalten die Berufsbildner einen **eidgenössisch anerkannten Kursausweis.**

Jugendliche sind auf eine intensive Unterstützung angewiesen. Der Berufsbildner trägt wesentlich zur **Entwicklung der Jugendlichen zu selbstständigen Erwachsenen** bei. Er hilft den Jugendlichen, eigene Werte zu finden.

B] Pflichten

Während der Ausbildung von Lernenden hat die Berufsbildnerin **weitere Pflichten,** nämlich:

- Ausbildung / Erziehung / Kontrolle
- Information an die Lernenden
- Information an die Eltern
- Information an das Amt für Berufsbildung
- Information an die Schule
- Materielle Pflichten
- Gegenüber der Aufsichtsbehörde

Der Berufsbildner hat gewisse Rechte im Zusammenhang mit der Ausbildung von Lernenden. Diese lassen sich von den Pflichten der Lernenden ableiten.

13.6.3 Lernende

Die Lernenden müssen in der Regel ihr **15. Altersjahr vollendet** und die **Schulpflicht erfüllt** haben. Für gewisse Berufe wird ein ärztliches Attest verlangt.

Sie haben sämtliche gesetzlichen Rechte, wie z. B. 5 Wochen Ferien gemäss OR.

Ihre **Pflichten** lassen sich wie folgt zusammenfassen:

- Befolgen der Anordnungen des **Berufsbildners**
- Gewissenhaftes Ausführen der Arbeiten
- Wahren des **Geschäftsgeheimnisses**
- Persönlicher Einsatz zur Zielerreichung
- Besuch der Berufsschule und der überbetrieblichen **Kurse**
- Absolvieren der **Lehrabschlussprüfung**
- Auskunft gegenüber der Aufsichtsbehörde

Sind die Lernenden noch nicht volljährig, also bis zu ihrem 18. Geburtstag, werden sie durch ihre Eltern vertreten respektive durch ihre gesetzlichen Vertreter. Diese sind verpflichtet, die Berufsbildnerin und die Berufsfachschule zu unterstützen.

13.7 Laufbahnplanung

Erfahrungsgemäss wird das **Mitarbeiterentwicklungspotenzial** im eigenen Unternehmen oft unterschätzt. Deshalb erfolgt die Laufbahnplanung an vielen Orten nach wie vor unsystematisch und bleibt dem Zufall überlassen. Oder man reduziert die Personalentwicklung auf ein Angebot von einmaligen Schulungsmassnahmen, um ernüchtert festzustellen, dass diese von den Mitarbeitenden nicht ausreichend geschätzt werden.

Eine systematische Laufbahnplanung verfolgt das Ziel, frei werdende Stellen durch **interne Bewerber** zu besetzen und die geforderten **Mitarbeiterqualifikationen** frühzeitig sicherzustellen.

Unternehmen mit einer systematischen Laufbahnplanung haben klare **Vorteile:**

- Sie sichern die **personelle Zukunft,** indem sie qualifizierte Mitarbeitende nachziehen. Der Aufbau von Führungskräften und Spezialistinnen ist als langfristige Investition zu betrachten; sie braucht Zeit, eine umsichtige Planung und verursacht zunächst Kosten. Die Besetzung von Stellen durch Mitarbeitende aus den eigenen Reihen zahlt sich aber in den meisten Fällen auch kostenseitig aus.
- Sie sichern ihre **ökonomische Zukunft,** denn die Mitarbeitenden sind der kritische Erfolgsfaktor für die Erreichung von Unternehmenszielen. Attraktive Karrierebedingungen dienen nicht nur der Imagepflege am Markt, sondern ziehen gute Mitarbeitende an.
- Klare Aufstiegs- und Erfolgschancen motivieren zu einem **hohen Arbeitseinsatz** und zum **längeren Verbleib** im Unternehmen. Obschon jeder zunächst selbst für die eigene berufliche Weiterentwicklung verantwortlich ist, eröffnet eine systematische Laufbahnplanung die nötigen Perspektiven und fördert die Selbstverantwortung.

Hinweis

Im Zusammenhang mit der Laufbahnplanung hat sich der englische Fachbegriff **«Management Development»** (MD) auch bei uns eingebürgert. Streng genommen ist damit die Nachfolgeplanung von Schlüsselstellen des Unternehmens durch die geeignetsten Führungskräfte gemeint; meist wird aber die gesamte betriebliche Laufbahnplanung als Management Development bezeichnet.

13.7.1 Prozess der systematischen Laufbahnplanung

Das Entwicklungspotenzial und die Bedürfnisse der Mitarbeitenden sind aus der Mitarbeiterbeurteilung bekannt. Daraus ergibt sich der **individuelle Laufbahnplan,** der verschiedene Entwicklungsmassnahmen beinhalten kann: die Teilnahme an einem Aus- oder Weiterbildungslehrgang, arbeitsbezogene Förderungsmassnahmen, die Teilnahme an Nachwuchsprogrammen usw. In laufenden Gesprächen überprüft man gemeinsam den Erfolg der Entwicklungsmassnahmen, aber auch die Bedürfnisse des Unternehmens und der betreffenden Mitarbeitenden.

Abb. [13-10] **Prozess der systematischen Laufbahnplanung**

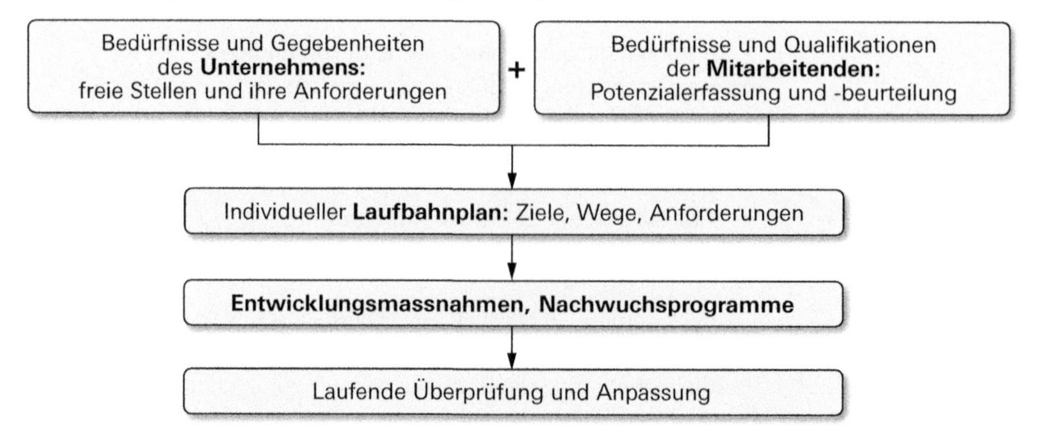

Compendio Bildungsmedien AG, Zürich

Die Laufbahnplanung darf kein starrer Prozess sein, sondern muss sich den **dynamischen Verhältnissen im Unternehmen anpassen.** Verlässliche Laufbahnpläne lassen sich daher höchstens für einen Zeitraum von 2 bis 3 Jahren aufstellen.

13.7.2 Standardisierte Laufbahnmodelle

Manche Unternehmen bieten ihren Mitarbeitenden **standardisierte Laufbahnmodelle** an, v.a. grössere Unternehmen mit vielen ähnlichen Stellen und Funktionen. Sie zeigen **typische Karrierewege** für die verschiedenen Funktionsbereiche auf. Jede Laufbahnstufe umfasst neue Aufgaben, eine neue Verantwortung und neue Kompetenzen; die einzelnen Stufen werden zeitlich grob vorgeplant.

Standardisierte Laufbahnmodelle werden selten eins zu eins umgesetzt. Vielmehr gelten sie als Zielrichtung und **Wegweiser** für die individuelle Laufbahnplanung. Man unterscheidet dabei die Führungslaufbahnen und die Fachlaufbahnen.

Fachlaufbahnen sind im Unterschied zu Führungslaufbahnen mit einer zunehmenden **Spezialisierung** verbunden, während **Führungslaufbahnen** zunehmend mit umfassenden Aufgaben des **allgemeinen Managements** befasst sind. Dazu gehört auch die Verantwortung für immer grössere Unternehmenseinheiten (z.B. Team, Abteilung, Bereich, Unternehmen). Wie die Beispiele in der untenstehenden Abbildung zeigen, münden aber die meisten Fachlaufbahnen auch in Führungspositionen und fordern eine generalistische Vorgehensweise.

Abb. [13-11] **Führungs-, Fach- und Projektlaufbahn**

Compendio Bildungsmedien AG, Zürich

Die Darstellung links zeigt eine **Führungslaufbahn** im Verkauf. Auch Fachleute und Spezialistinnen sind an Entwicklungs- und Aufstiegsmöglichkeiten interessiert. Die Darstellung in der Mitte zeigt eine **Fachlaufbahn** im Marketing und die Darstellung rechts eine **Projektlaufbahn.**

Es sind nicht die Unternehmen allein, die Laufbahnen definieren. Auch **Berufsverbände** können durch ihre Qualifizierungsanforderungen Entwicklungsstufen vorgeben.

Beispiel Die Schweizerische Vereinigung für Führungsausbildung (SVF) hat Module für die Ausbildung von Führungskräften entwickelt. Dabei unterscheidet sie die Kompetenzfelder Management und Leadership. Beim Modul «Personalmanagement» wäre eine Fachlaufbahn vom Personalassistenten zum Personalberater bis zur HR-Führungskraft denkbar.

Die Entwicklung standardisierter Laufbahnmodelle bringt dem Unternehmen einen nicht zu unterschätzenden **Nutzen:** Allein die Diskussion über mögliche Entwicklungs- und Aufstiegsmöglichkeiten schafft in der Unternehmensleitung und bei Führungskräften ein Bewusstsein dafür, was Mitarbeiterförderung konkret heisst, wie man Nachfolgefragen lösen will und wofür man die Personalentwicklung und Schulung einsetzen kann.

Die berufliche Entwicklung muss nicht nur vertikal verlaufen. **Horizontale Entwicklungen** können genauso attraktiv sein: Aufgabenbereicherung, Aufgabenerweiterung, Jobrotation, autonome Arbeitsgruppen mit wechselnden Aufgaben, Arbeit in Projektteams usw. Es geht bei der systematischen Laufbahnplanung also nicht nur um hierarchische Beförderungen.

13.8 Entwicklungsmassnahmen

Personalentwicklungsmassnahmen umfassen neben einer schulischen Weiterbildung auch **Lernmöglichkeiten am Arbeitsplatz** und in der weiteren **Arbeitsumgebung.** Laufbahnpläne berücksichtigen die Übernahme von ausgewählten Aufgaben oder Funktionen im Unternehmen, damit die Mitarbeitenden die notwendigen praktischen Erfahrungen für erste und weitere Führungsaufgaben sammeln können.

13.8.1 Personalentwicklungskonzepte

Man unterscheidet zwischen berufsvorbereitenden, berufsbegleitenden und berufsverändernden Personalentwicklungsmassnahmen. In der folgenden Tabelle stellen wir die bekanntesten **Personalentwicklungskonzepte** vor.

Abb. [13-12] **Personalentwicklungskonzepte**

	Beschreibung	Beispiele
On the Job	Qualifizierungsmassnahmen am Arbeitsplatz	• **Jobenlargement:** Erweiterung durch zusätzliche Aufgaben im bisherigen Aufgabengebiet • **Jobenrichment:** Bereicherung durch grösseren Entscheidungs- und Kontrollspielraum (Führungsaufgaben, Projektarbeit, Spezialaufgaben, Stellvertretungen) • **Jobrotation:** Arbeitsplatz- und Aufgabenwechsel für eine bestimmte Zeitspanne
Into the Job	Vorbereitung auf die Übernahme einer neuen Tätigkeit	• Einführung von neuen Mitarbeitenden • Praktikum in anderen Abteilungen, im Ausland usw.
Near the Job	Arbeitsplatznahes Training	Qualitätszirkel, Erfahrungsgruppen zur Verbesserung von Abläufen, Produkten usw.
Parallel to the Job	Beratung und Förderung durch Bezugspersonen	• Coaching: situationsbezogene persönliche Beratung • Mentoring: langfristige persönliche Förderung
Along the Job	Karrierebezogene Entwicklungsmassnahmen	• Nachwuchsplanung • Systematische Laufbahnplanung (Management Development) • Auslandeinsätze, innerbetriebliche Praktika usw.
Off the Job	Firmeninterne oder -externe Weiterbildung	Fach- und Führungsseminare, Persönlichkeitstrainings usw.
Out of the Job	Vorbereitung auf den Ausstieg	• Pensionierung • Outplacement

13.8.2 Problem der Kompetenzenentwicklung

Es ist äusserst schwierig, die **Entwicklungsfähigkeit** einer Person objektiv einzuschätzen und ebenso den Lernerfolg, den eine bestimmte Entwicklungsmassnahme für diese Person verspricht.

Wohl ist unbestritten, dass die **Schlüsselkompetenzen** einer erfolgreichen Führungskraft in der Person selbst (d. h. in der Ich-Kompetenz) und in ihrem Umgang mit anderen (d. h. in der Sozialkompetenz) liegen und somit für die Potenzialbeurteilung und die Laufbahnplanung entscheidend sind.

Man weiss aber auch, dass es sehr schwierig oder gar unmöglich ist, mit Personalentwicklungsmassnahmen **Einfluss auf persönliche Prägungen** zu nehmen, die sich in der Ich- und der Sozialkompetenz ausdrücken. Die Fach- und die Methodenkompetenzen hingegen kann man leichter fördern, z. B. durch gezielte Schulungen oder durch arbeitsbezogene Entwicklungsmassnahmen.

Die folgende Abbildung veranschaulicht diesen Konflikt zwischen der Entwicklungsmöglichkeit von Kompetenzen und ihrer Bedeutung für die Potenzialbeurteilung.

Abb. [13-13] **Problem der Kompetenzentwicklung**

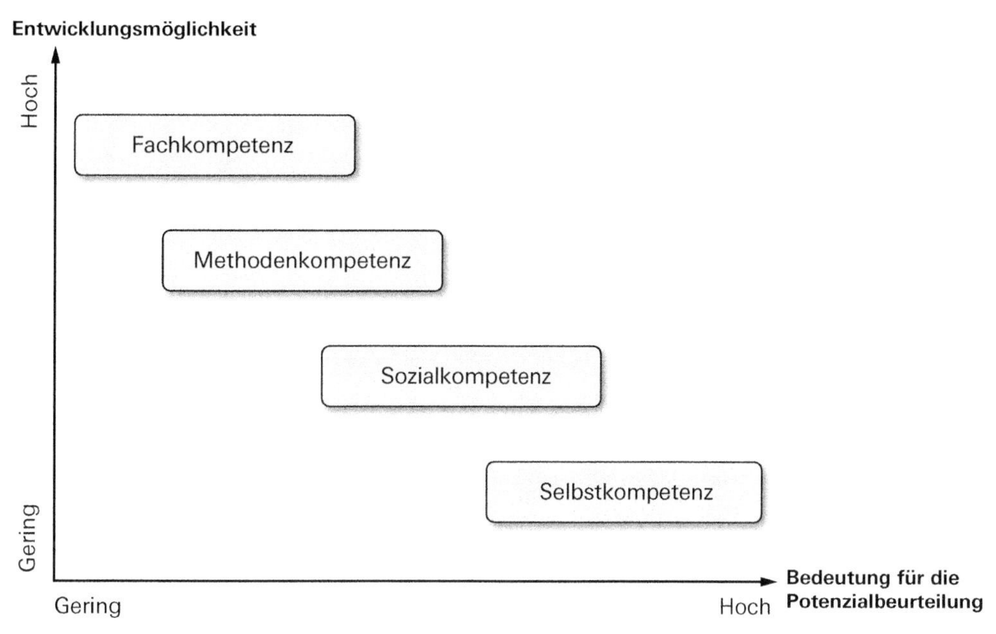

Compendio Bildungsmedien AG, Zürich

Zusammenfassung

Unter Personalentwicklung versteht man alle Massnahmen, mit denen die Qualifikation der Mitarbeitenden verbessert werden soll. Die Personalentwicklung hat das Ziel, das **Leistungspotenzial** der Mitarbeitenden auszuschöpfen oder zu verbessern.

Das **Personalportfolio** ist ein Instrument, mit dem die Mitarbeitenden aufgrund ihrer aktuellen Leistung und ihres Potenzials beurteilt werden. Es teilt die Mitarbeitenden in vier Gruppen ein: Arbeitstiere, Stars, Problemfälle und leistungsschwache Mitarbeitende.

Die **Hauptaufgabengebiete** der Personalentwicklung sind:

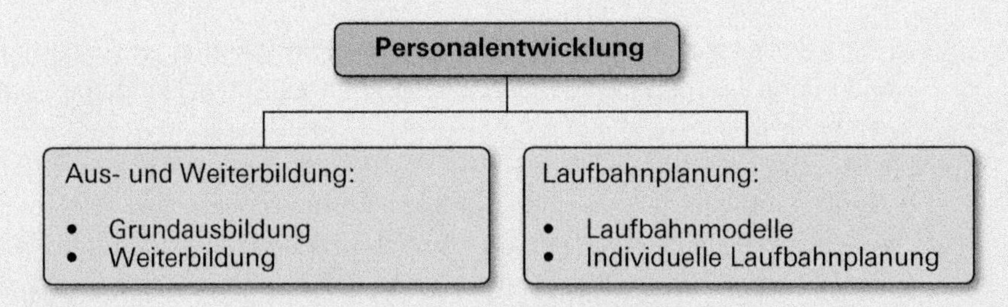

- Die berufliche **Aus- und Weiterbildung** umfasst alle Massnahmen der Grundausbildung und der Weiterbildung, mit denen die Kenntnisse, Fähigkeiten oder das Verhalten der Mitarbeitenden geschult werden sollen.
- Die systematische **Laufbahnplanung** basiert auf den Laufbahnmodellen, die typische Führungs- oder Fachkarrieren im Unternehmen aufzeigen, und auf der individuellen Laufbahnplanung, die ein massgeschneidertes Entwicklungsprogramm für den einzelnen Mitarbeiter ist.

Die fünf Vorgehensschritte bei der Planung und Durchführung von **Schulungsmassnahmen** sind:

1. Schulungsbedarf	Differenz zwischen Soll-Anforderungen und Ist-Qualifikationen. Ein Schulungsbedarf entsteht durch Bildungsziele, gezielte Befragungen, individuelle Entwicklungsmassnahmen oder durch Veränderungen im Unternehmen.
2. Schulungskonzept	Enthält alle notwendigen Informationen für die Organisation und Durchführung der Schulungsmassnahme. Aus dem Schulungsbedarf leitet man die konkreten Lernziele und -inhalte für die Schulungsmassnahme ab.
3. Planung / Organisation	Sorgt für das Wohlbefinden der Teilnehmenden und für einen reibungslosen Ablauf des Seminars.
4. Durchführung	Sinnvolle Steuerung des Lernprozesses durch Einsatz lernzielgerechter Lehr-/Lernmethoden
5. Erfolgskontrolle	Evaluation mittels Feedbackrunden, Fragebogen, Tests, Auswertungen von Transferaufgaben und Kosten-Nutzen-Analysen

Die **berufliche Grundbildung** erfolgt in **Betrieben** (berufliche Praxis) sowie in der **Berufsfachschule** (schulische Bildung).

Zusätzlich wird gemäss Berufsbildungsgesetz die Ausbildung durch **«dritte Lernorte»** oder in **überbetrieblichen Kursen** ergänzt.

Gemäss **BBG** können folgende Abschlüsse erlangt werden:

- Berufsattest: 2-jährige Ausbildung (ersetzt die bisherige Anlehre)
- Fähigkeitszeugnis: 3- bis 4-jährige Ausbildung
- Berufsmaturität

Man unterscheidet sieben **Personalentwicklungskonzepte:**

- **On the Job** als direkte Massnahme am Arbeitsplatz (Jobenlargement, Jobenrichment, Jobrotation)
- **Into the Job** als Hinführung zu einer neuen Tätigkeit
- **Near the Job** als arbeitsplatznahes Training
- **Parallel to the Job** als Beratung und Förderung durch Bezugspersonen
- **Along the Job** als karrierebezogene Entwicklungsmassnahmen
- **Off the Job** als Weiterbildung
- **Out of the Job** als Vorbereitung auf den Ausstieg

45

Walter Müller war im Unternehmen bisher in der Verpackungsabteilung beschäftigt. Nach sorgfältiger Einarbeitung übernimmt er nun planmässig neue Aufgaben im Ersatzteillager.

Handelt es sich dabei um Jobenlargement, Jobrotation oder Jobenrichment?

46

Ihr Kollege erzählt Ihnen eine Erfahrung mit der Laufbahnplanung in seinem Team:

«Andrea Schneider ist eine talentierte junge Mitarbeiterin von mir. Sie zeigt Initiative, setzt sich ein, kommt mit den meisten Teamkollegen gut aus. Meines Erachtens besitzt sie ein noch nicht ausgeschöpftes Entwicklungspotenzial. Gerne würde ich sie gezielt fördern und habe ihr deshalb in unserem Gespräch letzte Woche zwei interessante Laufbahnvorschläge gemacht, an denen sie wachsen könnte. Zu meiner Überraschung hat Andrea Schneider diese Vorschläge bloss zur Kenntnis genommen. Ich habe ein gewisses Widerstreben festgestellt, auf das sie nicht näher einging. Was meinen Sie, welches könnten Sandra Schneiders Gründe für eine solche Reaktion sein und wie sollte ich Ihrer Meinung nach weiter vorgehen?»

Beantworten Sie die Frage Ihres Kollegen.

47

Würden Sie für die folgenden Bildungsbedürfnisse eher eine Schulung am Arbeitsplatz oder eine Schulung in Kursen (intern oder extern) vorschlagen? – Kreuzen Sie für jedes Beispiel die zutreffende Spalte an.

Beispiel	**Arbeitsplatz**	**Kurs**
Es wird ein neues Materialprüfgerät angeschafft, das die Labormitarbeitenden bedienen müssen.	☐	☐
Zwei Vorgesetzte waren in einem Seminar über Konfliktlösung. Im Rahmen der Führungsschulung will man dieses Thema nun weiteren Vorgesetzten zugänglich machen.	☐	☐
Zehn Führungsnachwuchskräfte müssen in den Grundlagen des Projektmanagements ausgebildet werden.	☐	☐
Die Personalassistentinnen müssen in die neue Verwaltungssoftware eingeführt werden, mit der sie künftig arbeiten.	☐	☐

48

Sie sollen einen Ausbildner für ein internes Seminar aussuchen. Aus diesem Grund besuchen Sie einen Workshop von Max Wichtig, der Ihnen von einem Kollegen empfohlen wurde. Nennen Sie vier Kriterien, nach denen Sie Max Wichtig evaluieren.

49

Man könnte sagen: Die Laufbahn ist Sache jedes Einzelnen und braucht den Arbeitgeber nicht zu kümmern. Warum ist diese Aussage falsch? Welchen Nutzen hat ein Arbeitgeber, wenn er die Laufbahnplanung seiner Mitarbeitenden unterstützt? Nennen Sie zwei Nutzen.

Teil E

Personal verabschieden

14 Personalfreisetzung

Lernziele

Nach der Bearbeitung dieses Kapitels können Sie …

- die Auflösungsarten von Arbeitsverhältnissen nennen.
- erklären, was bei der Vorbereitung und Durchführung eines Kündigungsgesprächs besonders zu beachten ist.
- Massnahmen aufzeigen, die beim Austritt eines Mitarbeiters zu treffen sind.

Schlüsselbegriffe

Auflösungsarten, Austrittsgespräch, Entlassungen, freiwilliges Ausscheiden, Gesprächsleitfaden, Kündigungsgespräch, Kurzarbeit, Massenentlassungen, natürliche Personalabgänge, Newplacement, Outplacement, Personalabbau, Sozialplan, Teilzeitarbeit, Versetzung

Beispiel

Wieso sie letzte Nacht schlecht geschlafen hat, weiss Raffaela Balic: Heute wird sie ihrem Chef mitteilen müssen, dass sie per 30. April kündigen wird. Obwohl ihr die jetzige Arbeit als Informatikerin gut gefällt und sie sich im Team wohlfühlt, muss sie diesen Schritt machen. Sie will auf ihrem Berufsweg rasch weiterkommen und mehr Verantwortung übernehmen. Im jetzigen Unternehmen gibt es leider keine aussichtsreichen Karrieremöglichkeiten. Umso mehr freut sie sich, dass sie von einem spezialisierten IT-Lösungsanbieter aus fast 100 Bewerbungen ausgewählt wurde, um eine erste Führungsfunktion als Projektleiterin zu übernehmen.

Mit Herzklopfen macht sich Raffaela Balic auf den Weg ins Besprechungszimmer …

Zu kündigen, fällt in den meisten Fällen ausgesprochen schwer. Ob der Mitarbeiterin oder dem Vorgesetzten, falls es zu einer Kündigung seitens des Unternehmens kommt. Denn mit diesem Trennungsschritt beginnt ein **gegenseitiger Ablösungsprozess,** der zu Verunsicherungen oder gar zu zwischenmenschlichen Spannungen und Konflikten führen kann. Es ist wichtig und sehr anspruchsvoll, die Phase zwischen der Kündigung und dem Austritt beiderseits fair und konstruktiv zu vollziehen. Als Führungskraft nehmen Sie dabei eine Schlüsselrolle ein.

14.1 Auflösungsarten

Grundsätzlich gibt es **vier Auflösungsarten,** die zur Beendigung eines Arbeitsverhältnisses führen:

- Kündigung bei unbefristeten Arbeitsverträgen
- Ablauf bei befristeten Arbeitsverträgen
- Im gegenseitigen Einverständnis mit einem
- Aufhebungsvertrag
- Natürliche Personalabgänge

Abb. [14-1] Vier Auflösungsarten eines Arbeitsverhältnisses

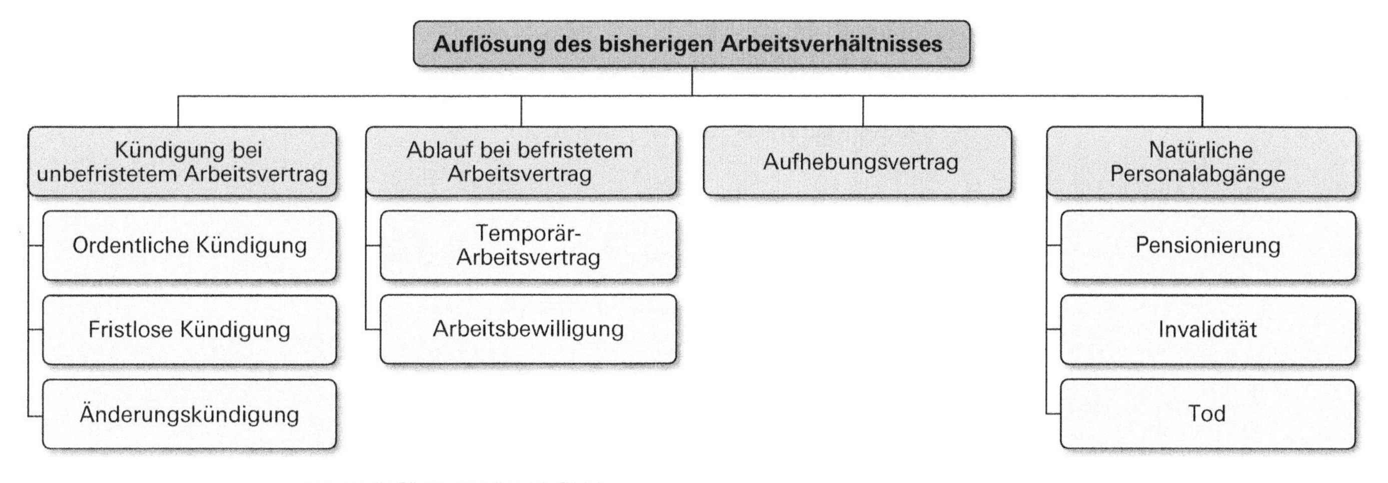

Compendio Bildungsmedien AG, Zürich

14.2 Personalabbau durch das Unternehmen

Mit dem **Personalabbau** bezweckt das Unternehmen, die **personelle Überdeckung** quantitativ, qualitativ, zeitgerecht und am richtigen Ort zu korrigieren. Dabei müssen die **sozialen und ökonomischen Überlegungen** gegeneinander abgewogen werden. Während ein Unternehmen oft nur durch eine rasche Senkung der Personalkosten wirtschaftlich gesunden kann, stehen für die Mitarbeitenden die Arbeitsplatz- und die Leistungssicherung im Vordergrund. Jeder verantwortungsvolle Arbeitgeber wird bei der Notwendigkeit von Personalabbau alle zur Verfügung stehenden Möglichkeiten ausschöpfen, um die Belastungen für das betroffene Personal zu minimieren.

14.2.1 Ursachen

Es gibt drei Kategorien von Ursachen für den Personalabbau:

Ursachen für einen Personalabbau

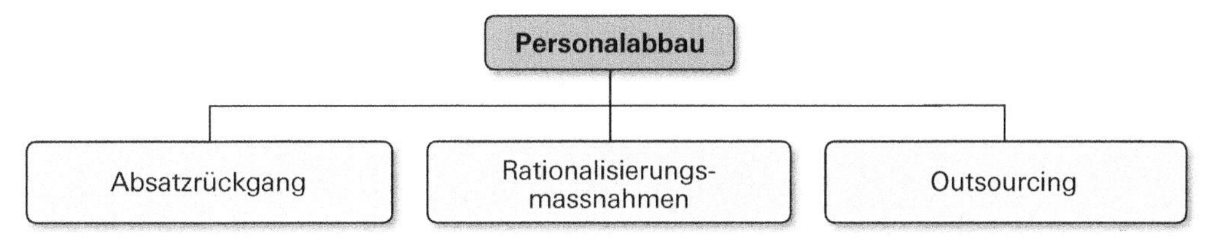

Compendio Bildungsmedien AG, Zürich

Konjunkturelle Krisen, veränderte Kundenbedürfnisse, neue Konkurrenten oder strukturelle Veränderungen in einer Branche führen zu einem **Absatzrückgang** mit entsprechenden negativen Folgen für den Personalbestand.

Auch **Rationalisierungsmassnahmen** können zu einem Personalabbau führen. Ein Hauptgrund ist der **technische Wandel,** der weniger personelle Ressourcen oder andere Qualifikationen erfordert. Innerbetriebliche **Restrukturierungen** oder **Reorganisationen** sind fast immer mit Kosteneinsparungszielen verbunden. Mit den damit verbundenen Rationalisierungsmassnahmen werden nicht bloss verbesserte, effizientere Abläufe angestrebt, sondern auch ein gezielter Abbau von mittlerweile unrentablen oder überflüssigen Arbeitsplätzen.

Eine weitere Ursache ist das **Outsourcing** von bestimmten Funktionen oder Abteilungen, d.h. das bewusste Auslagern von bisher intern erbrachten Unternehmensleistungen. Dies ist meist dann der Fall, wenn Externe diese Leistungen **preisgünstiger** oder **qualitativ besser** erbringen können.

14.2.2 Massnahmen zur Reduktion von Personalkapazitäten

Überkapazitäten beim Personal lassen sich abbauen durch

- vorübergehende **Änderungen in bestehenden Arbeitsverhältnissen** oder
- die **Beendigung des Arbeitsverhältnisses.**

Abb. [14-2] **Reduktion von Personalkapazitäten**

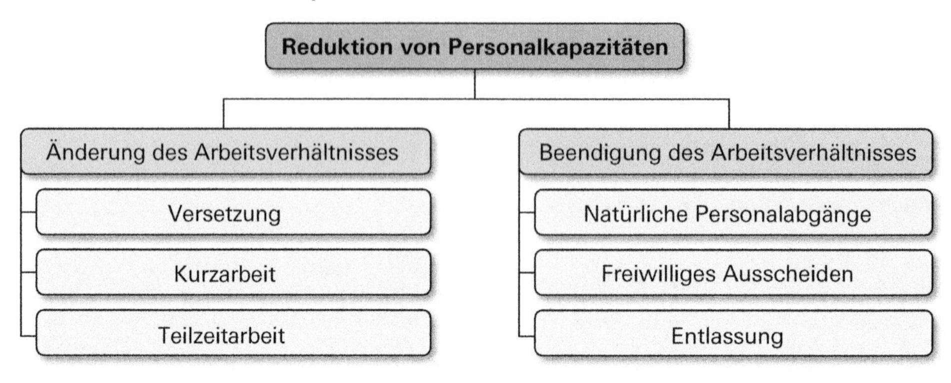

Compendio Bildungsmedien AG, Zürich

A] Versetzung

Reorganisationsprojekte führen oft zu einer neuen, effizienteren Aufgabenverteilung und resultieren in Versetzungen von einzelnen Mitarbeitenden oder ganzen Teams.

Man unterscheidet zwischen horizontalen und vertikalen Versetzungen:

- Bei einer **horizontalen Versetzung** übernimmt der Mitarbeiter einen neuen Arbeitsbereich auf der gleichen Hierarchiestufe.
- Bei einer **vertikalen Versetzung** übernimmt der Mitarbeiter einen neuen Arbeitsbereich auf einer über- oder untergeordneten Hierarchiestufe.

Beispiel

Die Verkaufsorganisation eines Versicherungsunternehmens wurde im Rahmen einer Reorganisation neu ausgerichtet. Verschiedene Aufgaben des Kunden-Innendiensts werden nicht mehr in den einzelnen Agenturen, sondern an zentraler Stelle erfüllt.

Die meisten Innendienstmitarbeitenden behalten ihre Stelle, wechseln jedoch ihren Arbeitsplatz von den Agenturen in die Zentrale nach Basel (= horizontale Versetzung). Die bisherige Innendienstleiterin der Agentur Aarau übernimmt die Gesamtleitung des Innendiensts (= vertikale Versetzung).

B] Kurzarbeit

Bei temporären Überkapazitäten strebt man **Arbeitszeitverkürzungsmassnahmen** an. Die arbeitsrechtlichen Vertragsbeziehungen bleiben aufrechterhalten, es kommt also nicht zu Entlassungen und der Betrieb wird weitergeführt.

Als **Kurzarbeit** bezeichnet man die konjunkturbedingte **vorübergehende Reduktion** der vertraglich vereinbarten **Arbeitszeit** mit **Lohneinbusse.** Der durch die Kurzarbeit verursachte Verdienstausfall wird durch Versicherungsleistungen der Arbeitslosenversicherung teilweise aufgefangen.

C] Teilzeitarbeit

Mit der Reduktion auf Teilzeitarbeit verspricht man sich ebenso wie bei der Kurzarbeit eine **vorübergehende Entlastung** der Personalkosten, ohne Entlassungen aussprechen zu müssen. In diesem Fall gehen die Kosteneinsparungen vollumfänglich zulasten der betroffenen Mitarbeitenden, die durch ein reduziertes Arbeitspensum auch auf einen Teil ihres Lohns verzichten.

Beispiel

Die gegenwärtig schlechte Auftragslage bei einer PR-Beratungsagentur hat zur Folge, dass 6 der 10 angestellten PR-Berater ihr Pensum um 20% auf absehbare Zeit reduzieren.

D] Natürliche Personalabgänge

Die Ausnützung der **natürlichen Personalabgänge** bedeutet, dass pensionierte Mitarbeitende oder solche, die gekündigt haben, nicht durch neue ersetzt werden. Oftmals ist damit also ein verordneter **Personaleinstellungsstopp** verbunden. Sofern im Unternehmen Mitarbeitende mit Temporärarbeitsverträgen angestellt sind, werden diese befristeten Arbeitsverträge meist als Erstes aufgelöst bzw. nicht mehr erneuert.

E] Freiwilliges Ausscheiden

Das **freiwillige Ausscheiden** von Mitarbeitenden kann zusätzlich gefördert werden mit **finanziellen Anreizen** (z. B. Abgangsentschädigungen, Frühpensionierungen mit Flexibilisierung der Altersgrenze) und mit **nichtfinanziellen Anreizen** (Stellenvermittlungen, Outplacement-Aktivitäten etc.). Vor allem leitende und oft ältere Mitarbeitende werden über den Zeitpunkt der Kündigung hinaus von einer spezialisierten Beratungsperson bedürfnisgerecht betreut.

Als **Outplacement** bezeichnet man alle Massnahmen, die dem Unternehmen und den betroffenen Mitarbeitenden eine einvernehmliche Trennung ermöglichen.

Newplacement-Massnahmen zielen darauf ab, die Mitarbeitenden bei der Suche einer den Fähigkeiten und Neigungen entsprechenden Tätigkeit in einem anderen Unternehmen zu begleiten und umfassend zu unterstützen.

F] Entlassungen

Entlassungen werden als **äusserstes Mittel für einen Personalabbau** ergriffen. Kündigungen aus wirtschaftlichen Gründen sollten immer begleitet sein von Anstrengungen zur Wiedereingliederung in den Arbeitsprozess, denn der Verlust einer Arbeitsstelle kann einen Verlust der Selbstachtung und des Selbstwertgefühls auslösen.

Zu den begleitenden Massnahmen bei einer Stilllegung des Unternehmens oder von Betriebsteilen zählt die **Ausarbeitung eines Sozialplans,** der z. B. die folgenden Massnahmen enthält:

- Abfindungszahlungen («Abgangsentschädigung»)
- Freistellung zur Suche eines neuen Arbeitsplatzes
- Übernahme von Kosten der Arbeitsplatzsuche
- Bezahlung von Umzugskosten
- Verlängerung von Mietverträgen für unternehmenseigene Wohnungen
- Weitergewährung betrieblicher Darlehen

Von einer **Massenentlassung** spricht man, wenn ein Arbeitgeber vielen Arbeitnehmenden kündigt. Dabei kommen **verschärfte Vorschriften** gemäss OR Art. 335d ff. zur Anwendung. Demnach muss der Arbeitgeber die Arbeitnehmenden vor der Kündigung anhören und ihnen die Möglichkeit geben, Vorschläge zur Vermeidung von Kündigungen zu unterbreiten. Zudem muss der Arbeitgeber dem kantonalen Arbeitsamt die beabsichtigte Massenentlassung schriftlich mitteilen.

14.3 Kündigungsgespräche führen

Normalerweise führen die Vorgesetzte und ihr Mitarbeiter oder ihre Mitarbeiterin das **Kündigungsgespräch** – unabhängig davon, welche Seite kündigen will. Besonders in heiklen oder schwierigen Situationen empfiehlt sich jedoch, eine verantwortliche Person der Personalabteilung als neutrale Instanz beizuziehen oder dafür zu sorgen, dass diese ein separates Kündigungsgespräch führt. Die Personalabteilung übernimmt eine **vermittelnde, neutrale Rolle,** wenn die Ursache für die Kündigung z. B. in Konflikten zwischen dem Vorgesetzten und der Mitarbeiterin liegt.

14.3.1 Gesprächsvorbereitung

Wenn Sie einem Mitarbeiter kündigen wollen, braucht es eine sorgfältige Vorbereitung:

- Klären Sie die gemäss Arbeitsvertrag oder OR zulässigen **Kündigungsfristen** ab.
- Von Rechts wegen muss die Kündigung nicht schriftlich erfolgen. Sichern Sie sich jedoch ab, setzen Sie ein **Kündigungsschreiben** im Doppel auf, das Sie und der betroffene Mitarbeiter unterzeichnen.
- In manchen Fällen haben Kündigungen eine starke Signalwirkung auf die anderen Mitarbeitenden und lösen auch bei ihnen Verunsicherung aus. Überlegen Sie sich, wie Sie wann im Team oder gegenüber Dritten die Kündigung **kommunizieren** wollen. Diesen Punkt müssen Sie auch im Kündigungsgespräch aufgreifen.
- Reservieren Sie sich ausreichend **Zeit** und einen **Raum,** wo Sie ungestört bleiben.
- Rechnen Sie mit heiklen Gesprächsmomenten und unvorhersehbaren persönlichen Reaktionen, wie z. B. Wutausbrüchen, verstocktem Schweigen, Weinen u. Ä. Umso wichtiger ist es, dass Sie das Gespräch für sich **durchspielen.**

14.3.2 Gesprächsleitfaden

Ein **Gesprächsleitfaden** hilft Ihnen bei der Vorbereitung und Durchführung des Kündigungsgesprächs. Die wichtigsten beiden Gesprächspunkte sind die **Kündigungsgründe** und die Auswirkungen der Kündigung auf den **restlichen Verbleib** im Unternehmen, denn im Normalfall verlässt der betreffende Mitarbeiter das Unternehmen nicht sofort.

A] Wenn Mitarbeitende Ihnen kündigen ...

Wer das Unternehmen verlässt, weil er bereits einen neuen Arbeitsvertrag hat, ist in einer starken Position. Er wird eher bereit sein, die **Kündigungsgründe** offen darzulegen, sofern sie sich auf das Unternehmen beziehen.

Betrachten Sie ein Kündigungsgespräch in jedem Fall als eine Feedbackgelegenheit. Dabei sind nicht nur die **Sachargumente** interessant, sondern auch **spontane Gefühlsäusserungen** und **subjektive Eindrücke.** Oft ergeben sich daraus wertvolle Hinweise auf noch nicht erkannte Schwachstellen. Denn mit jedem Austritt geht wertvolles Know-how verloren, er ermöglicht aber auch Verbesserungsmassnahmen.

B] Wenn Sie kündigen müssen ...

Besonders verantwortungsvoll müssen Sie das Kündigungsgespräch gestalten, wenn Sie einem Mitarbeiter kündigen, aus welchen Gründen auch immer. Für die meisten Menschen ist Arbeit sehr wichtig für das seelische Gleichgewicht. Der Verlust der Arbeitsstelle kann als **Verlust von Selbstachtung und Selbstwertgefühl** empfunden werden.

Finanzielle Abfindungen oder zusätzliche freiwillige Leistungen mildern zwar existenzielle Befürchtungen, helfen jedoch kaum bei der **emotionalen Verarbeitung.** Begleiten Sie deshalb den Gekündigten – gemeinsam mit den Verantwortlichen der Personalabteilung – intensiv in der verbleibenden Zeit und unterstützen Sie ihn wenn möglich bei der Suche nach einer neuen Tätigkeit. Damit nehmen Sie einerseits **Ihre soziale Verantwortung** direkt wahr, tragen andererseits zu einem positiven Image als Arbeitgeber bei.

Oft **verunsichert** die Kündigung durch den Vorgesetzten auch das **übrige Team.** Besonders dann, wenn Konflikte vorausgegangen waren oder die Kündigung für alle überraschend kommt. Es entsteht eine «brodelnde Gerüchteküche» und die Leistungsfähigkeit des Teams wird gelähmt. Deshalb empfiehlt es sich bei einer ausgesprochenen Kündigung, die übrigen Mitarbeitenden im Team zu informieren und klärende Gespräche anzubieten.

14.4 Austrittsgespräche führen

Das **Austrittsgespräch** gehört zu den Pflichtaufgaben jedes verantwortungsvollen Vorgesetzten und jeder Personalabteilung. Einerseits geht es darum, alle **noch offenen** administrativen, die Arbeit betreffenden und auch persönliche **Punkte** mit dem ausscheidenden Mitarbeiter zu regeln. (Sie finden dazu eine Checkliste am Schluss dieses Abschnitts.) Andererseits ist das Austrittsgespräch die **offizielle Verabschiedung.**

Vielleicht bringt die ausscheidende Mitarbeiterin beim Austrittsgespräch die **echten Kündigungsgründe** zur Sprache, wenn dies vorher nicht möglich war. Es interessiert auch, wie ihr künftiger Berufsweg aussieht, ob sie zu einem späteren Zeitpunkt wieder im Unternehmen arbeiten würde usw. Vielleicht wollen Sie den Kontakt aufrechterhalten, z. B. durch die Zusendung wichtiger Informationen über das Unternehmen. Viele Unternehmen werten die Informationen aus den Austrittsgesprächen systematisch aus, insbesondere die Gründe, die zu einer Kündigung geführt hatten. Daraus ergeben sich wichtige Erkenntnisse und lassen sich allenfalls gezielte Verbesserungsmassnahmen ableiten.

Die folgende Abbildung fasst die wichtigsten Punkte zusammen, die beim **Austritt einer Mitarbeiterin** zu beachten sind. In vielen Unternehmen gibt es solche Checklisten für die Vorgesetzten.

Abb. [14-3] **Checkliste für den Austritt von Mitarbeitenden**

Zu erledigen	
Information an: • Mitarbeitende • Kunden • Lieferanten	 ☐ ☐ ☐
Rückgabe von: • Bank- und Kreditkarten • Fahrzeug / Werkzeug • Notebook • Schlüssel / Badge	 ☐ ☐ ☐ ☐
Löschen: • Zeichnungsberechtigung im Handelsregister • Zutrittsberechtigungen • Zugangsberechtigungen ICT • E-Banking-Zugang • Verteilerlisten • Telefonnummer, Mailkonto	 ☐ ☐ ☐ ☐ ☐ ☐
Verpflichtungen: Rückzahlung von Darlehen oder Vorschüssen	☐
13. Monatslohn pro rata, Gratifikation	☐
Ferientageabrechnung	☐
Informationen zum Versicherungsschutz (NBU, BVG, Krankentaggeld)	☐
Erstellung Lohnausweis beauftragen	☐
Arbeitszeugnis verfassen	☐
Arbeitszeugnis besprechen	☐
Austrittsgespräch vereinbaren	☐
Weitere Austrittsformalitäten erledigen	☐
Personaldossier bereinigen	☐

Zusammenfassung

Die vier **Auflösungsarten** für ein bestehendes Arbeitsverhältnis sind:

Kündigung bei unbefristetem Arbeitsvertrag	• Ordentliche Kündigung • Fristlose Kündigung bei groben Pflichtverletzungen • Änderungskündigung (Ersatz durch neuen Arbeitsvertrag)
Ablauf bei befristetem Arbeitsvertrag	Automatische Auflösung auch ohne Kündigung
Aufhebungsvertrag	Beendigung im gegenseitigen Einverständnis
Natürliche Personalabgänge	Pensionierung, Invalidität oder der Tod von Mitarbeitenden

Massnahmen zum **Abbau von personellen Überkapazitäten** sind:

- Änderung des Arbeitsverhältnisses: Versetzungen, Kurzarbeit oder Teilzeitarbeit
- Beendigung des Arbeitsverhältnisses: natürliche Personalabgänge, freiwilliges Ausscheiden oder Entlassung

Die wichtigsten Punkte bei einem **Kündigungsgespräch** sind:

- Kündigungsgründe, die gleichzeitig ein wichtiges Feedback sein können
- Einsatz in der Kündigungszeit, d. h. die Auswirkungen auf den restlichen Verbleib im Unternehmen
- Information über die Kündigung

Den offiziellen Abschluss stellt das **Austrittsgespräch** dar. Anzusprechen sind:

- Noch nicht geregelte administrative oder persönliche Punkte
- Eventuell die echten Kündigungsgründe, falls nicht im Kündigungsgespräch erörtert

Repetitionsfragen

50 Welcher Auflösungsgrund des Arbeitsvertrags liegt in den folgenden Fällen vor?

A] Hanspeter Eichenberger hat in einem Pharmaunternehmen als sog. «Manager auf Zeit» ein bereichsübergreifendes Reorganisationsprojekt geleitet, das nun abgeschlossen ist.

B] Der Verwaltungsrat kündigt dem Finanzchef aufgrund eines begründeten Verdachts auf Insidergeschäfte.

C] Michelle Dubois war bisher als Übersetzerin eines Getränkeproduzenten tätig. Per 1.1. des nächsten Jahres wechselt sie firmenintern in das Event-Management.

51 Marcel Bieri tritt eine neue Stelle als Produktbereichsleiter in einem mittelständischen Unternehmen der Sanitärbranche an. Leider stimmt die «Chemie» mit der langjährigen Sekretärin seines Vorgängers, die rund 20 Jahre älter ist als er, von Anfang an nicht. Marcel Bieri hat einen zeitgemässeren Arbeits- und Führungsstil, mit dem seine Sekretärin Mühe hat. Er überlegt sich deshalb, ihr auf den ordentlichen Termin zu kündigen.

A] Kann Marcel Bieri seiner Sekretärin unter den gegebenen Umständen mit der Begründung des zu grossen Altersunterschieds ordentlich kündigen?

B] Was könnte die Sekretärin gegen eine solche Kündigung unternehmen?

15 Rechte beim Austritt

Lernziele

Nach der Bearbeitung dieses Kapitels können Sie ...

- die Rechte der Arbeitnehmenden beim Austritt nennen.
- den Aufbau eines Arbeitszeugnisses beschreiben.
- beurteilen, ob die Formulierungen in Arbeitszeugnissen korrekt sind.

Schlüsselbegriffe

13. Monatslohn, Arbeitsbestätigung, Arbeitszeugnis, Aufbewahrungspflicht, Datenschutz, Ferientageabrechnung, Gratifikation, Lehrzeugnis, Lohnausweis, Zeugniscodes

Die Mitarbeitenden haben von Gesetzes wegen bestimmte **Rechte im Zusammenhang mit ihrem Austritt** aus dem Unternehmen: den Anspruch auf einen anteiligen 13. Monatslohn oder eine Gratifikation, auf einen Abgleich noch nicht bezogener Ferientage, auf die Abwicklung des Austritts bei den Sozialversicherungen, auf den Lohnausweis, auf die Aufbewahrung und die Einhaltung von Datenschutzbestimmungen bezüglich des Personaldossiers sowie auf das Arbeitszeugnis. Bei Nichteinhaltung kann der austretende Mitarbeiter das Unternehmen einklagen.

Abb. [15-1] **Rechte beim Austritt**

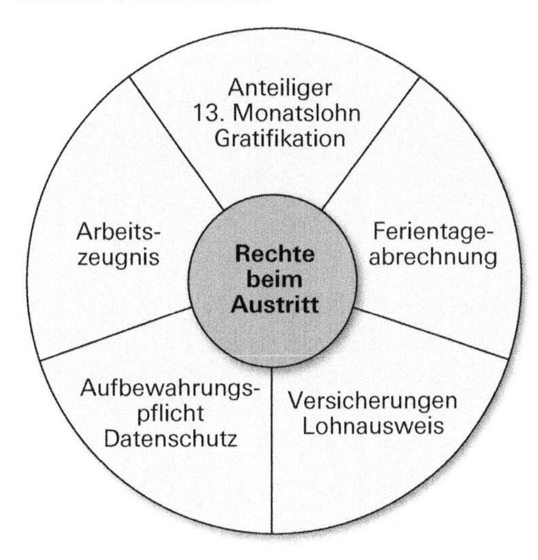

Compendio Bildungsmedien AG, Zürich

15.1 Anteiliger 13. Monatslohn oder Gratifikation

Die Bezeichnung **13. Monatslohn** deutet auf einen Lohnbestandteil hin, die Bezeichnung **Gratifikation** wird für unregelmässige, nicht garantierte Zulagen verwendet:

- Beim Austritt muss pro geleisteten Monat 1/12 des **13. Monatsgehalts** ausbezahlt werden, wenn dieser Anspruch nach schriftlichem Vertrag oder nach bisheriger Usanz besteht.
- Wurde bisher regelmässig und ohne Vorbehalte eine **Gratifikation** ausgerichtet, so hat zumindest der Mitarbeiter, der im Dezember in gekündigter Stellung ist, einen teilweisen Anspruch darauf. Viele Arbeitsgerichte tolerieren aber einen Abzug von ca. 1/3, da der Ansporn-Charakter einer Gratifikation hier wegfällt. Bei Austritt unter dem Jahr ist ein Pro-rata-Anspruch auf Gratifikationen meistens nicht gegeben.

15.2 Ferientageabrechnung

Bei Austritt unter dem Jahr gibt es eine **Ferientagabrechnung.** Dazu werden die bezogenen Ferientage mit dem Pro-rata-Anspruch verglichen. Zu viel oder nicht bezogene Ferien werden **mit dem letzten Lohn ausgeglichen.**

Bei einer **Freistellung** von Mitarbeitenden gilt: Allfällig noch bestehende **Ferienansprüche** sind mit der Freistellung abgegolten. Wenn aber die Kündigungsfrist kurz und der ausstehende Ferienanspruch lang ist, ist er gegebenenfalls ganz oder teilweise zu entschädigen.

15.3 Versicherungen und Lohnausweis

Die **Berufsvorsorge-Stiftung (BVG)** stellt ein Austrittsformular zur Verfügung, das gemeinsam auszufüllen und zu unterzeichnen ist. Hat der Mitarbeiter **Familienzulagen** erhalten, so muss der Austritt der Familienausgleichskasse gemeldet werden. Bei den **anderen Sozialversicherungen** ist keine Austrittsmeldung nötig.

Die folgenden Informationen müssen vor dem Austritt, am besten schriftlich, abgegeben werden, da Fristen zu beachten sind:

- **UVG** (Unfallversicherung): Der Arbeitgeber ist verpflichtet, den Mitarbeiter auf den Wegfall der Versicherungsdeckung aufmerksam zu machen und ihn über die 30-tägige Karenzfrist und die Möglichkeiten einer Fortführung zu informieren.
- **BVG** (Berufsvorsorge): Hier besteht eine Deckung von 30 Tagen über das Ende der Anstellung hinaus, wenn die Arbeitnehmerin nicht innert dieser Frist in eine neue Vorsorgestiftung eintritt.
- **Krankentaggeld-Versicherung:** Viele Verträge enthalten ein Freizügigkeitsrecht auf Fortführung einer Einzelversicherung in besonderen Situationen. Zum Beispiel wenn der Mitarbeiter nach dem Austritt eine selbstständige Erwerbstätigkeit aufnimmt oder arbeitslos wird und bereits eine angeschlagene Gesundheit hat.

Der Arbeitgeber muss **pro Steuerperiode** einen **Lohnausweis** ausstellen; auch beim Austritt erhalten die Mitarbeitenden für die laufende Steuerperiode einen Lohnausweis.

15.4 Aufbewahrungspflicht und Datenschutz

Das Unternehmen hat eine **Aufbewahrungspflicht** von 5 Jahren für die Personaldaten. Es darf aber nur jene Daten behalten, die aufgrund einer gesetzlichen Pflicht aufbewahrt werden müssen oder deren Aufbewahrung **im Interesse der Mitarbeitenden** liegt. Dies sind z. B. die Unterlagen über Auszahlungen, für die Ausstellung eines Arbeitszeugnisses (Qualifikationen, Verwarnungen, Beförderungen) sowie das Arbeitszeugnis.

Persönliche Unterlagen wie z. B. die Zeugniskopien, das Bewerbungsdossier oder das Bewerbungsfoto müssen den Mitarbeitenden zurückgegeben werden, oder, falls nur digital vorhanden, vernichtet werden. Alle übrigen Unterlagen werden aus Datenschutzgründen vernichtet.

15.5 Arbeitszeugnis

Wenn ein Mitarbeiter das Unternehmen verlässt, hat er Anspruch auf ein **Arbeitszeugnis,** das über die Art und die Dauer des Arbeitsverhältnisses sowie über seine Leistungen und sein Verhalten Auskunft gibt. Auf **ausdrückliches Verlangen** kann das Zeugnis durch eine **Arbeitsbestätigung** ersetzt werden, die keine qualifizierenden Aussagen enthält (OR 330a).

Man unterscheidet **drei Arten von Zeugnissen:**

1. Das **Vollzeugnis** oder **qualifizierte Zeugnis,** das Angaben über Art, Dauer, Leistungen und Verhalten macht
2. Das **einfache Zeugnis** oder die **Arbeitsbestätigung,** das sich auf Angaben über die Art und die Dauer des Arbeitsverhältnisses beschränkt
3. Das **Lehrzeugnis** für Lehrabgänger

Das Zeugnis soll dem Mitarbeiter am Schluss des Anstellungsverhältnisses übergeben werden, am besten noch vor dem Austrittsgespräch. Wenn das Zeugnis den gesetzlichen Anforderungen nicht entspricht, kann der Mitarbeiter eine **Ergänzung oder Berichtigung** verlangen oder eine solche notfalls gerichtlich einklagen.

Hinweis

Laut OR 330a darf der Arbeitnehmer jederzeit und ohne Angabe eines Grunds ein Arbeitszeugnis verlangen. Nebst dem Austritt aus dem Unternehmen sind weitere typische Anlässe dafür: die Versetzung innerhalb des Unternehmens, der Vorgesetzten- oder der Funktionswechsel, die geplante Stellensuche oder der Wunsch nach einer persönlichen Standortbestimmung.

15.5.1 Inhaltliche Anforderungen

Das **Arbeitszeugnis** gehört auf das offizielle Geschäftspapier. Eine korrekte grammatikalische und orthografische Formulierung ist selbstverständlich, nicht zuletzt, weil allfällige Fehler Rückschlüsse auf die mangelnde Qualität der inhaltlichen Beurteilung provozieren.

Das Arbeitszeugnis muss folgende **drei Anforderungen** erfüllen:

1. Es muss **wohlwollend** formuliert sein.
2. Es muss **wahr** sein.
3. Es darf den Arbeitnehmer nicht am beruflichen **Fortkommen** hindern.

Diese Vorgaben sind nicht in jedem Fall problemlos zu erfüllen.

Beispiel

Esther Brunner, 26-jährig, war während der letzten 1.5 Jahre als Assistentin in der Logistikabteilung eines mittelgrossen Produktionsunternehmens tätig. Nun hat sie ordentlich gekündigt, um andernorts eine Sekretariatsstelle anzutreten.

Man war mit Esther Brunners Leistungen nicht richtig zufrieden: Die ihr aufgetragenen Arbeiten erledigte sie zwar speditiv und selbstständig, doch häufig nicht mit jener Gewissenhaftigkeit und Sorgfalt, die an dieser Stelle unerlässlich sind. Mehrmals hatten solche Versäumnisse zu Kundenbeanstandungen oder Ärger innerhalb der Logistikabteilung geführt, sodass die ungenügenden Leistungen auch Gegenstand der Mitarbeitergespräche mit Esther Brunner waren.

Was ist also zu tun, wenn eine Mitarbeiterin aufgrund gewisser Vorkommnisse kein durchwegs gutes Zeugnis erhält?

Man könnte versucht sein, ein wohlwollendes Zeugnis zu schreiben, um ihre berufliche Zukunft nicht zu beeinträchtigen. In unserem Beispiel würde dies heissen, dass man Esther Brunners ungenügende Leistungen in der Auftragserledigung nicht erwähnt. Ein solches **Verschweigen wesentlicher Tatsachen** erfüllt aber nicht die Anforderung «wahr». Allgemein ist es heute Brauch, ungünstige Tatsachen nicht direkt anzusprechen, sondern durch **Weglassen oder vorsichtige Formulierung** nur anzudeuten.

Negative Qualifikationen müssen auf alle Fälle belegt werden können; sie dürfen überdies für die Gesamtbeurteilung nicht nebensächlich sein. Grundsätzlich gilt: Sämtliche Informationen, die in ein Vollzeugnis einfliessen, sind im Personaldossier dokumentiert.

Beispiel

Esther Brunners Mängel in der Arbeitsleistung dürfen im Arbeitszeugnis angesprochen werden, da sie wichtige Anforderungen an eine Logistikassistentin betreffen.

Wir fassen die inhaltlichen Anforderungen an ein Arbeitszeugnis zusammen:

Abb. [15-2]

Inhalt eines Arbeitszeugnisses

1. Absender und Bezeichnung
• **Firmenname und -anschrift.** • Ausdrücklich bezeichnen: «Arbeitszeugnis», «Zwischenzeugnis», «Arbeitsbestätigung».
2. Persönliche Daten des Mitarbeiters
• **Name, Vorname und Geburtsdatum.** • Hinweis: Auf die Angabe des Bürgerorts und die Wohnadresse verzichten.
3. Arbeitsverhältnis
• **Dauer des Arbeitsverhältnisses: von ... bis ...** Als Ende des Arbeitsverhältnisses nicht den letzten Arbeitstag, sondern den Ablauf der Kündigungsfrist aufführen. • **Art des Arbeitsverhältnisses,** eventuell Angabe des Pensums.
4. Position und Funktion
• **Positionsbezeichnung, Hauptaufgaben, besondere Aufgaben** • **Funktionale und hierarchische Eingliederung** • Eventuell auch Werdegang, Beförderungen, spezielle Kompetenzen
5. Leistungs- und Verhaltensbeurteilung
• **Kenntnisse und Fertigkeiten** • **Engagement,** besondere Leistungen • **Führungsverhalten,** besondere Führungsqualitäten • **Kooperationsverhalten** gegenüber Vorgesetzten, Mitarbeitenden, Kunden usw.
6. Austrittsgrund
Grundsätzlich gibt es drei Möglichkeiten: • **Erwähnen,** weil er dem Mitarbeiter nicht schadet, z. B. bei Auflösung durch den Mitarbeiter oder aus wirtschaftlichen Gründen durch den Arbeitgeber. • Der Grund **muss erwähnt werden,** weil der Arbeitgeber zur Wahrheit verpflichtet ist, z. B. bei Unterschlagungen durch einen Buchhalter. • Der Grund **wird nicht erwähnt,** weil er irrelevant ist, aber das Fortkommen unnötig behindern könnte. So ist z. B. unwichtig, dass die Mitarbeiterin wegen ihrer Schwangerschaft gekündigt hat.
7. Dank und Zukunftswünsche
Wenn möglich mit einer Dankesformel und Zukunftswünschen abschliessen.
8. Ausstellung und Unterschrift
• **Ort und Datum** der Ausstellung • **Name und Funktion** bzw. Position der / des Aussteller/-s • **Unterschrift** der / des Aussteller/-s

15.5.2 Verwendung von Zeugniscodes

Es gibt eine spezielle Zeugnissprache. Um gewisse Tatsachen zu verschleiern und nicht direkt anzusprechen, wurden bisher unzählige **Codierungen** kreiert. Codieren bedeutet, die sprachlichen Formulierungen im Arbeitszeugnis zu verschlüsseln. Diese Formulierungen erfüllen oberflächlich betrachtet die Anforderung «wohlwollend». Nach entsprechender Decodierung erkennt man aber den wahren negativen Sachverhalt.

Beispiel

Eine typische Formulierung im Arbeitszeugnis von Esther Brunner wäre: «Frau Brunner erledigte die ihr übertragenen Aufgaben zur Zufriedenheit.» Im Klartext ist das ein Hinweis auf genügende Leistungen.

Beachten Sie jedoch: Womöglich hat der Verfasser des Arbeitszeugnisses versehentlich codierte Formulierungen benutzt. Er war sich nicht bewusst, dass sie negative Interpretationen auslösen. Zudem lassen codierte Formulierungen einen individuellen **Interpretationsspielraum** offen. Die Interpretationsmöglichkeiten von codierten Formulierungen sind nicht allgemeingültig. Vielmehr weisen sie auf die Problematik von Zeugnisbeurteilungen hin.

Abb. [15-3] Codierte Formulierungen in Zeugnissen und ihre mögliche Bedeutung

Formulierungen	Mögliche Bedeutung
Sie erledigte ihre Aufgaben stets zu unserer vollen Zufriedenheit.	**Sehr gute Leistung**
Er erledigte seine Aufgaben zu unserer vollen Zufriedenheit.	**Gute Leistung**
Sie erledigte ihre Aufgaben zu unserer Zufriedenheit.	**Genügende Leistung**
Er bemühte sich, die ihm übertragenen Arbeiten ordnungsgemäss (oder: so gut wie möglich) zu erledigen.	**Ungenügende Leistung**
Er trug zur Verbesserung des Arbeitsklimas bei.	**Eventuell ungenügende Leistung oder unangemessenes Verhalten** (z. B. Sprücheklopfen statt Leistung)
Sie war stets freundlich, zuvorkommend und korrekt.	**Sehr gutes Verhalten**
Sein Verhalten war korrekt.	**Eventuell ungenügendes Verhalten**
Im Kollegenkreis galt sie als tolerante Mitarbeiterin.	**Hatte Mühe mit den Vorgesetzten**
Sie verlässt uns auf eigenen Wunsch, was wir sehr bedauern. Wir würden sie jederzeit wieder einstellen.	**Sehr gut,** echtes Bedauern über den Austritt
Er verlässt uns auf eigenen Wunsch.	**Gut,** eventuell wenig Bedauern über den Austritt
Der Austritt erfolgt im gegenseitigen Einverständnis.	**Musste gehen**

Bewerten Sie ein Arbeitszeugnis daher immer **als Ganzes** und nicht aufgrund einzelner Formulierungen.

Aufgrund der Probleme und Ungereimtheiten, die codierte Formulierungen bewirken, verfassen heute viele Unternehmen **uncodierte Zeugnisse.** Um Zweifel auszuräumen, fügen sie dies z. B. zu Beginn oder am Ende des Arbeitszeugnisses an: «Dieses Arbeitszeugnis ist nicht codiert.»

Zusammenfassung

Verschiedene **Rechte,** die der Arbeitnehmer beim Austritt hat, sind zu beachten:

- Überzählige **Ferientage** müssen mit dem Lohn ausgeglichen werden. Ausnahme bildet die Freistellung, bei der die noch nicht bezogenen Ferientage abgegolten sind.
- Je nach vertraglicher Regelung besteht ein Recht auf einen **anteiligen 13. Monatslohn** oder einen Teil der **Gratifikation.**
- Die **Versicherungen** sind vorschriftsgemäss abzumelden und mit dem austretenden Mitarbeiter zu besprechen.
- Abgabe oder Nachsendung des **Lohnausweises** für die Steuererklärung.
- **Aufbewahrungspflicht** für alle Unterlagen, die im Interesse des Mitarbeiters liegen.
- Anspruch auf ein qualifiziertes **Arbeitszeugnis** oder eine Arbeitsbestätigung.

Das **Arbeitszeugnis** gibt über folgende Punkte Auskunft:

- Persönliche Daten
- Werdegang im Betrieb
- Aufgabenbeschreibung
- Beurteilung von Leistung und Verhalten
- Austritt

Gesetzlich vorgeschrieben sind Angaben zur Art und Dauer sowie die Beurteilung von Leistung und Verhalten.

Anstelle des Zeugnisses kann auf Wunsch des Mitarbeiters eine **Arbeitsbestätigung** verfasst werden, die lediglich über die Art und Dauer des Arbeitsverhältnisses informiert.

52 Welche der folgenden Aussagen im Zusammenhang mit dem Arbeitszeugnis sind richtig und welche sind falsch? Bitte begründen Sie Ihre Antwort.

A] Nach dem Ausstellen des Zeugnisses und dessen Übergabe an die Mitarbeitenden können die Unterlagen zum Ausstellen des Zeugnisses (Qualifikationen etc.) vernichtet werden, da die entsprechenden Aussagen im Zeugnis vermerkt und damit dokumentiert sind.

B] Das qualifizierte Zeugnis beinhaltet zwingend folgende Angaben und Aussagen:

- Persönliche Daten
- Werdegang
- Aufgabenbeschreibung
- Beurteilung von Leistung und Verhalten
- Austritt

C] Auf Wunsch der Mitarbeitenden dürfen im Zeugnis ausschliesslich Art und Dauer des Anstellungsverhältnisses festgehalten werden.

D] Der Auflösungsgrund darf im Zeugnis nur erwähnt werden, wenn er relevant ist und den Arbeitnehmenden nicht schadet.

---

53 Welche der folgenden Formulierungen in einem qualifizierten Zeugnis sind zulässig und welche nicht? Bitte begründen Sie Ihre Antwort.

A] «... verlässt uns, um sich um das Kind seiner Lebenspartnerin zu kümmern.»

B] «Als aktives Mitglied der Gewerkschaft XY setzte er sich in verdienstvoller Weise für die Interessen der Mitarbeitenden ein.»

C] «Als gewählte Vertreterin in der Angestelltenkommission verstand sie es, objektiv die Interessen der Arbeitnehmenden und des Arbeitgebers zu erkennen und die gemeinsam gesetzten Ziele zu erreichen.»

D] «... war eine geschätzte Führungskraft, die sich stets für die Belange ihrer Unterstellten einsetzte, und verstand es, die Leistungen zu optimieren.»

Teil F

Arbeitsrechtliche Grundlagen

16 Definition und Entstehung des Arbeitsvertrags

Lernziele

Nach der Bearbeitung dieses Kapitels können Sie ...

- beschreiben, was man unter einem Arbeitsvertrag versteht.
- die verschiedenen für das Arbeitsverhältnis bedeutenden Normen (Gesetze, Gesamtarbeitsvertrag, Einzelarbeitsvertrag und Firmenreglement) und ihre Hauptziele nennen.
- zwischen dispositiven, relativ zwingenden und absolut zwingenden Bestimmungen unterscheiden.
- die Voraussetzungen für das Zustandekommen eines Arbeitsvertrags erklären.
- die Besonderheiten des Lehrvertrags im Vergleich zum EAV erklären.

Schlüsselbegriffe

absolut zwingende Bestimmung, Arbeitgeberverband, Arbeitsgesetz (ArG), befristetes Arbeitsverhältnis, Berufsbildungsgesetz (BBG), Datenschutzgesetz (DSG), Dienst, Einzelarbeitsvertrag (EAV), Firmenreglement, Gesamtarbeitsvertrag (GAV), Gewerkschaft, Gleichstellungsgesetz (GIG), Lehrvertrag, Lohn, Mitwirkungsgesetz (MWG), relativ zwingende Bestimmung, Sozialversicherungsrecht, Teilzeitarbeit, unbefristetes Arbeitsverhältnis

Das Kapitel ist wie folgt aufgebaut:

- Definition des Arbeitsvertrags
- Arbeitsrecht – ein Geflecht von Rechtsquellen
- Abschluss eines Einzelarbeitsvertrags
- Änderung eines Einzelarbeitsvertrags

16.1 Definition des Arbeitsvertrags

OR 319 beschreibt den Arbeitsvertrag mit vier Merkmalen.

Abb. [16-1] **Die vier Merkmale des Arbeitsvertrags**

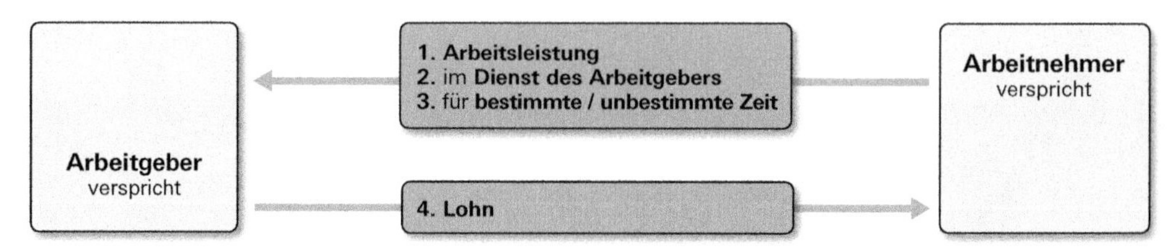

Compendio Bildungsmedien AG, Zürich

Arbeitsleistung

Der Arbeitnehmer verpflichtet sich zur **Leistung von Arbeit.** Er schuldet keinen Arbeitserfolg, sondern das Zurverfügungstellen seiner Arbeitskraft während der vereinbarten Arbeitszeit (OR 321). Die Arbeitsleistung ist die Hauptpflicht des Arbeitnehmers.

Der Arbeitnehmer steht im Dienst des Arbeitgebers (Unterordnung)

«Im **Dienst** stehen» heisst: Der Arbeitnehmer ist dem Arbeitgeber **untergeordnet** und muss dessen **Weisungen** zum Verhalten am Arbeitsplatz und zur Arbeit befolgen (OR 321d). Dadurch unterscheidet sich der Einzelarbeitsvertrag (EAV) von den anderen Verträgen auf Arbeitsleistung. Wer aufgrund eines Werkvertrags (OR 363 ff.) oder eines Auftrags (OR 394 ff.) Arbeit leistet, tut dies als Selbstständigerwerbender.

Bestimmte oder unbestimmte Zeit

Der Arbeitsvertrag ist auf bestimmte oder auf unbestimmte **Zeit** abgeschlossen:

- Ist er auf bestimmte Zeit abgeschlossen, so spricht man von einem **befristeten Arbeitsverhältnis,**
- ist er auf unbestimmte Zeit abgeschlossen, von einem **unbefristeten Arbeitsverhältnis.**

Beim unbefristeten Arbeitsvertrag endet das Arbeitsverhältnis erst, wenn eine der Parteien es **kündigt.** Unerheblich ist dagegen, ob ein Arbeitnehmer Voll- oder nur Teilzeit arbeitet. Auch **Teilzeitarbeitsverhältnisse** werden wie normale Arbeitsverhältnisse behandelt (OR 319 II).

Lohn

Der **Lohn** ist die Gegenleistung des Arbeitgebers (OR 322 ff.). Der Arbeitsvertrag ist immer entgeltlich!

Beispiel

Melanie Rölli ist als Projektmitarbeiterin angestellt:

- **Arbeitsleistung:** Ihre Arbeitszeit beträgt 42 Stunden pro Woche. Während dieser Zeit muss sie ihre Arbeitskraft zur Verfügung stellen. Um wie viel sie ihre Projekte während ihrer Arbeitszeit voranbringt, spielt im Hinblick auf die Erfüllung des Arbeitsvertrags keine Rolle. Es genügt, wenn sie während der Arbeitszeit anwesend ist und ihrer Arbeit nachgeht.
- **Zeit:** Wenn nichts anderes abgemacht ist, handelt es sich um ein unbefristetes Arbeitsverhältnis. Es dauert so lange, bis eine Partei es auflöst. Wenn die Dauer festgelegt ist, handelt es sich um ein befristetes Arbeitsverhältnis. Dieses endet automatisch mit Ablauf der vereinbarten Frist.
- **Unterordnung:** Als Arbeitnehmerin steht Melanie Rölli im Dienst ihres Arbeitgebers. Sie kann nicht selbst bestimmen, wann sie welche Arbeit wie erledigt. Sie ist ihrem Arbeitgeber untergeordnet. Dieser weist ihr Arbeit zu und kann ihr auch Anweisungen bezüglich der Ausführung derselben geben.
- **Lohn:** Der Lohn ist die Gegenleistung des Arbeitgebers.

16.2 Arbeitsrecht – ein Geflecht von Rechtsquellen

Im Arbeitsrecht spielen verschiedene **Rechtsquellen** zusammen. Wichtig sind

- die einschlägigen **Gesetze,**
- ein allenfalls geltender **Gesamtarbeitsvertrag** und
- der **Einzelarbeitsvertrag,** zu dem meist auch ein **Firmenreglement** gehört.

16.2.1 Gesetze, die in der Arbeitswelt eine Rolle spielen

Neben dem **Obligationenrecht** (OR) sind im Arbeitsrecht weitere Gesetze von Bedeutung, so etwa das Arbeitsgesetz (ArG), das Gleichstellungsgesetz (GIG), das Berufsbildungsgesetz (BBG), das Datenschutzgesetz (DSG), das Mitwirkungsgesetz (MWG) und das Arbeitsvermittlungsgesetz (AVG).

Das Obligationenrecht (OR 319–362)

Das OR regelt v. a. das **Zustandekommen,** den **Inhalt** und die **Beendigung** des Arbeitsverhältnisses.

Viele Bestimmungen des OR sind **dispositiv.** Es gibt aber auch zahlreiche **zwingende** Bestimmungen. Sie sind in OR 361 und OR 362 aufgezählt:

- **OR 361** enthält die **absolut zwingenden Bestimmungen,** die weder zuungunsten des Arbeitgebers noch des Arbeitnehmers abgeändert werden dürfen.
- **OR 362** enthält die **relativ zwingenden Bestimmungen,** die nur zugunsten des Arbeitnehmers abgeändert werden dürfen.

Abb. [16-2] **Dispositive, relativ zwingende und absolut zwingende Bestimmungen**

Die Bestimmungen des Arbeitsvertragsrechts sind

Dispositiv	**Relativ zwingend** (Liste gemäss OR 362)	**Absolut zwingend** (Liste gemäss OR 361)
Vertragliche Abänderung	**Vertragliche Abänderung**	**Vertragliche Abänderung**
Ja	**Nur zugunsten Arbeitnehmer**	**Nein** (keine Änderung zulässig)
Beispiel: OR 323 I – Lohnauszahlung.	**Beispiel:** OR 322b I – Provision.	**Beispiel:** OR 329d II – Ferienabgeltung.
«Sind nicht kürzere Fristen oder andere Termine verabredet (...), so ist dem Arbeitnehmer der Lohn Ende jedes Monats auszurichten.»	Der Provisionsanspruch entsteht im Moment des Geschäftsabschlusses. Da OR 322b relativ zwingend ist, darf nur ein früherer, nicht aber ein späterer Zeitpunkt vereinbart werden.	Zusätzlicher Lohn anstatt Ferien während der Dauer des Arbeitsverhältnisses ist verboten. Da die Bestimmung absolut zwingend ist, kann die Ferienabgeltung auch mittels EAV nicht gültig vereinbart werden.

Compendio Bildungsmedien AG, Zürich

Arbeitsgesetz (ArG)

Beim ArG steht der **Arbeitnehmerschutz** im Vordergrund. Das ArG gehört zum **öffentlichen Recht.** Es ist weitgehend **zwingendes** Recht. Vertragliche Abweichungen in einem EAV sind deswegen (fast immer) ungültig und somit ohne Wirkung.

Abb. [16-3] **Arbeitsgesetz auf einen Blick**

Anwendungsbereich	Grundsätzlich gilt das ArG für **alle** Arbeitnehmenden und alle Betriebe. Es gibt aber Ausnahmen. Dem ArG nicht oder nur teilweise unterstellt sind z. B. • Mitarbeitende von **öffentlichen Verwaltungen** sowie • **höhere leitende Angestellte.** Das sind Personen, die aufgrund ihrer Position und Entscheidkompetenz den Gang und die Struktur des Unternehmens wesentlich beeinflussen können, also das Topmanagement (Direktorin, Verkaufsleiter, Chefarzt usw.).
Gesundheitsvorsorge und Unfallverhütung	Der Arbeitgeber muss nach dem ArG alle Massnahmen treffen, die zum Schutz der Gesundheit und der persönlichen Integrität seiner Arbeitnehmenden • **notwendig,** • **technisch möglich** und • für einen Betrieb der betreffenden Art **zumutbar** sind.
Arbeitszeit	Das ArG stellt Regeln auf zu **Höchstarbeitszeiten, Nachtarbeit, Sonntagsarbeit** sowie zu Pausen und **Ruhezeiten.**

Sonderschutz für bestimmte Personengruppen	Bestimmte Gruppen von Arbeitnehmenden geniessen speziellen Schutz. Das sind • **jugendliche** Arbeitnehmende, • **schwangere** und **stillende** Frauen sowie • Personen mit **Familienpflichten.**
Durchsetzung	Die **zuständigen Behörden** überwachen die Einhaltung der Vorschriften: • Bundesebene: SECO (Staatssekretariat für Wirtschaft) • Kantonsebene: entsprechende kantonale Behörden Die Behörden schreiten von sich aus ein, wenn ihnen Verstösse gemeldet werden. Werden ArG-Bestimmungen verletzt, muss der betroffene Arbeitnehmer nicht in eigenem Namen gegen den Arbeitgeber klagen. Er kann Anzeige machen und dann treffen die zuständigen Verwaltungsbehörden die notwendigen Verfügungen und Massnahmen von Amts wegen.

Beispiel

Das ArG lässt die Sonntagsarbeit nur unter eingeschränkten Bedingungen zu. Sind die Bedingungen nicht erfüllt, dann ist für den betreffenden Arbeitnehmer die Sonntagsarbeit verboten, und zwar selbst dann, wenn der Arbeitnehmer sie ausdrücklich wünscht. Wird trotz Verbot Sonntagsarbeit geleistet, so muss das zuständige Amt von sich aus einschreiten, sobald es von der Verletzung Kenntnis erhält.

Das Mitwirkungsgesetz (MWG)

Das MWG regelt die **Mitwirkung** der Arbeitnehmer im Betrieb. Es ist auf alle privaten Betriebe in der Schweiz anwendbar, unabhängig von der Betriebsgrösse. Neben dem MWG finden sich Mitwirkungsrechte auch in anderen Gesetzen, insbesondere im ArG und im OR.

Die Mitwirkung umfasst hauptsächlich die **Information** und die **Anhörung** der Arbeitnehmenden. Nur in einzelnen Fällen können Arbeitnehmende auch aktiv mitgestalten:

- Der Arbeitgeber muss die Arbeitnehmenden über alle wesentlichen Begebenheiten, Neuerungen und Änderungen bestimmter Sachbereiche und einmal jährlich über die Auswirkungen des Geschäftsgangs auf die Beschäftigung **informieren** (MWG 9).
- Die Arbeitnehmenden haben das Recht auf **Anhörung.** Sie können sich mit Fragen oder Anregungen an den Arbeitgeber wenden.
- Nach MWG 10 stehen den Arbeitnehmenden bzw. Arbeitnehmervertretern in bestimmten Bereichen besondere **Mitwirkungsrechte** zu, und zwar bezüglich Arbeitssicherheit und Arbeitnehmerschutz, Übergang von Betrieben und Massenentlassungen.

Abb. [16-4] **Beispiele gesetzlich geregelter Mitwirkungsrechte der Arbeitnehmenden**

Arbeitssicherheit und Arbeitnehmerschutz • Arbeitssicherheit: Nachtarbeit, Festlegung der Arbeitszeit und Gestaltung der Stundenpläne sowie Gesundheitsschutzmassnahmen • Verhütung von Berufsunfällen und Krankheiten	ArG 6, ArG 48, MWG 10 UVG 82, MWG 10
Arbeitnehmervertretung: Wahl einer Betriebskommission bei Betrieben mit über 50 Personen	MWG 3
Informationsrechte (u. a. auch über den Geschäftsgang und dessen Auswirkung auf die Beschäftigung)	MWG 9 f.
Betriebsübernahmen	OR 333a, MWG 10
Massenentlassungen	OR 335d–335g, MWG 10

Gleichstellungsgesetz (GlG)

Das GlG bezweckt die Förderung der tatsächlichen **Gleichstellung** von Frau und Mann im Erwerbsleben. Wird eine Frau oder ein Mann diskriminiert, dann kann sie / er gestützt auf das GlG gegen den Arbeitgeber vorgehen.

Datenschutzgesetz (DSG)

Das DSG bezweckt den Schutz der **Persönlichkeit** von Personen, über die Daten bearbeitet werden. Da der Arbeitgeber viel über seine Mitarbeitenden weiss, ist er zu den Datenschutzmassnahmen verpflichtet, die das DSG vorschreibt.

Berufsbildungsgesetz (BBG)

Das BBG regelt u. a. die **Grundbildung** und die **Weiterbildung** in den Berufen der Industrie, des Handwerks, des Handels, des Bank-, des Versicherungs-, des Transport- und des Gastgewerbes und anderer Dienstleistungsgewerbe sowie der Hauswirtschaft.

Gesetze des Sozialversicherungsrechts

Von **Bedeutung** sind im Arbeitsrecht das Bundesgesetz über die Alters- und Hinterlassenenvorsorge (AHVG), die Invalidenversicherung (IVG), die Unfallversicherung (UVG), die Arbeitslosenversicherung und Insolvenzentschädigung (AVIG) und die berufliche Vorsorge (BVG).

Weitere Gesetze

Neben den genannten Gesetzen gibt es weitere, die nur für **bestimmte Branchen** gelten, z. B. das Heimarbeitsgesetz (OR), das Handelsreisendengesetz (OR) oder das Arbeitsvermittlungsgesetz (AVG), das die private Arbeitsvermittlung und den Personalverleih regelt.

16.2.2 Gesamtarbeitsvertrag (GAV)

Gesamtarbeitsverträge sind branchenspezifische Vereinbarungen zwischen **Gewerkschaften** und **Arbeitgeberverbänden** oder einzelnen Arbeitgebern.

Sie enthalten u. a. **Mindestarbeitsbedingungen.** In einem Einzelarbeitsvertrag darf davon nur zugunsten des Arbeitnehmers abgewichen werden. Verstösst eine Vereinbarung im EAV gegen unabdingbare GAV-Bestimmungen, dann ist sie **nichtig** (OR 357). An ihrer Stelle gilt die Bestimmung des GAV.

Hinweis

Für die meisten kaufmännischen Betriebe gelten die Gesamtarbeitsverträge, die der Kaufmännische Verband mit den entsprechenden Arbeitgeberverbänden vereinbart hat, so z. B. im Kanton Zürich, der GAV zwischen dem Verband Zürcher Handelsfirmen und dem Kaufmännischen Verband Zürich für die kaufmännischen und kaufmännisch-technischen Angestellten und das Verkaufspersonal im Detailhandel sowie für die Handelsreisenden.

Dieser GAV sieht z. B. in Artikel 26 folgende Lohnfortzahlungspflichten des Arbeitgebers während der Rekrutenschule vor: 80% des Lohns an Lehrlinge, 60% an Ledige ohne Unterstützungspflicht, 80% an Verheiratete oder Ledige mit Unterstützungspflicht. Sobald dieser GAV auf ein Arbeitsverhältnis anwendbar ist, hat der Arbeitnehmer zwingenden Anspruch auf mindestens diesen Lohn. Nach OR 324a und b hätte ein Mitarbeiter während der Rekrutenschule den Lohn nur für eine beschränkte Zeit zugut.

16.2.3 Einzelarbeitsvertrag (EAV) und Firmenreglement

Mit dem **Einzelarbeitsvertrag** (EAV) begründen die Parteien ihr Arbeitsverhältnis und vereinbaren dessen konkrete Bedingungen wie Arbeitsinhalt und Arbeitszeit, Lohn, Ferien, Überstunden usw.

Die Parteien sind in der Ausgestaltung ihres Arbeitsverhältnisses **frei,** soweit nicht zwingende Bestimmungen eines Gesetzes oder eines GAV die Vertragsfreiheit einschränken.

Das **Firmenreglement** (auch Personalreglement oder Personalhandbuch) enthält die allgemeinen Arbeitsbedingungen eines Betriebs. Es geht um detaillierte Bestimmungen, etwa über (gleitende) Arbeitszeit, Überstunden, unbezahlten Urlaub, Sorgfalts- und Treuepflicht, Geheimhaltung, Gratifikation, Spesenregelung, Lohnfortzahlung bei Krankheit und Unfall usw.

Diese Regeln können aus rechtlicher Sicht Teil des EAV werden, nämlich als **allgemeine Geschäftsbedingungen.** Der Arbeitgeber legt zum Voraus fest, zu welchen Bedingungen er bereit ist, einen Vertrag abzuschliessen. Aber nur, wenn der Arbeitnehmer die allgemeinen Geschäftsbedingungen annimmt, werden sie zum Bestandteil des Vertrags und damit für beide Parteien verbindlich.

16.3 Abschluss eines Einzelarbeitsvertrags

Für das gültige Zustandekommen eines Vertrags müssen vier Voraussetzungen erfüllt sein:

- **Einigung** der Parteien
- **Handlungsfähigkeit**
- Einhaltung von **Form**vorschriften
- Zulässiger **Vertragsinhalt**

Einigung der Parteien

Die **Hauptpflichten** im EAV sind: **Arbeitsleistung** und **Lohnzahlung.** Mindestens darüber müssen Arbeitgeber und Arbeitnehmende sich einigen. Das kann auch stillschweigend geschehen. Haben die Vertragspartner die Lohnhöhe nicht geregelt, hat der Mitarbeiter den Lohn zugut, der für die betreffende Arbeit orts- oder branchenüblich ist.

Handlungsfähigkeit der Parteien

Es gelten die Grundsätze von ZGB 12 ff. Einen gültigen Arbeitsvertrag kann unterschreiben, wer **handlungsfähig** ist. Das bedeutet **Urteilsfähigkeit** und **Volljährigkeit** (= vollendetes 18. Altersjahr). Minderjährige benötigen die Zustimmung ihres gesetzlichen Vertreters (Eltern) für den Lehrvertrag.

Form

Ein EAV kann schriftlich, mündlich oder stillschweigend abgeschlossen werden. In bestimmten Fällen verlangt das Gesetz für den ganzen Vertrag oder für einzelne Vertragsklauseln die **Schriftform** zwingend:

- Beim **Lehrvertrag** und beim **Handelsreisendenvertrag** (OR 344a I und OR 347a I) verlangt das OR Schriftform für den ganzen Vertrag.
- **Vertragsklauseln,** die nur schriftlich vereinbart werden können, sind z. B. das **Konkurrenzverbot** nach Beendigung des Arbeitsverhältnisses (OR 340 I) oder eine vom Gesetz abweichende Regelung der **Überstundenvergütung** (OR 321c III).

Hinweis

Im Zusammenhang mit dem Personenfreizügigkeitsabkommen zwischen der Schweiz und der EU hat der Bund verschiedene Massnahmen ergriffen, um das sogenannte Sozialdumping durch ausländische Arbeitskräfte zu unterbinden. Dazu gehört auch OR 330b.

Der Arbeitgeber muss seinen Mitarbeitenden spätestens 1 Monat nach Beginn eines Arbeitsverhältnisses schriftlich bestimmte Punkte bestätigen, nämlich: Name der Vertragspartner, Datum des Beginns des Arbeitsverhältnisses, Funktion des Arbeitnehmers, Lohn und Lohnzuschläge, wöchentliche Arbeitszeit. Eine schriftliche Bestätigung muss der Arbeitgeber auch ausstellen, wenn sich diese Punkte im Laufe der Arbeitstätigkeit verändern (z. B. neue Stelle im Betrieb, Lohnerhöhung usw.). Diese Vorschrift ist keine Formvorschrift im Sinne der Regeln zur Vertragsentstehung. Sie dient bloss der schriftlichen Bestätigung der Vereinbarungen im Arbeitsvertrag und soll Transparenz schaffen.

Somit kommt ein Arbeitsverhältnis auch dann gültig zustande, wenn der Arbeitgeber die schriftliche Informationspflicht verletzt.

Zulässiger Vertragsinhalt

Jeder **Vertragsinhalt** ist zulässig, solange er nicht widerrechtlich, unsittlich oder (objektiv) unmöglich ist (OR 20).

Wegen der zahlreichen **zwingenden Bestimmungen** zum Schutz der Arbeitnehmenden (öffentliches Arbeitsrecht, OR und GAV) ist die Widerrechtlichkeit beim Arbeitsvertrag von besonderer Bedeutung. Verstösst eine Abmachung im Arbeitsvertrag gegen zwingendes Recht, dann ist sie ungültig. An ihrer Stelle gilt die Gesetzesvorschrift.

16.4 Änderung eines Einzelarbeitsvertrags

Die meisten Arbeitsverträge werden im Lauf der Zeit abgeändert, zugunsten des Arbeitnehmers (z. B. Lohnerhöhung, Beförderung) oder zu seinen Ungunsten (z. B. Erhöhung der Arbeitszeit). Solche **Vertragsänderungen** sind grundsätzlich zulässig. Dabei gelten die gleichen Voraussetzungen wie für den Abschluss eines Arbeitsvertrags:

- **Einigung** (Zustimmung beider Vertragspartner!)
- **Handlungsfähigkeit**
- **Zulässiger Inhalt** (Der neue Inhalt darf nicht gegen zwingendes Recht verstossen.)
- **Richtige Form** (Vertragsänderungen können grundsätzlich auch mündlich vorgenommen werden. Selbst Stillschweigen auf einen Änderungsvorschlag kann genügen. Die Schriftform ist nur nötig, wenn sie für den neuen Vertragsinhalt vorgeschrieben ist.)

Das Gesagte gilt für die Änderung des Einzelarbeitsvertrags, aber auch für die weiteren Vertragsbestandteile wie etwa das Firmenreglement oder die Stellenbeschreibung. Der Arbeitgeber darf sie nicht einfach einseitig abändern. Gültig wird eine Änderung erst, wenn die betroffenen Arbeitnehmenden sie **akzeptiert** haben.

Willigt ein Arbeitnehmer nicht in eine Änderung ein, kann der Arbeitgeber eine **Änderungskündigung** aussprechen. Hier kündigt der Arbeitgeber den Arbeitsvertrag, offeriert aber für die Zeit nach Ablauf der Kündigungsfrist einen neuen Vertrag mit geänderten Bedingungen.

Beispiel

Der Arbeitgeber hat mit seinen Arbeitnehmenden eine Arbeitszeit von 40 Stunden pro Woche vereinbart. Nun möchte er die Arbeitszeit generell auf 42 Stunden erhöhen. Dazu braucht es aber eine Vertragsänderung, die nur mit **Einverständnis** der betroffenen Arbeitnehmenden möglich ist. Dieses Einverständnis kann auch **stillschweigend** erfolgen, dann nämlich, wenn ein Arbeitnehmer mehrere Wochen lang ohne Widerspruch 42 Stunden arbeitet.

Im Firmenreglement der X-AG wird bestimmt, dass für Überstunden ein Lohnzuschlag von 30% bezahlt wird. Das Management erklärt den 25 Mitarbeitenden die schwierige Situation des Unternehmens und schlägt u. a. vor, für Überstunden keinen Lohnzuschlag mehr zu bezahlen. Die Mitarbeitenden sind mit der Vertragsänderung einverstanden. OR 321c III verlangt aber für die Reduktion oder den Ausschluss des Überstundenzuschlags die Schriftform. Die Abänderung des Firmenreglements ist daher – trotz Zustimmung der Arbeitnehmenden – ungültig, solange sie nicht schriftlich erfolgt ist (z. B. durch einen Zusatz zum Firmenreglement, den alle Mitarbeitenden unterzeichnet haben).

16.5 Der Lehrvertrag

Beim **Lehrvertrag** geht es um die Ausbildung der lernenden Person in einem bestimmten Beruf. Die Hauptpflichten der Vertragsparteien in diesem Vertrag sind deshalb:

- Der Arbeitgeber verpflichtet sich zur fachgemässen Ausbildung der lernenden Person.
- Die lernende Person verpflichtet sich zur Leistung von Arbeit zum Zweck ihrer Ausbildung.

Viele Elemente des Lehrvertrags sind durch zwingende Bestimmungen des öffentlichen und des privaten Rechts bestimmt und können nicht frei vereinbart werden. Die Bestimmungen von OR 344–346a sollen lernende Personen vor Ausnutzung schützen. Das Berufsbildungsgesetz (BBG) regelt die Einzelheiten zum Lehrverhältnis. Das Arbeitsgesetz (ArG) enthält spezielle Normen zum Jugendschutz.

Besonderheiten beim Vertragsabschluss (OR 344a)

Der Lehrvertrag muss **schriftlich** abgeschlossen werden (OR 344a I). Untersteht er dem BBG, kommt ein spezieller Formularlehrvertrag zur Anwendung (Verordnung zum BVG 8 IV). Ist die lernende Person noch unmündig, muss der Inhaber der elterlichen Sorge mitunterschreiben. Der Vertrag muss neben Art und Dauer der Ausbildung **zwingend folgende Punkte regeln:**

Abb. [16-5] **Zwingender Inhalt des Lehrvertrags**

Lohn	Die Auszahlung eines Lohns ist üblich, vom Gesetz aber nicht zwingend vorgeschrieben. Teilweise sind in den Bestimmungen der GAVs Vorschriften zum Lohn von Lernenden enthalten.
Probezeit	Die Probezeit ist nach OR 344a III zwingend. Sie beträgt 1 bis 3 Monate und kann ausnahmsweise mit Zustimmung der kantonalen Behörde auf 6 Monate verlängert werden (OR 344a IV).
Arbeitszeit	In die wöchentliche Arbeitszeit soll auch die schulische Bildung eingeschlossen werden. Im Übrigen kommen hier zahlreiche Bestimmungen des Arbeitsgesetzes zu täglicher Höchstarbeitszeit, Nacht- und Sonntagsarbeit und Akkordarbeit zur Anwendung.
Ferien	Der Ferienanspruch beträgt bis zum 20. Geburtstag für jedes Lehrjahr mindestens 5 Wochen nach OR 345a III und OR 329a I.

Abreden, die die lernende Person verpflichten, nach dem Lehrabschluss beim Arbeitgeber zu arbeiten, sind **ungültig.** Ebenso Konkurrenzverbote. Untersteht der Lehrvertrag dem BBG, muss er der **kantonalen Behörde** zur **Genehmigung** vorgelegt werden (BBG 14 III).

Besondere Pflichten

Die Pflichten der **lernenden Person** (und ihres gesetzlichen Vertreters) sind in **OR 345** klar umschrieben. Dem ist nur noch der Hinweis auf BBG 21 III hinzuzufügen, der den Besuch der Berufsfachschule für obligatorisch erklärt.

Die Pflichten des **Arbeitgebers** sind in OR 345a umschrieben. Wichtig ist die Pflicht, die lernende Person auszubilden und ihr nur solche Aufgaben zu übertragen, die mit dem Lehrberuf zusammenhängen und die Ausbildung nicht beeinträchtigen. Bei Verletzung dieser Pflicht kann sich die lernende Person oder ihr gesetzlicher Vertreter bei den **kantonalen Behörden** beschweren. Zudem berechtigt mangelhafte Ausbildung unter Umständen zu Schadenersatz.

Besonderheiten der Beendigung (OR 346 und 346a)

Das Lehrverhältnis kann **ordentlich** nur während der Probezeit gekündigt werden. Danach sind nur noch eine vorzeitige Auflösung in **gegenseitigem Einverständnis** und die **fristlose Kündigung** aus wichtigen Gründen im Sinn von OR 337 möglich, wenn die Fortsetzung des Lehrverhältnisses unzumutbar geworden ist. OR 346 konkretisiert drei dieser Gründe. Der Arbeitgeber muss in jedem Fall die kantonale Behörde und die Berufsschule von der vorzeitigen Beendigung des Lehrverhältnisses schriftlich unterrichten.

Der Lehrbetrieb muss der lernenden Person nach OR 346a I kein Vollzeugnis ausstellen. Die lernende Person kann aber ein solches verlangen. Die lernende Person erhält daneben nach bestandener Lehrabschlussprüfung einen **Fähigkeitsausweis** gemäss BBG 38.

Zusammenfassung

Im Arbeitsvertrag verspricht der Arbeitnehmer **für bestimmte oder unbestimmte** Zeit seine **Arbeitsleistung** im **Dienste** des Arbeitgebers. Der Arbeitgeber verspricht **Lohn.** Das Arbeitsvertragsrecht wird durch **zahlreiche Normen** bestimmt:

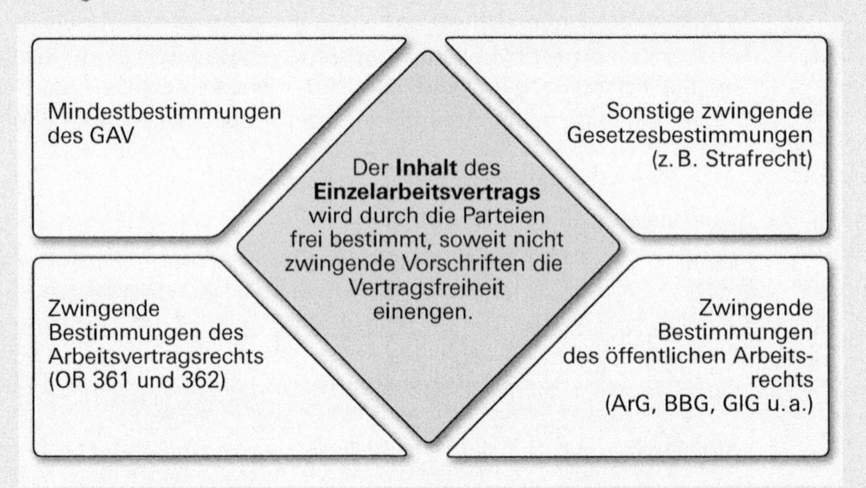

Der Arbeitsvertrag entsteht unter vier Voraussetzungen: Einigung, Handlungsfähigkeit, zulässiger Inhalt und richtige Form. Die **Schriftform** ist für den Lehr- und den Handelsreisendenvertrag vorgeschrieben sowie für einzelne Vertragsbestimmungen (z. B. Konkurrenzverbot). **Vertragsänderungen** sind unter den gleichen Voraussetzungen zulässig wie der Abschluss des Vertrags. Eventuell müssen sie mit **Änderungskündigung** durchgesetzt werden.

Der **Lehrvertrag** weist gegenüber dem normalen EAV einige Besonderheiten auf:

- Der Lehrvertrag bedarf zu seiner Gültigkeit immer der Schriftform.
- Die lehrende Person hat alles zu tun, um das Lernziel zu erreichen.
- Die Bezahlung eines Lohns ist üblich, aber nicht zwingend.
- Der Arbeitgeber muss dafür sorgen, dass die Lehre unter der Verantwortung einer Fachperson steht. Diese muss die nötigen beruflichen Fähigkeiten besitzen.
- Der Arbeitgeber muss der lernenden Person für die Zeit freigeben, die für den Besuch der Berufsfachschule erforderlich ist.
- Die lernende Person unter 20 Jahren hat wenigstens 5 Wochen Ferien zugut.

Repetitionsfragen

54

A] Wir haben über zehn Gesetze genannt, die im Arbeitsrecht eine Rolle spielen können. Schreiben Sie vier davon auf und geben Sie mit einem bis zwei Stichworten an, worum es in diesem Gesetz geht.

B] Ein GAV kann eine ähnliche Wirkung haben wie ein Gesetz. Erklären Sie diese Aussage mit einem Satz.

C] Was ist ein Firmenreglement?

55

Nach OR 320 I muss ein Arbeitsvertrag nur dann schriftlich abgeschlossen werden, wenn das Gesetz dies vorschreibt. In den folgenden Artikeln sind für Sie wichtige Formvorschriften enthalten:

- OR 321c III
- OR 340 I
- OR 344a I

Geben Sie an, worum es in den genannten Artikeln geht.

17 Rechte und Pflichten im Arbeitsvertrag

Lernziele

Nach der Bearbeitung dieses Kapitels können Sie ...

- die Hauptpflichten und die Nebenpflichten des Arbeitnehmers / Arbeitgebers aufzählen.
- zeigen, was, wie lange und wie der Arbeitnehmer arbeiten muss, um seine Arbeitspflicht richtig zu erfüllen.
- die wichtigsten Nebenpflichten des Arbeitnehmers erläutern.
- zeigen, welchen Lohn und welche weiteren Entschädigungen der Arbeitgeber seinen Arbeitnehmenden bezahlen muss und wann die Lohnzahlung zu erfolgen hat.
- die wichtigsten Nebenpflichten des Arbeitgebers erläutern, d. h. zeigen, wie der Arbeitgeber die Persönlichkeit des Arbeitnehmers schützen, wie viel Freizeit und Ferien er gewähren und unter welchen Umständen er ein Arbeitszeugnis ausstellen muss.

Schlüsselbegriffe

13. Monatslohn, Arbeitszeit, Arbeitszeugnis, Ferien, Freizeit, Fürsorgepflicht,Geheimhaltungspflicht, Geldlohn, Gratifikation, Herausgabepflicht, Höchstarbeitszeit, Konkurrenzverbot, Krankheit, Leistungslohn, Lohnfortzahlung, Lohnzahlungspflicht, Mindestlohn, Naturallohn, Nebenbeschäftigung, Persönlichkeitsschutz, Pflichtenheft, Rechenschaftspflicht, Schwarzarbeit, Sorgfaltspflicht, Spesen, Treuepflicht, Überstunden, Überzeit, Unfall, Weisungsbefolgungspflicht, Zeitlohn, Zulagen

Arbeitsleistung und Lohnzahlung sind die beiden **Hauptpflichten** der Vertragspartner. Zusätzlich haben Arbeitnehmende und Arbeitgeber **Nebenpflichten:**

- Die Nebenpflichten der Arbeitnehmenden heissen **«Treuepflichten»** (OR 321a ff.); sie regeln die **Solidarität und Loyalität** gegenüber dem Arbeitgeber.
- Die Nebenpflichten des Arbeitgebers heissen **«Fürsorgepflichten»** (OR 328 ff.); sie regeln die **Verantwortung** für die Arbeitnehmenden.

Abb. [17-1] **Haupt- und Nebenpflichten im Arbeitsvertrag**

Die Pflichten der Vertragspartner im Arbeitsvertrag

Pflichten des Arbeitnehmers	Pflichten des Arbeitgebers
Eine Hauptpflicht	**Eine Hauptpflicht**
• Arbeitsleistungspflicht (OR 321)	• Lohnzahlungspflicht (OR 322 ff.)
Ein Bündel Nebenpflichten (Treuepflichten)	**Ein Bündel Nebenpflichten (Fürsorgepflichten)**
• Pflicht zur Überstundenarbeit (OR 321c) • Verbot von Schwarzarbeit (OR 321a III) • Geheimhaltungspflicht (OR 321a IV) • Rechenschafts- und Herausgabepflicht (OR 321b) • Weisungsbefolgungspflicht (OR 321d)	• Schutz der Persönlichkeit des Arbeitnehmers (OR 328) • Freizeit (OR 329) • Ferien (OR 329a–329e) • Mutterschaftsurlaub (OR 329f) • Vaterschaftsurlaub (OR 329g) • Arbeitszeugnis (OR 330a) • Informationspflicht (OR 330b)

Compendio Bildungsmedien AG, Zürich

17.1 «Arbeiten», die Hauptpflicht des Arbeitnehmers

17.1.1 Welche Arbeiten muss der Arbeitnehmer verrichten?

Der Arbeitnehmer muss persönlich die versprochene **Arbeitsleistung** erbringen. Das Aufgabenfeld wird heute meist in einem **Pflichtenheft** (Stellenbeschreibung oder Job-Description) detailliert geregelt. Das Pflichtenheft ist ein typischer Fall von allgemeinen Geschäftsbedingungen. Es gilt nur, wenn es zum Bestandteil des Vertrags gemacht wurde. Dazu muss im EAV[1] zumindest darauf verwiesen werden.

Manchmal ist es trotz Pflichtenheft unklar, ob der Arbeitgeber die Erledigung einer bestimmten Arbeit von einem Arbeitnehmer verlangen darf. Hier entscheidet die **allgemeine Anschauung.** Ein Arbeitnehmer muss die Arbeiten ausüben, die von einer Person in der betreffenden Stellung üblicherweise ausgeübt werden.

Beispiel

Um Reinigungskosten zu sparen, verlangt der Vorgesetzte von den Mitgliedern des Marketingteams, dass sie am Freitagabend ihre Schreibtische aufräumen, die Papierkörbe leeren und staubsaugen. Roland Kaiser will diese Arbeiten nicht erledigen, weil er meint, er habe Gescheiteres zu tun. Im Pflichtenheft steht nichts. Daher muss die Anschauung entscheiden. Man kann von einem kaufmännischen Mitarbeiter verlangen, dass er seinen Arbeitsplatz aufräumt, nicht aber, dass er das Büro reinigt.

Innerhalb des zulässigen Aufgabenfelds kann der Arbeitgeber mit **Weisungen** bestimmen, wann der Arbeitnehmer welche Arbeiten wie zu erledigen hat (OR 321d).

17.1.2 Wann und wie lange muss der Arbeitnehmer arbeiten?

Die **Arbeitsdauer** hängt von der Abmachung im EAV ab. Wichtig ist hier allerdings auch das **Arbeitsgesetz,** denn es enthält zwingende Bestimmungen über **Höchstarbeitszeiten.**

Abb. [17-2] **Arbeitszeit**

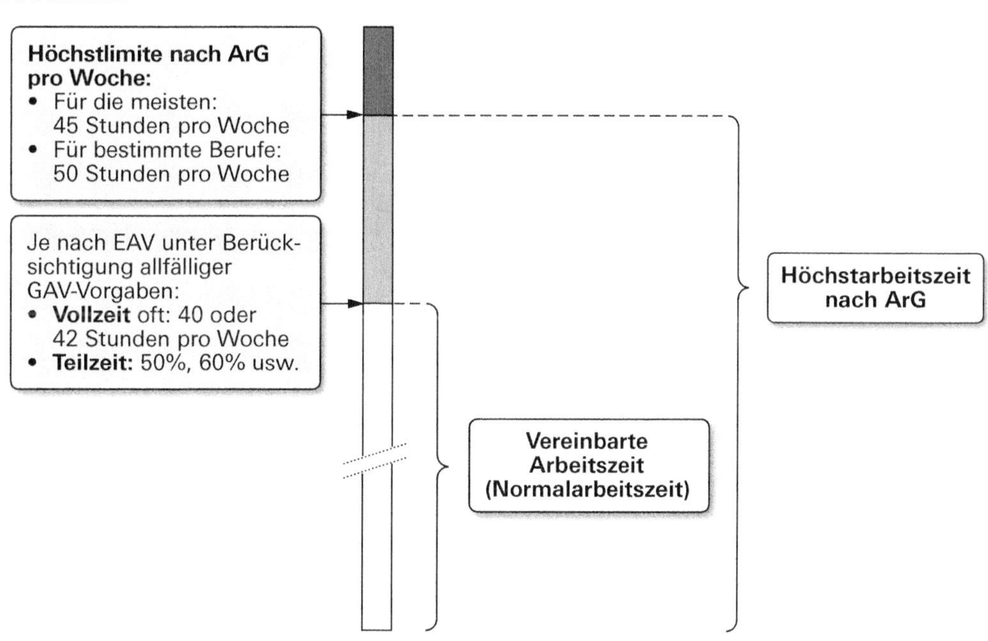

Compendio Bildungsmedien AG, Zürich

[1] EAV = Einzelarbeitsvertrag, im Gegensatz zum GAV = Gesamtarbeitsvertrag.

Die Verteilung der Arbeitszeit auf die **Wochentage** können die Parteien im Arbeitsvertrag regeln, wobei das Arbeitsgesetz die Vertragsfreiheit mit zahlreichen Bestimmungen begrenzt. Wichtige **Grenzen** sind neben der wöchentlichen Höchstarbeitszeit die Vorschriften zur Nacht- und Sonntagsarbeit, zu freien Tagen und zur Überzeitarbeit.

Haben die Parteien gar **nichts abgemacht,** so gilt die im Betrieb für die entsprechende Aufgabe übliche Verteilung der Arbeitszeit.

Abb. [17-3] **Überblick über die Regelungen des Arbeitsgesetzes zur Arbeitszeit**

Grundregel für Höchstarbeitszeit	ArG 9 I und II	**45 Stunden pro Woche** für Arbeitnehmende in industriellen Betrieben, für sämtliche Angestellten sowie das Verkaufspersonal in Grossbetrieben des Detailhandels **50 Stunden pro Woche** für alle übrigen Arbeitnehmenden – insbesondere Arbeiter in Gewerbebetrieben sowie Verkaufspersonal
Verlängerung der Höchstarbeitszeit	ArG 9 III / IV ArG 11	Eine **vorübergehende Verlängerung der Höchstarbeitszeit um max. 4 Stunden** ist in bestimmten Ausnahmesituationen zulässig.
Überzeitarbeit	ArG 12 und 13	**Überzeitarbeit ist Arbeit über die gesetzliche Höchstarbeitszeit hinaus.** Sie ist nur zulässig • wegen sehr dringender Arbeiten, bei ausserordentlichem Arbeitsandrang, für Inventar, Rechnungsabschlüsse, Liquidationsarbeiten oder zur Vermeidung / Beseitigung von Betriebsstörungen, • wenn dem Arbeitgeber keine andere Lösung zugemutet werden kann. **Höchstgrenzen** • Grundsätzlich höchstens 2 Stunden pro Tag • Bei 50-Stunden-Woche max. 140 Stunden/Jahr • Bei 45-Stunden-Woche max. 170 Stunden/Jahr **Vergütung** **Lohn + 25% Zuschlag** zwingend, ausser wenn der betroffene Arbeitnehmer einer Freizeitkompensation zustimmt. Für Angestellte mit 45 Stunden Höchstarbeitszeit ist die Überzeitentschädigung erst ab der **61. Stunde** zwingend.
Tages-, Abend- und Nachtarbeit	ArG 10	**Tagesarbeit: 06–20 Uhr** **Abendarbeit: 20–23 Uhr** **Nachtarbeit: 23–06 Uhr** Für Nachtarbeit braucht es die Bewilligung der Behörden. Für Abendarbeit müssen die betroffenen Arbeitnehmenden angehört werden, bevor sie eingeführt wird.
Höchstarbeitszeiträume	ArG 10 III	• Tages- und Abendarbeit: Die konkrete Arbeitszeit (inkl. Pausen und Überzeitarbeit) eines Mitarbeiters muss innerhalb von **14 Stunden** liegen. • Nachtarbeit: Die konkrete Arbeitszeit (inkl. Pausen und Überzeit) muss innerhalb von 10, ausnahmsweise **12 Stunden** liegen.
Mindestruhezeiten	ArG 15–22	**Pausen** • Mehr als 5.5 Arbeitsstunden: mind. 15 Minuten • Mehr als 7.0 Arbeitsstunden: mind. 30 Minuten • Mehr als 9.0 Arbeitsstunden: mind. 60 Minuten **Tägliche Ruhezeit** • Tägliche Ruhezeit von maximal **11 aufeinanderfolgenden Stunden.** • Darf einmal pro Woche auf bis 8 Stunden reduziert werden, sofern die Dauer von 11 Stunden im Durchschnitt von 2 Wochen eingehalten ist. **Nachtarbeitsverbot** • Nachtarbeit ist nur mit Bewilligung der Behörden zulässig (kantonale Arbeitsämter). • Damit die Bewilligung erteilt wird, müssen die Voraussetzungen von ArG 17 und der Verordnung erfüllt sein. • Es gelten zahlreiche Sonderbestimmungen für Nachtarbeit (vgl. ArG 17 ff. und VO). **Verbot der Sonntagsarbeit** **Wöchentlicher freier Halbtag bei 6-Tage-Woche**

Sonderschutz für Jugendliche	ArG 29 ff.	Mindestaltervorschriften für Arbeit Verschärfte Arbeits- und Ruhezeiten
Schwangerschaft / Mutterschaft	ArG 35 ff.	Beschäftigungseinschränkungen bzw. -verbote bestimmter Tätigkeiten Verschärfte Arbeits- und Ruhezeitvorschriften

Hinweis

Pflicht des Arbeitgebers zur Erfassung der Arbeitszeit

ArG 46 und ArGV1 73 schreiben vor, dass der Arbeitgeber die Arbeitszeiten für die dem ArG unterstellten Mitarbeitenden erfassen muss. Die kantonalen Behörden können verlangen, dass der Arbeitgeber ihnen diese Unterlagen vorlegt. So können sie überprüfen, ob die Vorschriften eingehalten sind.

Eine vereinfachte Arbeitszeiterfassung (Gesamtzahl der geleisteten Arbeitsstunden pro Tag) ist bei Arbeitnehmenden, die ihre Arbeitszeit zu einem namhaften Teil selbst festsetzen können, möglich (ArGV1 73b). Arbeitnehmende mit einem hohen Einkommen (Bruttojahreseinkommen über CHF 120000) und grosser Autonomie bei der Gestaltung ihrer Arbeit können auf die Erfassung der Arbeitszeit verzichten (ArGV1 73a). Dies muss aber in einem GAV geregelt werden.

17.1.3 Wie muss der Arbeitnehmer arbeiten?

Das OR verlangt, dass der Arbeitnehmer **sorgfältig** arbeitet (OR 321a I):

- Der Arbeitnehmer muss die ihm übertragene Arbeit unter vollem **Einsatz** seiner Kräfte und bester **Konzentration** ausführen.
- Er muss die **Arbeitsgeräte** des Arbeitgebers fachgerecht bedienen und das **Arbeitsmaterial** sorgfältig behandeln (OR 321a II).

Solange der Arbeitnehmer sorgfältig gearbeitet hat, spielt es keine Rolle, ob die Arbeit erfolgreich erledigt wurde oder nicht. Denn er schuldet ja **keinen Arbeitserfolg,** sondern nur das Tätigwerden im Interesse des Arbeitgebers.

Sobald ein Arbeitnehmer wegen unsorgfältiger Arbeit einen Schaden verursacht, stellt sich die Frage nach der **Haftung.** Antwort gibt OR 321e. Danach kommt es auf zwei Kriterien an:

- **Art des Arbeitsverhältnisses** unter Berücksichtigung des Berufsrisikos und der Fachkenntnisse respektive des Bildungsgrads, die für die Arbeit verlangt werden
- **Fähigkeiten und Eigenschaften des Arbeitnehmers,** die der Arbeitgeber gekannt hat oder hätte kennen sollen

17.2 Die Treuepflichten des Arbeitnehmers

Die **Treuepflichten** sind die **Nebenpflichten** des Arbeitnehmers. Das OR regelt folgende Fälle:

- Überstundenarbeit (OR 321c)
- Schwarzarbeit (OR 321a III)
- Geheimhaltung (OR 321a IV)
- Rechenschafts- und Herausgabepflicht (OR 321b)
- Weisungsbefolgung (OR 321 d)

17.2.1 Pflicht zu Überstundenarbeit

Im EAV verspricht der Arbeitnehmer seine Arbeitskraft für die vereinbarte Zeit. Er hat deshalb seine vertragliche Pflicht erfüllt, wenn er während dieser Stundenzahl gearbeitet hat. Aber: In Ausnahmesituationen ist der Arbeitnehmer zur Leistung von **Überstunden** verpflichtet.

OR 321c I definiert, wann solche **Ausnahmesituationen** vorliegen. Überstunden müssen geleistet werden, wenn sie betrieblich notwendig und zumutbar sind und wenn sie die Leistungsfähigkeit des Arbeitnehmers nicht übersteigen:

- **Betriebliche Notwendigkeit.** Zulässig sind Überstunden nur in begründeten Ausnahmesituationen, um den normalen Betrieb aufrechtzuerhalten oder Verpflichtungen des Unternehmens gegenüber Kunden zu erfüllen. Nicht betriebsnotwendig und unzulässig sind Überstunden dagegen, wenn eine Arbeit ohne grössere Schwierigkeiten während der Normalarbeitszeit der folgenden Tage erledigt werden könnte oder wenn der Arbeitgeber chronisch mit zu geringem Personalbestand arbeitet.
- **Zumutbarkeit.** Selbst notwendige Überstunden kann der Arbeitnehmer verweigern, wenn sie für ihn unzumutbar sind. Das ist der Fall, wenn die privaten Interessen des Arbeitnehmers auf Freizeit höher einzuschätzen sind als das Arbeitgeberinteresse an Überstunden.
- **Leistungsfähigkeit** des Arbeitnehmers. Die Pflicht, Überstunden zu leisten, findet ihre Grenze in der Leistungsfähigkeit des Arbeitnehmers.

Überstunden und Überzeit

Für alle Arbeitnehmenden, die dem ArG unterstehen, setzt die **Höchstarbeitszeit** eine Obergrenze. Das ArG sagt, in welchem Umfang sie überschritten werden darf. Man spricht dann von Überzeit. Es besteht also ein Unterschied zwischen **Überstunden** und **Überzeit.**

Abb. [17-4] **Überstunden und Überzeit**

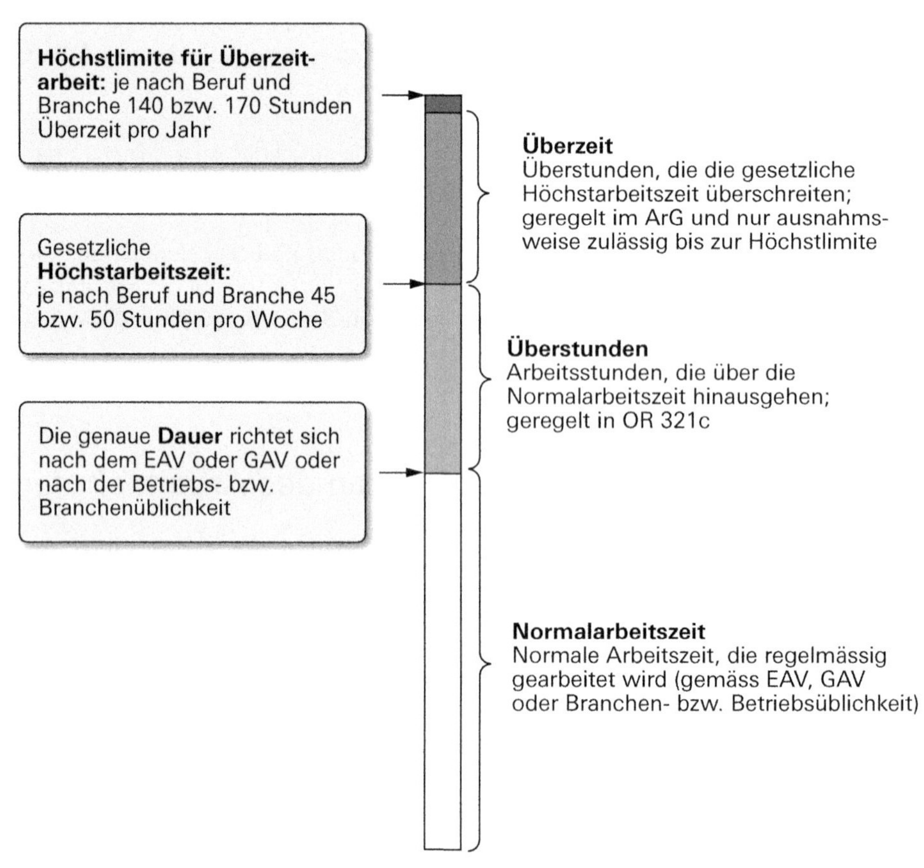

Compendio Bildungsmedien AG, Zürich

Beispiel

Christine Walser arbeitet als Direktionsassistentin bei einer Versicherung. In ihrem Arbeitsvertrag wurde die 40-Stunden-Woche vereinbart. Als Büroangestellte untersteht sie dem Arbeitsgesetz, das für sie die 45-Stunden-Woche als Höchstarbeitszeit vorschreibt.

Überstunden im Sinne von OR 321c sind: die Differenz zwischen der vertraglich vereinbarten Arbeitszeit (40 Stunden) und der Höchstarbeitszeit (45 Stunden), d. h. also maximal 5 Stunden pro Woche.

Darüber hinausgehende «Überstunden» sind **Überzeit** im Sinne von ArG 9 und es gelten die entsprechenden Regeln, hier maximal 2 Stunden pro Tag bzw. 170 Stunden pro Jahr (ArG 12 II).

Entschädigung für Überstunden- und Überzeitarbeit

Für **Überstunden** gilt OR 321c III:

- Wenn nichts anderes abgemacht ist, schuldet der Arbeitgeber für jede Überstunde den gewöhnlichen **Lohn mit einem Zuschlag von 25%** (OR 321c III).
- Die Parteien können mündlich oder schriftlich vereinbaren, dass Überstunden mit mindestens gleich langer **Freizeit** kompensiert werden (OR 321c II).
- Durch schriftliche Abmachung oder GAV-Bestimmung kann die Überstundenvergütung **reduziert oder ausgeschlossen** werden (OR 321c III).

Für **Überzeitarbeit,** d. h., sobald die Höchstarbeitszeit überschritten ist, gelten die Bestimmungen des ArG. Vorausgesetzt ist allerdings, dass der betroffene Arbeitnehmer dem ArG unterstellt ist, was für fast alle Arbeitnehmenden zutrifft (Ausnahme z. B. Topmanagement):

- Nach dem ArG gilt ebenfalls die Regel **«Lohn + 25%»**. Diese ist für Büropersonal sowie technisches Personal und Verkaufspersonal in Grossbetrieben zwingend, sobald die Überzeitarbeit 60 Stunden im Kalenderjahr übersteigt.
- Zulässig ist auch nach ArG die Kompensation mit **Freizeit** von mindestens gleicher Dauer (ArG 13).

Beispiel

Weil es vergangenes Jahr viel Arbeit gab, hat Christine Walser sehr viel gearbeitet. Am Schluss des Jahres stellt sich heraus, dass sie insgesamt 250 Überstunden geleistet hat. Davon waren 90 Stunden Überzeitarbeit. Im Firmenreglement ist vorgesehen, dass Christine Walsers Arbeitgeber für Überstunden den gewöhnlichen Stundenlohn ohne Prozentzuschlag bezahlt. Weil das ArG für alle Überzeitarbeit, die 60 Stunden pro Jahr übersteigt, den Prozentzuschlag von 25% zwingend vorschreibt, kann sie für 30 der geleisteten 90 Stunden Überzeit den Zuschlag noch verlangen (ArG 13).

Abb. [17-5] **Entschädigung / Kompensation von Überstunden und Überzeit**

	Überstunden nach OR 321c	**Überzeit nach ArG**
Lohn + 25%	Sofern nichts anderes abgemacht	Sofern nichts anderes abgemacht
Freizeitkompensation	• Mündlich oder schriftlich zulässig (mindestens gleich lang)	• Mündlich oder schriftlich zulässig (mindestens gleich lang)
Reduktion oder Ausschluss der Vergütung	• Schriftlich oder in GAV möglich	• Bei Höchstarbeitszeit 45 Stunden, ab 61 Stunden Überzeit pro Jahr verboten • Bei Höchstarbeitszeit 50 Stunden verboten

17.2.2 Nebenbeschäftigungen sind zulässig – Schwarzarbeit ist verboten

Nebenbeschäftigung: grundsätzlich zulässig

Viele haben neben ihrer eigentlichen Arbeit eine **Nebenbeschäftigung** – eine entgeltliche oder unentgeltliche (z. B. Vereinstätigkeit). Das ist zulässig. Der Arbeitnehmer muss den Arbeitgeber nicht um Erlaubnis bitten. Er muss ihm dies nicht einmal mitteilen. Etwas anderes gilt nur in Ausnahmefällen.

Verbot der Schwarzarbeit (OR 321a III)

Verbotene **Schwarzarbeit** ist eine **entgeltliche** Nebenbeschäftigung, die den Arbeitgeber konkurrenziert.

Konkurrenz liegt vor, wenn der Arbeitnehmer selbstständig oder für einen anderen Arbeitgeber eine gleiche oder ähnliche Leistung an den gleichen Kundenkreis erbringt und wenn dadurch die Möglichkeit besteht, dass der Arbeitgeber finanziell erheblich geschädigt wird. Eine solche Arbeit ist nur zulässig, wenn der Arbeitgeber ihr zustimmt.

Dieses Verbot gilt nur während des laufenden Arbeitsverhältnisses. Will der Arbeitgeber auch nach Beendigung des Arbeitsverhältnisses ein **Konkurrenzverbot** durchsetzen, muss er dies schriftlich mit dem Arbeitnehmer abmachen.

Beispiel

Donald Tabori arbeitet in der Lohnbuchhaltung eines grossen Hardware-Händlers. Er betreibt nebenher einen schwungvollen Privathandel mit PCs. Damit konkurrenziert er aber seinen Arbeitgeber, weshalb es sich um Schwarzarbeit handelt. Zulässig sind die Aktivitäten von Donald Tabori nur mit Einwilligung des Arbeitgebers. Diese lässt er sich am besten schriftlich geben.

Weitere Fälle verbotener Nebenbeschäftigung

Im **Arbeitsvertrag** kann abgemacht sein, dass Nebenbeschäftigungen generell **verboten** bzw. nur mit Einwilligung des Arbeitgebers zulässig sind.

Auch ohne eine solche Abmachung sind an sich zulässige Nebenbeschäftigungen verboten, wenn sie die **Leistungsfähigkeit** des Arbeitnehmers merklich herabsetzen, sodass dieser an seinem Arbeitsplatz nicht mehr die volle Leistung erbringt. Das gilt für entgeltliche und unentgeltliche Tätigkeiten.

Ebenfalls verboten sind entgeltliche Nebenbeschäftigungen schliesslich, wenn Arbeit und Nebenbeschäftigung zusammen die **Höchstarbeitszeit** des ArG überschreiten.

17.2.3 Geschäftsgeheimnisse und andere Geheimnisse

Viele Arbeitnehmende haben Kenntnisse über Dinge Ihres Arbeitgebers, die nicht für die Öffentlichkeit bestimmt sind, z. B. über **Fabrikations- und Geschäftsgeheimnisse,** über den **Kundenstamm** oder auch über die persönlichen Verhältnisse des Arbeitgebers.

Die **Geheimhaltungspflicht** von OR 321a IV verlangt, dass der Arbeitnehmer Geheimnisse weder selbst verwertet, noch Dritten mitteilt. Wie er davon erfahren hat, spielt keine Rolle. Es genügt, dass das Geheimnis dem Arbeitnehmer während der Dauer des Arbeitsverhältnisses zur Kenntnis gelangt ist.

Die Geheimhaltungspflicht gilt während des Arbeitsverhältnisses. Sie dauert aber auch nach **Beendigung** des Arbeitsverhältnisses fort.

Hinweis

Whistleblowing

Vom Whistleblowing spricht man, wenn ein Arbeitnehmer Missstände oder Korruptionsfälle beim Arbeitgeber in die Öffentlichkeit bringt. Nach heute gültigem Recht verletzt ein Whistleblower die Geheimhaltungspflicht.

Er muss deshalb die Missstände intern dem Arbeitgeber anzeigen. Erst wenn dies nichts nützt, darf er sich an die zuständige Behörde wenden. Der Gang an die Öffentlichkeit ist grundsätzlich verboten.

17.2.4 Rechenschafts- und Herausgabepflicht

Der Arbeitnehmer muss dem Arbeitgeber **Rechenschaft** ablegen über alle Ausgaben und Einnahmen, die im Zusammenhang mit der Arbeit entstehen. Deshalb muss er z. B. Rapporte über die geleistete Arbeit und seine Arbeitszeit (Zeiterfassung) erstellen, wenn der Arbeitgeber das von ihm verlangt.

Ausserdem muss der Arbeitgeber die Arbeitserzeugnisse **herausgeben.** Dazu gehört auch alles, was er von Dritten für den Arbeitgeber erhalten hat (OR 321b; v. a. Waren und Geld, aber auch Informationen, die für den Arbeitgeber wichtig sein könnten).

17.2.5 Weisungsbefolgungspflicht

Der Arbeitgeber darf nach OR 321d I **allgemeine Anordnungen** und **besondere Weisungen** erlassen über die Ausführung der Arbeit und auch das Verhalten im Betrieb.

Die Arbeitnehmenden müssen solche allgemeinen Anordnungen und die an sie gerichteten besonderen **Weisungen befolgen,** soweit es ihnen zumutbar ist (OR 321d II).

17.3 Hauptpflicht des Arbeitgebers: Lohnzahlung

17.3.1 Lohn und weitere Geldleistungen des Arbeitgebers

Hauptpflicht des Arbeitgebers ist die Zahlung des **Lohns** (OR 322). Zusammensetzung, Höhe, Zahlungsmodalitäten usw. sind Sache der vertraglichen Ausgestaltung.

Lohnarten

Lohn ist heute meistens **Geldlohn.** Möglich ist aber auch, dass ein Teil des Lohns als **Naturallohn** geleistet wird (z. B. im Gastgewerbe Kost und Logis).

Je nach Vereinbarung im **Arbeitsvertrag** kann der Lohn wie folgt bemessen werden:

- Als **Zeitlohn** (Stunden-, Tages-, Wochen- oder Monatslohn)
- Als **Leistungslohn** wie z. B. Akkordlohn (= Stücklohn), Provision (= Beteiligung an einem Geschäftsabschluss) oder Umsatz- und Gewinnbeteiligungen

Kombinationen Zeit- und Leistungslohn sind weitverbreitet (OR 322a ff.).

13. Monatslohn und Gratifikation

Der **13. Monatslohn** ist nicht vorgeschrieben. Der Arbeitgeber kann sich aber freiwillig schriftlich, mündlich oder stillschweigend zur Bezahlung eines 13. Monatslohns verpflichten. In diesem Fall hat der Arbeitnehmer einen fixen Anspruch auf diese Zusatzvergütung.

Die **Gratifikation** ist eine freiwillige Sondervergütung, die der Arbeitgeber nach eigenem Ermessen ausrichtet. Obwohl Gratifikationen an sich freiwillig sind, hat der Arbeitnehmer manchmal einen **Anspruch** darauf. Es gelten folgende Grundsätze:

- Eine Gratifikation ist geschuldet, sobald sie vertraglich **vereinbart** wurde (OR 322d I). Das kann mündlich oder stillschweigend geschehen.
- Die Gerichte gehen von einer stillschweigend vereinbarten Gratifikation aus, sobald der Arbeitgeber sie **dreimal hintereinander** für denselben Grund und ohne Hinweis auf die Freiwilligkeit ausbezahlt hat. Eine andere Frage ist die Höhe. Sie kann an Bedingungen geknüpft sein (z. B. gutes Geschäftsjahr usw.).

Weitere Zahlungen des Arbeitgebers

Zum Lohn kommen unter Umständen weitere Zahlungen dazu. Solche **Zulagen** sind im Gesetz oder in einem GAV vorgesehen oder in einem EAV vereinbart:

- **Gesetzliche Zulagen** sind z. B. Familienzulagen (Kinder- und Ausbildungszulagen). Ausserdem kennt das ArG Zulagen für Sonntags- und Nachtarbeit.
- **Vertragliche Zulagen** sind etwa Teuerungs-, Schmutz-, Gefahren- oder Dienstalterszulagen. Sie können auch in einem GAV vorgesehen sein.

Spesen sind weder Lohn noch Zulage!

Spesenentschädigungen sind Entschädigungen für **Aufwendungen,** die für den Arbeitnehmer bei der Arbeitsausübung entstanden sind. OR 327a schreibt relativ zwingend vor, dass der Arbeitgeber **sämtliche Spesen** zu übernehmen hat.

Zwar können **Spesenpauschalen** schriftlich vereinbart werden, diese müssen aber ausreichen, um die notwendigen Auslagen zu decken. Besonders geregelt ist die Abgeltung von Autospesen (OR 327b).

Lohnhöhe

Die Parteien können die **Lohnhöhe** frei vereinbaren. Es gibt also in der Schweiz **keine** gesetzlich vorgeschriebenen allgemeingültigen **Mindestlöhne.**

Verbindliche Vorgaben über die Lohnhöhe können sich aber aus dem Gleichstellungsgebot von Mann und Frau ergeben, aus GAVs und aus dem Verbot des Lohndumpings von OR 360a:

- Nach dem Gleichstellungsgesetz (GlG) gilt der Grundsatz der **Lohngleichheit** zwischen Mann und Frau. Verdient eine Frau mit sonst gleichen Voraussetzungen (Alter, Dienstalter, Erfahrung, Qualifikation usw.) für die gleiche Arbeit weniger als ein Mann, kann sie verlangen, dass ihr Lohn angepasst wird.
- Ein GAV kann **Mindestlöhne** für die ihm unterstellten Arbeitnehmenden vorsehen. Wird ein solcher GAV durch die zuständigen Behörden für allgemein verbindlich erklärt, dann gilt er für alle Mitarbeitenden der betreffenden Branche.
- OR 360a verbietet **Lohndumping.** Diese Bestimmung wurde im Zusammenhang mit der Personenfreizügigkeit zwischen der Schweiz und der EU eingeführt. Sie soll verhindern, dass die orts-, berufs- oder branchenüblichen Löhne in missbräuchlicher Weise unterboten werden. Wird Lohndumping festgestellt, können verbindliche Vorgaben über Mindestlöhne erlassen werden (vgl. dazu OR 360a, OR 360b und 360d).

Zuerst die Arbeit, dann der Lohn

Sofern nichts anderes vereinbart (im EAV bzw. GAV) oder üblich ist, ist der Lohn **Ende Monat** auszuzahlen (OR 323 I). Der Arbeitnehmer ist also vorleistungspflichtig.

Jede Lohnauszahlung muss durch eine ausführliche **Lohnabrechnung** dokumentiert werden (OR 323b I).

Beispiel

Weitere Fragen im Zusammenhang mit dem Lohn

Recht auf Vorschuss. Arbeitnehmende in einem finanziellen Engpass haben ein Recht auf Vorschuss, allerdings nur in der Höhe der bereits geleisteten Arbeit (OR 323 IV).

Beschränkung der Verrechnung. Hat der Arbeitgeber Forderungen gegenüber dem Arbeitnehmer, darf er diese mit dem über dem betreibungsrechtlichen Existenzminimum liegenden Lohn verrechnen. Hat der Arbeitnehmer **absichtlich** einen Schaden verursacht, dann gilt diese Beschränkung allerdings nicht (OR 323b II).

17.3.2 Lohn ohne Arbeit?

Der Grundsatz «Ohne Arbeit kein Lohn» und seine beiden Ausnahmen

Im Arbeitsrecht gilt der Grundsatz: **Ohne Arbeit kein Lohn!** Wer nicht arbeitet, hat deshalb auch keinen Lohn zugut.

Nur in **zwei Ausnahmefällen** erhält ein Arbeitnehmer auch ohne Arbeit den Lohn! Diese beiden Fälle sind

- der **Annahmeverzug** des Arbeitgebers (OR 324) und
- die unverschuldete **persönliche Verhinderung** des Arbeitnehmers (OR 324a).

Lohn bei Annahmeverzug des Arbeitgebers (OR 324)

Annahmeverzug liegt vor, wenn der Arbeitnehmer seine Arbeit vertragsgemäss anbietet und der Arbeitgeber ihm keine Arbeit anbieten will / kann. Dazu beispielhaft die wichtigsten Fälle:

- Der Arbeitgeber **verweigert die Annahme** der vertragsgemäss angebotenen Leistung. Er lässt den Arbeitnehmer die Stelle gar nicht erst antreten, weil er einen anderen Arbeitnehmer eingestellt hat, oder er weist ihm keine Arbeit zu.
- Der Arbeitgeber **unterlässt die nötigen Vorbereitungshandlungen,** damit der Arbeitnehmer seine Arbeit leisten kann. Er stellt die notwendigen Arbeitsgeräte oder das Rohmaterial nicht zur Verfügung.
- Es liegt eine **Betriebsstörung** vor. Betriebsstörungen (z. B. Absturz des Computersystems) gehören ins unternehmerische Risiko des Arbeitgebers. Deshalb muss der Arbeitgeber auch den Lohn für die wegen Betriebsstörungen ausfallende Arbeitszeit bezahlen.

Ist der Arbeitgeber im Annahmeverzug, kann er **keine Nacharbeit** verlangen. Anders ausgedrückt: Es entstehen dem Arbeitnehmer im Monatslohn keine Minusstunden, wenn er wegen Annahmeverzugs des Arbeitgebers nicht arbeiten kann. Der Arbeitgeber muss also Lohn zahlen, ohne je zur entsprechenden Arbeitsleistung zu kommen.

Lohn bei persönlicher Verhinderung des Arbeitnehmers (OR 324a)

Beim zweiten Fall ist der **Arbeitnehmer** aus Gründen, die in seiner Person liegen, an der Arbeit verhindert. Beispiele sind Krankheit, Unfall oder Ausübung gesetzlicher Pflichten.

Neben OR 324a gelten für bestimmte **persönliche Verhinderungsgründe** besondere gesetzliche Bestimmungen, z. B. für Unfälle das Unfallversicherungsgesetz (UVG) und für die Mutterschaftsentschädigung/Vaterschaftsentschädigung das Erwerbsersatzgesetz (EOG).

OR 324a verlangt **drei** Voraussetzungen für eine Lohnfortzahlungspflicht:

1. **Persönliches Leistungshindernis**
2. **Kein grobes Selbstverschulden**
3. **Minimale Dauer des Arbeitsverhältnisses**

Die folgende Abbildung zeigt das Wesentliche:

Abb. [17-6] **Voraussetzungen der Lohnfortzahlung bei Verhinderung an der Arbeitsleistung**

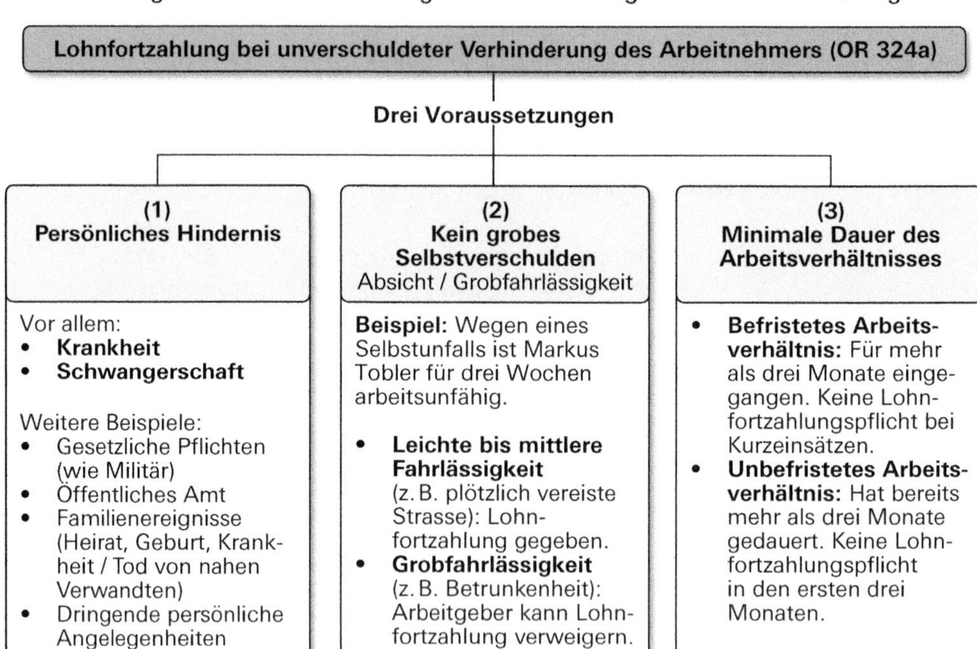

Compendio Bildungsmedien AG, Zürich

Wie lange dauert die Lohnfortzahlung bei unverschuldeter Verhinderung?

Ausschlaggebend ist das Dienstalter. OR 324a II schreibt vor, dass der Lohn im 1. Dienstjahr während **mindestens 3 Wochen** weiterbezahlt werden muss, nachher für eine angemessene längere Zeit. Was angemessen ist, haben die Gerichte in langjähriger Praxis entwickelt. Heute haben sich in der Schweiz drei **gerichtliche Skalensysteme** ausgebildet, die zum Teil erheblich voneinander abweichen. Betrachten Sie dazu die folgende Abbildung:

Abb. [17-7] **Gerichtspraxis zur Lohnfortzahlung (Wo = Wochen; Mo = Monate)**

	Basler Skala BS, BL	Berner Skala BE, AG, OW, SG, West-CH	Zürcher Skala ZH, GR
1. Dienstjahr	3 Wo	3 Wo	3 Wo
2. Dienstjahr	2 Mo	1 Mo	8 Wo
3. Dienstjahr	2 Mo	2 Mo	9 Wo
4. Dienstjahr	3 Mo	2 Mo	10 Wo
5. Dienstjahr	3 Mo	3 Mo	11 Wo
6. Dienstjahr	3 Mo	3 Mo	12 Wo
7. Dienstjahr	3 Mo	3 Mo	13 Wo
8. Dienstjahr	3 Mo	3 Mo	14 Wo
9. Dienstjahr	3 Mo	3 Mo	15 Wo
10. Dienstjahr	3 Mo	4 Mo	16 Wo
11. Dienstjahr	4 Mo	4 Mo	17 Wo

9 Wochen = 2 Monate; 13 Wochen = 3 Monate. Quelle: Staatssekretariat für Wirtschaft (SECO) https://www.seco.admin.ch/seco/de/home/Arbeit/Personenfreizugigkeit_Arbeitsbeziehungen/Arbeitsrecht/FAQ_zum_privaten_Arbeitsrecht/verhinderung-des-arbeitnehmers-an-der-arbeitsleistung.html

Das «Lohnfortzahlungskonto» beginnt nicht bei jeder Absenz neu zu laufen. **Verschiedene Absenzen** innerhalb eines Dienstjahrs werden zusammengezählt.

Krankheit als wichtiger Anwendungsbereich der Lohnfortzahlung nach OR 324a

Die Lohnfortzahlung nach OR 324a kommt v. a. bei **krankheitsbedingten** Absenzen zur Anwendung. Wegen der kurzen Fristen ist der gesetzliche Schutz knapp. Der Lohn ist bei einer ernsthaften Erkrankung kaum für die ganze Genesungsdauer gesichert.

Viele Arbeitgeber schliessen eine **Krankentaggeldversicherung** ab, die nur einen Prozentsatz des Lohns (z. B. 70% oder 80%) versichert, dies aber unabhängig vom Dienstalter für einen längeren Zeitraum (z. B. 2 Jahre). Solche Regelungen sind zulässig, wenn sie für den Arbeitnehmenden mindestens gleich gut sind wie der Schutz von OR 324a (vgl. OR 324a IV).

Lohn bei Arbeitsverhinderung wegen Unfall

Heute sind in der Schweiz fast alle Arbeitnehmenden obligatorisch gegen Unfälle versichert. Man spricht vom **UVG-Obligatorium** (OR 324b I).

Wer ein Wochenpensum von mehr als 8 Stunden hat, ist gegen Unfälle während der Arbeit **(Berufsunfälle)** und gegen Unfälle während der Freizeit **(Nichtberufsunfälle)** versichert.

Ereignet sich ein Unfall, übernimmt die obligatorische Unfallversicherung die **Heilungskosten** und sie leistet einen **Lohnersatz.**

Das UVG kennt ein **Lohnmaximum.** Versichert sind Löhne bis maximal CHF 148 200 pro Jahr (Stand 2018). Liegt der Lohn unterhalb dieser Höchstgrenze, übernimmt die Unfallversicherung für die unfallbedingte Absenz 80% des Lohns:

- Die **Lohnzahlungspflicht** beginnt ab den dem 3. Tag nach dem Unfall zu laufen. Für die ersten beiden Karenztage muss der Arbeitgeber im Rahmen seiner Lohnfortzahlungspflicht nach OR 324a 80% des Lohns bezahlen.
- Das UVG-Taggeld wird an den **Arbeitgeber** ausbezahlt. Dieser zahlt es als Lohnfortzahlung an den verunfallten Arbeitnehmer aus. Für die beiden Karenztage muss der Arbeitgeber mindestens 80% des Lohns selbst tragen (OR 324b III).

Hinweis

Behandlung von hohen Löhnen

Lohnteile über dem Lohnmaximum sind nicht obligatorisch versichert. Wer mehr verdient, erhält deshalb von der obligatorischen Unfallversicherung bloss 80% von CHF 148200 ausbezahlt. Freiwillige Versicherungslösungen für diese Lohnteile sind möglich.

Mutterschaftsentschädigung

Die **Mutterschaftsentschädigung** funktioniert ähnlich wie bei einem Unfall. Der Anspruch auf die Versicherungsleistung beginnt ab dem Tag der Geburt **(Niederkunft)** und er dauert, bis die Arbeitnehmerin wieder arbeitet bzw. maximal 98 Tage, d. h. 14 Wochen (OR 329f):

- Das Taggeld beträgt **80% des versicherten Lohns** ab Geburt.
- Das Taggeld wird an den **Arbeitgeber** ausbezahlt. Dieser zahlt es dann als Lohnfortzahlung an die Arbeitnehmerin aus.

Vaterschaftsentschädigung

Das Taggeld wird wie bei der Mutterschaftsentschädigung berechnet. Der Bezug des Urlaubs kann am Stück (14 aufeinanderfolgende Tage inklusive Wochenende) oder tageweise (zehn Tage) innerhalb von sechs Monaten nach der Geburt des Kindes erfolgen. Wird der Urlaub wochenweise bezogen, so werden pro Woche sieben Taggelder ausgerichtet. Bei tageweisem Bezug werden pro fünf entschädigte Tage zwei zusätzliche Taggelder gewährt.

17.4 Die Nebenpflichten des Arbeitgebers

Der Arbeitgeber schuldet nicht nur Lohn, sondern er trägt auch ein Mindestmass an **Verantwortung** für seine Arbeitnehmenden. Sie heisst **Fürsorgepflicht.** Folgende Fürsorgepflichten sind im **Gesetz** geregelt:

- Persönlichkeitsschutz (OR 328, Datenschutzgesetz und Gleichstellungsgesetz)
- Freizeit (OR 329)
- Ferien (OR 329a ff.)
- Mutterschaftsurlaub (OR 329f)
- Vaterschaftsurlaub (OR 329g)
- Arbeitszeugnis (OR 330a)

17.4.1 Persönlichkeitsschutz

Die Fürsorgepflicht verlangt v. a., dass der Arbeitgeber die **Persönlichkeit** des Arbeitnehmers achtet und schützt (OR 328). Wichtige Bereiche des Persönlichkeitsschutzes sind:

- Schutz von **Leben und Gesundheit** am Arbeitsplatz. Der Arbeitgeber muss alle möglichen und zumutbaren Massnahmen zum Schutz von Leben und Gesundheit treffen. Der Gesundheitsschutz ist im **Arbeitsgesetz** detailliert geregelt.
- Schutz der **beruflichen Ehre,** des **Ansehens** im Betrieb, der **Privatsphäre** und der verfassungsmässigen **Freiheitsrechte** wie Meinungsäusserungsfreiheit. Die Fürsorgepflicht verpflichtet den Arbeitgeber, den Arbeitnehmer vor **Mobbing** zu schützen und im Mobbing-Fall entsprechende Massnahmen zu treffen.

Zwei wichtige Bereiche des Persönlichkeitsschutzes sind im **Gleichstellungsgesetz (GlG)** und im **Datenschutzgesetz (DSG)** besonders geregelt.

Gleichstellungsgesetz (GlG)

Der Arbeitgeber muss dafür sorgen, dass seine Mitarbeitenden nicht aus Gründen des Geschlechts diskriminiert und nicht sexuell belästigt werden.

Abb. [17-8] **Gleichstellung und Diskriminierungsverbot auf einen Blick**

Diskriminierung	Diskriminierend im Sinne des GlG sind die **sexuelle Belästigung** und jede **ungerechtfertigte Ungleichbehandlung** von Mann und Frau im Arbeitsverhältnis, z. B. bezüglich Aufgabenzuteilung, Entlöhnung, Weiterbildung, Beförderung oder Entlassung.
Rechtsansprüche	Die diskriminierte Person hat verschiedene Rechtsansprüche, z. B.: • **Beseitigung** der Diskriminierung • **Anpassung** des zu tiefen Lohns (für die Zukunft und rückwirkend) • **Entschädigung** für erlittene Beeinträchtigung (bei sexueller Belästigung z. B. bis 6 Monatslöhne, GlG 5)
Beweislasterleichterung	Bezüglich der Aufgabenzuteilung, Entlöhnung, Weiterbildung, Beförderung und Entlassung wird eine Diskriminierung **vermutet**, wenn diese glaubhaft gemacht wird. Der Gleichstellung fordernde Arbeitnehmer hat also im Streitfall die Diskriminierung nicht umfassend zu beweisen, sondern bloss **glaubhaft** zu machen (Beweislasterleichterung, GlG 6). Für die sexuelle Belästigung gilt die Beweislasterleichterung nicht. Die betroffene Person muss die Belästigung beweisen.
Kündigungsschutz	Wer sich gegen eine sexuelle Belästigung oder eine Diskriminierung wehrt, ist vor einer **Rachekündigung** durch den Arbeitgeber geschützt. Der Schutz gilt für die Dauer eines innerbetrieblichen Beschwerdeverfahrens oder eines Gerichtsverfahrens sowie 6 Monate darüber hinaus (GlG 10).
Schlichtungsstellen	Für Streitigkeiten über Diskriminierung gibt es kostenlose kantonale **Schlichtungsstellen.** Sie beraten die Parteien und versuchen, eine Einigung herbeizuführen. Scheitert dies, können die Parteien ihre Ansprüche vor dem Arbeitsgericht geltend machen (GlG 11 f., OR 343).

Datenschutz und Datenschutzgesetz (DSG)

Die Bearbeitung von Personendaten im Arbeitsverhältnis ist in OR 328b geregelt. Der Arbeitgeber darf Daten über den Arbeitnehmer nur bearbeiten, soweit sie

- dessen **Eignung** für das Arbeitsverhältnis betreffen oder
- zur **Durchführung** des Arbeitsvertrags erforderlich sind.

Im Übrigen verweist das OR auf die Bestimmungen des **Datenschutzgesetzes (DSG).** Dieses stellt eine ganze Reihe von Grundsätzen für die Beschaffung, Bearbeitung, Aufbewahrung, Weitergabe und Vernichtung von Personendaten auf. Folgende Grundsätze sind im Arbeitsrecht besonders wichtig:

- **Rechtmässigkeit:** Grundsätzlich dürfen Personendaten nur mit Zustimmung der betroffenen Person beschafft und weitergegeben werden.
- **Verhältnismässigkeit und Zweckbindung:** Es dürfen nur die Daten beschafft und aufbewahrt werden, die zum angestrebten Zweck geeignet und erforderlich sind.
- **Richtigkeit:** Wer Personendaten erhebt, muss sich über ihre Richtigkeit vergewissern.
- **Sicherheit:** Die Daten müssen vor dem Zugriff Unbefugter geschützt werden.

Für das Arbeitsverhältnis ergeben sich daraus diese Regeln:

Abb. [17-9]

Datenschutz im Arbeitsverhältnis

Stellenbewerbung	Der Arbeitgeber darf nur in Erfahrung bringen, was für das **Arbeitsverhältnis relevant** ist. • Sein **Fragerecht** ist auf diese Themen eingeschränkt. • Findet eine **vertrauensärztliche Untersuchung** statt, ist der Arzt an seine Schweigepflicht gebunden. Er darf dem Arbeitgeber keine Detailinformationen über den Gesundheitszustand des Bewerbers geben, sondern nur allgemein über die Eignung für die Stelle. • **Eignungstests** dürfen nur mit Einwilligung der Bewerberin gemacht werden. Diese kann Einsicht in die Resultate verlangen. • **Referenzen** darf der Arbeitgeber grundsätzlich nur einholen, wenn der Bewerber einwilligt. Der Inhalt der Auskünfte ist auf das beschränkt, was der Arbeitgeber den Bewerber auch selbst fragen darf. Ebenso darf ein ehemaliger Arbeitgeber nur mit Einwilligung der betroffenen Person Referenzauskünfte geben.
Während des Arbeitsverhältnisses	Im **Personaldossier** dürfen nur Informationen abgelegt sein, die für das Arbeitsverhältnis nötig sind: • Dazu gehören z. B. Informationen über allfällige Kinder (Kinderzulagen!), nicht aber über den Ehe- oder den Lebenspartner. • Dazu gehört auch die Dokumentation von Verhalten und Leistung an der Arbeit, aber nicht Informationen über das Freizeitverhalten. Jeder Arbeitnehmer kann **Auskunft** über sein Personaldossier und gegebenenfalls die Berichtigung falscher Daten verlangen. Die Daten des Personaldossiers sind **geheim.** Der Arbeitgeber darf die Informationen nicht weitergeben und muss dafür sorgen, dass unbefugte Dritte keinen Zugriff erhalten. **Überwachungs- und Kontrollsysteme** dürfen aus Sicherheitsgründen und zur Erfassung der Arbeitsleistung eingesetzt werden, wenn keine milderen Massnahmen möglich sind. Dabei müssen die Mitarbeitenden vorgängig informiert werden. Verboten ist die generelle Verhaltenserfassung der Mitarbeitenden.
Nach Beendigung des Arbeitsverhältnisses	Nach dem Ausscheiden der Mitarbeitenden ist das Personaldossier auf jene Daten zu reduzieren, die zur Begründung bzw. Abwehr von arbeitsrechtlichen Ansprüchen nötig sind oder bei denen eine gesetzliche Aufbewahrungspflicht besteht. Die Aufbewahrungsdauer hängt von der Art der Daten ab; normalerweise ist sie auf 5 Jahre begrenzt. Danach müssen die Daten vernichtet werden.

17.4.2 Freizeit

Der Arbeitgeber muss dem Arbeitnehmer **Freizeit** gewähren (OR 329). Man unterscheidet zwischen normaler und ausserordentlicher Freizeit:

Normale Freizeit

Der Arbeitnehmer hat nach OR 329 I und II minimal **einen freien Tag** pro Woche zugut. Die Bedeutung dieser Regel ist gering, weil das Arbeitsgesetz mindestens 1.5 Freitage pro Woche vorsieht und weil die meisten EAV und GAV ohnehin die Fünftagewoche vorschreiben.

Ausserordentliche Freizeit

Dem Arbeitnehmer sind gemäss OR 329 III **«die üblichen freien Stunden und Tage»** zu gewähren, d. h., der Arbeitgeber muss dem Arbeitnehmer während der Arbeitszeit freigeben,

- damit dieser **persönliche Angelegenheiten** erledigen (Behördengänge, Arztbesuch etc.),
- an wichtigen **Familienereignissen** teilnehmen (Hochzeit, Beerdigung etc.),
- **besondere Pflichten** erfüllen (z. B. Fahrprüfung, militärische Inspektion) oder eine neue Arbeitsstelle suchen kann.

Sofern die ausserordentliche Absenz die Voraussetzungen von OR 324a erfüllt, hat der Arbeitnehmer Anspruch auf **Lohn.** Solche Absenzen dürfen weder von den Ferien abgezogen werden noch müssen sie unentgeltlich nachgeholt werden.

Allerdings besteht kein Anspruch auf ausserordentliche Freizeit, soweit die persönlichen Angelegenheiten während der **normalen Freizeit** erledigt werden können, was insbesondere bei Gleitzeit oft möglich ist. In vielen Firmenreglementen und GAVs ist die ausserordentliche Freizeit detailliert geregelt.

17.4.3 Ferien

Wie lange hat man Ferien?

Jeder Arbeitnehmer hat einen Mindestanspruch auf **4 Wochen** bezahlte Ferien pro Jahr, und zwar auch bei Teilzeit- und Temporärarbeit.

Ausnahmen:

- Jugendliche **unter 20 Jahren** haben **5 Wochen** Ferien (OR 329a I).
- Zudem gehen manche **EAVs und GAVs** über das gesetzliche Minimum hinaus.

Der Arbeitgeber muss dem Arbeitnehmer den **üblichen Lohn** zahlen inkl. durchschnittlicher Nebenleistungen wie Zulagen, Provision, Trinkgelder usw.

Beginnt oder endet das Arbeitsverhältnis während des Jahres, müssen die Ferien **anteilsmässig** (pro rata temporis) gewährt werden (OR 329a III).

Wer legt die Ferien fest?

Den Zeitpunkt der Ferien bestimmt der **Arbeitgeber.** Er hat dabei die Interessen des Arbeitnehmers zu berücksichtigen (OR 329c II). Nach dem Gesetz müssen **mindestens 2 Wochen zusammenhängen** (OR 329c I).

Die Ferien müssen im **Verlauf** des betreffenden **Dienstjahrs** gewährt werden (OR 329c I). Davon darf ausnahmsweise zugunsten betrieblicher Interessen abgewichen werden. Der Arbeitnehmer kann die Ferien dann innert **5 Jahren** nachbeziehen (so lange dauert die **Verjährungsfrist**). Abmachungen im Arbeitsvertrag, die einen vorzeitigen Verfall der Ferien vorsehen, sind ungültig.

Abgeltung von Ferien durch Geldzahlung

Eine Abgeltung der Ferien ist **verboten** und nur in zwei Ausnahmefällen erlaubt:

- Bei unregelmässiger **Teilzeit-, Temporär- oder Heimarbeit** (Ferienprozente)
- Bei **Beendigung** des Arbeitsverhältnisses, wenn während der Kündigungsfrist nicht mehr alle Ferien bezogen werden konnten (OR 329d II)

Zur **Durchsetzung** des Abgeltungsverbots wenden die Gerichte folgende für den Arbeitgeber nachteilige Regeln an: Selbst wenn der Arbeitnehmer die Abgeltung entgegengenommen hat, kann er nachträglich auf der Erfüllung seines Ferienanspruchs samt Lohnzahlung bestehen. Der Arbeitgeber riskiert also eine Doppelzahlung.

Hinweis

Zur Vertiefung

- **Unfall oder Erkrankung während der Ferien.** Kann man sich wegen Krankheit oder Unfall während der Ferien nicht erholen, hat man einen Anspruch auf Nachgewährung der betreffenden Ferientage. Dazu berechtigen aber nur ernsthafte Störungen und nicht schon eine kleine Unpässlichkeit. Aus Beweisgründen empfiehlt es sich, sofort ein Arztzeugnis einzuholen.
- **Feiertage während der Ferien.** Gesetzliche Feiertage während der Ferien werden nicht als Ferientage gezählt.
- **Unbezahlter Urlaub.** Ein Anspruch auf **unbezahlten Urlaub** besteht nur, wenn es verabredet oder in einem GAV vorgeschrieben ist. Mit einer Ausnahme: Nach OR 329e haben Arbeitnehmende bis zum vollendeten 30. Lebensjahr Anspruch auf maximal 1 Woche unbezahlten Urlaub für unentgeltliche Jugendarbeit (sogenannter Jugendurlaub).

17.4.4 Mutterschaftsurlaub

Nach der Niederkunft hat die Arbeitnehmerin Anspruch auf einen **Mutterschaftsurlaub** von mindestens **14 Wochen** (OR 329f). Diese Vorschrift ist relativ zwingend (OR 362). Das Bundesgesetz über den Erwerbsersatz für Dienstleistende und bei Mutterschaft (Erwerbsersatzgesetz, EOG) regelt die Details der Mutterschaftsentschädigung:

- **Beginn des Anspruchs:** Tag der Niederkunft (EOG 16c).
- **Ende des Anspruchs:** 98. Tag nach Beginn. Er endet vorzeitig, wenn die Mutter ihre Erwerbstätigkeit wieder aufnimmt oder wenn sie stirbt (EOG 16d).
- **Höhe der Bemessung:** Die Mutterschaftsentschädigung wird als Taggeld ausgerichtet.

17.4.5 Vaterschaftsurlaub

Der **Vaterschaftsurlaub** wurde auf den 1. Januar 2021 in Kraft gesetzt und ist ebenfalls in der EO geregelt. Der **rechtliche Vater** (**Arbeitnehmer** oder **Selbstständigerwerbender**) des neugeborenen Kindes hat einen Anspruch auf Vaterschaftsurlaub und erhält dafür 14 Taggelder, wenn folgende Voraussetzungen erfüllt sind:

- Er war während neun Monaten unmittelbar vor Geburt des Kindes obligatorisch im Sinne des AHVG versichert gewesen,
- übte in dieser Zeit mindestens fünf Monate eine Erwerbstätigkeit aus und
- war im Zeitpunkt der Geburt des Kindes erwerbstätig.

Das Taggeld wird wie bei der Mutterschaftsentschädigung berechnet. Der Bezug des Urlaubs kann am Stück (14 aufeinanderfolgende Tage inklusive Wochenende) oder tageweise (zehn Tage) innerhalb von sechs Monaten nach der Geburt des Kindes erfolgen. Wird der Urlaub wochenweise bezogen, so werden pro Woche sieben Taggelder ausgerichtet. Bei tageweisem Bezug werden pro fünf entschädigte Tage zwei zusätzliche Taggelder gewährt.

17.4.6 Arbeitszeugnis

Eine wichtige besondere Fürsorgepflicht ist die Pflicht zur Ausstellung eines **Arbeitszeugnisses** (OR 330a).

Der Arbeitnehmer darf während des Arbeitsverhältnisses ein **Zwischenzeugnis** verlangen und am Ende der Zusammenarbeit ein **Schlusszeugnis.** Ein solches kann auch noch bis zu **10 Jahre** nach Auflösung des Arbeitsverhältnisses verlangt werden.

Es liegt jeweils am Arbeitnehmer, zu wählen, ob er ein **einfaches Zeugnis** (nur Arbeitsbestätigung) oder ein **qualifiziertes Zeugnis** (zusätzliche Angaben über Leistungen und Verhalten) wünscht.

Das Zeugnis muss **vollständig, klar, wahr** und **wohlwollend** sein. Es darf aber auch negative Qualifikationen enthalten, sofern diese den Tatsachen entsprechen und für die Gesamtbeurteilung des Arbeitnehmers nicht nebensächlich sind.

Entspricht das Zeugnis diesen Anforderungen nicht, dann kann der Arbeitnehmer **Ergänzung** bzw. **Berichtigung** fordern und notfalls einklagen.

Zusammenfassung

Der Arbeitnehmer hat folgende Haupt- und Nebenpflichten:

Hauptpflicht: Arbeitsleistungspflicht (OR 321, OR 321d und OR 321e sowie ArG für Höchstarbeitszeit)

- Der **Inhalt** der Arbeitsleistung wird definiert durch EAV (Job-Description). Im Zweifelsfall hat der Arbeitnehmer diejenigen Arbeiten zu verrichten, die **üblich** sind. Innerhalb des Arbeitsbereichs kann der Arbeitgeber mit **Weisungen** festlegen, welche Arbeiten wann und wie zu erledigen sind.
- Der Arbeitnehmer schuldet **keinen Arbeitserfolg.** Er muss aber sorgfältig arbeiten. Als Massstab für die Sorgfaltspflicht gelten notwendige Fachkenntnisse, Berufsrisiko und dem Arbeitgeber bekannte Eigenschaften des Arbeitnehmers.
- Die **wöchentliche Arbeitsdauer** wird im EAV vereinbart. Das ArG kennt Höchstarbeitszeiten von 45 bzw. 50 Wochenstunden je nach Berufszweig sowie weitere Schranken.

Ein Bündel Nebenpflichten: die Treuepflichten (Solidarität und Loyalität)

- **Überstunden:** Pflicht zur Leistung von Überstunden besteht, wenn diese **betriebsnotwendig** sind, der Arbeitnehmer sie zu **leisten vermag** und so weit sie ihm **zumutbar** sind (OR 321c). Untersteht der Arbeitnehmer dem ArG, gelten auch die Bestimmungen für **Überzeitarbeit.**
- **Nebenbeschäftigung:** Der Arbeitnehmer darf keine treuwidrige Nebenbeschäftigung leisten; vor allem Verbot der **Schwarzarbeit** (OR 321a III).
- **Geheimhaltung:** Der Arbeitnehmer darf keine Geschäftsgeheimnisse verraten oder selbst verwenden (OR 321a IV).
- **Rechenschaft und Herausgabe:** Der Arbeitnehmer muss abrechnen und abliefern, was er von Dritten für den Arbeitgeber empfangen hat (OR 321b).
- **Weisungsbefolgungspflicht:** Der Arbeitnehmer muss Weisungen befolgen (OR 321d I).

Der Arbeitgeber hat folgende Haupt- und Nebenpflichten:

Hauptpflicht: Lohnzahlungspflicht (OR 322 ff.)

- Im Zweifelsfall ist der Lohn Ende Monat auszuzahlen (OR 323 I). Eine detaillierte **Lohnabrechnung** ist obligatorisch (OR 323b I).
- Eine **Gratifikation** wird freiwillig geleistet, während der **13. Monatslohn** ein fest vereinbarter Lohnbestandteil in der Höhe eines Monatslohns ist, der Ende Jahr ausbezahlt wird (OR 322d). Der Arbeitgeber hat die Pflicht, **Spesen** voll zu decken (OR 327a–c).
- Bei unverschuldeter Verhinderung an der Arbeitsleistung hat der Arbeitnehmer Anspruch auf **Lohnfortzahlung** für eine beschränkte Zeit (abhängig vom Dienstalter; OR 324a).

Ein Bündel Nebenpflichten: die Fürsorgepflichten

- **Schutz der Persönlichkeit des Arbeitnehmers:** Schutz von Leben, Gesundheit, persönlicher und beruflicher Ehre, Privatsphäre, vor Mobbing; Gleichbehandlungsgrundsatz (OR 328).
- **Freizeit:** Einräumung der normalen Freizeit (nach OR mindestens ein freier Tag pro Woche; nach ArG eineinhalb), ausserordentliche Freizeit zur Erledigung dringender Angelegenheiten wie Arztbesuch etc. (OR 329).
- **Ferien:** Anspruch auf mindestens vier Wochen (Arbeitnehmer über 20 Jahre) bzw. fünf Wochen (Arbeitnehmer unter 20 Jahre) Ferien pro Jahr bei voller Bezahlung (OR 329a).
- **Mutterschaftsurlaub:** Nach der Niederkunft hat die Arbeitnehmerin Anspruch auf einen bezahlten Mutterschaftsurlaub von mindestens 14 Wochen (OR 329f).
- **Vaterschaftsurlaub:** Der rechtliche Vater (Arbeitnehmer oder Selbstständigerwerbender) des neugeborenen Kindes hat einen Anspruch auf zwei Wochen Vaterschaftsurlaub und erhält dafür 14 Taggelder (Vaterschaftsentschädigung).
- **Arbeitszeugnis:** Der Arbeitnehmer hat Anspruch auf ein Zwischen- und auch auf ein Schlusszeugnis. Er kann ein einfaches Zeugnis (Arbeitsbestätigung) oder ein Vollzeugnis verlangen (OR 330a).

56

Sandra Meier musste innert 2 Monaten 54 Überstunden leisten. Weil ein Teamkollege wegen eines Spitalaufenthalts abwesend war, musste sie zusammen mit ihren Kollegen dessen Arbeit auch noch erledigen. Sandra Meier ist der Meinung, dass für die Absenz eine Aushilfekraft hätte angestellt werden können.

A] Überstunden muss man unter drei Voraussetzungen leisten. Leiten Sie diese drei Voraussetzungen aus dem OR ab. Welche Begriffe verwendet das Gesetz?

B] Sind die drei Voraussetzungen Ihrer Ansicht nach erfüllt, sodass Sandra Meier die Überstunden tatsächlich leisten muss?

C] Nehmen wir an, Sandra Meier habe eine 40-Stunden-Woche und sie habe die Überstunden regelmässig auf die 2 Monate (9 Wochen) verteilt leisten müssen. Handelt es sich dann um Überzeitarbeit?

D] Die Chefin will Sandra Meier nur einen Teil der Überstunden auszahlen. Sie verweist dabei auf das Firmenreglement, in dem dies offenbar vorgesehen ist. Ist eine solche Abmachung zulässig? Auf welchen Gesetzesartikel stützt sich die Chefin ab?

57

Der angestellte Reiseberater Andreas Herzog hat die fristlose Kündigung erhalten, weil er nebenher ein eigenes Reisebüro aufgebaut und seine Dienste bereits verschiedenen Kunden seines Arbeitgebers angeboten hat.

A] Andreas Herzog hat zwei Pflichten verletzt und die Chefin zu diesem Schritt gebracht. Suchen Sie die entsprechenden Gesetzesbestimmungen heraus und geben Sie genau an, wie das Gesetz die Pflicht beschreibt.

B] Ausserdem verlangt die Chefin noch CHF 2 000 Schadenersatz wegen eines groben Fehlers bei der Arbeit. Was wirft die Chefin ihm damit vor? Welche Gesetzesbestimmung ziehen Sie bei, um festzustellen, ob Andreas Herzog tatsächlich schadenersatzpflichtig ist?

58

Zwischen einer Gratifikation und einem 13. Monatslohn besteht ein wesentlicher Unterschied. Welcher ist es? Geben Sie den Artikel im OR an.

59

A] Ein Arbeitskollege von Sandra Meier muss wegen einer Knochenerkrankung ins Spital. Er fällt für 2 Monate aus. Sind damit die Voraussetzungen erfüllt, dass er Lohnfortzahlung gemäss OR 324a erhält? Geben Sie an, welcher der im OR genannten Fälle auf ihn zutrifft.

B] Nehmen wir an, der Kollege sei im 4. Dienstjahr. Wie lange kann er dann den Lohn beanspruchen nach der Basler, der Berner und der Zürcher Skala?

C] Der Kollege hat sich beim Skifahren schwer am Rücken verletzt. Er ist im 4. Dienstjahr und wird für 6 Monate nicht arbeiten können. Wie steht es mit seinem Lohn?

D] Sandra Meier möchte ein Kind. Wie lange würde ihr Anspruch auf Mutterschaftsurlaub dauern und welchen Lohn hätte sie während dieser Zeit zugut?

18 Verletzungen des Arbeitsvertrags

Lernziele

Nach der Bearbeitung dieses Kapitels können Sie …

- die Ansprüche des Arbeitgebers bei der Verletzung der Arbeitspflicht bzw. von Nebenpflichten durch den Arbeitnehmer beschreiben.
- die Ansprüche des Arbeitnehmers bei der Verletzung der Lohnzahlungspflicht bzw. von Nebenpflichten durch den Arbeitgeber beschreiben.
- die prozessrechtlichen Erleichterungen für arbeitsrechtliche Streitigkeiten nennen.

Schlüsselbegriffe

Arbeitsprozess, Arbeitsverweigerung, Fürsorgepflichtverletzung, Kündigung, Lohnfortfall, Schadenersatz, Treuepflichtverletzung

Verletzt eine Vertragspartei ihre Pflichten, fragt sich, welche Rechte die andere Partei geltend machen kann.

18.1 Pflichtverletzungen des Arbeitnehmers

Wenn der Arbeitnehmer seine Hauptpflicht oder eine seiner Nebenpflichten verletzt, kann der Arbeitgeber Rechtsansprüche aus **Verletzung des Arbeitsvertrags** geltend machen.

Abb. [18-1] **Rechtsansprüche des Arbeitgebers bei Pflichtverletzungen des Arbeitnehmers**

Nichterfüllung
Verletzung der Arbeitspflicht, d. h., der Arbeitnehmer arbeitet nicht oder zu wenig lang

- Der Arbeitnehmer **tritt seine** neue **Stelle** gar nicht erst **an** (OR 337d),
- **erscheint grundlos nicht zur Arbeit,**
- arbeitet weniger Stunden, als er müsste.

- **Anspruch auf richtige Erfüllung:** Der Arbeitgeber kann das Erscheinen am Arbeitsplatz verlangen.
- **Lohnfortfall:** kein Lohn für die fehlende Arbeitszeit.
- **Schadenersatz:** für den Schaden, der aus Nichterfüllung entstanden ist (OR 97, 321e I und 337d).
- **Kündigung:** im Normalfall nur ordentliche Kündigung (OR 335 ff.); fristlos nur bei wiederholter Nichterfüllung trotz mehrmaliger Ermahnung / Verwarnung (OR 337 ff.).

Schlechterfüllung
Jede andere Pflichtverletzung, d. h. mangelhafte Arbeit oder Verletzung von Treuepflichten

- **Mangelhafte Arbeitsleistung** (unsorgfältige Arbeit, Nichtbefolgung von Weisungen)
- **Verletzung** der **Treuepflichten** (OR 321a ff.)

- **Anspruch auf richtige Erfüllung bzw. Unterlassung** (z. B. bei Schwarzarbeit).
- **Schadenersatz:** v. a. bei Verletzungen der Sorgfaltspflicht (OR 321e).
- **Disziplinarmassnahmen:** Verweis oder Verwarnung.
- **Kündigung:** im Normalfall nur ordentliche Kündigung (OR 335 ff.); fristlos nur, wenn die Fortführung des Arbeitsverhältnisses unzumutbar ist (OR 337 ff.).

Compendio Bildungsmedien AG, Zürich

Beachten Sie: Lohnabzüge darf der Arbeitgeber nur bei Nichterfüllung machen, wenn der Arbeitnehmer nicht oder zu wenig lang arbeitet.

18.2 Pflichtverletzungen des Arbeitgebers

Wenn der Arbeitgeber seine Hauptpflicht oder eine seiner Nebenpflichten verletzt, kann der Arbeitnehmer Rechtsansprüche aus Verletzung des Arbeitsvertrags geltend machen.

Abb. [18-2] **Rechtsansprüche des Arbeitnehmers bei Pflichtverletzungen des Arbeitgebers**

Nichterfüllung
Verletzung der Lohnzahlungspflicht, d. h., der Arbeitgeber zahlt nicht oder zu wenig

- Der Arbeitgeber zahlt den Lohn überhaupt nicht,
- er zahlt zu wenig Lohn,
- er zahlt den Lohn verspätet.

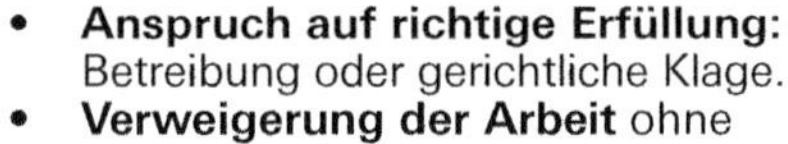

- **Anspruch auf richtige Erfüllung:** Betreibung oder gerichtliche Klage.
- **Verweigerung der Arbeit** ohne Verlust des Lohnanspruchs.
- **Schadenersatz:** Der Arbeitgeber muss auf jeden Fall Verzugszins von 5% auf den ausstehenden Lohn bezahlen (OR 104).
- **Kündigung:** im Normalfall nur ordentliche Kündigung (OR 335 ff.); fristlose Kündigung nur, wenn die Lohnzahlung trotz Mahnung wiederholt ausgeblieben ist und der Arbeitgeber auch keine Sicherheit geleistet hat (OR 337a).

Schlechterfüllung
Jede andere Pflichtverletzung, d. h., der Arbeitgeber verletzt seine Fürsorgepflichten

- Er verletzt die **Persönlichkeit** des Arbeitnehmers, indem er dessen Privatsphäre oder Sicherheits- und Gesundheitsvorschriften missachtet (OR 328).
- Er gewährt die gesetzlich vorgeschriebene **Freizeit, Ferien** oder den Mutterschaftsurlaub nicht (OR 329 ff.).
- Er weigert sich, dem Arbeitnehmer ein **Arbeitszeugnis** auszustellen, oder stellt dieses erst Monate nach Beendigung des Arbeitsverhältnisses aus (OR 330a).

→

- **Anspruch auf Erfüllung / Unterlassung:** Der Arbeitnehmer verlangt, dass der Arbeitgeber die Fürsorgepflichten erfüllt / ein widersprechendes Verhalten stoppt.
- **Schadenersatz:** (OR 97 ff.)
- **Kündigung:** normalerweise nur ordentliche Kündigung (OR 335 ff.); fristlose K. bei schwerer Pflichtverletzung (OR 337 ff.).
- **Einstellen der Arbeit:** Der Arbeitnehmer darf die Arbeit nur niederlegen, wenn die Arbeitsleistung **nicht mehr möglich** bzw. objektiv **unzumutbar** ist.

Compendio Bildungsmedien AG, Zürich

18.3 Streitigkeiten aus dem Arbeitsverhältnis

Die Zivilprozessordnung (ZPO) gewährt für Arbeitsstreitigkeiten Verfahrensvereinfachungen. Bis zu einem Streitwert von **CHF 30000** gelten für Arbeitsprozesse folgende Vorzüge:

- **Vereinfachtes Verfahren:** Das Verfahren verläuft rascher als ein ordentlicher Zivilprozess. Das Schlichtungsverfahren vor Einreichung der Klage ist aber Pflicht.
- **Kostenloses Verfahren** (keine Gebühren / Auslagen, wohl aber Anwaltskosten): Das Gericht hat eine **Fragepflicht** und muss den Sachverhalt von Amts wegen abklären. Trotzdem haben die Parteien jederzeit das Recht, die Klage zurückzuziehen, anzuerkennen oder einen Vergleich zu schliessen.

Für arbeitsrechtliche Klagen gibt es eine besondere, zwingende **Gerichtsstandsregel** (vgl. ZPO 34). Danach ist wahlweise das Gericht am Wohnsitz oder Sitz der beklagten Partei oder am Ort, an dem die Arbeitnehmerin gewöhnlich die Arbeit verrichtet, zuständig.

Zusammenfassung Pflichtverletzungen des Arbeitnehmers

- **Nichterfüllung liegt bei Verletzung der Arbeitspflicht vor.** Der Arbeitnehmer arbeitet nicht oder zu wenig lang. Ansprüche des Arbeitgebers: Richtige Erfüllung verlangen und / oder Lohnfortfall und / oder Schadenersatz und / oder Kündigung.
- **Schlechterfüllung liegt bei Verletzung von anderen Pflichten vor.** Ansprüche des Arbeitgebers: Richtige Erfüllung verlangen und / oder Schadenersatz und / oder Kündigung. Aber Achtung: kein Lohnfortfall respektive keine Lohnreduktion zulässig.

Pflichtverletzungen des Arbeitgebers

- **Nichterfüllung liegt bei Verletzung der Lohnzahlungspflicht vor.** Der Arbeitgeber zahlt keinen oder zu wenig Lohn. Ansprüche des Arbeitnehmers: Richtige Erfüllung verlangen und / oder Verweigerung der Arbeitsleistung und / oder Schadenersatz und / oder Kündigung.
- **Schlechterfüllung liegt bei Verletzung von anderen Pflichten vor.** Ansprüche des Arbeitnehmers: Richtige Erfüllung verlangen und / oder Schadenersatz und / oder Kündigung und / oder Einstellen der Arbeit (nur ausnahmsweise).

Achtung! Die Geltendmachung von Rechtsansprüchen im Arbeitsrecht kann komplex sein. Es lohnt sich deshalb, den Rat einer juristischen **Fachperson** einzuholen, bevor man handelt.

Repetitionsfragen

---

60 Liegt in den folgenden Fällen Nichterfüllung oder Schlechterfüllung vor?

A] Die Chefin zu Sandra Meier: «Du musst heute Abend 2 Stunden länger arbeiten, weil ein Kunde unbedingt eine Offerte braucht.» Darauf Sandra Meier: «Nein, ich gehe ins Aerobictraining.»

B] Die Chefin zu Sandra Meier: «Weil du die verlangten Überstunden nicht geleistet hast, habe ich dir CHF 200 vom Lohn abgezogen.» Darauf Sandra Meier: «Das dürfen Sie nicht.»

C] Die Chefin per eingeschriebenen Brief an Andreas Herzog: «Sie haben bei der Ausübung Ihrer Arbeit einen krassen Fehler begangen und damit einen Schaden von CHF 2 000 verursacht. Gestützt auf OR 321e verlange ich von Ihnen CHF 2 000 Schadenersatz.»

---

19 Beendigung des Arbeitsverhältnisses

Lernziele

Nach der Bearbeitung dieses Kapitels können Sie ...

- die vier Gründe aufzählen, die zur Beendigung des Arbeitsverhältnisses führen können.
- erklären, was man unter einer ordentlichen Kündigung, einer missbräuchlichen Kündigung, einer Kündigung zur Unzeit und unter einer fristlosen Kündigung versteht.
- aufzeigen, welche Kündigungsfristen und Kündigungstermine bei der ordentlichen Kündigung gelten.
- erklären, was eine missbräuchliche Kündigung des Arbeitgebers und eine Kündigung zur Unzeit ist und was sie bewirkt.
- erläutern, was eine fristlose Kündigung ist und was der Arbeitnehmer unternehmen kann, wenn sie zu Unrecht ausgesprochen wurde.

Schlüsselbegriffe

Fälligkeit der Forderungen, fristlose Kündigung, Konkurrenzverbot, Kündigungsfrist, Kündigungstermin, Kündigung zur Unzeit, Lohnnachgenuss, Massenentlassung, missbräuchliche Kündigung, ordentliche Kündigung, Probezeit, Rückgabepflichten, Sozialplan, Tod des Arbeitnehmers

Ein Arbeitsverhältnis kann aus vier Gründen enden:

1. Kündigung
2. Befristung
3. Aufhebungsvertrag
4. Tod des Arbeitnehmers

Wichtig ist, ob das Arbeitsverhältnis befristet ist oder ob es unbefristet ist:

- **Befristetes Arbeitsverhältnis:** Der normale (ordentliche) Grund für die Beendigung ist der Ablauf der (fest vereinbarten) **Zeitdauer.**
- **Unbefristetes Arbeitsverhältnis:** Der normale (ordentliche) Grund für die Beendigung ist die **ordentliche Kündigung.**

Neben der Befristung und der ordentlichen Kündigung gibt es drei ausserordentliche Beendigungsgründe, die für das befristete und das unbefristete Arbeitsverhältnis gelten.

Abb. [19-1] **Ende eines befristeten oder eines unbefristeten Arbeitsverhältnisses**

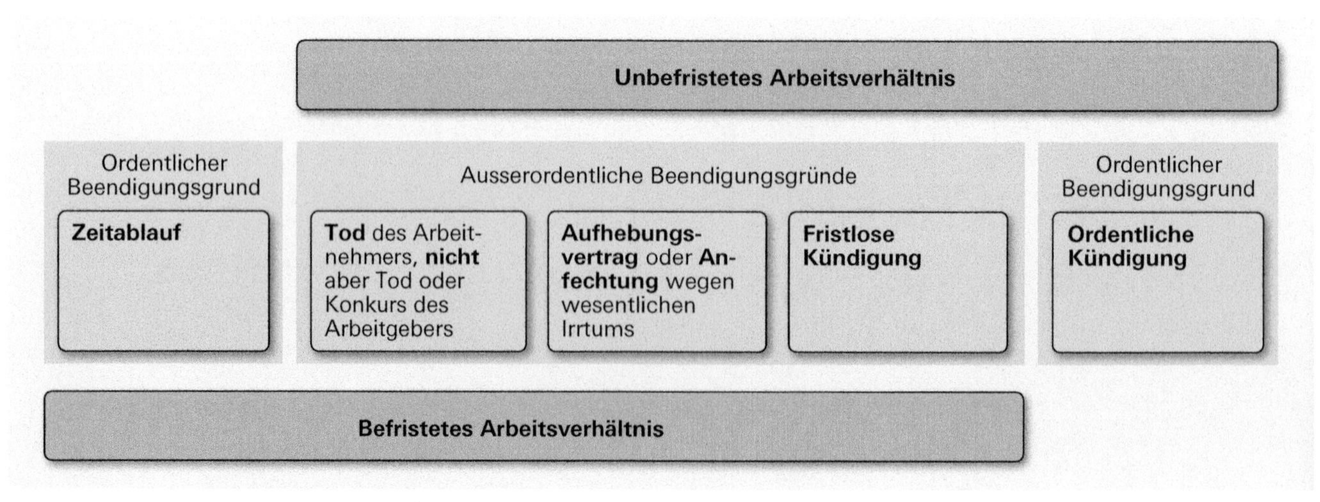

Compendio Bildungsmedien AG, Zürich

Beachten Sie: Ein befristetes Arbeitsverhältnis endet durch Zeitablauf und kann nicht ordentlich gekündigt werden. Etwas anderes gilt nur dann, wenn die Vertragspartner das im EAV ausdrücklich so abgemacht haben.

Hinweis

Das Erreichen des **Pensionsalters** bedeutet nicht die automatische Beendigung des Arbeitsverhältnisses. Auch hier ist eine Kündigung oder ein Aufhebungsvertrag erforderlich.

19.1 Die ordentliche Kündigung

19.1.1 Beide Vertragspartner dürfen kündigen

Für die **ordentliche Kündigung** von unbefristeten Arbeitsverhältnissen gilt der Grundsatz der **Kündigungsfreiheit:** Unter Beachtung der gesetzlichen Fristen / Termine und des gesetzlichen Kündigungsschutzes dürfen beide Parteien das Arbeitsverhältnis kündigen.

Richtig kündigen

Die Kündigung ist eine einseitige Erklärung des Kündigenden an den Gekündigten. Der Kündigende muss dafür sorgen, dass die Kündigung **rechtzeitig** beim Gekündigten eintrifft. Die Kündigung muss unmissverständlich zum Ausdruck bringen, dass das Arbeitsverhältnis aufgelöst werden soll. Die Mitteilung muss nicht unbedingt schriftlich erfolgen. Sie kann auch mündlich, per Telefon, auf elektronischem Weg, z. B. per SMS oder E-Mail, erfolgen.

Im Streitfall muss der Kündigende **beweisen,** dass die Kündigung rechtzeitig eingetroffen ist (ZGB 8). Deshalb sollte die Kündigung mit **eingeschriebenem Brief** erfolgen. Bei einer mündlichen Kündigung sollte der Gekündigte die Kenntnisnahme schriftlich bestätigen.

Erfolgt die Kündigung mit eingeschriebenem Brief, ist nicht der Poststempel massgebend, sondern der **Eingang des Briefs** beim Gekündigten. Das ist der Zeitpunkt, an dem der Gekündigte die Kündigung nach Treu und Glauben zur Kenntnis nehmen konnte:

- **Kündigung des Arbeitgebers:** Beim Arbeitnehmer eingetroffen ist der Brief im Moment, in dem er von der Post an den Gekündigten oder einen Hausgenossen übergeben wird. Das ist spätestens dann der Fall, wenn der Gekündigte den Brief bei der Post abholt.
- **Kündigung des Arbeitnehmers:** Beim Arbeitgeber eingetroffen ist der Brief in dem Moment, in dem er vom Arbeitgeber bei der Post abgeholt werden könnte.

Hinweis

In besonderen Situationen kann der Eingangszeitpunkt der Kündigung unklar sein, z. B. wenn der Arbeitnehmer die Kündigung nicht bei der Post abholt oder wenn er in den Ferien ist. Der Arbeitgeber tut gut daran, solche Sonderfälle zu berücksichtigen, wenn er kündigt.

Holt ein Gekündigter z. B. das Kündigungsschreiben nicht bei der Post ab, obwohl er dies könnte, ist der Ablauf der 7-tägigen Abholungsfrist bei der Post der späteste Eingangszeitpunkt. Ein vorsichtiger Arbeitgeber wird die Kündigung so früh abschicken, dass sie trotzdem noch rechtzeitig ankommt.

Ist ein Gekündigter in den Ferien, kann es sein, dass er seine Post gar nicht einsehen kann. Deshalb sorgt ein vorsichtiger Arbeitgeber dafür, dass er die Kündigung rechtzeitig vor den Ferien zustellt.

Kündigungsfristen und Kündigungstermine

Wenn der Arbeitnehmer kündigt, muss der Arbeitgeber die Stelle neu besetzen. Kündigt der Arbeitgeber, muss der Arbeitnehmer eine neue Stelle finden. Beides geht nicht von einem Tag auf den anderen. Deshalb sieht das OR **Kündigungsfristen und -termine** vor:

- **Kündigungsfrist** ist der **Zeitraum** zwischen dem Beginn der Frist und dem tatsächlichen Ende des Arbeitsverhältnisses. Der Beginn der Frist errechnet sich durch Abzug der Kündigungsfrist vom Datum der Vertragsauflösung.
- **Kündigungstermin** ist der **Zeitpunkt**, auf den die Kündigung ihre Wirkung entfaltet, d. h., das Arbeitsverhältnis endet.

Abb. [19-2] **Kündigungsfristen und Kündigungstermine (OR 335b und c)**

Dauer des Arbeitsverhältnisses	Kündigungsfrist	Kündigungstermin
• Probezeit	7 Tage	Keiner
• Weniger als 1 Jahr	1 Monat	Auf Ende eines Monats
• Mehr als 1 Jahr	2 Monate	Auf Ende eines Monats
• Mehr als 10 Jahre	3 Monate	Auf Ende eines Monats

Compendio Bildungsmedien AG, Zürich

Die Kündigung während der Probezeit (OR 335b)

Probezeit ist der **1. Monat** eines Arbeitsverhältnisses. Sie kann durch schriftliche Abmachung verkürzt, wegbedungen oder auf maximal 3 Monate verlängert werden. Zeiten der Arbeitsverhinderung (durch Krankheit, Militärdienst etc.) verlängern die Probezeit entsprechend:

- Während der Probezeit beträgt die **Kündigungsfrist 7 Tage** (OR 335b I). Sie kann im Vertrag verlängert, verkürzt oder sogar ganz aufgehoben werden.
- Es gibt **keinen Kündigungstermin.** Sobald also die Kündigung beim anderen Vertragspartner eingegangen ist, beginnt die Frist zu laufen. Der Tag, an dem die Kündigung eingeht, wird bei der Berechnung nicht berücksichtigt.

Die Kündigung nach Ablauf der Probezeit

Sobald die Probezeit abgelaufen ist, gelten die **Kündigungsfristen** von OR 335c. Sie können durch **schriftliche Abmachung** der Parteien oder GAV verkürzt oder verlängert werden:

- Eine Verkürzung **unter 1 Monat** ist jedoch nur für das 1. Dienstjahr und nur durch GAV möglich (OR 335c II).
- Vorausgesetzt ist immer, dass die veränderten Kündigungsfristen für beide Parteien **gleich lang** sind (OR 335a I).

OR 335c III führt zu einer **Verlängerung der Kündigungsfrist**, wenn der Arbeitnehmer bei Beendigung des Arbeitsverhältnisses noch Anspruch auf Vaterschaftsurlaub im Sinne von OR 329g hat.

Kündigungstermin ist das Monatsende, wenn im Arbeitsvertrag nicht etwas anderes abgemacht ist.

Beispiel	

Herr Koller ist seit 5 Jahren bei der Celi AG angestellt. Er möchte kündigen, weil er eine neue Stelle in Aussicht hat. Da in seinem Arbeitsvertrag und im für ihn geltenden GAV keine Bestimmungen über die Kündigungsfristen enthalten sind, gilt nach OR 335c eine Kündigungsfrist von 2 Monaten. Folgendes geschieht:

- Herr Koller gibt die Kündigung am 25. Mai eingeschrieben auf die Post.
- Am 27. Mai trifft die Kündigung bei der Celi AG ein.
- Ab dem 1. Juni läuft die Kündigungsfrist.
- Am 31. Juli endet das Arbeitsverhältnis.

Beachten Sie ausserdem: Wenn die Kündigung erst am 1. Juni bei der Celi AG eintrifft, beginnt die Kündigungsfrist erst am 1. Juli zu laufen mit der Folge, dass das Arbeitsverhältnis erst Ende August endet. Der Kündigende trägt also das Risiko für das rechtzeitige Eintreffen der Kündigung.

Missbräuchliche Kündigung, Kündigung zur Unzeit und Massenentlassung

Im schweizerischen Arbeitsrecht gilt der Grundsatz der **Kündigungsfreiheit.** Diese Freiheit ist aber begrenzt. **Verboten** sind:

- **Missbräuchliche Kündigungen** (Kündigungen ohne sachlich gerechtfertigten Grund)
- **Kündigungen zur Unzeit** (z. B. während der Krankheit des Arbeitnehmers)

Besondere Regeln gelten ausserdem für **Massenentlassungen.** Hier kündigt der Arbeitgeber nicht bloss einem, sondern vielen Arbeitnehmenden aus dem gleichen Grund (z. B. wegen einer Betriebsschliessung).

19.1.2 Missbräuchliche Kündigungen

Missbräuchlich heisst sachlich ungerechtfertigt

Missbräuchlich ist eine Kündigung, wenn sie **sachlich ungerechtfertigt** ist. Ausschlaggebend sind also die Motive, die zur Kündigung geführt haben. OR 336 zählt wichtige Beispiele von solchen sachlich ungerechtfertigten Motiven für eine Kündigung auf.

Abb. [19-3] **Die wichtigsten missbräuchlichen Kündigungsgründe (OR 336)**

Missbräuchlicher Kündigungsgrund	Erläuterungen
Persönliche Merkmale eines Arbeitnehmers	Rechtsmissbräuchlich sind Kündigungen aus Eigenschaften des Gekündigten, die für die Arbeit bedeutungslos sind, wie z. B. Nationalität, Hautfarbe, Geschlecht, sexuelle Präferenzen usw.
Militärdienst	Der Arbeitgeber kündigt seinem Arbeitnehmer z. B., weil er in die RS muss oder weil er den Leutnant abverdienen muss.
Ausübung verfassungsmässiger Rechte	Hier geht es z. B. um die Religionsfreiheit, die Meinungsfreiheit, die Freiheit, sich politisch zu betätigen, usw. Rechtsmissbräuchlich ist z. B. eine Kündigung des Arbeitgebers, weil der Arbeitnehmer öffentlich Meinungen vertritt, die dem Arbeitgeber nicht passen, die aber für das Arbeitsverhältnis nicht von Bedeutung sind.
Geltendmachung von Rechtsansprüchen	Solche Kündigungen bezeichnet man als Rachekündigungen. Sie sind missbräuchlich; z. B.: Ein Arbeitnehmer klagt und gewinnt vor Gericht gegen den Arbeitgeber. Der Arbeitgeber kündigt ihm darauf aus Rache.
Ausübung gewerkschaftlicher Tätigkeit	Der Arbeitgeber kündigt, weil der Arbeitnehmer Mitglied einer Gewerkschaft geworden ist.
Tätigkeit als gewählter Arbeitnehmervertreter im Betrieb	A ist als Arbeitnehmervertreter in die Personalvorsorgestiftung gewählt worden. Der Arbeitgeber darf ihm nur kündigen, wenn er nachweist, dass er einen Kündigungsgrund hat, nicht aber weil dieser im Stiftungsrat die Interessen der Arbeitnehmenden vertritt.

Missbräuchlicher Kündigungsgrund	Erläuterungen
Massenentlassung ohne vorgängige Befragung der Arbeitnehmenden	Bei einer Massenentlassung kündigt der Arbeitgeber innerhalb von 30 Tagen vielen Arbeitnehmenden (vgl. im Detail OR 335d ff.). In solchen Fällen muss der Arbeitgeber seine Arbeitnehmenden vorgängig konsultieren (anhören) und ihnen die Möglichkeit geben, Vorschläge zu unterbreiten (z. B. Abwendung der Kündigungen durch teilweisen Lohnverzicht usw.). Ohne diese Anhörung der Arbeitnehmenden sind die ausgesprochenen Kündigungen rechtsmissbräuchlich.

Missbräuchliche Kündigung: wirksam, aber mit Entschädigungsfolgen

Eine missbräuchliche Kündigung führt zur **Auflösung** des Arbeitsverhältnisses. Der Richter kann aber den Kündigenden zu einer **Entschädigung** verpflichten. Sie beträgt maximal

- 6 Monatslöhne (OR 336a II) bzw.
- 2 Monatslöhne für Fälle wie z. B. die missbräuchliche Massenentlassung (OR 336a III).

Wer sich gegen eine missbräuchliche Kündigung wehren will, muss die **Fristen** einhalten (OR 336b).

Nur ausnahmsweise kann das Gericht bei einer diskriminierenden Kündigung die provisorische **Wiedereinstellung** des Gekündigten anordnen (Gleichstellungsgesetz 10 III / IV).

Beispiel

Vorgehen des Arbeitnehmers gegen eine missbräuchliche Kündigung

Marina Orsini, Teamleiterin bei der X Communications, erhält am 17. Februar die Kündigung ohne Begründung. Sie glaubt, dass diese ausgesprochen wurde, weil sie vor Kurzem die gleiche Entlöhnung wie ihre männlichen Arbeitskollegen durchsetzen wollte. Wie soll sie nun vorgehen?

1. Schritt: schriftliche Begründung verlangen und beim Arbeitgeber Einsprache erheben. Marina Orsini kann eine schriftliche Begründung der Kündigung verlangen (OR 335 II). Meist gibt der Arbeitgeber den Missbrauch nicht zu, sondern schiebt einen Grund vor (z. B. Umstrukturierung). Auch in diesem Fall muss nun Marina Orsini beim Arbeitgeber **längstens bis zum Ende der Kündigungsfrist** gegen die Kündigung **schriftlich protestieren** (aus Beweisgründen mit eingeschriebenem Brief). Damit tut sie kund, dass sie mit der Kündigung nicht einverstanden ist (OR 336b I).

2. Schritt: Einigungsgespräch. Die Parteien müssen ein Einigungsgespräch über die Fortsetzung des Arbeitsverhältnisses führen. Wird es verweigert oder scheitert es, muss Marina Orsini klagen.

3. Schritt: Klage: Marina Orsini muss bis spätestens **180 Tage** nach Ende des Arbeitsverhältnisses den Entschädigungsanspruch wegen missbräuchlicher Kündigung **einklagen** und **beweisen,** dass eine missbräuchliche Kündigung vorliegt (OR 336b II). Das ist in der Regel schwierig.

19.1.3 Kündigung zur Unzeit

Nach Ablauf der Probezeit ist eine Kündigung während gewisser **Sperrfristen** unzulässig. Wir sprechen dann von einer **Kündigung zur Unzeit.** So darf der Arbeitgeber nicht kündigen, wenn einer der in OR 336c aufgezählten Sachverhalte vorliegt, und umgekehrt darf der Arbeitnehmer im Fall von OR 336d nicht kündigen.

Der Vaterschaftsurlaub ist in OR 336c nicht aufgezählt. Der zeitliche Kündigungsschutz kommt somit beim Vaterschafturlaub nicht zur Anwendung.

Die Kündigung während einer Sperrfrist ist **nichtig.** Sie entfaltet also keinerlei Wirkungen; das Arbeitsverhältnis dauert fort.

Sofern die Kündigung vor Beginn einer Sperrfrist erfolgt ist, aber innerhalb der Kündigungsfrist eine Sperrfrist zu laufen beginnt, steht die Kündigungsfrist während der Dauer der Sperrfrist **still** und läuft erst nach Ablauf der Sperrfrist weiter (OR 336c II).

Beispiel Philip Wecker arbeitet seit 3 Jahren bei der Brot AG. Am 30. Juni kündigt die Brot AG das Arbeitsverhältnis gemäss OR 335c mit einer Frist von 2 Monaten auf Ende August. Am 7. Juli wird Philip Wecker für 2 Wochen krank. Während dieses Zeitraums bleibt die Kündigungsfrist stehen. Sobald Philip Wecker wieder gesund ist, läuft die Frist weiter.

Abb. [19-4] Die Gründe für eine Kündigung zur Unzeit

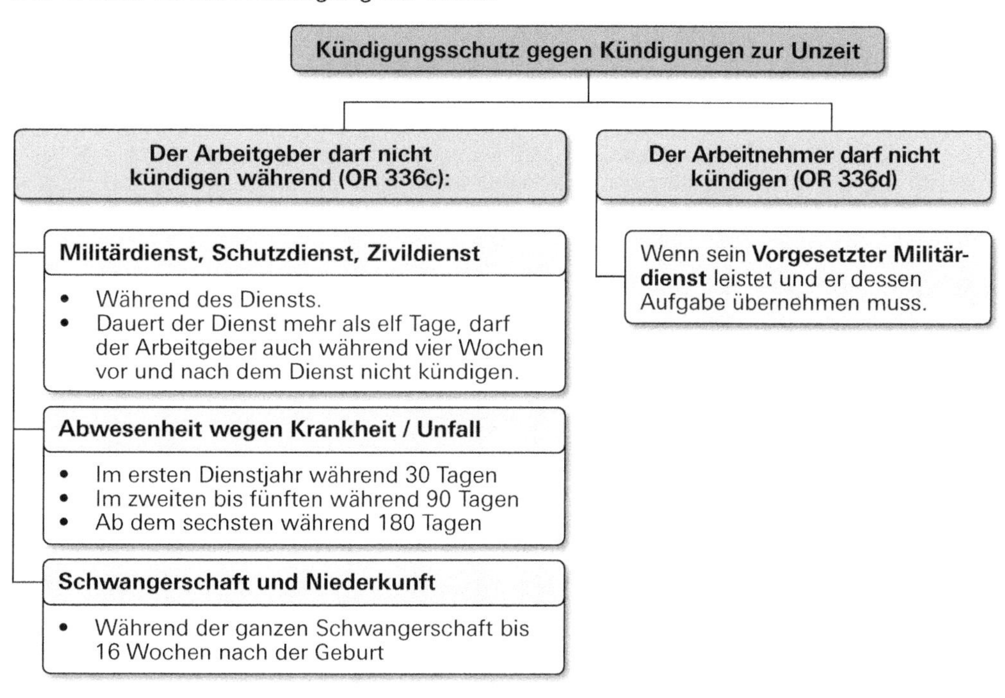

Compendio Bildungsmedien AG, Zürich

Achtung, Fallgruben!

- Die Fristen für die vorstehend aufgelisteten Absenzen betreffen nur den **Schutz vor einer Kündigung.** Ob und wie lange ein Arbeitnehmer in diesen Fällen **Lohn** erhält, bestimmt sich allein nach den Regeln über die Lohnfortzahlung bei Verhinderung des Arbeitnehmers (OR 324a, vgl. auch die Mutterschaftsentschädigung beim Mutterschaftsurlaub).
- Die Sperrfristen zugunsten des Arbeitnehmers gelten nur, wenn der **Arbeitgeber** kündigt, nicht aber, wenn der Arbeitnehmer selbst gekündigt hat.
- Zudem gelten diese Sperrfristen erst **nach Ablauf der Probezeit** (OR 336c I).

19.1.4 Massenentlassung und Sozialplan

Von einer **Massenentlassung** spricht man, wenn ein Arbeitgeber einer **Vielzahl** von Mitarbeitenden innerhalb eines **Zeitraums von 30 Tagen** kündigt, ohne dass die Gründe dafür in der Person der Gekündigten liegen. In OR 335d ist je nach Grösse des Betriebs definiert, wie vielen Mitarbeitenden gekündigt werden muss, damit man von einer Massenentlassung spricht.

Typische **Anwendungsfälle** sind die Schliessung von Abteilungen oder von ganzen Betrieben. Ausgenommen von den Regeln der Massenentlassungen sind aber Entlassungen im Konkurs des Unternehmens oder bei der Sanierung durch einen Nachlassvertrag (OR 335e).

In OR 335f–335k ist ein **Verfahren** vorgesehen, das der Arbeitgeber bei Massenentlassungen einhalten muss. Dieses sieht folgende Massnahmen des Arbeitgebers vor:

- Vorgängige **Information** und **Konsultation** der Arbeitnehmervertretung des Betriebs oder – wenn diese fehlt – aller Arbeitnehmenden.
- Verhandlungen über einen **Sozialplan** (sofern ein Betrieb mehr als 250 Mitarbeitende beschäftigt und 30 oder mehr Kündigungen ausgesprochen werden).
- Schriftliche Anzeige der Massenentlassung und des Konsultationsergebnisses an das **kantonale Arbeitsamt.** Die Arbeitsverhältnisse enden frühestens 30 Tage nachdem die Anzeige an das Arbeitsamt erfolgt ist.

Hinweis

«Der **Sozialplan** ist eine Vereinbarung, in welcher der Arbeitgeber und die Arbeitnehmer die Massnahmen festlegen, mit denen Kündigungen vermieden, deren Zahl beschränkt sowie deren Folgen gemildert werden können.» (OR 335h)

Typische Inhalte sind: Bestimmungen betreffend Einstellungsstopp, Finanzierung von Outplacement, Durchhalteprämien, vorzeitige Pensionierungen, Abgangsentschädigungen usw.

19.2 Fristlose Kündigung

Die **fristlose Kündigung** ist eine Art Notbremse. Sie beendet das Arbeitsverhältnis mit sofortiger Wirkung und kann nur ausgesprochen werden, wenn der gekündigte Vertragspartner seine Pflichten derart krass verletzt hat, dass die Fortführung des Arbeitsverhältnisses für den Kündigenden schlechterdings **unzumutbar** ist (OR 337–337d).

Wer fristlos kündigen will, muss das **sofort** tun (innert 2–3 Tagen). Wartet der Kündigende länger, kann das ein Zeichen dafür sein, dass die Fortführung des Arbeitsverhältnisses eben doch zumutbar ist. In diesem Fall bleibt nur noch die ordentliche Kündigung.

Beispiel

Wichtige Gründe

- **Straftaten** gegen den Vertragspartner wie sexuelle Übergriffe, Diebstahl, Unterschlagung, Tätlichkeiten oder schwerwiegende Ehrverletzungen
- **Konkurrenzierung** des Arbeitgebers mit **Schwarzarbeit** oder Annahme von Schmiergeldern; bewusster Verrat von Geschäftsgeheimnissen (OR 337 I)
- Nichtbezahlen des **Lohns** trotz Mahnung / wegen Zahlungsunfähigkeit (OR 337a)

Keine wichtigen Gründe: leichtere Pflichtverletzungen wie Nichteinhalten der Arbeitszeit, Missachten der Hausordnung, Nichtbeachten von Weisungen oder – aufseiten des Arbeitgebers – Verzögerungen der Lohnzahlung.

Wiederholen sich solche Verfehlungen, so kann man eine **Verwarnung** (am besten schriftlich) aussprechen mit der Drohung, man werde im Wiederholungsfall fristlos kündigen. In diesem Fall ist eine fristlose Kündigung auch bei leichteren Pflichtverletzungen zulässig.

Die Folgen einer gerechtfertigten fristlosen Kündigung

Bei einer gerechtfertigten fristlosen Kündigung **endet** das Arbeitsverhältnis mit dem **Zugang der Kündigung.** Von diesem Moment an muss der Arbeitnehmer keine Arbeit mehr leisten und der Arbeitgeber schuldet keinen Lohn mehr. Sämtliche **Ansprüche,** die schon vor der Kündigung bestanden haben, bleiben aber erhalten. Das heisst: Der Lohn muss bis zur fristlosen Kündigung bezahlt, geleistete Überstunden und aufgelaufene Ferienansprüche müssen abgegolten, ein allfälliger 13. Monatslohn muss anteilsmässig bezahlt werden usw.

Die Folgen einer ungerechtfertigten fristlosen Kündigung

Manchmal werden fristlose Kündigungen ohne wichtigen Grund im Sinn von OR 337 ausgesprochen. Trotzdem ist die **Kündigung wirksam,** das Arbeitsverhältnis wird sofort aufgelöst. Der Gekündigte kann aber **Schadenersatz** verlangen (OR 337c und 337d).

Der **Arbeitnehmer** hat bei einer ungerechtfertigten fristlosen Kündigung des Arbeitgebers folgende Schadenersatzansprüche:

- Zunächst einmal soll er **finanziell so gestellt** werden, wie wenn eine zulässige ordentliche Kündigung ausgesprochen worden wäre. Der Arbeitnehmer kann also das verlangen, was er in dieser Zeit verdient hätte, wobei er sich anrechnen lassen muss, was er eingespart hat, weil er nicht mehr zur Arbeit erscheinen musste (OR 337c I und II).
- Zusätzlich kann der Richter dem Arbeitnehmer eine **Entschädigung** bis zu **maximal 6 Monatslöhnen** zusprechen (OR 337c III).

Auch der **Arbeitgeber** hat Ansprüche, wenn der Arbeitnehmer ungerechtfertigt fristlos kündigt. Das bedeutet meistens, dass der Arbeitnehmer eine Stelle ohne wichtigen Grund überhaupt nicht antritt oder dass er sie fristlos verlässt:

- Für den Schadenersatzanspruch des Arbeitgebers bei ungerechtfertigter fristloser Kündigung des Arbeitnehmers sieht das OR eine Pauschalentschädigung von einem **Viertel eines Monatslohns** vor.
- Ist sein **Schaden grösser,** kann er diesen ebenfalls einfordern. Er ist dafür allerdings beweispflichtig. Umgekehrt kann der Arbeitnehmer beim Richter Reduktion der Entschädigung verlangen, wenn der effektive Schaden weniger als einen Viertel des Monatslohns beträgt (OR 337d).

Vorgehen gegen eine ungerechtfertigte fristlose Kündigung

Wer sich gegen eine fristlose Kündigung wehren will, muss beim Kündigenden **sofort** gegen die Kündigung **protestieren.** Ein Schweigen könnte nämlich als Zustimmung zur Kündigung aufgefasst werden.

Ist unklar, ob die fristlose Kündigung zulässig ist, kann der Gekündigte zuerst einmal eine **schriftliche Begründung** verlangen. Einigen sich die Parteien nicht, kann der Gekündigte die fristlose Kündigung bei Gericht einklagen und seine finanziellen Ansprüche stellen.

Für den Arbeitgeber ist die fristlose Kündigung **riskant,** denn oft ist nicht sicher, ob ein Gericht den Kündigungsgrund als wichtig anerkennen wird. Daher wählen im Zweifelsfall viele Arbeitgeber folgendes Vorgehen: Sie **kündigen ordentlich** und stellen den Arbeitnehmer während der Kündigungsfrist von weiterer Arbeitsleistung frei. Damit umgehen sie das Risiko, zusätzlich zum Lohn eine Entschädigung von bis zu 6 Monatslöhnen zahlen zu müssen (OR 337c III).

19.3 Folgen der Beendigung des Arbeitsverhältnisses

In OR 339–341 regelt das Gesetz die **Folgen der Beendigung** des Arbeitsverhältnisses. Wir greifen drei Themen heraus:

- Die **Fälligkeit der Forderungen** und die **Rückgabepflichten**
- Den **Lohnnachgenuss** beim Tod des Arbeitnehmers
- Das **Konkurrenzverbot**

19.3.1 Fälligkeit der Forderungen und Rückgabepflichten

Mit der Beendigung des Arbeitsverhältnisses (Ablauf der Kündigungsfrist oder der vereinbarten Vertragsdauer) **erlöschen** die gegenseitigen Rechte und Pflichten der Parteien.

Nur einzelne Nebenpflichten **wirken weiter,** v. a. die **Geheimhaltungspflicht** aufseiten des Arbeitnehmers sowie die **Zeugnis- und die Referenzpflicht** aufseiten des Arbeitgebers. Ebenso besteht weiterhin die Pflicht zum **Schutz der persönlichen Daten** des Arbeitnehmers (OR 328 und DSG): Die persönlichen Daten, die der Arbeitgeber im Verlauf des Arbeitsverhältnisses gesammelt hat, muss er schützen und sie so lange aufbewahren, als es zur Abwicklung von noch bestehenden Ansprüchen notwendig ist.

Sämtliche aus dem Arbeitsvertrag entstandenen Forderungen werden **fällig** (OR 339) und die Parteien haben sich alles **zurückzugeben,** was sie einander für die Zusammenarbeit zur Verfügung gestellt haben (OR 339a).

Nicht selten lassen Arbeitgeber ihre Arbeitnehmenden beim Austritt **Saldoquittungen** unterschreiben. Darin wird bestätigt, dass der Arbeitgeber sämtliche geschuldeten Leistungen erbracht hat. Derartige Saldoquittungen sind wirkungslos während der ganzen Dauer und innerhalb 1 Monats nach Beendigung des Arbeitsverhältnisses (OR 341 I).

19.3.2 Lohnnachgenuss beim Tod des Arbeitnehmers

Stirbt ein Arbeitnehmer, wird das Arbeitsverhältnis mit sofortiger Wirkung **beendet** (OR 338 I). Die bereits bestehenden Forderungen werden fällig und fallen an die Erben der verstorbenen Person. Zusätzlich sieht OR 338 II einen **Lohnnachgenuss** vor.

Lohnnachgenuss heisst, dass der Arbeitgeber ab dem Todestag gerechnet noch **einen Monatslohn** und bei mehr als fünf Dienstjahren **zwei Monatslöhne** auszahlen muss, sofern die verstorbene Person **bezugsberechtigte Personen** hinterlässt. Das sind der überlebende Ehegatte oder eingetragene Partner, minderjährige Kinder oder andere Personen, gegenüber denen die verstorbene Person eine Unterstützungspflicht erfüllt hat.

19.3.3 Das Konkurrenzverbot

Während der **Dauer** des Arbeitsverhältnisses gilt das Verbot der Schwarzarbeit (OR 321a III). Danach darf der Arbeitnehmer keine entgeltlichen Nebenbeschäftigungen verrichten, die den Arbeitgeber konkurrenzieren. Dieses Verbot erlischt mit Beendigung des Arbeitsverhältnisses.

Wenn der Arbeitgeber **nach Beendigung** des Arbeitsverhältnisses verhindern will, dass ausscheidende Mitarbeitende zur Konkurrenz überlaufen oder selbst ein Konkurrenzunternehmen aufbauen, muss er ein Konkurrenzverbot in den Arbeitsvertrag aufnehmen.

Das (nachvertragliche) **Konkurrenzverbot** ist in OR 340–340c geregelt. Es kann nur **schriftlich** vereinbart werden.

Voraussetzungen des Konkurrenzverbots

Ein Konkurrenzverbot kann den Arbeitnehmer sehr stark **einschränken.** Deshalb lässt das OR Konkurrenzverbote nur unter folgenden Voraussetzungen zu:

- Ein Konkurrenzverbot kann nur mit **Arbeitnehmenden** vereinbart werden,
  - die **Einblick** in den Kundenkreis oder in Fabrikations- und Geschäftsgeheimnisse haben und
  - die durch die Verwendung dieser Kenntnisse den Arbeitgeber erheblich **schädigen** könnten (OR 340 II).

- Ein Konkurrenzverbot muss örtlich, zeitlich und inhaltlich **angemessen beschränkt** sein, sodass das wirtschaftliche Fortkommen des Arbeitnehmers nicht vollständig ausgeschlossen ist (OR 340a I).

Hinweis

OR 340a I gibt eine Richtlinie für die **zeitliche** Schranke: Länger als **3 Jahre** darf ein Konkurrenzverbot im Normalfall nicht dauern.

Auch **örtlich** und **inhaltlich** können wir eine allgemeine Richtschnur vorgeben: Ein Konkurrenzverbot ist nur zulässig, soweit der Arbeitgeber ein **schützenswertes Interesse** daran hat.

Deshalb darf ein nur in der Deutschschweiz tätiges Unternehmen das Konkurrenzverbot nicht auf die ganze Schweiz ausdehnen. Ähnliches gilt für den inhaltlichen Umfang. Einem in der Krebsforschung tätigen Chemiker darf nicht verboten werden, für ein Unternehmen der Agrochemie tätig zu werden.

Reduktion übermässiger Konkurrenzverbote

Ein übermässiges Konkurrenzverbot ist nicht einfach nichtig. Der Arbeitnehmer kann aber verlangen, dass es vom Richter **herabgesetzt** wird (OR 340a II).

Gar keine Wirkung entfaltet ein Konkurrenzverbot, wenn der **Arbeitgeber** das Arbeitsverhältnis kündigt, ohne dass ihm der Arbeitnehmer dazu begründeten Anlass gegeben hat, bzw. wenn der Arbeitnehmer aus einem Grund kündigt, der beim Arbeitgeber liegt (OR 340c II).

Verstösse gegen ein Konkurrenzverbot

Wenn ein (ehemaliger) Arbeitnehmer gegen das Konkurrenzverbot verstösst, wird er **schadenersatzpflichtig.** Die Höhe des Schadens muss aber vom (alten) Arbeitgeber bewiesen werden, und das ist regelmässig sehr schwierig. Daher wird in Konkurrenzverboten meistens eine **Konventionalstrafe** vereinbart, die der ehemalige Arbeitgeber bei einem Verstoss gegen das Konkurrenzverbot einfordern kann, ohne dass er das Ausmass des Schadens beweisen muss.

Die Höhe der Konventionalstrafe kann grundsätzlich beliebig vereinbart werden, doch kann der Arbeitnehmer bei unangemessener Höhe gerichtlich eine Reduktion verlangen. Die Gerichte haben dabei die Tendenz, sie auf **2 bis 3 Monatslöhne** zu reduzieren.

Die Vereinbarung einer Konventionalstrafe hat aber auch für den Arbeitnehmer Vorteile. OR 340b II sieht nämlich vor, dass sich ein Arbeitnehmer durch **Bezahlung** der Konventionalstrafe vom Konkurrenzverbot befreien kann, sofern nichts anderes im Vertrag abgemacht ist. In der Praxis wird die Konventionalstrafe oft vom neuen Arbeitgeber bezahlt, der an der Zusammenarbeit mit dem betreffenden Arbeitnehmer interessiert ist.

Zusammenfassung

Befristete und unbefristete Arbeitsverhältnisse können wie folgt enden:

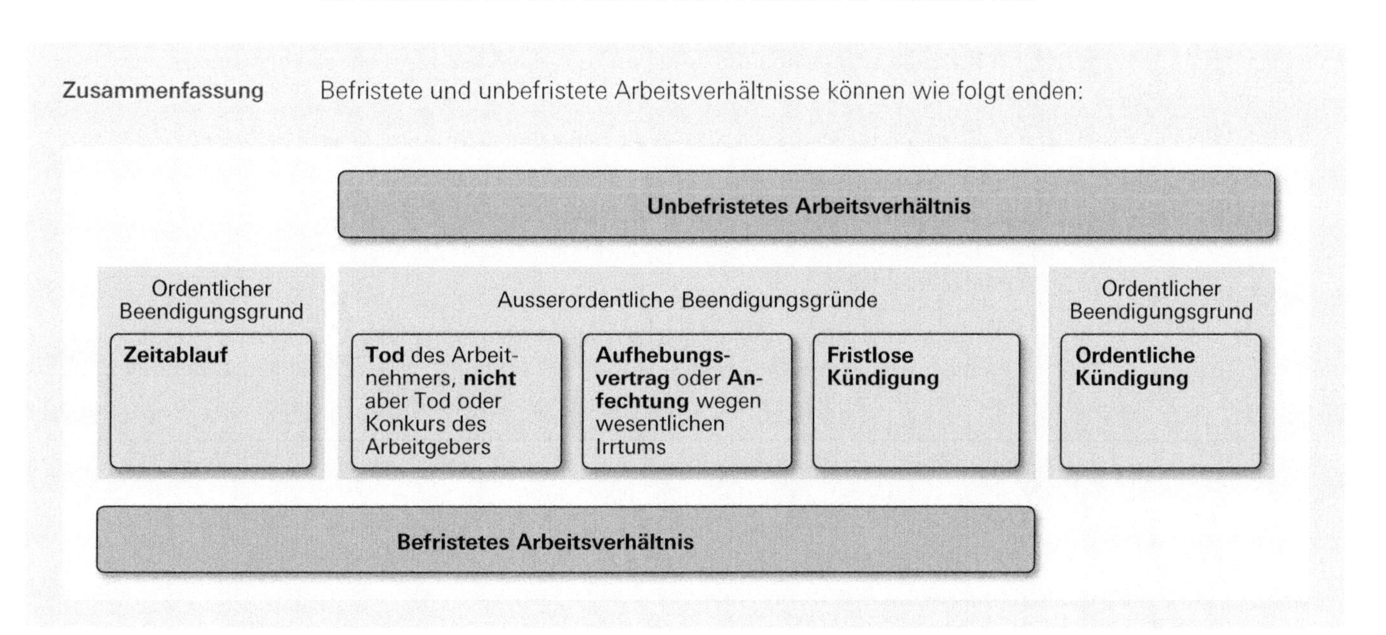

Ordentliche Kündigung

Nach der Probezeit muss der Kündigende die in OR 335c genannten **Kündigungsfristen** und **Kündigungstermine** einhalten, ausser es wurde etwas anderes im EAV vereinbart:

- **Missbräuchliche Kündigung.** Die Kündigung muss **sachlich gerechtfertigt** sein. Gegen eine **missbräuchliche** Kündigung kann sich der Gekündigte wehren und vor Gericht bis zu 6 Monatslöhne erstreiten. Das Arbeitsverhältnis endet trotzdem.
- **Kündigung zur Unzeit:** Nichtig ist eine Kündigung, die während bestimmter **Sperrfristen** ausgesprochen wird. So darf der Arbeitgeber bei Militärdienst, Krankheit / Unfall und Schwangerschaft für eine bestimmte Zeitdauer nicht kündigen (OR 336c). Tritt der Grund für das Kündigungsverbot während einer laufenden Kündigungsfrist ein, bleibt die Kündigung zwar gültig, aber die Kündigungsfrist steht still.

Fristlose Kündigung

Die **fristlose Kündigung** darf ausgesprochen werden, wenn dem kündigenden Vertragspartner die Fortführung des Arbeitsverhältnisses objektiv nicht mehr zugemutet werden kann. Dies ist nur bei krassen Pflichtverletzungen der Fall. Wird ungerechtfertigt fristlos gekündigt, endet das Arbeitsverhältnis trotzdem. Der ungerechtfertigt gekündigte Arbeitnehmer kann aber bei Gericht den Lohn bis zum ordentlichen Ende des Arbeitsverhältnisses und eine Entschädigung von bis zu 6 Monatslöhnen erstreiten.

Folge der Beendigung des Arbeitsverhältnisses

Mit Ende des Arbeitsverhältnisses werden alle Forderungen aus dem Arbeitsvertrag **fällig** und die Vertragspartner müssen sich alles **zurückgeben,** was sie einander für die Zusammenarbeit gegeben haben. Ein **Konkurrenzverbot** des Arbeitnehmers besteht nach Ende des Arbeitsverhältnisses, wenn es **schriftlich** vereinbart ist und die Voraussetzungen von OR 340 bzw. 340a erfüllt sind.

Repetitionsfragen

61

Im Zusammenhang mit der Kündigung eines Arbeitsverhältnisses haben wir vier Begriffe eingeführt: die ordentliche Kündigung, die Kündigung zur Unzeit, die missbräuchliche Kündigung und die fristlose Kündigung.

A] Welche dieser vier Begriffe kommen beim befristeten Arbeitsverhältnis normalerweise nicht vor?

B] Zwei dieser vier Begriffe gehören zur ordentlichen Kündigung. Welche sind es?

C] Was ist die Folge, wenn eine Kündigung zur Unzeit ausgesprochen wird?

D] Was geschieht, wenn zu Unrecht eine fristlose oder eine missbräuchliche Kündigung ausgesprochen wird?

E] Der Arbeitnehmer X arbeitet seit 4.5 Jahren bei Arbeitgeber Y. Er möchte so rasch wie möglich kündigen. Wann endet das Arbeitsverhältnis nach den Bestimmungen des OR, wenn er die Kündigung am 9. März ausspricht?

62

Andreas Herzog hat die fristlose Kündigung erhalten, weil er gegen das Verbot der Schwarzarbeit und gegen die Geheimhaltungspflicht verstossen hat.

A] Wie müsste Andreas Herzog vorgehen, wenn er mit dieser Kündigung nicht einverstanden ist?

B] Wie beurteilen Sie seine Erfolgsaussichten? Suchen Sie im Gesetz die Formulierung, nach der man beurteilen muss, ob eine fristlose Kündigung gerechtfertigt ist, und argumentieren Sie.

Teil G
Anhang

Antworten zu den Repetitionsfragen

1

Ziel des Personalmanagements	W	S
Minimierung der Personalkosten	☒	
Mitbestimmung der Mitarbeitenden		☒
Sicherung des Arbeitsplatzes		☒
Optimierung des Mitarbeiterpotenzials	☒	
Kooperativer Führungsstil		☒

2

Mit der Globalisierung wächst der Bedarf an Arbeitskräften, die folgende Anforderungen erfüllen: internationale Erfahrung, Fremdsprachenkenntnisse, interkulturelle Kompetenz und Mobilitätsbereitschaft.

3

	Internes Personalmarketing	Externes Personalmarketing
A] Ziel	Fluktuation der Schlüsselpersonen gering halten.	Hoch qualifizierte Kandidaten anziehen.
B] Wie?	• Materielle Anreize (z. B. Erfolgsbeteiligung) • Immaterielle Anreize (z. B. flexible Arbeitszeitmodelle)	• Direkte Massnahmen (z. B. attraktive Stellenausschreibungen) • Indirekte Massnahmen (z. B. gesellschaftliches Engagement)

4

A] Personalentwicklung

B] Personalauswahl

C] Personalplanung

D] Personaladministration

5

Diese Aussage stimmt in dieser absoluten Form nicht. Selbst wenn die Personalabteilung viele Aufgaben übernimmt, darf sie keinesfalls die alleinige Verantwortung für das Personalmanagement tragen.

Jede Führungskraft ist für bestimmte Personalaufgaben im Rahmen des Führungsprozesses verantwortlich, insbesondere für Einzelmassnahmen. Eine Personalbeurteilung ist z. B. nicht möglich ohne die Mitwirkung der Vorgesetzten, die die Leistungen ihrer Mitarbeitenden einschätzen.

Wichtig ist, dass die Rollenverteilung und das Zusammenspiel zwischen den Linienvorgesetzten und der Personalabteilung im Unternehmen geregelt werden.

6

- Abwicklung aller administrativen Personalprozesse (Lohnadministration, Verwalten der Personaldossiers usw.)
- Dafür sorgen, dass die arbeits-, steuer- und sozialversicherungsrechtlichen Vorschriften eingehalten werden
- Aufbereitung der Personaldaten

7

A], B], D] und F] sind für den Personalbereich interessante Kennzahlen.

8	Kurzfristige Massnahmen zur Senkung der Personalkosten: • Personalbeschaffung (Inserate, Assessments etc.) • Personalentwicklung (Schulungen, Kurse etc.) • Personalgeschenke (zu Jubiläen, Geburtstagen etc.) • Berufskleider • Etc.
9	Klare Lohnrahmen, abgestimmt auf die Anforderungen an die Stelle, und konsequente Einhaltung
10	1. Bezeichnung der Stelle: Produktmanagerin für Damenmode 2. Aufgaben: – Planung, Entwicklung, Produktion, Marketing, Verkauf des Produkts – Überwachung der Qualitätskontrolle – Kontakt zu Produktionsfirmen und Fabriken – Kontakt mit Handelspartnern 3. Verantwortung: Umsatz für die Abteilung Damenmode 4. Kompetenzen: Entwicklung, Produktion und Vermarktung von Kollektionen für Damenbekleidung 5. Hierarchische Stellung: dem Produktionschef unterstellt 6. Stellvertretung: Produktmanager für Herrenmode
11	Der Inhalt der Planung ist immer als Weiterentwicklung vergangener und gegenwärtiger Sachverhalte zu verstehen. Soll-Ist-Vergleiche sind für jede sinnvolle Planung unabdingbar.
12	Kompetenzen sind die persönlichen Fähigkeiten, die es erlauben, eine Aufgabe kompetent zu erfüllen. Man unterscheidet zwischen der Fach-, der Methoden-, der Sozial- und der Ich-Kompetenz, wobei es auch weitere Einteilungsmöglichkeiten gibt.
13	Kündigungen, Beförderungen, Pensionierungen.
14	A] Die BDA-Formel und die Schlüter-Formel. B] Bei der BDA-Formel werden die Abgänge in Beziehung zum durchschnittlichen Personalbestand gesetzt. Bei der Schlüter-Formel wird auch der Anfangsbestand berücksichtigt.
15	A] Personalabteilung und Linienvorgesetzte: • Kennen die fachlichen und persönlichen Anforderungen sowie die Unternehmenskultur besser als Aussenstehende. • Je nach Aufwand und Konditionen kostengünstiger als die externe Dienstleistung. B] Externer Personalberater: • Professionelle und umfassende Dienstleistung (z. B. aufwendige Vorselektion). • Kann auch potenzielle Bewerber von Konkurrenzunternehmen direkt ansprechen, hat Zugang zu grösserem Kontaktnetzwerk.
16	Das Inserat informiert lediglich über die betreffende Aufgabe und vereinzelte stellenbezogene Anforderungen. Es sagt nichts aus über das Unternehmen (wir sind) und seine Leistungen (wir bieten). Das Inserat ist nicht bewerberorientiert abgefasst.

17

A] Richtig.

B] Falsch. Man kann die Online-Stellenbewerbung genauso intern via Intranet anwenden.

C] Falsch. E-Recruiting hat sich bereits in vielen Firmen durchgesetzt. Die heutigen Sicherheitsstandards für die Datenübermittlung müssen selbstverständlich eingehalten werden, wenn man Online-Bewerbungen anbietet (z. B. die Verschlüsselung der Online-Bewerbungen und genaue Zugriffsbestimmungen für die Verwendung der Daten). Entsprechende Abklärungen sollten unter Beizug von Datenschutzfachleuten erfolgen.

18

Printmedien und Internet-Jobbörsen

	Printmedien	Internet-Jobbörsen
Vorteile	• Unternehmen zeigen, dass ihnen die Stelle bzw. der Kandidat etwas wert ist. • Die Wahrscheinlichkeit, dass auch Kandidaten, die nicht aktiv auf Stellensuche sind, auf eine Stellenausschreibung aufmerksam werden, ist grösser als bei Internet-Jobbörsen. • Gezielte Anwerbung von Spezialisten ist eher über Fachzeitschriften möglich.	• Keine räumliche Begrenzung. • Komfortable Suchfunktion erleichtert eine gezielte Recherche. • Leicht zu aktualisieren.
Nachteile	• Aktualität von Printmedien geht schnell verloren, und damit sinkt die Aufmerksamkeit für eine offene Stelle. • Begrenzte Streuung. • Relativ teuer.	• Relativ günstig oder gar kostenfrei. • Bei attraktiven Stellenangeboten werden Unternehmen von Bewerbungen überflutet und der Aufwand in den Personalabteilungen steigt. • Begehrte Spitzenkräfte lassen sich vom Massenangebot kaum beeindrucken.

19

Die Initiativbewerbung sollte stark auf das jeweilige Unternehmen zugeschnitten sein. Stellensuchende sollten vorher klären, ob eine Initiativbewerbung erwünscht ist oder nicht.

20

Zutreffende Verhaltensfragen:

A] «Können Sie mir bitte eine Situation aus Ihrer jetzigen Tätigkeit schildern, bei der Ihre analytischen Fähigkeiten besonders zum Zug kamen? Was haben Sie damals unternommen? (Oder: Wie sind Sie vorgegangen?) Welchen Erfolg haben Sie durch Ihr Vorgehen erzielt? (Oder: Was haben Sie dadurch erreicht?)»

B] «Als künftige Teamleiterin unseres Kundendiensts sind Ihre Kommunikationsfähigkeiten in schwierigen, konfliktträchtigen Situationen besonders gefragt. Bitte schildern Sie mir eine typische Konfliktsituation in Ihrer jetzigen Tätigkeit. Wie sind Sie bei der Konfliktlösung vorgegangen? (Oder: Wie haben Sie sich in diesem Konflikt verhalten?) Was haben Sie bewirken können? (Oder: Was würden Sie ein nächstes Mal anders machen?)»

21

A] «Gut strukturiert» bedeutet so klar und übersichtlich gegliedert, dass in den Bewerbungsunterlagen alle relevanten Informationen rasch auffindbar sind.

B] Inhaltliche Beurteilungskriterien sind die Berufs- und die Führungserfahrungen, ob die Anforderungen von der betreffenden Person erfüllt werden, ihre Motivation zum Stellenwechsel und der Mehrwert, den sie ins Unternehmen einbringen kann.

22

Zwei Varianten sind möglich:

- Es handelt sich um eine tüchtige Mitarbeiterin, die aber in bestimmten Teamzusammensetzungen oder mit bestimmten Vorgesetzten Schwierigkeiten bekommt. Welches die Gründe sind, kann nur im Gespräch eruiert werden. Möglichkeiten: überhöhte Ansprüche; geringe Anpassungsbereitschaft; fühlt sich rasch unverstanden usw.
- Die Bewerberin bleibt nur, wenn eine Position ihr ganz zusagt. Sie nimmt häufige Wechsel in Kauf, um dieses Ziel zu erreichen. Im Gespräch müssten die Motive für den überdurch-

schnittlich häufigen Stellenwechsel geklärt werden. Möglichkeiten: zielbewusste Karriereschritte mit der notwendigen Konsequenz; ehrgeizig und rücksichtslos, wenn es um die eigenen Ziele geht, usw.

23

- Von der Art, wie die Referenzen eingeholt werden
- Von der Urteilsfähigkeit der Referenzperson
- Von der gemeinsamen Sprache, auf die sich die beiden Partner vorher einigen sollten
- Von der Grundhaltung der Referenzperson gegenüber Angestellten

24

Referenzen und Arbeitsproben

	Referenzen	Arbeitsproben
Vorteil	• Informationen über Leistungen und Verhalten durch Dritte. • Die Auswahl der Referenzen lässt darauf schliessen, in welchem Umfeld die Kandidatin gute Leistungen vollbringt.	• Informationen über die Arbeitsweise und die fachlichen Qualitäten und Besonderheiten des Kandidaten. • Die Arbeitsproben können Aufschluss darüber geben, ob das Unternehmen einen Mehrwert durch die Bewerberin erwarten kann.
Nachteil	• Referenzen werden nach den subjektiven Kriterien der Bewerberin ausgewählt. Die Aussagen müssen zwar wahr sein, aber auch wohlwollend. • Es handelt sich um Leistungen in der Vergangenheit, die nicht auf die Zukunft schliessen lassen.	• Arbeitsproben werden nach den subjektiven Kriterien des Bewerbers ausgewählt, es besteht das Risiko, dass die Auswahl nicht gefällt. • Dokumentierte Arbeitsproben geben keine Auskunft darüber, wie sie zustande gekommen sind (z. B. wie die Kandidatin sich mit Kunden und Kollegen bei der Arbeit verhält).

25

Richtig	Falsch		
	☒	1.	Im Anstellungsgespräch darf der Arbeitgeber dem Bewerber keine persönlichen Fragen stellen.
☒		2.	Hat der Bewerber im Anstellungsgespräch eine zulässige Frage wahrheitswidrig beantwortet und bemerkt der Arbeitgeber die Lüge erst später, dann kann er den Arbeitsvertrag sofort auflösen.
	☒	3.	Der Arbeitgeber darf den Bewerber das fragen, was ihn interessiert, denn es steht ihm frei, zu bestimmen, welche persönlichen Eigenschaften er bei seinen Mitarbeitenden voraussetzen will.
☒		4.	Von sich aus muss der Bewerber nur Dinge mitteilen, die für das Arbeitsverhältnis von grundlegender Bedeutung sind.

Erläuterungen:

- Die Aussagen 1 und 3 sind falsch. Das Fragerecht des Arbeitgebers ist beschränkt auf Fragen, die für das betreffende Anstellungsverhältnis objektiv von Bedeutung sind. Das kann im Ausnahmefall auch persönliche Fragen betreffen. Der Arbeitgeber darf also dann keine persönlichen Fragen stellen, wenn er das aus persönlichen Gründen tut (z. B. Vorurteile gegen Randgruppen usw.).
- Aussage 2 ist dagegen richtig. Der Arbeitnehmer ist verpflichtet, zulässige Fragen wahrheitsgemäss zu beantworten. Verletzt er diese Pflicht, so kann der Arbeitgeber entweder fristlos kündigen oder das Arbeitsverhältnis anfechten. Beide Mittel bewirken die sofortige Auflösung des Arbeitsverhältnisses.
- Auch Aussage 4 ist richtig. Ohne gefragt zu werden, muss der Arbeitnehmer nur Dinge sagen, die für das betreffende Arbeitsverhältnis zentral sind.

26

A] Grundsätzlich geht das Privatleben den Arbeitgeber nichts an. Der Arbeitnehmer muss deshalb nicht zugeben, dass er süchtig ist oder war, wenn das seinen Einsatz für die betreffende Arbeit nicht hindert. Hier liegt allerdings ein Sonderfall vor, denn der Arbeitnehmer soll ja im Kampf gegen Suchtkrankheiten mitwirken. Deshalb hat der Arbeitgeber ein objektiv gerechtfertigtes Interesse zu erfahren, ob der Bewerber selbst süchtig ist.

B] Das ist ein heisses Eisen. Grundsätzlich muss der Arbeitnehmer die Frage nach einer HIV-Infektion nicht wahrheitsgemäss beantworten, solange die Krankheit nicht ausgebrochen ist. Problematisch erscheint hier, dass der Bewerber später intensiv Leute betreuen muss. Da aber bei dieser Arbeit eine Übertragung ausgeschlossen werden kann, besteht keine Pflicht des Bewerbers, seine Infektion zu offenbaren.

C] Auch das ist ein heisses Eisen. Die Frage nach einer Vorstrafe wäre nur zulässig, wenn sie den Bewerber für die Stelle eindeutig ungeeignet macht. Falls der Sozialarbeiter auch das Vermögen der «Patienten» betreut, so wäre deshalb eine Frage nach Vermögensdelikten zulässig. Zulässig wäre wahrscheinlich auch die Frage nach Sexualdelikten. Das Problem der Vorstrafe relativiert sich jedoch insofern, als viele Arbeitgeber die Anstellung von einem Strafregisterauszug abhängig machen.

27

Nach den Bestimmungen des DSG dürfen Referenzen grundsätzlich nur mit Wissen und Zustimmung des betroffenen Arbeitnehmers eingeholt werden. Nur ausnahmsweise, wenn ganz wichtige Gründe vorliegen, darf ein Arbeitgeber gegen den Willen des Arbeitnehmers Referenzen einholen.

Nach der heutigen Rechtslage müssen sie grundsätzlich in allen genannten Fällen die Einwilligung von Franziska Schenk haben, wenn Sie Referenzauskünfte einholen wollen.

28

A] Der ehemalige Arbeitgeber hat gegenüber seinem ehemaligen Mitarbeiter eine Auskunftspflicht. Diese ist eine Nachwirkung des Arbeitsverhältnisses. Allerdings gilt auch hier, dass eine Referenzauskunft nur mit Zustimmung des ehemaligen Mitarbeiters gegeben werden darf. Diese Zustimmung kann individuell eingeholt werden; der ehemalige Mitarbeiter kann aber bei Austritt auch allgemein zustimmen, dass der ehemalige Arbeitgeber Referenzauskünfte gibt.

B] Zu beachten ist, dass Auskünfte einen sachlichen Zusammenhang mit der Arbeit haben und wahrheitsgemäss sowie wohlwollend sein müssen. Für den ehemaligen Arbeitgeber gilt ausserdem, dass die Auskunft nicht dem Zeugnis widersprechen darf.

C] Ausnahmsweise dürfen Auskünfte auch negativ sein. Sie müssen aber wahr sein und für das neue Arbeitsverhältnis so entscheidend, dass die Interessen des ehemaligen Arbeitnehmers weniger hoch zu gewichten sind als die Interessen des neuen Arbeitgebers.

29

Regelmässige Standortbestimmungen während der Probezeit helfen,

- rechtzeitig die notwendigen Korrekturen im Einführungsprogramm vorzunehmen,
- Unterstützungsmassnahmen bei Problemen oder Unsicherheiten anzubieten,
- ein Feedback über das Einführungsprogramm, über die Zusammenarbeit im Team oder mit Ihnen, über das persönliche Wohlbefinden der neuen Mitarbeiterin zu erhalten.

30

Mit der Einführungs- und Einarbeitungszeit erhält der neue Mitarbeiter die ersten Eindrücke von den künftigen Aufgaben und dem Unternehmen, die seine Einstellung entscheidend prägen werden. Die bewusste Gestaltung dieser Einführungsphase bringt daher nicht nur eine Wertschätzung zum Ausdruck, sondern auch Vorteile in betriebswirtschaftlicher Hinsicht: Sie hilft, die Gefahr einer kostenintensiven Frühfluktuation zu vermindern.

31

A] Richtig

B] Richtig

32

A] Intrinsischer Anreiz

B] Extrinsischer Anreiz

C] Extrinsischer Anreiz

D] Intrinsischer Anreiz

33 Eigene Antwort.

Wichtig in Ihrer Stellungnahme ist, dass Sie schlüssig argumentieren. Das heisst, eine aussenstehende Person muss nachvollziehen können, warum Sie diese (und keine andere) Ansicht vertreten.

34 Die unterschiedliche Bewertung von Situationen ist grundsätzlich durch unterschiedliche Wahrnehmungen begründet.

A] Unterschiedliche Erfahrungen (Gewohnheiten) beeinflussen das Anspruchsniveau.

B] Unterschiedliche Erwartungen an sich selbst (Einstellungen) beeinflussen das Anspruchsniveau.

C] Prägende Erfahrungen, wie in diesem Beispiel die Sicherheitsängste, beeinflussen das Anspruchsniveau.

35 A] Sozialgerechtigkeit

B] Leistungsgerechtigkeit

C] Marktgerechtigkeit

D] Anforderungsgerechtigkeit

36

Merkmale	Lohnsysteme mit Lohnklassen	Lohnsysteme mit Lohnbändern
Funktionsweise	Zuteilung zu fixen Klassen	Fixiert werden Einstiegslohn und Lohnmaximum.
Flexibilität	Unflexibel	Flexibel
Art der Lohnkurven	Definiert	Individuell
Handhabung	Einfach	Komplex

37

Leistung des Unternehmens	Fringe Benefit	andere Leistung	Welche andere Leistung?
Verpflegung für Hotelangestellte		☒	**Naturallohn**
Angestelltenrabatte für Firmenprodukte	☒		
Dienstaltersgeschenk	☒		
Kinderzulage		☒	**Sozialanteil, gesetzlich**
Mitfinanzierung einer Führungsausbildung	☒		

38 A] Richtig.

B] Falsch; die Arbeitszeit wird beim Bandbreitenmodell nach dem Bedürfnis des einzelnen Mitarbeiters für eine bestimmte Zeit fixiert. Er kann diese ohne Absprache nicht flexibel handhaben.

C] Falsch; im Vorfeld werden die Ausnahmen und Vorgaben geregelt, um die Betriebssicherheit während des ganzen Jahres zu gewährleisten.

D] Richtig.

E] Falsch; bei der mobilen Arbeit arbeiten verschiedene Mitarbeitende in externen Büros.

39	Zuordnung zum Arbeitszeitmodell: A] Teilzeitarbeit auf Abruf (KAPOVAZ) B] Jobsharing C] Gleitende Arbeitszeit (GLAZ); tägliche Blockzeiten sind vorgegeben

40 Mitwirkungsstufen:

A] Pausengestaltung: Selbstverwaltung

B] Geschäftsgang und Reorganisationsmassnahmen: Information

C] Beurteilungssystem: Mitentscheidung

41 Vor- und Nachteile des MbOs:

Vorteile	Nachteile
• Förderung der Leistungsmotivation, Eigeninitiative und Verantwortungsbereitschaft • Anerkennungs- und Selbstverwirklichungsbedürfnisse werden befriedigt • Weitgehende Entlastung der Führungsspitze • Schaffung von Kriterien für eine leistungsgerechte Entlohnung	• Gefahr von überhöhtem Leistungsdruck • Zeitaufwendiger und kostspieliger Zielbildungs-, Planungs- und Kontrollprozess • Klare und langfristig gültige Ziele lassen sich oft schwer formulieren; Gefahr, dass die schwer quantifizierbaren Ziele nicht berücksichtigt werden

42 Die Potenzialbeurteilung ist ein Teil der Personalbeurteilung; sie zeigt, wo es ungenutzte persönliche Potenziale in Form von persönlichen Eigenschaften, Kompetenzen und Qualifikationen gibt und wo vorhandene Potenziale nicht optimal eingesetzt sind.

Diese Informationen liefern wichtige Grundlagen für die Laufbahn- und die Nachfolgeplanung; man erkennt dadurch, wie einzelne Mitarbeitende gezielt gefördert werden können und wo es Lücken gibt, die geschlossen werden müssen.

43 A] Beobachtbar

B] Beobachtbar

C] Beobachtbar

44 A] Beim summarischen Beurteilungsverfahren beurteilt der Vorgesetzte die Mitarbeitenden, ohne sich auf bestimmte Kriterien zu stützen. Dieses Verfahren ist formlos und frei und stellt hohe Anforderungen an die Beobachtungsgabe der beurteilenden Person. Analytische Beurteilungsverfahren basieren auf definierten Beurteilungskriterien und klaren Einstufungen.

B] Vorteile des analytischen Beurteilungsverfahrens:

- Sie tragen zu einer sachlichen Beurteilung bei.
- Sie liefern untereinander vergleichbare Ergebnisse.
- Sie sind leichter zu erstellen und damit rationeller als die summarischen Verfahren.
- Sie vermitteln aufgrund von transparenten Kriterien das Gefühl der Gleichbehandlung, d. h. einer gerechteren Beurteilung.

45 Walter Müller betreibt Jobrotation, also einen planmässigen Wechsel des Arbeitsplatzes.

46 Mögliche Gründe für den Widerstand von Andrea Schneider:

- Sie ist nicht an einer Karriere interessiert, d. h., sie will im Moment oder überhaupt nicht weiterkommen. Sie fühlt sich mit der jetzigen Tätigkeit ausgefüllt und hat keinen Ehrgeiz, mehr Verantwortung zu übernehmen.
- Sie schätzt zwar Ihre Vorschläge und möchte auch weiterkommen, aber sie stellt sich einen anderen Karriereweg im Unternehmen vor. Sie weiss nicht, ob Ihre Vorschläge die einzig möglichen sind, oder wollte Sie nicht vor den Kopf stossen.
- Sie traut sich einen solchen Karriereschritt (noch) nicht zu, d. h., sie schätzt sich weniger gut ein, als Sie dies tun, oder sie fühlt sich einer neuen Herausforderung noch nicht gewachsen.
- Sie fühlte sich überrumpelt und muss über Ihre Vorschläge erst einmal in Ruhe nachdenken.
- Sie hat andere Pläne. Dies können ganz andere berufliche Ausbildungs- oder Entwicklungsziele sein, die Andrea Schneider verfolgen möchte. Womöglich ist sie gar auf dem Absprung, d. h., sie schaut sich nach anderen Stellen um oder hat schon konkrete Angebote. Unter Umständen hat sie auch andere Lebenspläne, weil sie z. B. für längere Zeit ins Ausland verreisen will.

Weiteres Vorgehen:

Auf alle Fälle braucht es bald ein Folgegespräch zwischen Ihnen und Andrea Schneider. Fragen Sie offen nach den Gründen für ihr Zögern oder ihre Ablehnung. Aber auch nach ihren Vorstellungen über die berufliche Zukunft.

Eine realistische Laufbahnplanung bedeutet für das Unternehmen immer eine Investition und für Sie als Vorgesetzten ebenfalls. In letzter Konsequenz ist Andrea Schneider für ihre Laufbahn verantwortlich – sie muss voll und ganz hinter den Entwicklungsmassnahmen stehen können, damit diese sich lohnen.

47

Beispiel	Arbeitsplatz	Kurs
Es wird ein neues Materialprüfgerät angeschafft, das die Labormitarbeitenden bedienen müssen.	☒	
Zwei Vorgesetzte waren in einem Seminar über Konfliktlösung. Im Rahmen der Führungsschulung will man dieses Thema nun weiteren Vorgesetzten zugänglich machen.		☒
Zehn Führungsnachwuchskräfte müssen in den Grundlagen des Projektmanagements ausgebildet werden.		☒
Die Personalassistentinnen müssen in die neue Verwaltungssoftware eingeführt werden, mit der sie künftig arbeiten.	(☒)	☒

Hinweis zum letzten Beispiel: Wenn mehrere Personalassistentinnen auf die Software geschult werden müssen, ist ein interner Kurs an Computern wahrscheinlich am effizientesten. Als Alternative könnte an jedem Arbeitsplatz ein Einzeltraining und -coaching stattfinden.

48 Kriterien bei der Evaluation:

- Auftreten
- Kontakt mit Teilnehmenden
- Didaktischer Aufbau
- Struktur des präsentierten Stoffs
- Methodische Gestaltung
- Einsatz von Hilfsmitteln
- Aktivieren der Teilnehmenden
- Führen der Lerngruppe

49 Nutzen für den Arbeitgeber:

- Eine kontinuierliche und gezielte Entwicklung der Mitarbeitenden berücksichtigt auch die Unternehmensinteressen.
- Dient der Vorbereitung der Mitarbeitenden auf künftige Vakanzen im Rahmen der Nachfolgeplanung.
- Dient dem Erhalt der MA.
- Dient dem Image des Unternehmens.

50 A] Zeitablauf: Es handelte sich um einen befristeten Arbeitsvertrag auf eine bestimmte Zeitdauer.

B] Fristlose Kündigung aufgrund einer schwerwiegenden Pflichtverletzung.

C] Änderungskündigung, d. h. Ersatz durch einen neuen Arbeitsvertrag.

51 A] Nein: Gemäss OR 336 wären persönliche Eigenschaften wie das Alter eine missbräuchliche, d. h. sachlich nicht gerechtfertigte Kündigung. Diese ist verboten, führt aber trotzdem zur Auflösung des Arbeitsverhältnisses.

B] Marcel Bieris Sekretärin kann die Auflösung des Arbeitsverhältnisses nicht rückgängig machen, jedoch gegen die missbräuchliche Kündigung klagen. Marcel Bieri als Kündigender muss im Falle einer missbräuchlichen Kündigung eine Entschädigung von maximal 6 Monatslöhnen ausrichten, abhängig vom Entscheid des Richters.

52 A] Falsch; die Unterlagen müssen als Beleg aufbewahrt werden.

B] Falsch; gemäss OR müssen lediglich Art und Dauer des Arbeitsverhältnisses sowie Leistung und Verhalten des Mitarbeiters beschrieben werden.

C] Richtig.

D] Richtig.

53 A] Darf nicht erwähnt werden; die Aussage ist für das Arbeitsverhältnis und die berufliche Zukunft nicht relevant.

B] Darf nicht erwähnt werden; ist irrelevant und gemäss Datenschutzgesetz eine vertrauliche Information.

C] Darf erwähnt werden; die Mitarbeiterin ist offiziell gewähltes Mitglied der Angestelltenkommission; darum handelt es sich nicht um eine vertrauliche Information. Zudem schadet ihr die Aussage nicht.

D] Darf erwähnt werden (ob die Formulierung sinnvoll ist, soll hier nicht beurteilt werden).

54 A]

- Das Obligationenrecht: Abschluss, Inhalt, Beendigung einzelner Arbeitsverhältnisse
- Das Arbeitsgesetz (ArG): Arbeitnehmerschutz, Gesundheitsvorsorge, Unfallverhütung, Höchstarbeitszeiten, Nachtarbeit, Sonntagsarbeit und Ruhezeiten
- Gleichstellungsgesetz (GlG): Gleichstellung von Mann und Frau im Arbeitsleben
- Berufsbildungsgesetz (BBG): Regeln über Grundausbildung und Weiterbildung

B] Die Bestimmungen des GAV gelten unmittelbar für die beteiligten Arbeitgeber und Arbeitnehmenden und können nur zugunsten der Arbeitnehmenden abgeändert werden (OR 357).

C] Das Firmenreglement enthält die allgemeinen Geschäftsbedingungen eines Betriebs und ist Teil des EAV, wenn der Arbeitnehmer ihm zugestimmt hat. Es enthält Bestimmungen über (gleitende) Arbeitszeit, Überstunden, Gratifikation, Spesenregelung, Lohnfortzahlung im Krankheitsfall u. a.

55

OR 321c III	Kein oder weniger Lohn bei Überstundenarbeit
OR 340 I	Vereinbarung eines Konkurrenzverbots
OR 344a I	Abschluss eines Lehrvertrags

56

Sandra Meier muss Überstunden leisten, wenn gemäss OR 321c I folgende drei Voraussetzungen gegeben sind:

- Die Leistung von Überstunden muss notwendig sein (betriebliche Notwendigkeit, sachlich begründete Ausnahmesituation).
- Die Arbeitnehmerin muss die Überstunden zu leisten vermögen (physische und psychische Leistungsfähigkeit).
- Die Überstunden können der Arbeitnehmerin nach Treu und Glauben zugemutet werden.

A] Ja, die drei Voraussetzungen für Überstundenarbeit sind erfüllt und Sandra Meier muss Überstunden leisten. Die Leistung von Überstunden ist wegen des Spitalaufenthalts ihres Kollegen notwendig. Die Mitarbeitenden können von ihrer Arbeitgeberin nicht erwarten, dass bei jeder Absenz eines Mitarbeiters (Ferienabwesenheit, Spitalaufenthalt u. a.) ein Temporärmitarbeiter eingestellt wird. Sandra Meier ist physisch und psychisch leistungsfähig und vermag die Überstunden zu leisten. Die Überstunden sind Sandra Meier überdies zumutbar. Aus der Einstiegsgeschichte geht nicht hervor, dass Sandra Meier Betreuungsaufgaben gegenüber Kindern oder unaufschiebbare Termine einzuhalten hätte.

B] Sandra Meier arbeitete pro Woche 6 Stunden mehr als die vereinbarte wöchentliche Arbeitszeit von 40 Stunden. Von diesen 6 Stunden sind 5 Stunden Überstunden im Sinne des Obligationenrechts (OR 321c) und 1 Stunde pro Woche ist Überzeit gemäss Arbeitsgesetz (ArG 9). Überzeit liegt vor, wenn die arbeitsgesetzlich vorgeschriebene wöchentliche Höchstarbeitszeit überschritten wird. Die wöchentliche Höchstarbeitszeit für den Dienstleistungssektor (u. a. Reisebüros) beträgt gemäss ArG 45 Stunden.

C] Die Chefin stützt sich auf OR 321c III ab. Teilweise Entschädigung für geleistete Überstunden ist gemäss OR 321c III zulässig, wenn die Vertragsparteien dies schriftlich vereinbarten. Die teilweise Entschädigung von geleisteten Überstunden ist im Firmenreglement enthalten. Dieses Firmenreglement gilt, wenn Sandra Meier seinen Inhalt schriftlich akzeptiert hat. Von der Überstundenarbeit ist die Überzeitarbeit zu unterscheiden. Überzeitarbeit muss gemäss Arbeitsgesetz entschädigt werden. ArG 13 schreibt vor, dass einzig Überzeit, die 60 Stunden pro Jahr übersteigt, zwingend mit Lohn samt einem Zuschlag von 25% entschädigt werden muss. Dies ist in unserem Einstiegsbeispiel nicht der Fall.

57

A] Andreas Herzog hat folgende zwei Arbeitnehmerpflichten verletzt:

- Verbot der Schwarzarbeit. «Während der Dauer des Arbeitsverhältnisses darf der Arbeitnehmer keine Arbeit gegen Entgelt für einen Dritten leisten, soweit er dadurch seine Treuepflicht verletzt, insbesondere den Arbeitgeber konkurrenziert.» (OR 321a III)
- Geheimhaltungspflicht. «Der Arbeitnehmer darf geheim zu haltende Tatsachen, wie namentlich [...] Geschäftsgeheimnisse, von denen er im Dienst des Arbeitgebers Kenntnis erlangt, während der Dauer des Arbeitsverhältnisses nicht verwerten. [...]» (OR 321a IV)

B] Andreas Herzog haftet gemäss OR 321e I für grobe Fehler bei der Arbeit. Er ist für den Schaden verantwortlich, den er absichtlich oder fahrlässig der Arbeitgeberin zufügt. Das Mass der Sorgfalt, für das Andreas Herzog einzustehen hat, bestimmt sich nach dem konkreten Arbeitsverhältnis unter Berücksichtigung des Berufsrisikos, des Bildungsgrads oder der Fachkenntnisse, die zu der Arbeit verlangt werden, sowie der Fähigkeiten und Eigenschaften von Andreas Herzog, die seine Arbeitgeberin gekannt hat oder hätte kennen sollen (OR 321e II).

58

Die Gratifikation ist grundsätzlich eine freiwillige Sondervergütung. Der Arbeitgeber schuldet sie nur, wenn sie vertraglich vereinbart ist (OR 322d I). Der 13. Monatslohn hingegen ist eine im Arbeitsvertrag fest vereinbarte Zusatzvergütung in der Höhe eines zusätzlichen Monatsgehalts.

59 A] Für Sandra Meiers Kollege sind die Voraussetzungen für eine Lohnfortzahlung wegen Krankheit erfüllt.

B] Sandra Meiers Kollege kann im 4. Dienstjahr nach der Basler Skala 13 Wochen Lohnfortzahlung im Krankheitsfall beanspruchen, nach der Berner Skala 9 Wochen und nach der Zürcher Skala 10 Wochen (OR 324a II und Praxis der Arbeitsgerichte).

C] Hier handelt es sich um einen Unfall. Sofern der Kollege mehr als 8 Stunden pro Woche angestellt ist, ist er auch gegen Nichtberufsunfälle obligatorisch versichert. Wenn sein Jahreslohn unter dem maximal versicherten Lohn liegt (2009: CHF 126 000), erhält er für die gesamte Genesungszeit 80% seines Lohns. Die ersten beiden Tage nach dem Unfall (Wartezeit) muss der Arbeitgeber bezahlen, danach zahlt die Unfallversicherung.

D] Bei der Geburt hat eine Arbeitnehmerin Anspruch auf Mutterschaftsurlaub von 14 Wochen (OR 329f). Während dieser Zeit gewährt die Erwerbsersatzordnung eine Mutterschaftsentschädigung von 80% des bisherigen Lohns, maximal CHF 196 pro Tag (Stand 2009). Falls diese nicht 80% des bisherigen Lohns abdecken, muss der Arbeitgeber aufgrund der Lohnfortzahlungspflicht von OR 324a die Differenz zuschiessen, dies allerdings nur so lange, wie er nach der gültigen Skala im betreffenden Dienstjahr zur Lohnfortzahlung verpflichtet ist.

---

60 A] Sandra Meier weigert sich, Überstunden zu leisten, und verletzt damit die Treuepflicht gegenüber der Arbeitgeberin (OR 321c). Es liegt ein Fall von Schlechterfüllung vor.

B] Die Arbeitgeberin zahlt Sandra Meier zu wenig Lohn und verletzt damit die Lohnzahlungspflicht (OR 322). Es liegt ein Fall von Nichterfüllung vor.

C] Andreas Herzog beging bei Ausübung seiner Arbeit einen schweren Fehler und verursachte damit einen Schaden von CHF 2 000. Er verletzt damit die Sorgfaltspflicht gegenüber der Arbeitgeberin (OR 321a I und OR 321e). Es liegt ein Fall von Schlechterfüllung vor.

---

61 A] Bei einem befristeten Arbeitsverhältnis kommen die ordentliche Kündigung, die missbräuchliche Kündigung sowie die Kündigung zur Unzeit nicht vor.

B] Die Begriffe missbräuchliche Kündigung sowie Kündigung zur Unzeit gehören zur ordentlichen Kündigung.

C] Eine Kündigung, die während einer Sperrfrist erfolgt, ist nichtig. Sofern bei einem gekündigten Mitarbeiter während der laufenden Kündigungsfrist ein Sperrgrund eintritt, bleibt die Kündigungsfrist stehen und läuft weiter, sobald der Sperrgrund weggefallen ist. Die Kündigungsfrist läuft jedoch trotz Sperrgrund weiter, wenn die gesetzlich vorgesehene Sperrfrist abgelaufen ist (OR 336c II).

D] Das Arbeitsverhältnis wird trotzdem beendet.

Bei der ungerechtfertigten fristlosen Kündigung hat der Gekündigte Anspruch auf Ersatz dessen, was er verdient hätte, wenn sein Arbeitsverhältnis ordentlich gekündigt oder beendet worden wäre, sowie eine Entschädigung von max. 6 Monatslöhnen (OR 337c I und III).

Bei der missbräuchlichen Kündigung kann er eine Entschädigung von max. 6 Monatslöhnen verlangen (OR 336a).

E] Der Arbeitnehmer kann das Arbeitsverhältnis im 2. bis und mit 9. Dienstjahr mit einer Kündigungsfrist von 2 Monaten kündigen, und zwar auf das Ende eines Monats (Kündigungstermin). Das Arbeitsverhältnis endet folglich am 31. Mai.

62

A] Andreas Herzog müsste gegenüber seiner Arbeitgeberin seine Ansprüche gemäss OR 337c geltend machen (Entschädigung und Ersatz dessen, was er verdient hätte, wenn das Arbeitsverhältnis ordentlich gekündigt oder beendigt worden wäre, sowie eine Entschädigung von max. 6 Monatslöhnen). Kann er sich mit seiner Arbeitgeberin nicht einigen, muss er Klage einreichen, und zwar beim Gericht am Wohnsitz der Arbeitgeberin oder am Ort, an dem er seine Arbeit verrichtete (Zivilprozessordnung, ZPO 34 und 243 ff.).

B] Da Andreas Herzog offensichtlich zwei zentrale Arbeitnehmerpflichten verletzte (Schwarzarbeitsverbot und Geheimhaltungspflicht), sind seine Erfolgsaussichten gering. Die Arbeitgeberin kann aus wichtigem Grund das Arbeitsverhältnis jederzeit fristlos auflösen. «Als wichtiger Grund gilt namentlich jeder Umstand, bei dessen Vorhandensein dem Kündigenden nach Treu und Glauben die Fortsetzung des Arbeitsverhältnisses nicht mehr zugemutet werden kann.» (OR 337 II) Die Pflichtverletzungen von Andreas Herzog stellen zweifellos einen «wichtigen Grund» im Sinne von OR 337 dar und das Gericht wird die fristlose Kündigung als gerechtfertigt beurteilen.

Stichwortverzeichnis

Bildungsmedien nach Mass

Kapitel für Kapitel zum massgeschneiderten Lehrmittel

Was der Schneider für die Kleider, das tun wir für Ihr Lehrmittel. Wir passen es auf Ihre Bedürfnisse an. Denn alle Kapitel aus unseren Lehrmitteln können Sie auch zu einem individuellen Bildungsmedium nach Mass kombinieren. Selbst über Themen- und Fächergrenzen hinweg. Bildungsmedien nach Mass enthalten genau das, was Sie für Ihren Unterricht, das Coaching oder die betriebsinterne Schulungsmassnahme brauchen. Ob als Zusammenzug ausgewählter Kapitel oder in geänderter Reihenfolge; ob ergänzt mit Kapiteln aus anderen Compendio-Lehrmitteln oder mit personalisiertem Cover und individuell verfasstem Klappentext, ein massgeschneidertes Lehrmittel kann ganz unterschiedliche Ausprägungsformen haben. Und bezahlbar ist es auch.

Kurz und bündig:
Was spricht für ein massgeschneidertes Lehrmittel von Compendio?

- **Sie wählen einen Bildungspartner mit langjähriger Erfahrung in der Erstellung von Bildungsmedien**
- **Sie entwickeln Ihr Lehrmittel passgenau auf Ihre Bildungsveranstaltung hin**
- **Sie können den Umschlag im Erscheinungsbild Ihrer Schule oder Ihres Unternehmens drucken lassen**
- **Sie bestimmen die Form Ihres Bildungsmediums (Ordner, broschiertes Buch, Ringheftung oder E-Book)**
- **Sie gehen kein Risiko ein: Erst durch die Erteilung des «Gut zum Druck» verpflichten Sie sich**

Auf der Website www.compendio.ch/nachmass finden Sie ergänzende Informationen. Dort haben Sie auch die Möglichkeit, die gewünschten Kapitel für Ihr Bildungsmedium direkt auszuwählen, zusammenzustellen und eine unverbindliche Offerte anzufordern. Gerne können Sie uns aber auch ein E-Mail mit Ihrer Anfrage senden. Wir werden uns so schnell wie möglich mit Ihnen in Verbindung setzen.

Modulare Dienstleistungen

Von Rohtext, Skizzen und genialen Ideen zu professionellen Lehrmitteln

Sie haben eigenes Material, das Sie gerne didaktisch aufbereiten möchten? Unsere Spezialisten unterstützen Sie mit viel Freude und Engagement bei sämtlichen Schritten bis zur Gestaltung Ihrer gedruckten Schulungsunterlagen und E-Materialien. Selbst die umfassende Entwicklung von ganzen Lernarrangements ist möglich. Sie bestimmen, welche modularen Dienstleistungen Sie beanspruchen möchten, wir setzen Ihre Vorstellungen in professionelle Lehrmittel um.

Mit den folgenden Leistungen können wir Sie unterstützen:

- **Konzept und Entwicklung**
- **Redaktion und Fachlektorat**
- **Korrektorat und Übersetzung**
- **Grafik, Satz, Layout und Produktion**

Der direkte Weg zu Ihrem Bildungsprojekt: Sie möchten mehr über unsere Verlagsdienstleistungen erfahren? Gerne erläutern wir Ihnen in einem persönlichen Gespräch die Möglichkeiten. Wir freuen uns über Ihre Kontaktnahme.

Compendio Bildungsmedien AG, Neunbrunnenstrasse 50, 8050 Zürich
E-Mail: postfach@compendio.ch, Telefon +41 (0)44 368 21 11, www.compendio.ch